BIBLIOTHÈQUE LATINE-FRANÇAISE

ŒUVRES COMPLÈTES

DE

VALÈRE MAXIME

TRADUCTION FRANÇAISE

DE

C. A. F. FRÉMION

Nouvelle édition, revue avec le plus grand soin

PAR

M. PAUL CHARPENTIER

TOME SECOND

PARIS

GARNIER FRÈRES, LIBRAIRES-ÉDITEURS

6, RUE DES SAINTS-PÈRES, ET PALAIS-ROYAL, 215

BIBLIOTHÈQUE LATINE-FRANÇAISE
38

ŒUVRES COMPLÈTES
DE
VALÈRE MAXIME

II

PARIS — IMPRIMERIE ÉDOUARD BLOT

rue Saint-Louis, 46, au Marais

OEUVRES COMPLÈTES

DE

VALÈRE MAXIME

TRADUCTION FRANÇAISE

DE

C. A. F. FRÉMION

Nouvelle édition, revue avec le plus grand soin

PAR

M. PAUL CHARPENTIER

TOME SECOND

PARIS

GARNIER FRÈRES, LIBRAIRES-ÉDITEURS

6, RUE DES SAINTS-PÈRES, ET PALAIS-ROYAL, 215

1864

VALÈRE MAXIME

FAITS ET PAROLES MÉMORABLES

LIVRE SIXIÈME

CHAPITRE I

DE LA CHASTETÉ

Exemples chez les Romains.

O toi, principale sauvegarde et des hommes et des femmes, modeste chasteté, où faut-il que je t'adresse ma prière? Tu habites les foyers de Vesta, qu'une antique religion a consacrés; tu reposes au Capitole, sur les coussins qui portent Junon; génie

LIBER SEXTUS

CAPUT I

DE PUDICITIA

De Pudicitia Romanorum.

Unde te virorum pariter ac feminarum præcipuum firmamentum, Pudicitia, invocem? Tu enim prisca religione consecratos Vestæ focos incolis; tu Capito-

tutélaire du palais, tu veilles sans relâche dans les augustes pénates, près de la sainte couche nuptiale de Julie; tu protéges l'enfance et les charmes qui la distinguent; ton céleste regard conserve à la jeunesse sa pureté dans tout son éclat; c'est de ta garde que dépend l'honneur des mères de famille. Viens donc, et reconnais ici les effets de ta volonté.

1. A la tête des exemples de chasteté romaine se présente Lucrèce, dont l'âme virile ne fut placée dans un corps de femme que par une maligne erreur de la fortune. Réduite à subir la violence impudique de Sextus Tarquin, fils du roi Tarquin le Superbe, elle déplore amèrement, au milieu de ses proches assemblés, l'outrage qu'elle vient de recevoir, et, se frappant d'un poignard qu'elle avait secrètement apporté sous sa robe, elle se donne la mort. Un trépas si héroïque fournit au peuple romain l'occasion de substituer le pouvoir consulaire à l'autorité royale. (An de R. 244.)

2. Lucrèce, après une telle injure, ne put supporter la vie; Virginius, plébéien par la naissance, mais patricien par les sentiments, eut le courage, pour garantir sa maison d'une semblable ignominie, de sacrifier même son propre sang. Voyant que le

---

linæ Junonis pulvinaribus incubas; tu palatii columen, augustos penates sanctissimumque Juliæ genialem torum assidua statione celebras; tuo præsidio puerilis ætatis insignia munita sunt; tui numinis respectu sincerus juventæ flos permanet; te custode matronalis stola censetur : ades igitur, et cognosce, quæ fieri ipsa voluisti.

1. Dux Romanæ pudicitiæ Lucretia, cujus virilis animus, maligno errore fortunæ, muliebre corpus sortitus est a Sex. Tarquinio, regis Superbi filio, per vim stuprum pati coacta, quum gravissimis verbis injuriam suam in consilio necessariorum deplorasset, ferro se, quod veste tectum attulerat, interemit; causamque tam animoso interitu, imperium consulare pro regio permutandi, populo Romano præbuit.

2. Atque hæc illatam injuriam non tulit; Virginius, plebeii generis, sed patricii vir spiritus, ne probro contaminaretur domus sua, proprio sanguini non

décemvir Appius Claudius, armé de toute la puissance de sa dignité, cherchait par tous les moyens à déshonorer sa fille, il l'amena dans le forum et la tua, aimant mieux devenir le meurtrier de sa fille encore chaste, que de rester père d'une fille déshonorée. (An de R. 304.)

3. Nous trouvons la même force de caractère dans ce trait de Pontius Aufidianus, chevalier romain. Informé que le gouverneur de ses enfants avait livré l'honneur de sa fille à Fannius Saturninus, il ne se contenta pas de punir du dernier supplice l'esclave criminel, il immola encore sa fille. Ainsi, pour n'avoir pas à célébrer un hymen déshonorant, il fit de cruelles funérailles.

4. Et P. Ménius, quel sévère gardien de la chasteté ! Il punit de mort un de ses affranchis auquel il était très-attaché, pour avoir donné un baiser à sa fille déjà nubile : on pouvait cependant attribuer cette action moins à une passion coupable qu'à une erreur involontaire. Mais il jugea important d'imprimer, par la rigueur de la peine, dans le cœur encore tendre de sa fille, les principes austères de la chasteté : il lui apprenait, par un si triste exemple, à conserver purs et intacts pour un

pepercit. Nam, quum Appius Claudius decemvir, filiæ ejus virginis stuprum, potestatis viribus fretus, pertinacius expeteret, deductam in forum puellam occidit; pudicæque interemptor, quam corruptæ pater esse maluit.

3. Nec alio robore animi præditus fuit Pontius Aufidianus, eques Romanus. Qui, postquam comperit, filiæ suæ virginitatem a pædagogo proditam Fannio Saturnino, non contentus sceleratum servum affecisse supplicio, etiam ipsam puellam necavit; itaque ne turpes ejus nuptias celebraret, acerbas exsequias duxit.

4. Quid P. Mænius, quam severum pudicitiæ custodem egit! In libertum namque gratum admodum sibi animadvertit, quia eum nubilis jam ætatis filiæ suæ osculum dedisse cognoverat, quum præsertim non libidine, sed errore lapsus videri posset. Cæterum amaritudine pœnæ, teneris adhuc puellæ sensibus, castitatis disciplinam ingenerari magni æstimavit; eique tam tristi exemplo præce-

époux, je ne dis pas seulement sa virginité, mais ses baisers même.

5. Q. Fabius Maximus Servilianus, qui couronna par l'austérité de la censure les fonctions honorables qu'il avait si glorieusement exercées, ne pardonna pas à son fils de s'être rendu suspect de mœurs impures; et, après l'avoir châtié, il se punit lui-même en se dérobant par une retraite volontaire aux regards de ses concitoyens. (An de R. 627.)

6. Je trouverais ce censeur trop sévère, si je ne voyais P. Atilius Philiscus, qui fut réduit à prostituer son enfance au profit d'un maître, se montrer ensuite un père non moins rigoureux, car il tua sa propre fille pour s'être avilie par une faiblesse honteuse. En quelle vénération devait être la chasteté dans une république où même des gens qui avaient trafiqué de la débauche devenaient des vengeurs de cette vertu?

7. Le récit qui va suivre rappelle tout à la fois un nom célèbre et une action mémorable. M. Claudius Marcellus, étant édile curule, cita devant le peuple C. Scantinius Capitolinus, l'un des tribuns, l'accusant d'avoir sollicité son fils à une infamie. Vaine-

---

pit, *ut non solum virginitatem illibatam, sed etiam oscula ad virum sincera perferret.*

5. Q. vero Fabius Maximus Servilianus honoribus, quos splendidissime gesserat, censuræ gravitate consummatis, exegit a filio pœnas dubiæ castitatis, et punito pependit, voluntario secessu conspectum patriæ vitando.

6. Dicerem censorium virum nimis acerbum exstitisse, nisi P. Atilium Philiscum, in pueritia corpore quæstum a domino facere coactum, tam severum postea patrem cernerem : filiam enim suam, quod ea se stupri crimine coinquinaverat, interemit. Quam sanctam igitur in civitate nostra pudicitiam fuisse existimare debemus, in qua etiam institores libidinis tam severos ejus vindices evasisse animadvertimus?

7. Sequitur excellentis nominis ac memorabilis facti exemplum. M. Claudius Marcellus, ædilis curulis, C. Scantinio Capitolino, tribuno plebis, diem ad populum dixit, *quod filium suum de stupro appellasset* : eoque asseverante, *se cogi*

ment le tribun allégua qu'on ne pouvait le forcer à comparaître, à cause de sa dignité, qui le rendait inviolable; vainement il implora, sur ce motif, la protection de ses collègues : le conseil des tribuns refusa unanimement de s'opposer à des poursuites qui intéressaient les bonnes mœurs. Ainsi Scantinius fut mis en jugement et condamné sur le seul témoignage de celui qu'il avait tâché de corrompre. Il est certain que le jeune homme, amené à la tribune, y demeura constamment le visage fixé vers la terre, sans rien dire, et que sa contenance pudique et son silence contribuèrent surtout à lui faire obtenir vengeance. (An de R. 527.)

8. Métellus Céler se montra aussi ardent à punir une intention honteuse, quand il assigna Cn. Sergius Silus devant le peuple pour avoir offert de l'argent à une mère de famille, et qu'il le fit condamner sur cette seule accusation. Car, dans une pareille cause, on eut à prononcer non sur le fait, mais sur l'intention; et l'on trouva l'accusé plus coupable pour avoir désiré le crime, qu'excusable pour ne l'avoir pas commis. (An de R. 684.)

9. Voilà un décret du peuple; en voici un du sénat. T. Véturius, fils de ce Véturius qui, pendant son consulat, fut livré aux

---

non posse ut adesset, quia sacrosanctam potestatem haberet, et ob id tribunitium auxilium implorante, totum collegium tribunorum negavit, *se intercedere, quo minus pudicitiæ, quæstio perageretur*. Citatus itaque Scantinius reus, uno teste, qui tentatus erat, damnatus est. Constat juvenem productum in rostra defixo in terram vultu perseveranter tacuisse, verecundoque silentio plurimum in utionem suam valuisse.

8. Metellus quoque Celer stuprosæ mentis acer punitor exstitit, Cn. Sergio Silo promissorum matrifamiliæ nummorum gratia diem ad populum dicendo, eumque hoc uno crimine damnando. Non enim factum tunc, sed animus in quæstionem deductus est; plusque voluisse peccare nocuit, quam non peccasse profuit.

9. Concionis hæc; illa curiæ gravitatis. T. Veturius, filius ejus Veturii, qui

Samnites pour avoir fait avec eux un traité déshonorant, s'était vu réduit, très-jeune encore, par les malheurs et les dettes énormes de sa maison, à livrer sa personne à Plotius, son créancier. Maltraité par cet indigne maître, battu de verges comme un vil esclave pour avoir refusé de consentir à une turpitude, il porta ses plaintes aux consuls. Sur leur rapport, le sénat donna ordre de conduire Plotius en prison, voulant que l'honneur d'un Romain, en quelque position qu'il se trouvât, fût à l'abri de toute atteinte. (An de R. 427.)

10. Est-il étonnant que l'assemblée du sénat ait donné un pareil décret? C. Pescennius, l'un des triumvirs chargés du criminel, fit voir les mêmes sentiments : il arrêta un vétéran, nommé Cornélius, distingué par sa bravoure, et à qui sa valeur avait quatre fois mérité de ses généraux le grade de premier centurion, et le conduisit dans la prison publique, pour avoir entretenu un commerce honteux avec un jeune homme de condition libre. Cornélius invoqua le secours des tribuns. Sans nier l'infamie qu'on lui reprochait, il s'offrait de prouver que le jeune homme avait fait publiquement et sans mystère le métier de se prostituer. Les tribuns lui refusèrent leur intervention, et le

---

in consulatu suo Samnitibus, ob turpiter ictum fœdus, deditus fuerat, quum propter domesticam ruinam, et grave æs alienum, C. Plotio nexum se dare admodum adolescentulus coactus esset, servilibus ab eo verberibus, quia stuprum pati noluerat, affectus, querelam ad consules detulit. A quibus hac de certior factus senatus, *Plotium in carcerem duci* jussit : in qualicunque enim statu positam Romano sanguini pudicitiam tutam esse voluit.

10. Et quid mirum, si hoc universi patres conscripti censuerunt? C. Pescennius, triumvir capitalis, Cornelium fortissimæ militiæ stipendia emeritum, virtutisque nomine quater honore primipili ab imperatoribus donatum, quod cum ingenuo adolescentulo stupri commercium habuisset, publicis vinculis oneravit. A quo appellati tribuni, quum de stupro nihil negaret, sed *sponsionem se facere paratum*, diceret, *quod adolescens ille palam atque aperte corpore quæstum factitasset*, intercessionem suam interponere noluerunt ; itaque Cornelius in carcere

condamné fut réduit à mourir dans les fers. Les tribuns pensèrent que la république ne devait pas ici son appui, même à de braves guerriers : elle ne leur avait pas promis les délices de la ville pour prix des périls qu'ils couraient loin d'elle.

11. Après le châtiment de cet impudique centurion se présente la fin également ignominieuse de M. Létorius Mergus, tribun de légion, que Cominius, tribun du peuple, dénonça devant l'assemblée, comme prévenu d'avoir proposé une turpitude à son aide de camp. Létorius n'attendit pas sa condamnation. Avant le jour de son jugement, il s'y déroba par la fuite : il fit plus, il se punit lui-même par une mort volontaire. C'était tout ce qu'il pouvait dans l'ordre de la nature : néanmoins, quoique mort, il fut encore condamné par les suffrages de tout le peuple comme coupable d'impudicité. Les enseignes militaires, les aigles sacrées, et l'austère discipline des camps, ce ferme appui de l'empire romain, le poursuivirent jusqu'aux enfers, pour avoir attenté à la sainteté d'une vertu dont il devait donner l'exemple. (Vers l'an 436.)

12. Ce motif animait C. Marius, lorsqu'étant à la tête de l'armée romaine, il déclara que C. Luscius, fils de sa sœur et tri-

---

mori coactus est. Non putarunt tribuni plebis rempublicam nostram cum fortibus viris pacisci oportere, ut externis periculis domesticas delicias emerent.

11. Libidinosi centurionis supplicium, M. Lætorii Mergi tribuni militaris, æque similis fœdus exitum sequitur. Cui Cominius tribunus plebis diem ad populum dixit, quod cornicularium suum stupri causa appellasset; nec sustinuit ejus rei sententiam Lætorius, sed se ipse ante judicii tempus fuga prius subtraxit, deinde etiam morte punivit. Naturæ modum expleverat : fato tamen functus, universæ plebis sententia crimine impudicitiæ damnatus est. Signa illum militaria, sacratæ aquilæ, et certissima Romani imperii custos, severa castrorum disciplina, usque ad inferos persecuta est, quoniam, cujus magister esse debuerat, sanctitatis corruptor tentabat exsistere.

12. Hoc movit C. Marium imperatorem tum, quum *C. Luscium, sororis suæ*

bun de légion, avait été légitimement mis à mort par C. Plotius, simple légionnaire, pour avoir osé lui faire une proposition infâme. (An de R. 649.)

13. Mais citons aussi en peu de mots ceux qui n'ont écouté que leur indignation, sans recourir à la vengeance des lois, contre les attentats à la pudicité. Sempronius Musca fit battre de verges C. Gallius, qu'il avait surpris en adultère; C. Memmius assomma à coups de nerf de bœuf L. Octavius, pris également en flagrant délit : d'autres, surpris dans le même crime, subirent la castration, comme Carbo Acciennus par Vibiénus, Pontius par P. Cernius. Celui qui prit sur le fait Cn. Furius Brocchus, le livra aux outrages de ses esclaves. Tous ces Romains suivirent l'impulsion de leur colère, et n'eurent pas à s'en repentir.

Exemples étrangers.

1. A ces traits domestiques joignons quelques exemples étrangers. Une femme grecque, nommée Hippo, prise par un vaisseau ennemi, se précipita dans la mer pour mettre son honneur en sûreté aux dépens de ses jours. Son corps,

---

filium, tribunum militum, a C. Plotio, manipulario milite, jure cæsum pronuntiavit, *quia eum de stupro compellare ausus fuerat.*

13. Sed, ut eos quoque, qui in vindicanda pudicitia dolore suo pro publica lege usi sunt, strictim percurram, Sempronius, Musca C. Gallium deprehensum in adulterio flagellis cecidit; C. Memmius L. Octavium similiter deprehensum nervis contudit; Carbo Accienus a Vibieno, item Pontius a P. Cernio, deprehensi castrati sunt; Cn. etiam Furium Brocchum, qui deprehenderat, familiæ stuprandum objecit. Quibus iræ suæ indulsisse, fraudi non fuit.

De Pudicitia externorum.

1. Atque, ut domesticis externa subnectam, Græca femina, nomine Hippo, quum hostium classe esset excepta, in mare se, ut morte pudicitiam tueretur,

poussé par les flots sur la côte d'Érythris, y fut inhumé, et l'on y voit encore aujourd'hui son tombeau. Mais la gloire de sa chasteté, transmise à la mémoire des siècles, est devenue de jour en jour éclatante par les chants et les louanges de la Grèce.

2. La chasteté, dans cet exemple, est plus énergique; dans le suivant, elle est plus réfléchie. Lorsque l'armée et les ressources des Gallo-Grecs eurent été en partie détruites, en partie prises sur le mont Olympe par le consul Manlius, l'épouse d'Orgiagon, leur roi, femme d'une merveilleuse beauté, fut forcée de subir la violence d'un centurion à la garde duquel elle avait été confiée. Mais lorsqu'on fut arrivé à l'endroit où le centurion avait prescrit à la famille de la prisonnière d'apporter sa rançon, et que, l'attention et les regards fixés sur le métal, il s'occupait de l'examiner et d'en vérifier le poids, elle commanda aux Gallo-Grecs, dans la langue de sa nation, de tuer cet officier. Ils obéirent, et lui tranchèrent la tête. Elle se rendit, cette tête à la main, auprès de son époux, et, la jetant à ses pieds, lui fit le récit et de son outrage et de sa vengeance. Que dire de cette femme, sinon que l'ennemi

---

abjecit. Cujus corpus Erythræo littori appulsum, proxima undis humus sepulturæ mandatum, ad hoc tempus tumulo contegit. Sanctitatis vero gloriam, æternæ traditam memoriæ, Græcia laudibus suis celebrando, quotidie florentiorem effecit.

c 2. Vehementius hoc; illud consideratius exemplum pudicitiæ. Exercitu et copiis Gallo Græcorum a Cn. Manlio consule in Olympo monte ex parte deletis, ex parte captis, Orgiagontis reguli uxor miræ pulchritudinis a centurione, cui custodienda tradita erat, stuprum pati coacta, postquam ventum est in eum locum, in quem centurio, misso nuntio, *necessarios mulieris pretium, quo eam redimerent, afferre* jusserat; aurum expendente centurione, et in ejus pondus animo oculisque intento, Gallo Græcis lingua gentis suæ imperavit, *ut cum occiderent;* interfecti deinde caput abscissum manibus retinens ad conjugem venit; abjectoque ante pedes ejus, et injuriæ et ultionis suæ ordinem exposuit. Hujus feminæ quid aliud quisquam, quam corpus, in potestatem

ne se rendit maître que de son corps? On ne put ni subjuguer son âme ni lui ravir l'honneur. (An de R. 564).

3. Les femmes des Teutons supplièrent Marius, après sa victoire, de les mettre entre les mains des Vestales, assurant qu'elles vivraient comme elles dans la chasteté. N'ayant pu obtenir cette faveur, elles se pendirent la nuit suivante. Remercions les dieux de n'avoir pas donné ce caractère à leurs maris sur le champ de bataille; car si les Teutons avaient voulu imiter le courage de leurs épouses, il est douteux que nous eussions élevé des trophées, monuments de leur défaite. (An de R. 651.)

CHAPITRE II

DE LA LIBERTÉ DANS LES ACTIONS ET LES PAROLES

Exemples chez les Romains.

Cette liberté d'une âme ardente, qui éclate au dehors tant par

hostium venisse dicat? Nam neque animus vinci, nec pudicitia capi potuit.
3. Teutonorum vero conjuges Marium victorem orarunt, *ut ab eo virginibus Vestalibus dono mitterentur*, affirmantes, *æque se atque illas virilis concubitus expertes futuras;* eaque re non impetrata, laqueis sibi nocte proxima spiritum eripuerunt. Dii melius, quod hunc animum viris earum in acie non dederunt. Nam, si mulierum suarum virtutem imitari voluissent, incerta Teutonicæ victoriæ tropæa reddidissent.

CAPUT II

QUÆ LIBERE DICTA AUT FACTA

Quæ libere dicta, aut facta a Romanis.

Libertatem autem vehementis spiritus dictis pariter ac factis testatam, ut non

des paroles que par des actions, est un mouvement que je ne voudrais point exciter, mais que je ne réprimerais point s'il naissait de lui-même. Placée entre le vice et la vertu, elle est digne d'éloge quand elle se renferme dans des limites raisonnables : s'élance-t-elle au delà, elle ne mérite que le blâme. A ce titre, elle frappe plus les sens du vulgaire qu'elle ne plaît à la raison du sage ; car elle trouve plus ordinairement sa sûreté dans l'indulgence d'autrui, que dans sa propre discrétion. Mais comme le but de mon ouvrage est de parcourir les divers traits de la vie humaine, elle doit figurer ici : je raconterai fidèlement ; on l'appréciera sur sa propre valeur.

1. Après la prise de Priverne et le châtiment de ceux qui avaient excité cette ville à la révolte, le sénat, enflammé d'indignation, délibérait sur le parti à prendre au sujet du reste des habitants. Dans cette position critique, rien n'était plus incertain que leur salut ; il dépendait d'un ennemi tout à la fois vainqueur et irrité. Quoiqu'ils ne vissent plus d'autre ressource que de recourir aux prières, ils ne purent oublier qu'un sang généreux, un sang italien coulait dans leurs veines. Leur chef est introduit au sénat ; on lui demande quelle peine ils ont méritée : « Celle, répond-il, que méritent des hommes qui se croient dignes de la

---

invitaverim, ita ultro venientem non excluserim. Quæ, inter virtutem vitiumque posita, si salubri modo se temperaverit, laudem; si quo non debuit, profuderit, reprehensionem meretur. Ac vulgi sic auribus gratior, quam sapientissimi cujusque animo probabilior est, utpote frequentius aliena venia, quam sua providentia tuta. Sed quia humanæ vitæ partes persequi propositum est, nostra fide, propria æstimatione referatur.

1. Priverno capto, interfectisque qui id oppidum ad rebellandum incitaverant, senatus indignatione accensus consilium agitabat, quidnam sibi de reliquis quoque Privernatibus faciendum esset. Ancipiti igitur casu salus eorum fluctuabat, eodem tempore et victoribus et iratis subjecta. Cæterum, quum auxilium unicum in precibus restare animadverterent, ingenui et Italici sanguinis oblivisci non potuerunt; princeps enim eorum, in curia interrogatus, *quam pœnam*

liberté. » Tenir un tel langage, c'était reprendre les armes, c'était pousser à bout les sénateurs déjà exaspérés. Mais le consul Plautius, favorable à la cause des Privernates, lui fournit un moyen de revenir sur cette parole hardie; il lui demanda sur quelle paix les Romains pourraient compter avec eux, si on leur accordait l'impunité : « Sur une paix éternelle, répondit-il d'un air plein d'assurance, si vous la donnez bonne; et peu durable, si vous la donnez mauvaise. » Ces paroles valurent aux vaincus, avec l'oubli du passé, les droits et les priviléges de citoyens romains. (An de R. 424.)

2. C'est ainsi qu'un Privernate osa parler devant le sénat; mais le consul L. Philippus ne craignit pas d'user de cette liberté contre la même compagnie. L'accusant de lâcheté du haut de la tribune, il alla jusqu'à dire qu'il lui fallait un autre sénat; et, loin de rétracter cette parole, lorsque L. Crassus, personnage considérable par son rang et son éloquence, lui en fit de vifs reproches dans le sénat, il donna ordre de le saisir. Crassus, repoussant le licteur : « Philippus, dit-il, je ne te reconnais point pour consul, puisque tu ne me reconnais pas pour sénateur. » (An de R. 662.)

---

mererentur, respondit : *Quam merentur, qui se dignos libertate judicant.* Verbis arma sumpserat, exasperatosque patrum conscriptorum animos inflammaverat; sed Plautius consul, favens, Privernatium causæ, regressum animoso ejus dicto obtulit, quæsivitque, *qualem cum eis Romani pacem habituri essent, impunitate donata.* At is constantissimo vultu. *Si bonam dederitis*, inquit, *perpetuam; si malam, non diuturnam.* Qua voce perfectum est, ut victis non solum venia, sed etiam jus et beneficium nostræ civitatis daretur.

2. Sic in senatu Privernas loqui ausus est; L. vero Philippus consul adversus eumdem ordinem libertatem exercere non dubitavit. Nam, segnitiem pro rostris exprobrans, *alio sibi senatu opus esse* dixit, tantumque a pœnitentia dicti abfuit, ut etiam L. Crasso, summæ dignitatis et eloquentiæ viro, id in curia graviter ferenti, manum injici juberet. Ille, rejecto lictore. *Non es*, inquit, *mihi, Philippe, consul, quia nec ego quidem tibi senator sum.*

3. Mais quoi ! cette liberté épargna-t-elle le peuple ? elle osa également diriger contre lui ses attaques, et elle le trouva non moins patient à les endurer. C. Carbon, tribun du peuple, ce défenseur effréné de la faction des Gracques qui venait d'être anéantie, ce séditieux si ardent à rallumer de nouveaux troubles civils, alla au-devant de Scipion l'Africain, qui revenait des ruines de Numance, tout éclatant de gloire : le prenant, presque dès l'entrée de la ville, il le conduisit droit à la tribune, et lui demanda ce qu'il pensait de la mort de Tibérius Gracchus, dont il avait épousé la sœur. Il voulait, par le crédit d'un personnage si illustre, donner un vaste accroissement à l'incendie qu'il venait d'allumer, ne doutant point qu'une si étroite alliance n'inspirât à l'Africain quelques paroles attendrissantes sur la mort d'un proche parent. Mais Scipion répondit que cette mort lui semblait juste. A ces mots, l'assemblée, animée de la fureur du tribun, poussa de violentes clameurs. « Taisez-vous, leur dit-il, vous qui ne voyez dans l'Italie qu'une marâtre. » Il s'éleva des murmures. « Non, s'écria-t-il, je ne craindrai jamais, devenus libres, ceux que j'ai amenés ici enchaînés. » Deux fois, le peuple entier fut sévèrement réprimandé par un seul homme,

---

3. Quid? populum ab incursu suo tutum libertas reliquit? immo et similiter aggressa, et æque experta patientum est. C. Carbo, tribunus plebis, nuper sepultæ Gracchanæ seditionis turbulentissimus vindex, idemque orientum civilium malorum fax ardentissima, P. Africanum a Numantiæ ruinis summo cum gloriæ fulgore venientem, ab ipsa pæne porta in rostra perductum, *quid de Tib. Gracchi morte*, cujus sororem in matrimonio habebat, *sentiret*, interrogavit; ut, auctoritate clarissimi viri, inchoato jam incendio multum incrementi adjiceret, quia non dubitabat, quin propter tam arctam affinitatem, aliquid pro interfecti necessarii memoria miserabiliter esset locuturus : at is *jure eum cæsum videri* respondit. Cui dicto quum concio tribunitio furore instincta violenter succlamasset. *Taceant*, inquit, *quibus Italia noverca est*. « Orto deinde murmure : « *Non efficietis*, ait, *ut solutos verear, quos alligatos adduxi.* » Universus populus iterum ab uno contumeliose correptus erat, quantus est honos vir-

et aussitôt (combien la vertu imprime le respect !) il se fit un profond silence. Sa récente victoire sur Numance, la conquête de la Macédoine par son père, les dépouilles enlevées par son aïeul sur Carthage abattue, deux rois, Syphax et Persée, précédant le char triomphal de leur vainqueur, imposèrent à la multitude : les fers de ces illustres captifs enchaînèrent l'assemblée tout entière et lui fermèrent la bouche. Ce silence ne fut pas l'effet de la crainte : les importants services des Émiliens et des Corneliens, qui avaient délivré Rome et l'Italie de tant d'alarmes, effacèrent la liberté du peuple devant la liberté de Scipion. (An de R. 622.)

4. Aussi devons-nous éprouver moins d'étonnement à voir l'autorité imposante de Cn. Pompée si souvent aux prises avec la liberté. Mais il ne laissa pas d'en tirer assez de gloire, parce qu'en butte à la licence d'une foule d'hommes de toute condition, il endura leurs insultes d'un front calme et serein. Cn. Pison, poursuivant en justice Manilius Crispus, voyait que le crédit de Pompée allait lui arracher cet homme visiblement coupable. Emporté par la fougue de la jeunesse et le zèle de sa cause, il dirigea contre ce trop puissant défenseur de nombreuses et graves accusations. Pompée alors lui demanda pour-

tutis ! et tacuit actutum. Recens victoria ipsius Numantina, et patris Macedonica, devictæque Carthaginis avita spolia, ac duorum regum Syphacis et Persæ ante triumphales currus catenæ, cervices tunc totius fori prementes, ora clauserunt. Nec timori datum est silentium ; sed quia, beneficio Æmiliæ Corneliæque gentis multi metus Urbis atque Italiæ finiti erant, plebs Romana libertati Scipionis libera non fuit.

4. Quapropter minus mirari debemus, quod amplissima Cn. Pompeii auctoritas toties cum libertate luctata est ; nec sine magna laude, quoniam omnis generis hominum licentiæ ludibrio esse quieta fronte tulit. Cn. Piso, quum Manilium Crispum reum ageret, eumque evidenter nocentem gratia Pompeii videret eripi, juvenili impetu ac studio accusationis provectus, multa et gravia crimina præpotenti defensori objecit. Interrogatus deinde ab eo, *cur se quoque non accu-*

quoi il ne le mettait pas aussi en jugement : « Donnez caution à la république, répondit-il, qu'une fois appelé devant les tribunaux, vous n'exciterez pas une guerre civile ; et à l'instant même je livre votre tête, avant celle de Manilius, à la sévérité des juges. » Ainsi, dans la même cause, il tient tête à deux adversaires, à Manilius par son accusation, à Pompée par sa liberté. Il oppose à l'un la force des lois, à l'autre un défi, seule arme qui soit en son pouvoir. (Vers l'an 696.)

5. Eh quoi! parle-t-on de liberté sans parler de Caton? pas plus que de Caton sans parler de liberté. Il siégeait comme juge dans la cause d'un sénateur coupable de délits infamants et traduit en justice. On produisit une lettre de Cn. Pompée, contenant l'éloge du prévenu, et qui n'aurait pas manqué d'intéresser le tribunal en sa faveur : Caton la fit rejeter en citant la loi qui défendait aux sénateurs de recourir à de pareils moyens. Cette action n'a rien de surprenant, si l'on a égard au personnage : ce qui passerait pour audace dans un autre n'est dans Caton qu'un trait de confiance. (An de R. 702.)

6. Le consul Lentulus Marcellinus se plaignait à la tribune de la puissance excessive du grand Pompée, et le peuple entier lui

---

saret, « Da, inquit, prædes reipublicæ, te, si postulatus fueris, civile bellum non excitaturum; etiam de tuo prius, quam de Manilii capite in consilium judices mittam. » Ita eodem judicio duos sustinuit reos : accusatione Manilium, libertate Pompeium; et eorum alterum lege peregit, alterum professione, qua solum poterat.

5. Quid ergo? libertas sine Catone? Non magis, quam Cato sine libertate; nam quum in senatorem nocentem et infamem, reum, judex sedisset, tabellæque Cn. Pompeii laudationem ejus continentes prolatæ essent, procul dubio efficaces futuræ pro noxio, submovit eas e quæstione, legem recitando, qua cautum erat, *ne senatoribus tali auxilio uti liceret*. Huic facto persona admirationem ademit; nam, quæ in alio audacia videretur, in Catone fiducia cognoscitur.

6. Cn. Lentulus Marcellinus consul, quum in concione de magni Pompeii nimia potentia quereretur, assensusque ei clara voce universus populus esset :

applaudissait à haute voix. « Applaudissez, Romains, s'écria-t-il, applaudissez tandis que vous le pouvez encore; bientôt vous ne pourrez plus le faire impunément. » On attaquait ainsi la puissance d'un illustre citoyen, tant par des plaintes qui le rendaient odieux, que par des gémissements qui appelaient la compassion sur le sort de la république. (An de R. 697.)

7. Pompée avait la jambe serrée d'une bandelette blanche. « Qu'importe, dit Favonius à ce sujet, sur quelle partie du corps on porte le diadème? » Par cette plaisanterie sur un simple ruban, il lui reprochait d'exercer une autorité royale dans la république. Mais Pompée ne changea point de visage; il évita également et de paraître avouer avec plaisir un tel pouvoir par un air joyeux, et de faire soupçonner du ressentiment par un air de tristesse. Cette patience enhardit contre lui des hommes d'une fortune et d'un rang bien inférieurs. Il suffira d'en citer deux exemples tirés de la foule. (An de R. 699.)

8. Helvius Mancia de Formies, fils d'un affranchi, déjà dans une extrême vieillesse, accusait L. Libon devant les censeurs (an 698). Dans le cours des débats, le grand Pompée, lui reprochant la bassesse de sa naissance et son âge, lui dit qu'il était sans doute sorti de chez les morts pour porter cette accusation.

« *Acclamate*, inquit, *Quirites, acclamate, dum licet; jam enim vobis impune facere non licebit.* » Pulsata est tunc eximii civis potentia, hinc invidiosa querela, hinc lamentatione miserabili.

7. Cui candida fascia crus alligatum habenti Favonius : « *Non refert*, inquit, *qua in parte corporis sit diadema*, » exigui panni cavillatione regias ei vires exprobrans. At is, neutra in parte mutato vultu, utrumque cavit, ne aut hilari fronte libenter agnoscere potentiam, aut tristi iram profiteri videretur : eaque patientia inferioris etiam generis et fortunæ hominibus aditum adversus se dedit; e quorum turba duos retulisse abunde erit.

8. Helvius Mancia Formianus, libertini filius, ultimæ senectutis, L. Libonem apud censores accusabat. In quo certamine quum Pompeis Magnus humilitatem ei ætatemque exprobrans, *ab inferis illum ad accusandum remissum* dixisset,

« En effet, Pompée, répliqua-t-il, tu as raison : je viens de chez les morts, et j'en viens pour accuser L. Libon. Mais dans le séjour que j'ai fait parmi eux, j'ai vu Ahenobarbus, tout sanglant, se plaindre amèrement qu'un homme tel que lui, de la plus haute naissance, d'une vie sans reproches, sincèrement attaché à sa patrie, eût été assassiné par ton ordre à la fleur de l'âge (an 672) : j'ai vu Brutus, personnage d'une égale illustration, le corps percé de coups, reprocher cet horrible traitement à ta perfidie, à ta cruauté (an 676) : j'ai vu Cn. Carbon, ce défenseur si ardent de ton enfance et de ton héritage paternel, chargé de chaînes par ton ordre dans son troisième consulat, maudire ton nom, attester qu'au mépris de toute justice, malgré la haute magistrature dont il était revêtu, toi, simple chevalier romain, tu l'avais massacré (an 671) : j'ai vu dans le même état un ancien précepteur, Perperna; je l'ai vu, par des imprécations pareilles, vouer ta barbarie à l'exécration (an 681) : j'ai vu tous ces malheureux pousser un cri unanime d'indignation, d'avoir été mis à mort sans jugement, d'avoir trouvé en toi, si jeune encore, leur bourreau. » Un citoyen d'une ville municipale, et qui se sentait encore de l'esclavage de son père, un homme

---

« Non mentiris, inquit, Pompei : venio enim ab inferis; in L. Libonem accusator venio : sed, dum illic moror, vidi cruentum Cn. Domitium Ahenobarbum deflentem, quod summo genere natus, integerrimæ vitæ, amantissimus patriæ, in ipso juventutis flore, tuo jussu esset occisus : vidi pari claritate conspicuum Brutum ferro laceratum, querentem id sibi prius perfidia, deinde etiam crudelitate tua accidisse : vidi Cn. Carbonem acerrimum pueritiæ tuæ, honorumque patris tui defensorem, in tertio consulatu catenis, quas tu ei injici jusseras, vinctum, obtestantem te, adversus omne fas atque nefas, quum in summo esset imperio, a te equite Romano trucidatum : vidi eodem habitu et quiritatu prætorium virum Perpernam sævitiam tuam exsecrantem; omnesque eos una voce indignantes, quod indemnati sub te adolescentulo carnifice occidissent. » Obducta jam vetustis cicatricibus bellorum civilium vastissima vulnera, municipali homini servitutem paternam redolenti, effrenatæ temeritatis, intolerabilis spiritus,

d'une audace effrénée, d'un orgueil intolérable, rappelait le souvenir des guerres civiles, ces plaies si profondes, depuis longtemps fermées et cicatrisées ; et cette liberté demeura impunie. Ainsi, c'était alors un acte de grand courage et pourtant sans nul péril, que d'outrager de paroles le grand Pompée. Mais je ne puis poursuivre davantage mes plaintes à ce sujet, quand j'ai à citer un personnage d'une condition bien inférieure encore.

9. Diphile, acteur tragique, remplissait un rôle dans une pièce aux jeux Apollinaires. Quand il fut au vers qui contenait cette pensée : « Il est grand par nos malheurs, » il le prononça les mains étendues vers le grand Pompée. Le peuple redemanda ce vers plusieurs fois ; Diphile le répéta sans hésiter, et toujours avec un geste qui accusait ce grand homme d'un pouvoir excessif et intolérable. Il rendit avec la même audace cet autre endroit : « Ces exploits fameux vous causeront un jour de cruels regrets. » (An de R. 694.)

10. L'âme de M. Castricius fut aussi embrasée du feu de la liberté. Étant premier magistrat à Plaisance, il reçut du consul Cn. Carbon l'injonction de déclarer par un décret que les habitants de cette ville lui donneraient des otages ; mais il ne voulut ni déférer à son autorité suprême, ni fléchir devant les forces les

---

impune revocare licuit. Itaque eo tempore et fortissimum erat Cn. Pompeio maledicere, et tutissimum. Sed non patitur nos hoc longiore querela prosequi personæ insequentis aliquanto sors humilior.

9. Diphilus tragœdus, quum Apollinaribus ludis inter actum ad eum versum venisset, in quo hæc sententia continetur : « *Miseria nostra magnus est,* » directis in Pompeium Magnum manibus, pronuntiavit ; revocatusque aliquoties a populo, sine ulla cunctatione, nimiæ illum et intolerabilis potentiæ reum gestu perseveranti egit. Eadem petulantia usus est in ea quoque parte : « *Virtutem istam, veniet tempus, quum graviter gemas.* »

10. M. etiam Castricii libertate inflammatus animus ; qui, quum Placentiæ magistratum gereret, Cn. Carbone consule jubente decretum fieri, quo sibi obsides a Placentinis darentur, nec summo ejus imperio obtemperavit, nec maximis viri-

plus imposantes; et même le consul lui faisant observer qu'il avait bien des épées, « Et moi, bien des années, » répondit-il. Tant de légions demeurèrent immobiles d'étonnement à la vue d'un tel reste d'énergie dans un vieillard; et le courroux de Carbon, ne voyant qu'une bien faible vengeance à lui enlever le peu de jours qui lui restaient, s'éteignit de lui-même. (An de R. 669.)

11. Servius Galba fit une demande bien téméraire, lorsque dans une audience que le divin Jules, déjà victorieux de tous ses ennemis, donnait sur la place publique, il osa l'apostropher en ces termes : « Jules César, je me rends caution pour le grand Pompée, autrefois ton gendre, alors consul pour la troisième fois, d'une somme d'argent que l'on me demande aujourd'hui : que faire? dois-je la payer? » En lui reprochant à découvert et devant le public la vente des biens de Pompée, il méritait d'être repoussé du tribunal. Mais le héros, plus généreux que la clémence même, fit acquitter sur ses propres trésors la dette de Pompée. (Vers l'an 708.)

12. A. Cascellius, cet illustre jurisconsulte, quel danger ne courut-il point par une opiniâtre résistance? Il n'y eut ni faveur

---

bus cessit, atque etiam dicenti, *multos se gladios habere*, respondit : « *Et ego annos.* » Obstupuerunt tot legiones, tam robustas senectutis reliquias intuentes : Carbonis quoque ira, quia materiam saeviendi perquam exiguam habebat, parvulum vitae tempus ablatura, in se ipsa collapsa est.

11. Jam Ser. Galbae temeritatis plena postulatio, qui divum Julium, consummatis victoriis, in foro jus dicentem; in hunc modum interpellare sustinuit : « C. Juli Caesar, pro Cn. Pompeio Magno, quondam genero tuo, in tertio ejus consulatu pecuniam spopondi, quo nomine nunc appellor. Quid agam? dependam? » Palam atque aperte ei bonorum Pompeii venditionem exprobrando, ut a tribunali submoveretur, meruerat : sed illud ipsa mansuetudine mitius pectus, aes alienum Pompeii ex suo fisco solvi jussit.

12. A. Cascellius, vir juris civilis scientia clarus, quam periculose contumax! Nullius enim aut gratia aut auctoritate compelli potuit, ut de aliqua earum

ni autorité qui pût le déterminer à rédiger une formule pour aucune donation des triumvirs. Il osait ainsi condamner leur victoire et leurs libéralités, les flétrir comme indignes de toute sanction légale. (Vers 711.)

Le même Cascellius parlait fort librement du parti de César, et ses amis l'invitaient à garder le silence sur ce sujet : « Il est deux choses, répondit-il, que les hommes regardent comme très-fâcheuses, mais qui me mettent fort à mon aise, c'est d'être vieux et sans enfants. »

Exemples étrangers.

1. Parmi de si grands hommes vient se mêler ici une femme étrangère. Philippe, roi de Macédoine, au sortir d'un repas où il s'était enivré, l'avait condamnée injustement. « J'en appellerais bien, dit-elle, à Philippe, mais à Philippe à jeun. » Ces mots dissipèrent les fumées du vin et réveillèrent l'attention du prince ; ils le forcèrent, malgré l'ivresse, à rentrer en lui-même, et à prononcer, après un examen plus réfléchi de la cause, une sentence plus équitable. Ainsi, cette femme arracha une justice

---

rerum, quas triumviri dederant, formulam componeret; hoc animi judicio victoriæ eorum beneficia extra omnem ordinem legum ponens.

Idem, quum multa de temporibus Cæsaris liberius loqueretur, amicique, ne id faceret, monerent, *duas res, quæ hominibus amarissimæ viderentur, magnam sibi licentiam præbere,* respondit, *senectutem et orbitatem.*

Quæ libere dicta aut facta ab externis.

1. Inserit se tantis viris mulier alienigeni sanguinis, quæ, a Philippo rege temulento immerenter damnata : « *Provocarem ad Philippum*, inquit, *sed sobrium.* » Excussit crapulam oscitanti, ac præsentia animi ebrium resipiscere, causaque diligentius inspecta justiorem sententiam ferre coegit. Igitur æquita-

qu'on lui avait d'abord refusée; elle trouva plus d'appui dans la liberté de ses paroles que dans son innocence.

2. Mais voici un trait de liberté qui réunit la finesse au courage. Tandis que tous les Syracusains faisaient des vœux ardents pour la mort de Denys, leur tyran, à cause de la dureté de son caractère et des maux insupportables dont il les accablait, une femme très-âgée priait seule les dieux, tous les matins, de conserver les jours du prince et de les prolonger au delà des siens. Denys en eut connaissance. Surpris d'une bienveillance à laquelle il n'avait pas droit, il fit venir cette femme, lui demanda le motif de sa prière, et comment il avait pu la mériter : « J'ai, lui dit-elle, de bonnes raisons d'agir ainsi. Quand j'étais jeune, nous avions un tyran fâcheux; je désirais d'en être délivrée : il fut tué; un autre plus terrible s'empara de la citadelle; je regardais encore comme un grand bonheur de voir finir sa domination : vous êtes devenu notre troisième tyran, plus dur que les deux premiers. C'est pourquoi, dans la crainte que votre mort ne nous amène à votre place un maître encore plus méchant, je dévoue ma tête pour votre conservation. » Denys eut honte de punir une audace aussi plaisante.

---

tem, quam impetrare non potuerat, extorsit, potius præsidium a libertate, quam ab innocentia, mutuata.

2. Jam illa non solum fortis, sed etiam urbana libertas. Senectutis ultimæ quædam, Syracusanis omnibus Dionysii tyranni exitum, propter nimiam morum acerbitatem et intolerabilia onera, votis expetentibus, sola quotidie matutino tempore deos, ut incolumis ac sibi superstes esset, orabat. Quod ubi is cognovit, non debitam sibi admiratus benevolentiam, arcessit eam, et, *quid ita hoc, aut quo suo merito faceret*, interrogavit. Tum illa, « Certa est, inquit, ratio propositi mei. Puella enim, quum gravem tyrannum haberemus, carere eo cupiebam : quo interfecto, aliquanto tetrior arcem occupavit; ejus quoque finiri dominationem magni æstimabam : tertium te superioribus importuniorem habere cœpimus rectorem. Itaque, ne, si tu fueris absumptus, deterior in locum tuum succedat, caput meum pro tua salute devoveo. » Tam facetam audaciam Dionysius punire erubuit.

3. Ces deux femmes pouvaient s'unir, par les liens d'une généreuse hardiesse, avec Théodorus de Cyrène, qui eut le même courage, mais un sort moins heureux. Le roi Lysimaque le menaçait de la mort : « Vraiment, lui dit-il, tu as là un magnifique avantage, d'avoir acquis la vertu d'une cantharide. » Piqué de ce propos, le roi commanda de le mettre en croix. « Une croix, dit Théodorus, peut être un épouvantail pour tes courtisans; mais pour moi, peu importe que je pourrisse en terre ou en l'air. »

CHAPITRE III

DE LA SÉVÉRITÉ

Exemples chez les Romains.

Il faut armer son cœur de fermeté, au récit des exemples d'une sévérité triste et farouche, afin que, dégagé de toute pensée compatissante, il reste libre pour des impressions terribles et

3. Inter has et Theodorum Cyrenæum quasi animosi spiritus conjugium esse potuit, virtute par, felicitate dissimile. Is enim Lysimacho regi mortem sibi minitanti : « *Enimvero*, inquit, *magnifica res tibi contigit, quia cantharidis vim assecutus es.* » Quumque hoc dicto accensus, cruci eum suffigi jussisset : « *Terribilis hæc*, ait, *purpuratis sit tuis; mea quidem nihil interest, humine an sublime putrescam.* »

CAPUT III

DE SEVERITATE

De Severitate Romanorum.

Armet se duritia pectus necesse est, dum horridæ ac tristis severitatis acta narrantur, ut, omni mitiore cogitatione seposita, rebus auditu asperis vacet. Ita

lugubres. Alors pourront se présenter les vengeances rigoureuses et impitoyables et les diverses espèces de châtiments : elles sont, il est vrai, d'utiles soutiens des lois; mais elles ne devraient point figurer dans des pages destinées au calme et à la douceur.

1. M. Manlius fut précipité de ce même rocher d'où il avait repoussé les Gaulois, pour avoir formé l'entreprise sacrilége d'opprimer la liberté après l'avoir vaillamment défendue. Cette juste punition fut sans doute ainsi motivée : « Tu étais Manlius à mes yeux lorsque tu précipitais les Sénonais du haut du Capitole; mais du moment que tu es devenu leur imitateur, je n'ai vu en toi qu'un Sénonais. » Son supplice fut empreint d'une note éternelle d'infamie. Ce fut son crime qui fit défendre, par une loi, à tout patricien d'habiter la hauteur de la citadelle ou du Capitole, parce que Manlius avait eu sa maison à l'endroit où nous voyons aujourd'hui le temple de Junon Moneta. (An de R. 370.)

Pareille indignation éclata dans Rome contre Spurius Cassius. Le seul soupçon d'avoir ambitionné la souveraineté effaça le souvenir de trois glorieux consulats et de deux triomphes éclatants. En effet, le sénat et le peuple romain, non contents de lui infliger la peine capitale, ajoutèrent à son supplice la destruction de

---

enim districtæ et inexorabiles vindictæ et varia pœnarum genera in medium procurrent, utilia legum quidem munimenta, sed minime in placido et quieto paginarum numero reponenda.

1. M. Manlius, unde Gallos depulerat, inde ipse præcipitatus est, quia fortiter defensam libertatem nefarie opprimere conatus fuerat. Cujus justæ ultionis nimirum hæc præfatio fuit : *Manlius eras mihi, quum præcipites agebas Senones; postquam imitari'cœpisti, unus factus es ex Senonibus.* Hujus supplicio æternæ memoriæ nota inserta est. Propter illum enim lege sanciri placuit, ne quis patricius in arce, aut Capitolio, habitaret; quia domum eo loci habuerat, ubi nunc ædem Monetæ videmus.

Par indignatio civitatis adversus Sp. Cassium erupit. Cui plus suspicio concupitæ dominationis nocuit, quam tres magnifici consulatus, ac duo speciosissimi triumphi profuerunt. Senatus enim, populusque Romanus, non contentus capitali

sa maison, afin de le punir encore par la ruine de ses pénates. Sur cet emplacement, on éleva un temple à la Terre. Ainsi, une demeure, séjour jadis d'un ambitieux, est devenue un monument qui rappelle une religieuse sévérité (an 268). La même audace dans Sp. Mélius reçut de la patrie la même punition; et, pour transmettre à la postérité le souvenir de son juste châtiment, on nomma l'emplacement de sa maison *Æquimelium* (place de Mélius). (An 315.)

On voit combien les anciens portaient naturellement de haine aux ennemis de la liberté : la ruine des murailles et des habitations que les traîtres avaient occupées en est un témoignage. Aussi, après avoir mis à mort et M. Flaccus et L. Saturninus, les plus séditieux des citoyens, on renversa leurs maisons de fond en comble (ans 632, 653). Quant au terrain sur lequel avait été située celle de Flaccus, après être resté longtemps vide, il fut orné des dépouilles des Cimbres par Q. Catulus.

Rome vit briller dans son sein la haute noblesse de Caïus et de Tibérius Gracchus, qui donnaient les plus grandes espérances. Mais, parce qu'ils avaient tenté d'ébranler la constitution de l'État, leurs cadavres restèrent sans sépulture; et les derniers

---

eum supplicio afficere, interempto domum superjecit, ut penatium quoque strage puniretur. In solo autem ædem Telluris fecit : itaque quod prius domicilium impotentis viri fuerat, nunc religiosæ severitatis monumentum est. Eadem ausum Sp. Melium consimili exitu patria mulctavit; area vero domus ejus, quo justitia supplicii notior ad posteros perveniret, *Æquimelii* appellationem traxit.

Quantum ergo odii adversus hostes libertatis insitum animis antiqui haberent, parietum ac tectorum, in quibus versati fuerant, ruinis testabantur; ideoque et M. Flacci, et L. Saturnini, seditiosissimorum civium, corporibus trucidatis, penates ab imis fundamentis eruti sunt. Cæterum Flacciana area, quum diu penatibus vacua mansisset, a Q. Catulo Cimbricis spoliis adornata est.

Viguit in nostra civitate Tib. et C. Gracchorum summa nobilitas, ac spes amplissima. Sed quia statum civitatis conati erant convellere, insepulta cadavera

honneurs qu'on rend à l'humanité furent refusés aux fils de Sempronius Gracchus, aux petits-fils du premier Scipion l'Africain. Bien plus, pour ôter à tout citoyen l'idée de se rendre l'ami des ennemis de la république, on précipita, du lieu destiné aux exécutions, tous ceux qui avaient eu des liaisons intimes avec eux. (Ans 620, 632.)

2. P. Mucius, tribun du peuple, crut avoir, contre des traîtres, le même droit que le sénat et le peuple romain. Il fit brûler vifs ses collègues, qui, à l'instigation de Spurius Cassius, s'opposaient à l'élection de nouveaux magistrats et mettaient en péril la liberté publique. Rien assurément de plus hardi que cette sévérité : un seul tribun osa faire subir à ses neuf collégues une peine que les neuf tribuns ensemble auraient tremblé d'infliger à un seul. (An de R. 268.)

3. Nous avons vu jusqu'ici la sévérité maintenir et venger la liberté; mais elle soutint avec une fermeté non moins rigoureuse la dignité de l'État et la discipline. Le sénat livra Clodius aux Corses pour avoir fait avec eux une paix honteuse; et comme les ennemis refusèrent de le recevoir, il le fit mettre à mort dans la prison publique. Pour un seul outrage à la majesté de l'em-

---

jacuerunt; supremusque humanæ conditionis honos filiis Gracchi, et nepotibus Africani defuit. Quin etiam familiarum eorum, ne quis reipublicæ inimicis amicus esse vellet, de robore præcipitati sunt.

2. Idem sibi tam licere P. Mucius tribunus plebis, quam senatui et populo Romano credidit, qui omnes collegas suos, qui duce Sp. Cassio id egerant, ut, magistratibus non subrogatis, communis libertas in dubium vocaretur, vivos cremavit. Nihil profecto hac severitate fidentius. Unus enim tribunus eam pœnam novem collegis inferre ausus est, quam novem tribuni ab uno collega exigere perhorruissent.

3. Libertatis adhuc custos et vindex severitas; sed pro dignitate etiam ac pro disciplina æque gravis. M. enim Claudium senatus Corsis, quia turpem cum his pacem fecerat, dedidit. Quem ab hostibus non acceptum, in publica custodia necari jussit. Semel læsa majestate imperii, quot modis iræ pertinax vindex!

pire, que de châtiments accumulés! quel acharnement de vengeance! on annule les actes du coupable, on le prive de la liberté, on lui ôte la vie, on flétrit son corps par l'ignominie de la prison et par l'horreur des gémonies. (An de R. 517.)

Celui-là du moins méritait le courroux du sénat; mais Cn. Cornélius Scipion, fils d'Hispallus, en éprouva les effets avant d'avoir pu le mériter. Le sort lui avait assigné l'Espagne pour département : le sénat lui fit défense d'y mettre les pieds, et en donna pour motif qu'il était incapable de bien faire. Ainsi Cornélius, à cause de sa conduite déréglée, et sans avoir exercé aucune fonction dans sa province, se vit condamné presque comme concussionnaire. (An de R. 644.)

C. Vettiénus, qui s'était coupé les doigts de la main gauche pour s'exempter de servir dans la guerre d'Italie, n'échappa pas non plus à la sévérité du sénat. Ses biens furent confisqués, lui-même puni d'une prison perpétuelle; et il fut réduit à consumer ignominieusement dans les fers une vie qu'il n'avait pas voulu sacrifier avec honneur sur un champ de bataille. (An de R. 663.)

4. Cette sévérité trouva un imitateur dans le consul M. Curius. Obligé de publier subitement une levée d'hommes, et ne voyant

---

factum ejus rescidit, libertatem ademit, spiritum exstinxit, corpus contumelia carceris et detestanda gemoniarum scalarum nota fœdavit.

Atque hic quidem senatus animadversionem meruerat; Gn. autem Cornelius Scipio, Hispalli filius, prius quam mereri posset, expertus est. Nam, quum ei Hispania provincia sorte obvenisset, ne illuc iret, decrevit, adjecta causa, quod recte facere nesciret. Itaque Cornelius propter vitæ inhonestum actum, sine ullo provinciali ministerio, tantum non repetundarum lege damnatus est.

Ne in C. quidem Vettieno, qui sinistræ manus digitos, ne bello Italico militaret, absciderat, severitas senatus cessavit. Publicatis enim bonis ejus, ipsum æternis vinculis puniendum censuit, effecitque, ut, quem honeste spiritum profundere in acie noluerat, turpiter in catenis consumeret.

4. Id factum imitatus M. Curius consul, quum delectum subito edicere coac-

aucun des jeunes gens répondre à son appel, il jeta dans une urne les noms de toutes les tribus pour les tirer au sort. Celui de la tribu Pollia sortit le premier, et, dans cette tribu, le premier nom que le sort désigna fut proclamé par son ordre. Comme personne ne se présentait, il mit les biens du jeune homme à l'encan. Celui-ci en fut averti, courut au tribunal du consul, et en appela aux tribuns. Curius alors, déclarant que la république n'avait que faire d'un citoyen qui ne savait pas obéir, vendit et ses biens et sa personne. (An de R. 478.)

5. L. Domitius fut également ferme dans ses résolutions. Lorsqu'il gouvernait la Sicile en qualité de préteur, on lui apporta un sanglier d'une grosseur extraordinaire. Il se fit amener le berger qui l'avait tué de sa main, et lui demanda comment il était venu à bout d'un tel animal. Apprenant qu'il s'était servi d'un épieu, il le fit mettre en croix, parce que lui-même, pour affranchir la province des brigandages auxquels elle était en proie, avait défendu par un édit de porter aucune arme offensive. On dira peut-être que cet exemple ne tient pas moins de la cruauté que de la sévérité. L'on peut en effet trouver des motifs pour lui donner l'un et l'autre nom; mais la raison d'État ne per-

---

tus esset, et juniorum nemo respondisset, conjectis in sortem omnibus tribubus, *Polliæ*, quæ proxima exierat, *primum nomen urna extractum citari* jussit; neque eo respondente, bona adolescentis hastæ subjecit. Quod uti illi nuntiatum est, ad consulis tribunal cucurrit, collegiumque tribunorum appellavit. Tunc M. Curius præfatus, *non opus esse eo cive reipublicæ, qui parere nesciret*, et bona ejus et ipsum vendidit.

5. Æque tenax propositi L. Domitius. Nam, quum Siciliam prætor regeret, et ad eum eximiæ magnitudinis aper allatus esset, adduci ad se pastorem, cujus manu occisus erat, jussit; interrogatumque, qui eam bestiam confecisset, postquam comperit, usum venabulo, cruci suffixit, quia ipse ad exturbanda latrocinia, quibus provincia vastabatur, *ne quis telum haberet*, edixerat. Hoc aliquis in fine severitatis et sævitiæ ponendum dixerit. Disputatione enim utroque flecti

met point d'accuser le préteur de trop de dureté. (An de R. 655.)

6. C'est ainsi que la sévérité déploya son énergie en punissant des hommes; mais elle ne se montra pas moins active en sévissant contre des femmes. Horace, après avoir par sa valeur vaincu lui seul les trois Curiaces, et, en vertu du traité, tous les Albains, revenait chez lui de ce combat mémorable. Il vit sa jeune sœur pleurer, plus amèrement qu'il ne convenait à son âge, la mort de l'un des Curiaces destiné à devenir son époux, et de la même épée dont il avait si bien servi l'État, il lui arracha la vie, trouvant peu de pudeur à des larmes versées pour un amour prématuré. Accusé pour cette action devant le peuple, il fut défendu par son père. Ainsi le trop vif attachement d'une jeune fille à la mémoire de celui qui devait être son époux rencontra, dans un frère, un vengeur impitoyable et, dans un père, un approbateur non moins rigide de cette vengeance. (An de R. 87.)

7. Par une sévérité semblable, le sénat, plus tard, chargea les consuls Sp. Postumius Albinus et Q. Marcius Philippus de faire le procès à des femmes qui s'étaient rendues coupables d'inceste dans les fêtes de Bacchus. Ils en condamnèrent plusieurs, mais

---

potest : cæterum ratio publici imperii prætorem nimis asperum existimari non patitur.

6. Sic se in viris puniendis severitas exercuit; sed ne in feminis quidem supplicio afficiendis segniorem se egit. Horatius unus prælio trium Curatiorum, conditione pugnæ omnium Albanorum victor, quum ex illa clarissima acie domum repetens, sororem suam virginem Curiatii sponsi mortem profusius, quam illa ætas debebat, flentem vidisset, gladio, quo patriæ rem bene gesserat, interemit, parum pudicas ratus lacrymas, quæ præpropero amori dabantur : quem hoc nomine reum apud populum actum pater defendit. Ita paulo propensior animus puellæ ad memoriam futuri viri, et fratrem ferocem vindicem, et vindictæ tam rigidum assensorem patrem habuit.

7. Consimili severitate senatus postea usus, Sp. Postumio Albino et Q Marcio Philippo consulibus mandavit, ut de his, quæ sacris Bacchanalium inceste usæ

toutes furent exécutées dans l'intérieur de leurs familles : et la honte d'un opprobre qui s'étendait au loin fut réparée par la rigueur du supplice; car autant l'infâme conduite de ces femmes avait imprimé d'ignominie à la république, autant la sévérité de leur punition lui fit d'honneur. (An de R. 567.)

8. Publicie et Licinie qui empoisonnèrent, l'une le consul Postumius Albinus, l'autre Claudius Asellus, leurs époux, furent étranglées par ordre de leurs parents. Des personnages aussi sévères ne crurent pas devoir attendre, pour un crime si manifeste, les longueurs de la procédure publique. Comme ils auraient été zélés à défendre leur innocence, ils furent prompts à punir leur scélératesse. (An de R. 599.)

9. Un horrible forfait avait provoqué leur sévérité à la vengeance; un motif beaucoup moins grave alluma le courroux d'Egnatius Métellus, lorsqu'il fit expirer son épouse sous les coups de bâton pour avoir bu du vin. Ce meurtre, loin de trouver un accusateur, ne fut pas même blâmé : chacun pensait qu'elle avait justement expié, par une punition exemplaire, la violation des lois de la sobriété. Et à coup sûr, toute femme qui aime à

---

fuerant, inquirerent. A quibus quum multæ essent damnatæ, in omnes cognatas intra domos animadverterunt. Lateque patens opprobrii deformitas, severitate supplicii emendata est, quia, quantum ruboris civitati nostræ mulieres turpiter se gerendo incusserant, tantum laudis graviter punitæ attulerunt.

8. Publicia autem, quæ Postumium Albinum consulem ; item Licinia, quæ Claudium Asellum, viros suos, veneno necaverant, propinquorum decreto strangulatæ sunt. Non enim putaverunt severissimi viri, in tam evidenti scelere longum publicæ quæstionis tempus exspectandum; itaque quarum innocentium defensores fuissent, sontium maturi vindices exstiterunt.

9. Magno scelere horum severitas ad exigendam vindictam concitata est; Egnatii autem Metelli longe minori de causa, qui uxorem, quod vinum bibisset, fuste percussam interemit. Idque factum non accusatore tantum sed etiam reprehensore caruit, unoquoque existimante, optimo illam exemplo violatæ sobrietatis pœnas pependisse. Et sane quæcumque femina vini usum

2.

l'excès l'usage du vin ferme son cœur à toutes les vertus et l'ouvre à tous les vices.

10. Ce fut aussi un sévère et redoutable époux, que C. Sulpicius Gallus, qui répudia sa femme pour s'être montrée en public le visage découvert : sentence rigoureuse, il est vrai, mais néanmoins assez fondée en raison. « La loi, lui dit-il, vous prescrit de ne chercher à vous rendre agréable qu'à mes yeux; eux seuls doivent être l'objet de votre parure; c'est pour eux que vous devez être belle, à eux seuls que vous devez confier le secret de vos charmes : tout autre regard attiré sur vous, et provoqué sans nécessité, devient une cause de soupçon, un motif de vous croire criminelle. »

11. Tels furent les sentiments de Q. Antistius Vétus lorsqu'il répudia sa femme pour l'avoir vue s'entretenir en particulier, dans la rue, avec une affranchie de mauvaises mœurs. A voir, en quelque sorte, non le crime consommé, mais le crime à sa naissance et comme à son berceau, sa colère s'émut; sa vengeance devança la faute; il aima mieux se garantir de l'outrage que d'avoir à le punir.

12. Il faut joindre à ces exemples celui de P. Sempronius Sophus, qui fit subir à sa femme l'humiliation du divorce, seule-

---

immoderate appetit, omnibus et virtutibus januam claudit, et delictis aperit.

10. Horridum C. quoque Sulpicii Galli maritale supercilium. Nam uxorem dimisit, quod eam capite aperto foris versatam cognoverat; abscissa sententia, sed tamen aliqua ratione munita. « Lex enim, inquit, tibi meos tantum præfinit oculos, quibus formam tuam approbes, his decoris instrumenta compara; his esto speciosa; horum te certiori crede notitiæ; ulterior tui conspectus supervacua irritatione arcessitus, in suspicione et crimine hæreat necesse est. »

11. Nec aliter sensit Q. Antistius Vetus repudiando uxorem, quod illam in publico cum quadam libertina vulgari secreto loquentem viderat. Nam, ut ita dicam, incunabulis et nutrimentis culpæ, non ipsa commotus culpa, citeriorem delicto præbuit ultionem, ut potius caveret injuriam, quam vindicaret.

12. Jungendus est his P. Sempronius Sophus, qui conjugem repudii nota

ment pour avoir osé assister aux jeux publics à son insu. Ainsi jadis prévenant les fautes des femmes, on éloignait de leur cœur la pensée du vice.

De la Sévérité des étrangers.

1. Quoique Rome puisse fournir assez d'exemples de sévérité pour instruire tout l'univers, néanmoins une légère connaissance des traits étrangers ne saurait déplaire. Les Lacédémoniens proscrivirent de leur ville les livres d'Archiloque, parce qu'ils en regardaient la lecture comme peu conforme à la modestie et à la pudeur. Ils ne voulurent pas que l'âme de leurs enfants se nourrît d'une telle poésie, de peur que le cœur ne trouvât plus à y perdre que l'esprit à y gagner. Ainsi le premier, ou du moins le second des poëtes, pour avoir déchiré par des satires obscènes une famille qui lui était odieuse, se vit flétrir à Lacédémone par la proscription de ses vers. (Av. J.-C. 687.)

2. Les Athéniens infligèrent la peine capitale à Timagoras, qui avait salué le roi Darius à la manière des Perses, en se proster-

---

affecit, nihil aliud quam se ignorante ludos ausam spectare. Ergo dum sic olim feminis occurritur, mens earum a delictis aberat.

De Severitate externorum.

1. Cæterum, etsi Romanæ severitatis exemplis totus terrarum orbis instrui potest, tamen externa summatim cognoscere fastidio non sit. Lacedæmonii *libros Archilochi e civitate sua exportari* jusserunt, quod eorum parum verecundam ac pudicam lectionem arbitrabantur. Noluerunt enim ea liberorum suorum animos imbui, ne plus moribus noceret, quam ingeniis prodesset. Itaque maximum poetam, aut certe summo proximum, quia domum sibi invisam obscenis maledictis laceraverat, carminum exsilio mulctarunt.

2. Athenienses autem Timagoram, inter officium salutationis Darium regem more gentis illius adulatum, capitali supplicio affecerunt, unius civis humilibus

nant. Ils virent avec indignation la basse flatterie d'un seul de leurs citoyens sacrifier l'honneur de leur ville entière à la domination persane. (Av. J.-C. 528.)

3. Cambyse déploya une sévérité sans exemple, lorsqu'ayant fait écorcher vif un juge prévaricateur, et couvrir son siége de sa peau, il força le fils de ce malheureux à s'y asseoir pour remplir les mêmes fonctions. Roi et barbare tout ensemble, il empêcha par ce châtiment atroce et inouï qu'aucun juge désormais ne se laissât corrompre.

CHAPITRE IV

DE LA DIGNITÉ DANS LES PAROLES ET DANS LES ACTIONS

Exemples chez les Romains.

Les hommes illustres doivent encore une grande partie de leur gloire à la dignité de ces paroles et de ces actions que le souvenir de la postérité a fidèlement retenues et qu'il conserve à jamais en

blanditiis totius urbis suæ decus Persicæ dominationi submissum graviter ferentes.

3. Jam Cambyses inusitatæ severitatis, qui mali cujusdam judicis ex corpore pellem detractam, sellæ intendi, in eaque filium ejus judicaturum considere jussit. Cæterum et rex, et barbarus, atroci ac nova pœna judicis, ne quis postea corrumpi judex posset, providit.

CAPUT IV

DE GRAVITER DICTIS AUT FACTIS

De graviter dictis aut factis a Romanis.

Magnam et bonam laudis partem in claris viris etiam illa vindicant, quæ aut ab his graviter dicta, aut facta pertinax memoria viribus comprehendit. Quorum

caractères ineffaçables. A cette source féconde puisons sans trop de parcimonie comme aussi sans avidité ; satisfaisons la curiosité du lecteur, mais évitons de le fatiguer par trop d'abondance.

1. La patrie venait de recevoir un coup terrible par le désastre de Cannes : le salut de la république ne tenait plus, pour ainsi dire, qu'à un fil extrêmement délié ; il dépendait de la fidélité des peuples engagés dans son alliance. Pour les attacher plus fermement à la défense de notre empire, la plupart des sénateurs étaient d'avis d'admettre dans leur auguste compagnie les principaux chefs des Latins ; Annius le Campanien assurait même que l'un des consuls devait être élu à Capoue : tels étaient l'épuisement et la faiblesse de l'empire romain. Alors Manlius Torquatus, fils de celui qui avait défait les Latins dans une mémorable bataille près du Véséris, déclara, à haute voix, qu'il tuerait sur-le-champ le premier des alliés qui oserait dire son avis dans le sénat. Cette menace d'un seul homme, non-seulement ranima le courage languissant des Romains et leur rendit leur ancienne ardeur, elle empêcha encore l'Italie de s'élever jusqu'à partager avec nous les droits de citoyen. Elle céda aux paroles du fils, comme elle avait succombé sous les armes du père. (An de R. 537.)

---

ex abundanti copia, nec parca nimis, nec rursus avida manu, quod magis desiderio satisfaciat, quam satietati abundet, hauriamus.

1. Civitate nostra Cannensi clade percussa, quum admodum tenui filo suspensa reipublicæ salus ex sociorum fide penderet, ut eorum animi ad imperium Romanum tuendum constantiores essent, majori parti senatus *principes Latinorum in ordinem suum sublegi* placebat ; Annius autem Campanus etiam consulem alterum Capuæ creari debere asseverabat : sic contusus et æger Romani imperii spiritus erat. Tunc Manlius Torquatus, filius ejus qui Latinos apud Veserim inclyta pugna fuderat, quam poterat clara voce denuntiavit ; *si quis sociorum inter patres conscriptos sententiam dicere ausus esset, continuo eum se interemplurum.* Hæ unius minæ, et Romanorum languentibus animis calorem pristinum reddiderunt, et Italiam ad jus civitatis nobiscum exæquandum consurgere passæ non sunt. Namque, ut patris armis, ita verbis filii fracta cessit.

Un autre Manlius donna un exemple de la même fermeté. Comme le peuple lui déférait uniquement le consulat, et que, malgré son refus, qu'il fondait sur la faiblesse de ses yeux, il continuait ses instances : « Romains, dit-il, cherchez un autre citoyen pour un tel honneur : car si vous me forcez à remplir cette magistrature, nous ne pourrons réciproquement souffrir, moi vos mœurs, vous mon autorité. » S'il avait, simple particulier, un ton si imposant, qu'aurait-il donc été, armé des faisceaux consulaires? (An de R. 542.)

2. Scipion Émilien n'eut pas moins d'énergie et de dignité, soit au sénat, soit dans l'assemblée du peuple. Se trouvant revêtu de la censure avec Mummius, personnage d'une grande naissance, mais d'une conduite efféminée, il dit, à la tribune, que sa gestion aurait en tout répondu à la majesté de la république, si ses concitoyens lui eussent donné un collègue, ou ne lui en eussent point donné. (An de R. 614.)

Le même Émilien était présent à une contestation qui s'était élevée au sénat entre les consuls Serv. Sulp. Galba et Aurélius Cotta, qui prétendaient l'un et l'autre à l'honneur d'être envoyés en Espagne contre Viriathus. Les sénateurs, fort partagés, étaient

---

Par illius quoque Manlii gravitas, cui quum consulatus omnium consensu deferretur, eumque sub excusatione adversæ valetudinis oculorum recusaret, instantibus cunctis : *Alium*, inquit, *Quirites, quærite, ad quem hunc honorem transferatis; nam, si me gerere eum coegeritis, nec ego mores vestros ferre, nec vos meum imperium perpeti poteritis.* Si privati tam ponderosa vox, quam graves fasces consulis exstitissent!

2. Nihilo segnior Scipionis Æmiliani aut in curia, aut in concione gravitas : qui, quum haberet consortem censuræ Mummium, ut nobilem, ita enervis vitæ, pro Rostris dixit, *se ex majestate reipublicæ omnia gesturum, si sibi cives vel dedissent collegam, vel non dedissent.*

Idem, quum Serv. Sulp. Galba et Aurelius Cotta consules in senatu contenderent, uter adversus Viriathum in Hispaniam mitteretur, ac magna inter patres conscriptos dissensio esset, omnibus, quonam ejus sententia inclinaretur, exspe-

tous dans l'attente de son opinion sur ce débat. « Je suis d'avis, dit-il, qu'on n'y envoie ni l'un ni l'autre, parce que l'un n'a rien, et que rien ne suffit à l'autre. » Il regardait l'indigence et l'avarice comme des conseillers également dangereux pour un chef investi de pleins pouvoirs. Ce discours empêcha qu'aucun des deux consuls n'obtînt cette province. (An de R. 609.)

3. C. Popilius fut député par le sénat auprès d'Antiochus pour lui défendre de continuer la guerre qu'il faisait à Ptolémée. A son arrivée, le prince le reçut avec empressement, et d'un air d'amitié lui tendit la main. Mais Popilius, au lieu de lui présenter la sienne, lui remit la lettre qui contenait le décret du sénat. Lorsqu'Anthiochus en eut pris lecture, il dit qu'il en conférerait avec ses amis. Popilius, indigné qu'il prît le moindre délai, traça sur la terre avec une baguette une ligne autour du roi, et, d'un ton imposant : « Il faut, lui dit-il, qu'avant de sortir de ce cercle, vous me donniez une réponse à porter au sénat. » On croirait voir, non pas un ambassadeur parlant au prince, mais l'assemblée même du sénat présente à ses yeux. Aussitôt Antiochus déclara qu'il ne donnerait plus à Ptolémée aucun sujet de plainte ; et ce fut alors seulement que Popilius, en lui prenant la main, le

---

ctantibus : « *Neutrum*, inquit, *mihi mitti placet, quia alter nihil habet, alteri nihil est satis ;* » æque malam licentis imperii magistram judicans inopiam atque avaritiam. Quo dicto, ut neuter in provinciam mitteretur obtinuit.

8. C. vero Popilius, a senatu legatus ad Antiochum missus, ut bello se, quo Ptolemæum lacessebat, abstineret, quum ad eum venisset, atque is prompto animo et amicissimo vultu dextram ei porrexisset, invicem ei suam porrigere noluit, sed tabellas senatusconsultum continentes tradidit. Quas ut legit Antiochus, dixit, *se cum amicis collocuturum*, Indignatus Popilius, quod aliquam moram interposuisset, virga solum, quo insistebat, denotavit, et : *Prius*, inquit, *quam hoc circulo excedas, da responsum, quod senatui referam*. Non legatum locutum, sed ipsam curiam ante oculos positam crederes : continuo enim rex affirmavit *fore, ne amplius de se Ptolemæus quereretur ;* ac tum de-

reconnut pour allié. Combien est puissante cette énergique fermeté de caractère et de langage! du même trait elle intimide la Syrie et protége l'Égypte. (An de R. 585.)

4. Quant à P. Rutilius, je ne sais ce que je dois apprécier davantage, de ses paroles ou de ses actions, car on voit dans les unes et dans les autres une vigueur également admirable. Comme il refusait une injuste demande à un ami, celui-ci, outré d'indignation : « Qu'ai-je besoin, lui dit-il, de votre amitié, si vous ne m'accordez pas ce que je vous demande? — Et moi, lui répliqua Rutilius, qu'ai-je besoin de la vôtre, s'il faut que pour vous je fasse une action contraire à l'honneur? » Les faits qui vont suivre ne démentent point cette parole. Traduit en justice, plutôt par rivalité de corps, que pour aucun délit personnel, non-seulement il ne prit point l'habit de deuil, il ne quitta pas même les marques distinctives de la dignité de sénateur, il ne tendit point vers ses juges des mains suppliantes, il ne dit rien qui pût ternir l'éclat de sa vie passée; enfin, il fit voir que le péril, loin d'être l'écueil de sa dignité, n'en était qu'une brillante épreuve. Quoique la victoire de Sylla lui procurât la liberté de rentrer dans sa patrie, il resta en exil, de peur de faire une

mum Popilius manum ejus tanquam socii apprehendit. Quam efficax est animi sermonisque abscissa gravitas! eodem momento Syriæ regnum terruit, Ægypti texit.

4. P. autem Rutilii verba prius an facta æstimem, nescio; nam utrisque æque admirabile inest robur. Quum amici cujusdam injustæ rogationi resisteret, atque is per summam indignationem dixisset : *Quid ergo mihi opus est amicitia tua, si quod rogo, non facis?* respondit : *Immo quid mihi tua, si propter te aliquid inhoneste facturus sum?* Huic voci consentanea illa opera, quod magis ordinum dissensione, quam ulla culpa sua reus factus, nec obsoletam vestem induit, nec insignia senatoris deposuit, nec supplices ad genua judicum manus tetendit, nec dixit quidquam splendore præteritorum annorum humilius; effecitque ut periculum non impedimentum gravitatis ejus esset, sed experimentum. Atque etiam, quum ei reditum in patriam Syllana victoria præstaret, in exsilio, ne quid ad-

CHAP. IV, DE LA DIGNITÉ

démarche contraire aux lois. Aussi le surnom d'*Heureux* conviendrait-il plus justement aux vertus d'un si grave personnage qu'aux victoires d'un ambitieux effréné : Sylla le ravit par la force; Rutilius le mérita. (An de R. 660.)

5. M. Brutus, assassin de ses propres vertus plus encore que du père de la patrie (car d'un seul coup il les précipita dans le néant, et livra sa propre mémoire à une exécration ineffaçable), Brutus, au moment de livrer la dernière bataille, répondait à quelques officiers qui lui conseillaient de ne pas en courir les hasards : « C'est avec confiance que je vais au combat; car, dès aujourd'hui, ou tout ira bien, ou je n'aurai plus d'inquiétude. » Il se persuadait sans doute qu'il ne pouvait ni vivre sans la victoire, ni mourir sans trouver la sécurité. (An de R. 711.)

Exemples étrangers.

1. Son nom me rappelle une réponse pleine de fermeté qui fut faite à Décimus Brutus en Espagne. La Lusitanie presque entière s'était livrée à sa discrétion; la seule ville de Cinninia

---

versum leges faceret, remansit. Quapropter *Felicis* cognomen justius quis moribus gravissimi viri, quam impotentis armis assignaverit; quod quidem Sylla rapuit, Rutilius meruit.

5. M. Brutus suarum prius virtutum, quam patriæ parentis parricida (uno enim facto et illas in profundum præcipitavit, et omnem sui nominis memoriam inexpiabili detestatione perfudit), ultimum prælium initurus, negantibus quibusdam, *id committi oportere :* — *Fidenter*, inquit, *in aciem descendo : hodie enim aut recte erit, aut nihil curabo.* Præsumpserat videlicet, neque vivere se sine victoria, neque mori sine securitate posse.

De graviter dictis aut factis ab externis.

1. Cujus mentio mihi subjicit, quod adversus D. Brutum in Hispania graviter dictum est, referre; nam, quum se ei tota pæne Lusitania dedidisset, ac sola

persistait à résister : il lui fit proposer de se racheter à prix d'argent. Mais les assiégés répondirent presque unanimement à ses députés que leurs aïeux leur avaient laissé du fer pour défendre leurs foyers, et point d'or pour acheter leur liberté d'un général avare. Certes, il eût été plus honorable pour des Romains de tenir un pareil langage que de l'entendre. (An de R. 617.)

2. La nature seule avait inspiré à ce peuple une telle dignité. Mais voyons celle de Socrate, cet illustre soutien de la philosophie chez les Grecs. Lorsqu'il fut accusé devant le tribunal d'Athènes, Lysias vint lui lire un plaidoyer qu'il avait composé pour sa défense. Il lui faisait tenir un langage humble, suppliant et propre à conjurer l'orage qui menaçait sa tête. « De grâce, lui dit Socrate, remportez votre discours ; si je pouvais me résoudre à le prononcer, fût-ce dans les solitudes les plus reculées de la Scythie, je me déclarerais moi-même digne de mort. » Il méprisa la vie, pour ne pas manquer de dignité ; il aima mieux mourir en Socrate, que de sauver ses jours en Lysias. (Av. J.-C. 399.)

3. Alexandre, aussi grand dans les armes que Socrate dans la sagesse, fit cette belle réponse qui montrait l'élévation de son

---

gentis ejus urbs Cinninia pertinaciter arma retineret, tentata redemptione, propemodum uno ore legatis Bruti respondit *ferrum sibi a majoribus, quo urbem tuerentur, non aurum, quo libertatem ab imperatore avaro emerent, relictum.* Melius sine dubio istud nostri sanguinis homines dixissent, quam audiissent.

2. Sed illos quidem natura in hæc gravitatis vestigia deduxit : Socrates autem, Græcæ doctrinæ clarissimum columen, quum Athenis causam diceret, defensionemque ei Lysias a se compositam, qua in judicio uteretur, recitasset, demissam et supplicem imminentique procellæ accommodatam : « *Aufer*, inquit, *quæso, istam ; nam ego, si adduci possem, ut eam in ultima Scythiæ solitudine perorarem, tum me ipse morte mulctandum concederem.* » Spiritum contempsit, ne careret gravitate ; maluitque Socrates exstingui, quam Lysias superesse.

3. Quantus hic in sapientia, tantus in armis Alexander illam vocem nobiliter

âme. Darius, après avoir éprouvé la valeur de ce prince dans deux batailles, lui faisait offrir toute la partie de son empire située en deçà du mont Taurus, avec la main de sa fille et un million de talents : « Si j'étais Alexandre, lui dit Parménion, j'accepterais cette offre. — Et moi aussi, répondit le monarque, si j'étais Parménion. » Parole qui ne démentait pas les deux victoires précédentes et qui méritait d'être suivie d'une troisième, ce qui arriva en effet. (Av. J.-C. 331.)

4. Voilà le langage d'un prince magnanime, au comble de la prospérité : celui que tinrent à son père les députés de Lacédémone, pour lui peindre la déplorable extrémité où il réduisait leur courage, est plus admirable que digne d'envie. Comme il voulait imposer à leur république des fardeaux insupportables, ils lui déclarèrent que s'il persistait à leur prescrire des conditions plus dures que la mort, ils se décideraient plutôt à mourir. (Av. J.-C. 352.)

5. On voit encore beaucoup de dignité dans ce mot d'un Spartiate. C'était un personnage aussi distingué par sa vertu que par sa naissance. S'étant vu préférer un concurrent dans la demande d'une magistrature, il témoigna hautement la plus grande joie de voir que Sparte avait des citoyens meilleurs que

---

edidit. Dario enim, uno jam et altero prælio virtutem ejus experto, atque ideo partem regni Tauro tenus monte, et filiam in matrimonium cum decies centum millibus talentum pollicente, quum Parmenion dixisset, *se, si Alexander esset, usurum conditione*, respondit : *Et ego uterer, si Parmenion essem.* » Vocem duabus victoriis respondentem, dignamque cui tertia, sicut evenit, tribueretur.

4. Atque hæc quidem animi magnifici et prosperi status : illa vero, qua legati Lacedæmoniorum apud patrem ejus miseram fortitudinis suæ conditionem testati sunt, gloriosior quam optabilior. Intolerabilibus enim oneribus civitatem eorum implicanti, *si quid morte gravius imperare perseveraret, mortem se prælaturos*, responderunt.

5. Nec parum grave Spartani cujusdam dictum : siquidem nobilitate et sanctitate præstans, et in petitione magistratus victus, *maximæ sibi lætitiæ esse* præ-

lui. Un tel sentiment rendit le refus aussi glorieux que l'honneur même.

CHAPITRE V

DE LA JUSTICE

Exemples chez les Romains.

Il est temps de pénétrer aussi dans l'auguste sanctuaire de la justice, où l'équité et la probité de nos actions trouvent toujours un hommage religieux, où règne le respect, où les passions cèdent à la raison, où l'on ne regarde comme utile rien de ce qui peut paraître malhonnête. Le premier et le plus sûr modèle de cette vertu, entre toutes les nations de la terre, c'est notre république.

1. Camille, étant consul, faisait le siége de Falérie. Un maître d'école, chargé de l'instruction de plusieurs enfants des plus

---

dicavit, *quod aliquos patria sua se meliores viros haberet;* quo responso repulsam honori adæquavit.

CAPUT V

DE JUSTITIA

De Justitia Romanorum.

Tempus est, justitiæ quoque sancta penetralia adire, in quibus semper æqui ac probi facti respectus religiosa cum observatione versatur, et ubi studium verecundiæ est, et cupiditas rationi cedit, nihilque utile, quod parum honestum videri possit, ducitur. Ejus autem præcipuum et certissimum inter omnes gentes nostra civitas exemplum est.

1. Camillo consule Falerios circumsedente, magister ludi plurimos et nobilis-

nobles familles, les mena hors de la ville sous prétexte d'une promenade, et les conduisit dans le camp des Romains. Il n'y a pas de doute que la prise de toute cette jeunesse ne dût arrêter l'opiniâtre résistance des Falisques et les réduire à se soumettre à notre général. Mais le sénat fut d'avis de renvoyer ces enfants dans leur patrie, et de leur livrer cet indigne maître, les mains liées, pour le faire marcher à coups de verges. Cet acte de justice enchaîna les cœurs de ce peuple, dont on ne pouvait forcer les murailles; et, vaincus plutôt par la générosité que par les armes, les Falisques ouvrirent leurs portes aux Romains. (An de R. 308.)

Cette même ville se révolta plusieurs fois; mais essuyant toujours des défaites dans les combats, elle se vit enfin réduite à se rendre au consul Q. Lutatius. Le peuple romain voulait sévir contre elle; mais lorsque Papirius, qui avait rédigé la capitulation par ordre du consul, lui eût fait observer que Falérie s'était livrée, non pas à la puissance, mais à la bonne foi des Romains, il s'adoucit, oublia tout son ressentiment; et, pour ne pas manquer à sa justice, résista également à la violence de la haine, ordinairement si difficile à réprimer, et aux séductions de la victoire, toujours prompte à porter à des excès. (An de R. 312.)

---

simos inde pueros, velut ambulandi gratia deductos, in castra Romanorum perduxit; quibus interceptis, non erat dubium quin Falisci, deposita belli gerendi pertinacia, tradituri se nostro imperatori essent. Ea re senatus censuit, *ut pueri vinctum magistrum virgis cædentes in patriam remitterentur*. Qua justitia animi eorum sunt capti, quorum mœnia expugnari non poterant; namque Falisci, beneficio magis quam armis victi, portas Romanis aperuerunt.

Eadem civitas aliquoties rebellando, semperque adversis contusa præliis, tandem se Q. Lutatio consuli dedere coacta est. Adversus quam sævire cupiens populus Romanus, postquam a Papirio, cujus manu, jubente consule, verba deditionis scripta erant, doctus est, Faliscos non potestati, sed fidei se Romanorum commisisse, omnem iram placida mente deposuit, pariterque et viribus odii, non sane facile vinci assuetis, et victoriæ obsequio, quæ promptissime licentiam subministrat, ne justitiæ suæ deesset, obstitit.

Le même peuple donna un exemple non moins louable dans une autre occasion. P. Claudius, dans une expédition confiée à ses ordres et à ses auspices, s'était rendu maître de la ville de Camérinum et en avait vendu les habitants. Quoique le peuple vît, par là, son trésor enrichi et son territoire augmenté de possessions nouvelles, néanmoins, comme le général lui semblait avoir montré peu de bonne foi dans cette opération, il fit soigneusement rechercher et racheter les Camériniens, leur assigna un emplacement sur le mont Aventin pour y construire des habitations, et leur rendit leurs héritages : il leur accorda même de l'argent pour bâtir, non une salle d'assemblée, mais des sanctuaires, et pour faire des sacrifices aux dieux ; et, par cet empressement à satisfaire aux principes de la justice, il donna lieu aux Camériniens de se féliciter de leur ruine, puisqu'elle leur rendait ainsi la vie. (An de R. 485.)

Ce que j'ai raconté jusqu'ici n'a été connu que dans nos murs et dans les contrées voisines ; le trait suivant est devenu célèbre dans tout l'univers. Timocharès d'Ambracie offrit au consul Fabricius d'employer son fils, premier échanson de Pyrrhus, à empoisonner ce prince. Le sénat, informé de cette perfidie, envoya des députés à Pyrrhus pour l'avertir de se précautionner

---

Idem, quum P. Claudius Camerinos, ductu atque auspiciis suis captos, sub hasta vendidisset ; etsi ærarium pecunia, fines agris auctos animadvertebat ; tamen, quia parum liquida fide id gestum ab imperatore videbatur, maxima cura conquisitos redemit, iisque habitandi gratia locum in Aventino assignavit, et prædia restituit ; pecuniam etiam, non ad curiam, sed ad sacraria ædificanda, sacrificiaque facienda tribuit : justitiæque promptissimo tenore effecit, ut exitio suo lætari possent, quia sic renati erant.

Mœnibus nostris, et finitimis regionibus ; quæ adhuc retuli ; quod sequitur, per totum terrarum orbem manavit. Timochares Ambraciensis Fabricio consul pollicitus est, *se Pyrrhum veneno per filium suum, qui potionibus ejus præerat, necaturum.* Ea res quum ad senatum esset delata, missis legatis Pyrrhum monuit, *ut adversus hujus generis insidias cautius se gereret* ; memor, urbem, a

davantage contre ces sortes d'attentats. Il sentait qu'une ville fondée par le fils de Mars devait faire la guerre avec les armes, non avec le poison. Mais il ne prononça pas le nom de Timocharès, faisant ainsi envers l'un et l'autre un acte d'équité : il ne voulut ni se défaire d'un ennemi par des moyens odieux et d'un funeste exemple, ni trahir un homme qui avait eu l'intention de rendre service à la république. (An de R. 475.)

2. On vit aussi quatre tribuns du peuple donner à la fois le plus bel exemple de justice. C. Atraninus (sous les ordres duquel ils servaient à l'affaire de la Verrugue, lorsque, réunis aux autres cavaliers, ils sauvèrent l'honneur de l'armée romaine forcée de plier sous les efforts des Volsques) venait d'être cité devant le peuple par L. Hortensius, l'un de leurs collègues. Ils jurèrent du haut de la tribune de prendre le deuil et de le garder tant que leur général serait en état d'accusation. Ces braves jeunes gens, après l'avoir défendu dans le combat, après l'avoir délivré du péril au prix de leur sang et des plus graves blessures, ne purent supporter de le voir sous la toge exposé au plus grand danger, tandis qu'eux-mêmes étaient décorés des marques du pouvoir. Touchée de cet acte de justice, l'assemblée força Hortensius à se désister de sa poursuite. (An de R. 331.)

---

filio Martis conditam, armis bella, non venenis gerere debere. Timocharis autem nomen suppressit, utroque modo æquitatem amplexus; quia nec hostem malo exemplo tollere, neque eum, qui bene mereri paratus fuerat, prodere voluit.

2. Summa justitia in quatuor quoque tribunis plebis eodem tempore conspecta est. Nam, quum C. Atratino, sub quo duce aciem nostram apud Verruginem a Volscis inclinatam cum cæteris equitibus correxerant, diem ad populum L. Hortensius collega eorum dixisset, pro rostris juraverunt, *in squalore se esse, quoad imperator ipsorum reus esset futurus*. Non enim sustinuerunt egregii juvenes, cujus armati periculum vulneribus et sanguine suo defenderant, ejus togati ultimum discrimen, potestatis insignia retinentes intueri. Qua justitia mota concio, actione Hortensium desistere coegit.

3. Le peuple ne se montra pas moins équitable dans le trait suivant. Tib. Gracchus et C. Claudius avaient soulevé contre eux la majeure partie des citoyens par l'excessive dureté avec laquelle ils avaient exercé la censure. P. Rutilius, tribun du peuple, les cita devant l'assemblée, comme coupables de crime d'État. Outre la haine publique, un sentiment personnel de vengeance l'animait contre les accusés : il leur en voulait pour avoir forcé l'un de ses proches à démolir un mur qui s'avançait sur la voie publique. Quand on en fut venu au jugement, beaucoup de centuries de la première classe condamnaient ouvertement Claudius, et toutes paraissaient se réunir pour absoudre Gracchus. Alors celui-ci déclara hautement que, si l'on rendait une sentence trop sévère contre son collègue, il partagerait avec lui la peine de l'exil, attendu qu'ils avaient agi de concert. Cette résolution généreuse détourna l'orage qui menaçait leur tête et leur fortune. Le peuple fit grâce à Claudius, et le tribun Rutilius se désista de son accusation contre Gracchus. (An de R. 584.)

4. Ce fut aussi un beau sujet d'éloges pour le collége des tribuns, lorsque L. Cotta, l'un de ses membres, s'appuyant du

---

3. Nec se etiam aliter eo facto, quod sequitur, exhibuit. Quum Tib. Gracchus, et C. Claudius, ob nimis severe gestam censuram, majorem civitatis partem exasperassent, diem his P. Rutilius tribunus plebis perduellionis ad populum dixit, præter communem consternationem privata etiam ira accensus, quia *necessarium ejus ex publico loco parietem demoliri* jusserant. Quo in judicio primæ classis permultæ centuriæ Claudium aperte damnabant; de Gracchi absolutione universæ consentire videbantur : qui clara voce juravit, *si de collega suo gravius esset judicatum, in factis paribus se eamdem cum illo pœnam exsilii subiturum.* Taque justitia tota illa tempestas ab utriusque fortunis et capite depulsa est. Claudium enim populus absolvit; Graccho causæ dictionem tribunus Rutilius remisit.

4. Magnam laudem et illud collegium tribunorum tulit, quod, quum unus ex eo L. Cotta fiducia sacrosanctæ potestatis creditoribus suis nollet satisfacere, de-

CHAP. V, DE LA JUSTICE

pouvoir sacré dont il était revêtu, pour refuser de satisfaire à ses engagements, ils décrétèrent que, s'il ne prenait le parti ou de payer ses dettes ou de donner caution, ils soutiendraient contre lui les poursuites de ses créanciers, persuadés qu'il était injuste de faire servir l'autorité du magistrat à couvrir la mauvaise foi du particulier. Ainsi Cotta chercha vainement un refuge dans le tribunat comme dans un asile inviolable ; il en fut arraché par la justice même du tribunat. (An de R. 599.)

5. Je passe à un autre exemple également mémorable. Cn. Domitius, l'un des tribuns, avait appelé en jugement, devant le peuple, le premier citoyen de la république, M. Scaurus : il voulait, si la fortune secondait ses efforts, s'illustrer par sa ruine; sinon, au moins, par l'attaque même dirigée contre un personnage si considérable. Au moment où il était le plus vivement animé du désir de le perdre, un esclave de Scaurus vint le trouver pendant la nuit, s'engageant à lui fournir de nombreux et de graves sujets d'accusation contre son maître. Ennemi de l'accusé, mais toujours Domitius, il jugea cette infâme délation avec des sentiments opposés. La justice l'emporta sur la haine; le tribun aussitôt ferma ses oreilles à la dénonciation, imposa silence au délateur, et le fit conduire vers Scaurus. Voilà un

---

crevit, *si neque solveret pecuniam, neque daret cum quo sponsio fieret, se appellantibus cum creditoribus auxilio futurum;* iniquum ratum, majestatem publicam privatæ perfidiæ obtentui esse. Itaque Cottam, in tribunatu quasi in aliquo sacrario latentem, tribunitia inde justitia extraxit.

5. Cujus ut ad alium æque illustrem actum transgrediar, Cn. Domitius, tribunus plebis, M. Scaurum principem civitatis in judicium populi devocavit : ut, si fortuna aspirasset, ruina; sin minus, certe ipsa obtrectatione amplissimi viri incrementum claritatis apprehenderet. Cujus opprimendi quum summo studio flagraret, servus Scauri ad eum noctu pervenit, *instructurum se ejus accusationem multis et gravibus domini criminibus* promittens. Erat in eodem pectore inimicus, et Domitius, diversa æstimatione nefarium indicium perpendens. Justitia vicit odium; continuo enim et suis auribus obseratis, et indicis ore clauso,

accusateur qui méritait, sinon l'amitié, du moins les éloges de l'accusé. Aussi le peuple romain, touché à la fois et de ce procédé généreux et des autres belles qualités de Domitius, le fit successivement consul, censeur, et souverain pontife. (An de R. 650.)

6. L. Crassus, dans une épreuve semblable, se conduisit avec la même équité. Il avait dénoncé C. Carbon avec toute l'animosité à laquelle devait s'attendre un ennemi déclaré. Néanmoins, un esclave de Carbon étant venu lui apporter les tablettes de son maître, qui contenaient beaucoup de faits capables de le perdre aisément, il les lui renvoya sans les décacheter, avec l'esclave chargé de chaînes. Quelle force devons-nous penser qu'avait la justice entre les amis, puisque nous la voyons régner avec tant d'empire entre les accusateurs même et les accusés? (An de R. 634.)

7. L. Sylla désirait moins vivement sa propre conservation que la perte de Sulpicius Rufus, qui n'avait cessé de le persécuter avec fureur pendant son tribunat. Toutefois, quand il sut que, proscrit, un esclave avait trahi le secret de sa retraite dans une maison de campagne, il commença par affranchir ce serviteur parricide, pour ne pas manquer aux termes de son édit, et

---

duci eum ad Scaurum jussit. Accusatorem etiam reo suo, ne dicam diligendum, certe laudandum : quem populus cum propter alias virtutes, tum hoc nomine libentius et consulem, et censorem, et pontificem maximum fecit.

6. Nec aliter se L. Crassus in eodem justitiæ experimento gessit. C. Carbonis nomen infesto animo, utpote inimicissimi, sibi detulerat; sed tamen scrinium ejus, a servo allatum ad se, complura continens, quibus facile opprimi posset, ut erat signatum, cum servo catenato ad eum remisit. Quo pacto igitur inter amicos viguisse tunc justitiam credimus, quum inter accusatores quoque et reos tantum virium obtinuisse videamus?

7. Jam L. Sylla non se tam incolumem, quam Sulpicium Rufum perditum voluit, tribunitio furore ejus sine ullo fine vexatus : cæterum, quum eum proscriptum, et in villa latentem a servo proditum comperisset, manumissum

le fit aussitôt précipiter du haut de la roche Tarpéienne, avec le bonnet de la liberté, fruit de sa scélératesse. Vainqueur d'ailleurs impitoyable, Sylla fit voir dans cette exécution une justice exemplaire. (An de R. 665.)

Exemples étrangers.

1. Mais n'allons pas paraître oublier cette vertu dans les étrangers. Pittacus de Mitylène, qui avait ou rendu assez de services à ses concitoyens, ou assez gagné leur confiance par ses vertus, pour se voir déférer unanimement l'autorité royale, exerça ce pouvoir tant qu'ils eurent à soutenir la guerre contre les Athéniens au sujet du promontoire de Sigée. Mais sitôt qu'il eut acquis la paix aux Mityléniens par la victoire, il abdiqua malgré leurs instances, ne voulant pas rester le maître de sa patrie plus longtemps que ne l'exigeait le besoin de l'État. Il fit plus : comme on lui offrait d'un consentement unanime la moitié des possessions reconquises, il repoussa cette faveur, regardant comme honteux de rabaisser la gloire de son courage par la gran-

---

parricidam, ut fides edicti sui exstaret, *præcipitari protinus saxo Tarpeio cum illo scelere parto pileo* jussit; victor alioquin insolens, hoc imperio justissimus.

De Justitia externorum.

1. Verum, ne alienigenæ justitiæ obliti videamur, Pittacus Mitylenæus, cujus aut meritis tantum cives debuerunt, aut moribus crediderunt, ut suis ei suffragiis tyrannidem deferrent, tandiu illud imperium sustinuit, quandiu bellum de Sigeo cum Atheniensibus gerendum fuit. Postquam autem pax victoria parta est, continuo reclamantibus Mitylenæis deposuit, ne dominus civium ultra, quam reipublicæ necessitas exegerat, permaneret. Atque etiam quum recuperati agri dimidia pars consensu omnium offerretur, avertit animum ab

deur du butin qui en aurait été la récompense. (Av. J.-C. 635.)

2. Il faut maintenant que je fasse voir la prudence d'un grand homme, pour arriver à peindre la justice d'un autre. Thémistocle, par un conseil fort salutaire, avait forcé les Athéniens à se réfugier sur leur flotte : après avoir chassé de la Grèce le roi Xerxès et ses armées, il travaillait à relever sa patrie de ses ruines, à la remettre dans son premier état; il préparait par des ressorts cachés les moyens de lui procurer l'empire de la Grèce. Dans cette vue, il dit en pleine assemblée qu'il avait conçu et arrêté un dessein de telle nature, que, si la fortune en permettait l'accomplissement, rien ne serait comparable à la grandeur et à la puissance du peuple athénien, mais qu'il n'était pas à propos de le divulguer. Il demanda en conséquence qu'on lui désignât quelque personne à qui il pût le communiquer secrètement. Aristide fut désigné. Lorsque celui-ci eut appris que l'intention de Thémistocle était d'incendier la flotte des Lacédémoniens, alors toute entière sur le rivage, près de Gythée, afin de livrer, en la détruisant, l'empire de la mer à sa patrie, il vint à la tribune et déclara que le dessein de Thémistocle était utile, mais des plus injustes. Aussitôt l'assemblée s'écria tout d'une

---

eo munere, deforme judicans, virtutis gloriam magnitudine prædæ minuere.

2. Alterius nunc mihi prudentia referenda est, ut alterius repræsentari justitia possit. Quum saluberrimo consilio Themistocles migrare Athenienses in classem coegisset, Xerxeque rege et copiis ejus Græcia pulsis, ruinas patriæ in pristinum habitum reformaret, et opes clandestinis molitionibus, ad principatum Græciæ capessendum, nutriret, in concione dixit, « habere se rem deliberatione sua provisam ; quam si fortuna ad effectum perduci passa esset, nihil majus, aut potentius Atheniensi populo futurum, sed eam vulgari non oportere; » postulavitque, ut aliquis sibi, cui illam tacite exponeret, daretur. Datus est Aristides. Is, postquam cognovit, classem illam Lacedæmoniorum, quæ tota apud Gythæum subducta erat, velle incendere, ut, ea consumpta, dominatio maris ipsis cederet, processit ad cives, et retulit, *Themistoclem, ut utile consilium, ita minime justum animo volvere.* E vestigio universa concio, quod æquum non videretur,

voix qu'il ne pouvait y avoir d'utilité sans justice, et sur-le-champ elle prescrivit à Thémistocle d'abandonner son projet. (Av. J.-C. 476.)

3. Rien de plus énergique encore que les traits de justice que je vais raconter. Zaleucus avait donné à la ville de Locres les lois les plus salutaires et les plus utiles. Son fils, convaincu d'adultère, devait, en vertu de ces mêmes lois, être privé des deux yeux. Comme le peuple tout entier, en considération du père, faisait grâce de la punition au jeune homme, Zaleucus résista quelque temps; à la fin, cédant aux prières de la république, il se creva d'abord un œil à lui-même, et en creva ensuite un à son fils, laissant ainsi à l'un et à l'autre l'usage de la vue. De cette manière il satisfit à la lettre de la loi, en se partageant, par un admirable tempérament d'équité, entre la tendresse d'un père et l'inflexibilité d'un législateur.

4. Mais la justice de Charondas de Thurium fut plus décidée et plus tranchante. La sédition troublait les assemblées de ses concitoyens; elle allait jusqu'à la violence et l'effusion du sang. Il les pacifia en ordonnant par une loi de tuer quiconque y entrerait avec une arme. Quelque temps après, comme il revenait

---

ne expedire quidem proclamavit, ac protinus Themistoclem incepto desistere jussit.

3. Nihil illis etiam justitiæ exemplis fortius : Zaleucus, urbe Locrensium a se saluberrimis atque utilissimis legibus munita, quum filius ejus, adulterii crimine damnatus, secundum jus ab ipso constitutum, utroque oculo carere deberet, ac tota civitas in honorem patris pœnæ necessitatem adolescentulo remitteret, aliquandiu repugnavit; ad ultimum precibus populi evictus, suo prius, deinde filii oculo eruto, usum videndi utrique reliquit. Ita debitum supplicii modum legi reddidit; æquitatis admirabili temperamento, se inter misericordem patrem, et justum legislatorem partitus.

4. Sed aliquanto Charondæ Thurii præfractior atque abscisior justitia. Ad vim et cruorem usque seditiosas conciones civium pacaverat, lege cavendo, *ut, si quis eas cum ferro intrasset, continuo interficeretur.* Interjecto deinde tempore,

chez lui d'une campagne éloignée, l'épée à la ceinture, au moment même d'une convocation du peuple, il se rendit à l'assemblée dans l'état où il se trouvait. Un de ceux qui étaient près de lui l'avertit qu'il violait sa propre loi : « Hé bien, dit-il, je vais aussi la sanctionner. » Aussitôt, tirant son épée, il s'en perça le cœur ; il pouvait ou dissimuler sa faute ou s'en excuser sur l'inadvertance ; mais il préféra servir d'exemple par son châtiment, afin de prévenir toute infraction à la justice.

CHAPITRE VI

DE LA FOI PUBLIQUE

De la Foi publique chez les Romains.

Après la justice dont je viens de présenter l'image, la bonne foi, divinité non moins auguste, nous tend sa main tutélaire, gage assuré du salut des hommes. Elle a toujours été florissante

ex longinquo rure gladio cinctus domum repetens, subito indicta concione, sicut erat, in eam processit, ab eoque, qui proxime constiterat, solutæ a se legis suæ admonitus, *Idem ego illam*, inquit, *sanciam*; ac protinus ferro, quod habebat, districto incubuit; quumque liceret culpam vel dissimulare, vel errore defendere, pœnam tamen repræsentare maluit, ne qua fraus justitiæ fieret.

CAPUT VI

DE FIDE PUBLICA

De Fide publica Romanorum.

Hujus imagine ante oculos posita, venerabile fidei numen dexteram suam, certissimum salutis humanæ pignus, ostentat. Quam semper in nostra civitate

dans notre patrie; c'est ce qu'ont éprouvé toutes les nations, et ce que je vais remettre sous les yeux du lecteur par quelques exemples.

1. Ptolémée, roi d'Égypte, ayant laissé la tutelle de son fils au peuple romain, le sénat envoya auprès du jeune prince, à Alexandrie, pour lui servir de tuteur, M. Émilius Lépidus, souverain pontife et qui avait été deux fois consul. Il choisit, pour cette tutelle étrangère, un personnage des plus considérables, d'une vertu éprouvée, et accoutumé à servir l'État et la religion, afin de ne pas donner lieu de croire qu'on avait eu vainement recours à la bonne foi de notre patrie. Ce soin bienveillant fit à la fois la sûreté et la gloire du berceau royal; et le jeune Ptolémée dut être embarrassé de dire, s'il avait plus à se féliciter de la fortune de son père, que du noble caractère de son tuteur. (Vers l'an 595 de R.)

2. Voici encore un beau trait de la bonne foi des Romains. Une nombreuse flotte carthaginoise avait été défaite dans les parages de la Sicile. Ses chefs, découragés, voulaient demander la paix; ils tinrent conseil à ce sujet. Amilcar, l'un d'entre eux, déclara qu'il n'osait pas aller trouver les consuls, de peur d'être chargé de chaînes, comme ils en avaient eux-mêmes chargé le consul Cornélius Asina; mais Hannon, plus juste appréciateur

---

viguisse, et omnes gentes senserunt, et nos paucis exemplis recognoscemus.

1. Quum Ptolemæus rex tutorem populum Romanum filio reliquisset, senatus M. Æmilium Lepidum, pontificem maximum, bis consulem, ad pueri tutelam gerendam Alexandriam misit, amplissimique et integerrimi viri sanctitatem, reipublicæ usibus et sacris operatam, externæ procurationi vacare voluit, ne fides civitatis nostræ frustra petita existimaretur. Cujus beneficio regio incunabula conservata pariter ac decorata, incertum Ptolemæum reddiderunt, patrisne fortuna magis, an tutoris majestate gloriari deberet.

2. Speciosa quoque illa Romana fides. Ingenti Pœnorum classe circa Siciliam devicta, duces ejus fractis animis consilia petendæ pacis agitabant. Quorum Amilcar *ire se ad consules* negabat *audere, ne eodem modo catenæ sibi injicerentur, quo ab ipsis Cornelio Asinæ consuli fuerant injectæ*: Hanno autem,

du caractère romain, persuadé qu'il n'y avait rien de semblable à craindre, alla, plein de confiance, conférer avec eux. Comme il leur proposait de mettre fin à la guerre, un tribun de légion lui dit « qu'il pouvait être justement traité comme l'avait été Cornélius. » Mais les deux consuls, faisant taire le tribun, « Hannon, dirent-ils, n'appréhendez rien de pareil; la loyauté romaine est votre sauvegarde. » Il était glorieux pour les consuls de pouvoir mettre aux fers un chef ennemi, un tel général; mais il fut plus glorieux encore de ne l'avoir pas voulu. (An de R. 497.)

3. Le sénat montra envers ces mêmes ennemis une égale fidélité à respecter le droit des gens dans la personne de leurs ambassadeurs. L'année du consulat de M. Émilius et de C. Flaminius, sous la préture de Claudius, il fit livrer L. Minucius et L. Manlius aux députés carthaginois par le ministère des féciaux, pour avoir osé porter la main sur ces étrangers. Il considéra en cette occasion ce qu'il se devait à lui-même, et non ce qu'il devait au peuple qui recevait cette réparation.

4. A son exemple, le premier Scipion l'Africain s'étant rendu maître d'un vaisseau où se trouvaient un grand nombre d'illustres Carthaginois, les renvoya sans user de la victoire, parce

---

certior Romani animi æstimator, nihil tale timendum ratus, maxima cum fiducia ad colloquium eorum tetendit. Apud quos quum de belli fine ageret, et tribunus militum ei dixisset, *posse illi merito evenire, quod Cornelio accidisset,* uterque consul, tribuno tacere jusso, *Isto te,* inquit, *metu, Hanno, fides civitatis nostræ liberat.* Claros illos fecerat tantum hostium ducem vincire potuisse; sed multo clariores fecit, noluisse.

3. Adversus eosdem hostes parem fidem in jure legationis tuendo patres conscripti exhibuere. M. enim Æmilio Lepido, C. Flaminio consulibus, L. Minucium et L. Manlium Carthaginiensium legatis, quia manus his attulerant, per feciales, Claudio prætore, dedendos curaverunt. Se tunc senatus, non eos quibus hoc præstabatur, aspexit.

4. Cujus exemplum superior Africanus secutus, quum onustam multis et illustribus Carthaginiensium viris navem in suam potestatem redegisset, invio-

qu'ils se dirent envoyés auprès de lui comme ambassadeurs; quoiqu'il fut évident que c'était pour se tirer du péril qu'ils avaient eu recours à ce prétendu titre d'ambassadeurs, il aima mieux laisser croire qu'on avait surpris la bonne foi d'un général romain, que de faire penser qu'on l'avait imploré inutilement. (An de R. 550.)

5. Exposons encore à la vue du lecteur cette action du sénat, qu'il ne faut point omettre dans ce recueil. Les édiles Q. Fabius et Cn. Apronius maltraitèrent, dans une querelle, les députés que la ville d'Apollonie avait envoyés à Rome. Quand le sénat en fut informé, il les livra aux députés par le ministère des féciaux, et fit accompagner les Apolloniates par un questeur jusqu'à Brindes, de peur que dans la route ils n'essuyassent quelque insulte des parents de leurs prisonniers. Était-ce dans une assemblée de mortels, ou dans le sanctuaire même de la Bonne-Foi que se rendaient de semblables décrets? (An de R. 487.) Cette vertu, Rome la pratiqua toujours généreusement, elle en éprouva aussi constamment les effets de la part de ses alliés.

De la Foi publique chez les étrangers.

1. En effet, après l'affreux désastre qui coûta la vie aux deux

---

latam dimisit, quia *se legatos ad cum missos* dicebant, tametsi manifestum erat, illos vitandi præsentis periculi gratia falsum legationis nomen amplecti; ut Romani imperatoris potius decepta fides, quam frustra implorata judicaretur.

5. Repræsentemus etiam illud senatus nullo modo prætermittendum opus. Legatos, ab urbe Apollonia Romam missos, Q. Fabius et Cn. Apronius ædiles, orta contentione, pulsaverunt. Quod ubi comperit, continuo eos per feciales legatis dedidit; quæstoremque cum his Brundusium ire jussit, ne quam in itinere a cognatis deditorum injuriam acciperent. Illam curiam mortalium quis concilium, ac non Fidei templum dixerit? Quam ut civitas nostra semper benignam præstitit, ita in sociorum quoque animis constantem recognovit.

De Fide publica, quam coluere externi.

1. Nam post duorum in Hispania Scipionum, totidemque Romani sanguinis

Scipions et détruisit également deux armées romaines en Espagne, les Sagontins, renfermés dans leurs murailles par les armes victorieuses d'Annibal, et ne pouvant résister plus longtemps aux forces carthaginoises, rassemblèrent sur la place publique tout ce qu'ils avaient de plus cher, formèrent tout autour un amas de matières combustibles auxquelles ils mirent le feu, et, plutôt que d'abandonner notre alliance, ils se jetèrent eux-mêmes sur le bûcher commun. Il me semble que la Bonne-Foi elle-même, considérant les événements humains, dut être alors consternée de voir une fidélité si persévérante condamnée à un destin si cruel par l'injustice de la fortune. (An de R. 534.)

2. Une même constance mérita aux habitants de Pétellia le même honneur. Assiégés par Annibal pour n'avoir pas voulu renoncer à notre amitié, ils envoyèrent implorer l'appui du sénat. La malheureuse journée de Cannes, encore toute récente, empêcha de les secourir; mais on leur permit de prendre le parti qu'ils jugeraient le plus convenable pour assurer leur conservation. Ils étaient donc libres d'embrasser le parti des Carthaginois : cependant ils firent sortir de la ville les femmes et tous ceux que l'âge rendait incapables du service militaire, afin de

exercituum miserabilem stragem. Saguntini victricibus Annibalis armis intra mœnia urbis suæ compulsi, quum vim Punicam ulterius nequirent arcere, collatis in forum, quæ unicuique erant carissima, atque undique circumdatis accensisque ignis nutrimentis, ne a societate nostra desciscerent, publico et communi rogo semetipsi superjecerunt. Crediderim tunc ipsam Fidem humana negotia speculantem, mœstum gessisse vultum, perseverantissimum sui cultum iniquæ fortunæ judicio tam acerbo exitu damnatum cernentem.

2. Idem præstando Petellini eumdem laudis honorem meruerunt. Ab Annibale, quia deficere a nostra amicitia noluerant, obsessi, legatos ad senatum auxilium implorantes miserunt. Quibus propter recentem cladem Cannensem succurri non potuit; cæterum permissum est, uti facerent, quod utilissimum incolumitati ipsorum videretur. Liberum ergo erat Carthaginiensium gratiam amplecti : illi tamen feminis, omnique ætate imbelli urbe egesta, quo diutius armati famem

laisser plus longtemps aux défenseurs de la place les moyens de subsister, et défendirent leurs murailles avec la dernière opiniâtreté. Cette cité expira tout entière plutôt que de perdre de vue, en aucun point, son alliance avec les Romains. Ainsi, Annibal réussit à prendre non pas la ville de Petellia, mais seulement le tombeau de ses fidèles citoyens. (An de R. 537.)

CHAPITRE VII

DE LA FIDÉLITÉ DES FEMMES ENVERS LEURS ÉPOUX

1. Disons aussi quelques mots de la fidélité des femmes envers leurs maris. Tertia Émilia, épouse du premier Scipion, de qui elle eut Cornélie, mère des Gracques, fit preuve de tant de douceur et de patience, que, tout informée qu'elle était de l'affection de son mari pour une de ses esclaves, elle n'en laissa rien paraître, ne voulant pas réduire un vainqueur du monde, un Scipion l'Africain, un grand homme, à se voir mis en justice par une femme pour une faiblesse amoureuse ; et loin d'en conserver du

traherent, pertinacissime in muris perstiterunt; exspiravitque prius eorum tota civitas, quam ulla ex parte Romanæ societatis respectum deposuit. Itaque Annibali non Petelliam, sed fidei Petellinæ sepulcrum capere contigit.

CAPUT VII

DE FIDE UXORUM ERGA MARITOS

1. Atque, ut uxoriam quoque fidem attingamus, Tertia Æmilia, Africani prioris uxor, mater Corneliæ Gracchorum, tantæ fuit comitatis et patientiæ, ut, quum sciret viro suo ancillulam ex suis gratam esse, dissimulaverit; ne domitorem orbis Africanum, femina magnum virum impatientiæ reum ageret : tan-

ressentiment, elle accorda la liberté à cette esclave, après la mort de Scipion, et la donna en mariage à son affranchi. (An de R. 570.)

2. Q. Lucrétius était proscrit par les triumvirs. Thuria, son épouse, de concert avec une esclave, sa seule confidente, le tint caché entre le toit et la voûte de sa chambre, et le garantit ainsi de la mort qui le menaçait, non sans courir elle-même un grand danger. Grâce à cette rare fidélité, pendant que les autres proscrits, au milieu des plus cruelles souffrances d'esprit et de corps, se dérobaient avec peine, chez des nations étrangères et ennemies, au péril qui les menaçait, Lucrétius vivait en sûreté dans sa maison, dans les bras de son épouse. (An de R. 710.)

3. Sulpicia, quoique soigneusement observée par Julie, sa mère, qui voulait l'empêcher de suivre en Sicile Lentulus Cruscellion, son mari, proscrit par les triumvirs, ne laissa pas de s'enfuir furtivement vêtue en esclave, avec deux femmes et deux valets, et de se rendre auprès de lui. Elle ne craignit pas de se proscrire elle-même, pour montrer sa fidélité envers un époux, victime de la proscription. (An de R. 710.)

---

tumque a vindicta mens ejus abfuit, ut post mortem Africani manumissam ancillam in matrimonium liberto suo daret.

2. Q. Lucretium, proscriptum a triumviris, uxor Thuria inter cameram et tectum cubiculi abditum, una conscia ancilla, ab imminente exitio, non sine magno periculo suo, tutum præstitit : singularique fide id egit, ut, quum cæteri proscripti in alienis et hostilibus regionibus per summos corporis et animi cruciatus vix evaderent, ille in cubiculo et in conjugis sinu salutem retineret.

3. Sulpicia autem, quum a matre Julia diligentissime custodiretur, ne Lentulum Cruscellionem, virum suum, proscriptum a triumviris, in Siciliam sequeretur, nihilominus famulari veste sumpta, cum duabus ancillis, totidemque servis, ad eum clandestina fuga pervenit ; nec recusavit se ipsam proscribere, ut ei fides sua in conjuge proscripto constaret.

CHAPITRE VIII

FIDÉLITÉ DES ESCLAVES ENVERS LEURS MAÎTRES

Il nous reste à parler des esclaves qui ont gardé à leurs maîtres une fidélité d'autant plus louable qu'elle était moins attendue.

1. Marcus Antonius, célèbre orateur du temps de nos aïeux, était accusé d'inceste. Pendant l'instruction du procès, ses accusateurs s'obstinaient à demander qu'un de ses esclaves fût mis à la question, parce qu'ils prétendaient qu'il avait précédé son maître, une lanterne à main, lorsque celui-ci allait au rendez-vous. Cet esclave était encore fort jeune ; il était présent à l'audience et voyait qu'il s'agissait pour lui de cruels tourments : néanmoins il ne chercha pas à s'y soustraire. De retour à la maison, voyant l'embarras et l'inquiétude d'Antoine augmenter de plus en plus à ce sujet, il fut le premier à lui conseiller de le livrer aux juges pour être torturé, l'assurant qu'il ne sortirait de

CAPUT VIII

DE FIDE SERVORUM ERGA DOMINOS

Restat, ut servorum etiam erga dominos, quo minus exspectatam, hoc laudabiliorem fidem referamus.

1. M. Antonius, avorum nostrorum temporibus clarissimus orator, incesti reus agebatur. Cujus in judicio accusatores servum in quæstionem perseverantissime postulabant, quod ab eo, quum ad stuprum iret, laternam prælatam contenderent. Erat autem is etiam tum imberbis, et stabat coram, videbatque rem ad suos cruciatus pertinere, nec tamen eos fugitavit. Ille vero, ut domum quoque ventum est, Antonium, hoc nomine vehementius confusum et sollicitum, ultro est hortatus, *ut se judicibus torquendum traderet*, affirmans, *nullum*

sa bouche aucun mot capable de nuire à sa cause. Il tint sa promesse avec une patience admirable : en effet, déchiré de coups de verges, étendu sur le chevalet, brûlé même avec des lames ardentes, il demeura inébranlable ; son courage brisa tous les ressorts de l'accusation et sauva la vie au prévenu. On peut à bon droit reprocher à la fortune d'avoir renfermé dans un corps d'esclave une âme si forte et si généreuse. (An de R. 635.)

2. Le consul C. Marius, après l'issue déplorable du siége de Préneste, avait fait de vaines tentatives pour s'échapper par un souterrain secret, et Télésinus, avec qui il avait résolu de mourir, ne lui avait fait qu'une légère blessure : pour le dérober à la cruauté de Sylla, un de ses esclaves, lui passant une épée au travers du corps lui ôta la vie, quoiqu'il sût la magnifique récompense qui l'attendait, s'il l'eût livré vivant aux mains des vainqueurs. Ce triste service, rendu si à propos, ne le cède point au dévouement des esclaves qui ont protégé les jours de leurs maîtres ; car, dans une telle conjoncture, ce n'était pas la vie, mais la mort que Marius regardait comme un bienfait. (An de R. 671.)

3. Le trait suivant n'est pas moins mémorable. C. Gracchus,

---

ore suo verbum exiturum, quo causa ejus læderetur. Ac promissi fidem mira patientia præstitit : plurimis enim laceratus verberibus, equuleoque impositus, candentibus etiam laminis ustus, omnem vim accusationis, custodita rei salute, subvertit. Argni fortuna merito potest, quod tam pium et tam fortem spiritum servili nomine inclusit.

2. Consulem autem C. Marium, Prænestinæ obsidionis miserabilem exitum sortitum, cuniculi latebris frustra evadere conatum, levique vulnere a Telesino, cum quo commori destinaverat, perstrictum servus suus, ut Syllanæ crudelitatis expertem faceret, gladio trajectum interemit, quum magna præmia sibi proposita videret, si eum victoribus tradidisset. Cujus dexteræ tam opportunum ministerium nihil eorum pietati cedit, a quibus salus dominorum protecta est, quia eo tempore Mario non vita, sed mors in beneficio reposita erat.

3. Æque illustre quod sequitur. C. Gracchus, ne in potestatem inimicorum

pour ne pas tomber au pouvoir de ses ennemis, tendit la tête au glaive de Philocrate, son esclave, qui la lui trancha d'un seul coup, et se plongea ensuite dans le cœur le fer encore fumant du sang de son maître. Selon d'autres auteurs, cet esclave s'appelait Euporus; quant à moi, je ne dispute point sur le nom; je me contente d'admirer cette énergie de fidélité dans une telle condition. Si son jeune maître, qui était d'une haute naissance, avait eu la même force de caractère, il n'aurait dû qu'à lui-même, sans recourir au bras d'un esclave, la faveur d'éviter les supplices qui l'attendaient, tandis que sa faiblesse fit regarder avec plus d'intérêt le cadavre de Philocrate que celui de Gracchus. (An de R. 632.)

4. Autre noblesse, autre démence, mais pareil exemple de fidélité. C. Cassius venait d'être vaincu à la journée de Philippes : Pindarus, l'un de ses esclaves, qu'il avait récemment affranchi, lui trancha la tête par son ordre, et, après l'avoir ainsi soustrait aux insultes de ses ennemis, se déroba lui-même à la vue des hommes par une mort volontaire, sans que l'on pût même retrouver son cadavre. Quel dieu, vengeur du plus horrible forfait, engourdit cette main, naguère si ardente à poignarder le père de la patrie, et l'enchaîna au point de s'abaisser aux pieds d'un Pin-

veniret, Philocrati servo suo cervices incidendas præbuit; quas quum celeri ictu abscidisset, gladium cruore domini madentem per sua egit præcordia. Euporum alii hunc vocitatum existimant; ego de nomine nihil disputo, famularis tantummodo fidei robur admiror. Cujus si præsentiam animi generosus juvenis imitatus foret, suo, non servi beneficio, imminentia supplicia vitasset; nunc commisit, ut Philocratis, quam Gracchi, cadaver speciosius jaceret.

4. Alia nobilitas, alius furor, sed fidei par exemplum. Pindarus C. Cassium, Philippensi prælio victum, nuper ab eo manumissus, jussu ipsius obtruncatum, insultationibus hostium subtraxit, seque e conspectu hominum voluntaria morte abstulit, ita ut ne corpus quidem ejus absumpti inveniretur. Quis deorum, gravissimi sceleris ultor, illam dexteram, quæ in necem patriæ parentis exarserat, tanto torpore illigavit, ut se tremebunda Pindari genibus submitteret, ne pu-

darus, pour ne pas subir, au gré de la piété filiale du vainqueur, le digne châtiment d'un assassinat qui plongea la patrie dans le deuil? C'est toi, sans doute, ô divin Jules! c'est toi, qui vengeais alors si justement tes célestes blessures, en réduisant un traître, envers toi si perfide, à implorer un indigne secours, en troublant sa raison jusqu'à lui ôter et la volonté de vivre, et la force de mourir de sa propre main. (An de R. 711.)

5. A ces catastrophes se joignit celle de Cn. Plotius Plancus, frère de Munatius Plancus, qui avait été consul et censeur. Proscrit par les triumvirs, il se tenait caché dans les environs de Salerne; mais la délicatesse de son genre de vie et l'odeur des parfums firent découvrir l'asile dont le mystère protégeait ses jours. Sur ces traces, les espions envoyés à la poursuite des proscrits, eurent bientôt, comme des limiers à l'odorat subtil, pénétré le secret de sa retraite. Ses esclaves, saisis et appliqués à une longue et cruelle torture, persistèrent à soutenir qu'ils ignoraient où était leur maître. Mais Plancus ne put se résoudre à laisser déchirer davantage de si fidèles et si généreux serviteurs : il se présenta lui-même et tendit la gorge au glaive des soldats. A la vue de ce combat d'affection mutuelle, il est diffi-

---

blici parricidii, quas merebatur, pœnas arbitrio pii victoris exsolveret? Tu profecto, tu, dive Juli, cœlestibus tuis vulneribus debitam exegisti vindictam, perfidum erga te caput sordidi auxilii supplex fieri cogendo, eo animi æstu compulsum, ut neque retinere vitam vellet, neque finire manu sua auderet.

5. Adjunxit se iis cladibus Cn. Plotius Plancus, Munatii Planci consularis et censorii frater, qui, quum a triumviris proscriptus in regione salernitana lateret, delicatiore vitæ genere, et odore unguenti, occultam salutis custodiam detexit. Istis enim vestigiis, eorum, qui miseros persequebantur, sagax inducta cura, abditum fugæ illius cubile odorata est : a quibus comprehensi servi multumque ac diu torti, negabant *se scire ubi dominus esset*. Non sustinuit deinde Plancus, tam fideles tamque boni exempli servos ulterius cruciari; sed processit in medium, jugulumque gladiis militum objecit. Quod certamen mutuæ bene-

cile de décider qui méritait mieux, du maître ou des esclaves, l'un, d'éprouver une fidélité si constante de la part de ses serviteurs, les autres, d'être délivrés des tourments de la question par la juste compassion de leur maître. (An de R. 710.)

6. Et l'esclave d'Urbinius Panopion, quel étonnant exemple de fidélité! il apprend que, sur la dénonciation de quelques domestiques perfides, des soldats sont venus dans la campagne de Réate pour tuer son maître qui était proscrit. Aussitôt, changeant de vêtement avec lui, prenant même son anneau, il le fait secrètement échapper par une porte de derrière, se retire dans sa chambre, se met sur son lit et se laisse tuer pour Panopion. Action bien courte à raconter; mais quelle ample matière de louange! En effet, qu'on veuille bien se représenter l'invasion subite des assassins, le fracas des portes qu'ils enfoncent, leurs voix menaçantes, leurs regards farouches, leurs armes étincelantes, et l'on appréciera ce fait à sa juste valeur; on sentira que, si l'on a bientôt dit qu'un homme voulut mourir pour un autre, il n'était pas aussi facile de le faire. Quant à Panopion, il témoigna toute l'étendue du service qu'il avait reçu de son esclave, en lui érigeant un magnifique tombeau dont l'épitaphe, juste expres-

---

volentiæ arduum dignosci facit, utrum dignior dominus fuerit, qui tam constantem servorum fidem experiretur; an servi, qui tam justa domini misericordia quæstionis sævitia liberarentur.

6. Quid? Urbinii Panopionis servus, quam admirabilis fidei? Qui, quum ad dominum proscriptum occidendum, domesticorum indicio certiores factos milites in Reatinam villam venisse cognosset, commutata cum eo veste, permutato etiam annulo, illum postico clam emisit, se autem in cubiculum ac lectulum recepit, et ut Panopionem occidi passus est. Brevis hujus facti narratio; sed non parva materia laudationis. Nam, si quis ante oculos ponere velit subitum militum accursum, convulsa januæ claustra, minacem vocem, truces vultus, fulgentia arma, rem vera æstimatione prosequetur; nec, quam cito dicitur aliquem pro alio mori voluisse, tam id ex facili etiam fieri potuisse arbitrabitur. Panopion autem

sion de sa reconnaissance, attestait la générosité de ce dévouement. (An de R. 710.)

7. Je m'en serais tenu à ces exemples, si l'admiration que me cause le trait suivant ne me forçait à le raconter encore. Antius Restion, qui venait d'être proscrit par les triumvirs, voyant ses domestiques occupés à piller sa maison et à profiter de ses dépouilles, se déroba de chez lui le plus secrètement qu'il lui fut possible, au milieu de la nuit. Sa fuite néanmoins ne put être assez furtive pour échapper aux regards vigilants d'un esclave qu'il avait tenu dans les fers, et qui portait sur le front l'empreinte ineffaçable des lettres infamantes dont il l'avait flétri. Celui-ci, s'attachant avec un zèle officieux à suivre ses pas errants et incertains, partagea volontairement son infortune. Par un service aussi délicat et aussi périlleux tout à la fois, il avait comblé la mesure du dévouement qu'on pouvait attendre d'un fidèle serviteur. Tandis que ses compagnons dont le sort avait été plus heureux dans la maison de son maître, ne songeaient qu'au pillage, cet infortuné, dont le corps tout meurtri n'offrait que l'aspect et l'image de ses supplices, jugea que le plus grand avantage pour lui était de sauver un homme qui l'avait traité avec tant de

---

quantum servo deberet, amplum ei faciendo monumentum, ac testimonium pietatis grato titulo reddendo, confessus est.

7. Contentus essem hujus generis exemplis, nisi unum me dicere admiratio facti cogeret. Antius Restio, proscriptus a triumviris, quum omnes domesticos circa rapinam et prædam occupatos videret, quam maxime poterat dissimulata fuga se penatibus suis intempesta nocte subduxit. Cujus furtivum egressum servus, ab eo vinculorum pœna coercitus, inexpiabilique litterarum nota per summam oris contumeliam inustus, curiosis speculatus oculis, ac vestigia huc atque illuc errantia benevolo studio subsecutus, lateri voluntarius comes arrepsit. Quo quidem tam exquisito, tamque ancipiti officio, perfectissimum exspectatæ pietatis cumulum expleverat. His enim, quorum felicior in domo status fuerat, lucro intentis, ipse, quum nihil aliud quam umbra et imago suppliciorum suorum esset, maximum emolumentum ejus, a quo tam graviter punitus erat, salutem

rigueur. C'était déjà beaucoup de faire le sacrifice de son ressentiment; il conçut encore pour Antius une vive affection. Sa bienveillance ne s'en tint pas là : elle sut agir; elle lui conserva la vie par un expédient extraordinaire. S'étant aperçu que des soldats avides de sang étaient près de les atteindre, il fit tenir son maître à l'écart, dressa un bûcher, saisit et tua un vieux mendiant, et y jeta son cadavre. Les soldats, arrivant bientôt après, lui demandèrent où était Antius : « Le voilà, répondit-il en montrant le bûcher, qui expie dans les flammes sa cruauté envers moi. » Ce qu'il disait était vraisemblable, on le crut sur sa parole; et cet artifice fournit à Restion le moyen d'assurer ses jours.

CHAPITRE IX

DU CHANGEMENT DANS LES MŒURS OU DANS LA FORTUNE

Exemples chez les Romains.

Rien n'est plus capable d'augmenter la confiance et de dimi-

judicavit; quumque abunde foret iram remittere, adjecit etiam caritatem. Nec hactenus benevolentia processit, sed in eo conservando mira quoque arte usus est. Nam, ut sensit, cupidos sanguinis milites supervenire, amoto domino rogum exstruxit, eique egentem a se comprehensum et occisum senem superjecit : interrogantibus deinde militibus, *ubinam esset Antius;* manum rogo intentans, *ibi illum datis sibi crudelitatis piaculis uri* respondit; quia verisimilia loquebatur, habita est voci fides. Quo evenit, ut Antius statim quærendæ incolumitatis occasionem assequeretur.

CAPUT IX

DE MUTATIONE MORUM, AUT FORTUNÆ

De Mutatione morum, aut fortunæ in Romanis.

Multum animis hominum et fiduciæ adjicere, et sollicitudinis detrahere po-

nuer l'inquiétude, que de se remettre devant les yeux les changements survenus dans les mœurs et la fortune des hommes célèbres, soit que l'on considère sa propre situation ou le caractère de ses proches. En effet, lorsqu'on voit, en envisageant le sort d'autrui, l'illustration sortir du sein de l'abjection et du mépris, qui empêche d'avoir toujours une idée plus favorable de soi-même? Ne perdons pas de vue cette vérité : c'est une folie de se condamner d'avance à un éternel malheur; et d'abandonner une espérance, utile à entretenir malgré son incertitude, pour un désespoir quelquefois sans retour.

1. Manlius Torquatus passait pour avoir l'esprit si borné et si lourd dans les premières années de sa jeunesse, que son père L. Manlius, personnage des plus considérables, le croyant incapable des affaires soit privées, soit publiques, l'avait relégué à la campagne et l'occupait aux travaux les plus pénibles de l'agriculture. Dans la suite, ce même Manlius délivra son père des dangers d'une accusation intentée contre lui; il fit trancher la tête à son propre fils, quoique vainqueur, pour avoir combattu malgré sa défense; enfin, par un glorieux triomphe, il rendit la force à sa patrie, fatiguée de la guerre qu'elle soutenait contre les Latins soulevés. On dirait que la fortune avait répandu sur sa

---

test, morum ac fortunæ in claris viris recognita mutatio, sive nostros status, sive proximorum ingenia contemplemur. Nam, quum aliorum fortunas spectando, ex conditione abjecta atque contempta emersisse claritatem videamus, quid aberit, quin et ipsi meliora de nobis semper cogitemus? memores, stultum esse, perpetuæ infelicitatis se prædamnare; spemque, quæ etiam incerta recte fovetur, interdum certam in desperationem convertere.

1. Manlius Torquatus adeo hebetis atque obtusi cordis inter initia juventæ existimatus est, ut a patre L. Manlio amplissimo viro, quia et domesticis et reipublicæ usibus inutilis videbatur, rus relegatus agresti opere fatigaretur. Postmodum patrem reum judiciali periculo liberavit; filium victorem, quod adversus imperium suum cum hoste manum conseruerat, securi percussit; patriam Latino tumultu fessam, speciosissimo triumpho recreavit; in hoc, credo, fortunæ

CHAP. IX, MOEURS ET FORTUNE

jeunesse cette obscurité comme un nuage, pour rendre plus éclatante un jour la gloire de sa vieillesse. (Ans de R. 391-413.)

2. Le premier Scipion l'Africain que les dieux firent naître pour offrir aux yeux des hommes le modèle d'une vertu accomplie, passa, dit-on, les premières années de son adolescence dans une mollesse, qui, sans mériter le reproche de dissolution, était loin, toutefois, d'annoncer les trophées conquis sur Carthage et le joug imposé à cette cité vaincue. (An de R. 552.)

3. Je citerai aussi C. Valérius Flaccus, qui, à l'époque de la seconde guerre punique, déshonora les commencements de sa jeunesse par une vie licencieuse. P. Licinius, souverain pontife, le revêtit des fonctions de flamine, dans la vue de le retirer plus facilement du vice. Dès lors, l'esprit occupé du culte des autels et des cérémonies sacrées, il apprit de la religion à modérer ses désirs, et autant il avait donné l'exemple de la débauche, autant il devint dans la suite un modèle de tempérance et de sagesse. (An de R. 544.)

4. Rien de plus décrié chez nos aïeux que la jeunesse de Q. Fabius Maximus, celui qui remporta des victoires dans la Gaule et mérita ainsi à lui-même et à sa postérité le surnom

---

nubilo adolescentiæ contemptu perfusus, quo senectutis ejus decus lucidius enitesceret.

2. Scipio autem Africanus superior, quem dii immortales nasci voluerunt, ut esset in quo se virtus per omnes numeros hominibus efficaciter ostenderet, solutioris vitæ primos adolescentiæ annos egisse fertur, remotos quidem a luxuriæ crimine, sed tamen Punicis tropæis, devictæ Carthaginis cervicibus imposito jugo, teneriores.

3. C. quoque Valerius Flaccus secundi Punici belli temporibus luxu perditam adolescentiam inchoavit. Cæterum a P. Licinio pontifice maximo flamen factus, quo facilius a vitiis recederet; ad curam sacrorum et cærimoniarum converso animo, usus duce frugalitatis religione, quantum prius luxuriæ fuerat exemplum, tantum postea modestiæ et sanctitatis specimen evasit.

4. Nihil Q. Fabio Maximo, qui Gallica victoria cognomen Allobrogici sibi-

d'*Allobrogique*; rien de plus honorable que la vieillesse du même Fabius, rien de plus glorieux au sein de la patrie. (An de R. 633.)

5. Qui ne sait que dans le siècle le plus fécond en grands hommes Q. Catulus parvint au plus haut degré de considération? Si l'on revient sur ses premières années, on y trouvera beaucoup de désordres, beaucoup de mollesse. Néanmoins cette vie efféminée ne l'empêcha pas de devenir le premier citoyen de la république, de faire briller son nom sur le faîte du Capitole, et d'étouffer par son courage les germes naissants d'une guerre civile, qui menaçait l'État d'un ébranlement terrible. (An de R. 635.)

6. L. Sylla, jusqu'à l'époque où il se mit sur les rangs pour la questure, s'était déshonoré par la débauche, la passion du vin et l'amour du théâtre. Aussi dit-on que Marius, consul, témoigna un vif mécontentement de voir que le sort lui avait donné un questeur si efféminé, lorsqu'il avait à faire une guerre aussi rude que celle d'Afrique. Cependant le même Sylla, brisant et secouant tout à coup les liens du vice qui le captivait, chargea de chaînes les mains de Jugurtha, arrêta les progrès de Mithridate, calma les tempêtes de la guerre Sociale, abattit la tyrannie de Cinna, et

---

met ac posteris peperit, adolescente magis infame; nihil eodem sene ornatius, aut speciosius illo seculo nostra civitas habuit.

5. Quis ignorat, Q. Catuli auctoritatem in maximo clarissimorum virorum proventu excelsum gradum obtinuisse? Cujus si superior ætas revolvatur, multi luxus, multæ deliciæ reperientur; quæ quidem ei impedimento non fuerunt, quo minus patriæ princeps exsisteret, nomenque ejus in Capitolino fastigio fulgeret, ac virtute civile bellum ingenti motu oriens sepeliret.

6. L. vero Sylla usque ad quæsturæ suæ comitia vitam libidine, vino, ludicræ artis amore, inquinatam perduxit Quapropter C. Marium consulem moleste tulisse traditur, quod sibi asperrimum in Africa bellum gerenti tam delicatus quæstor sorte obvenisset. Ejusdem virtus, quasi perruptis et disjectis nequitiæ, qua obsidebatur, claustris catenas Jugurthæ manibus injecit, Mithridatem compescuit, Socialis belli fluctus repressit, Cinnæ dominationem fregit, eumque, qui

réduisit celui qui l'avait dédaigné en Afrique pour son questeur à se réfugier comme proscrit et exilé dans cette même province. Si l'on veut se donner la peine d'examiner avec attention une telle diversité, un tel contraste, on sera tenté de croire qu'il y avait deux hommes dans le seul Sylla, un jeune débauché, et un guerrier que je qualifierais de brave, s'il n'avait lui-même préféré le surnom d'*heureux*. (Ans de R. 646-667.)

7. Après avoir invité la noblesse par des exemples d'un sage repentir à reporter ses regards sur elle-même, faisons paraître ceux qui ont osé élever leurs espérances au-dessus de leur condition.

T. Aufidius avait eu quelque faible part à la perception des revenus publics en Asie. Dans la suite, il gouverna cette province entière en qualité de proconsul, et nos alliés ne se trouvèrent point humiliés d'être soumis aux faisceaux d'un homme qu'ils avaient vu rechercher l'appui du pouvoir sous d'autres gouverneurs. Son administration même fut un modèle d'intégrité et de noblesse; elle fit voir qu'on devait attribuer à la fortune son premier état, et à ses propres vertus son élévation à sa dignité dernière. (An de R. 680.)

---

se in Africa quæstorem fastidierat, illam ipsam provinciam proscriptum et exsulem petere coegit. Quæ tam diversa, tamque inter se contraria, si quis apud animum suum attentiore comparatione expendere velit, duos in uno homine Syllas fuisse crediderit; turpem adolescentulum, et virum, dicerem fortem, nisi ipse *felicem* se appellari maluisset.

7. Atque, ut nobilitatem beneficio pœnitentiæ se ipsam admonuimus respicere, ita altiora modo suo sperare ausos subtexamus.

T. Aufidius, quum Asiatici publici exiguam admodum particulam habuisset, postea totam Asiam proconsulari imperio obtinuit; nec indignati sunt socii ejus parere fascibus, quem aliena tribunalia adulantem viderant; gessit etiam se integerrime atque splendidissime, eoque modo demonstravit, pristinum quæstum suum fortunæ, præsens vero dignitatis incrementum moribus ipsius imputari debere.

8. P. Rupilius n'avait pas été un receveur d'impôts, mais un simple commis des receveurs en Sicile. Réduit à la dernière misère, il s'était mis aux gages des alliés, afin de pouvoir subsister. Dans la suite, devenu consul, il donna des lois à toute la Sicile et la délivra de l'affreuse guerre des pirates et des esclaves fugitifs. Les ports mêmes de cette île, si l'on peut supposer du sentiment aux êtres inanimés, contemplèrent, sans doute, avec admiration le même homme dans des conditions si diverses. Ils l'avaient vu employé à la perception journalière des douanes; ils le virent ensuite gouverner le pays, commander les flottes et les armées. (An de R. 621.)

9. A un tel exemple d'élévation, j'en ajouterai un plus étonnant encore. Après la prise d'Asculum, Cn. Pompéius, père du grand Pompée, offrit à la vue du peuple romain, parmi les prisonniers qu'il conduisait en triomphe, un adolescent nommé P. Ventidius (an 664). Ce fut ce Ventidius qui depuis défit les Parthes, traversa en triomphe leur pays et la ville de Rome, et consola ainsi les mânes de Crassus tristement restés sans sépulture sur un sol ennemi. Captif, il avait éprouvé les horreurs de la prison; vainqueur, il fit retentir le Capitole des cris de l'allégresse publique. Le même Ventidius eut encore le bonheur singulier d'être nommé

---

8. At P. Rupilius non publicanum in Sicilia egit, sed operas publicanis dedit; idem ultimam inopiam suam, auctorato sociis officio, sustentavit. Ab hoc postmodum consule leges universi Siculi acceperunt, acerbissimoque prædonum ac fugitivorum bello liberati sunt. Portus ipsos, si quis modo mutis rebus inest sensus, tantam in eodem homine varietatem status admiratos arbitror. Quem enim diurnas capturas exigentem animadverterant, eumdem jura dantem, classesque et exercitus regentem viderunt.

9. Huic tanto incremento majus adjiciam. Asculo capto, Cn. Pompeius, Magni pater, P. Ventidium ætate puberem in triumpho suo populi oculis subjecit. Hic est Ventidius, qui postea Romæ ex Parthis, et per Parthos, de Crassi manibus in hostili solo miserabiliter jacentibus, triumphum duxit. Itaque, qui captivus carcerem exhorruerat, victor Capitolium felicitate celebravit.

CHAP. IX, MOEURS ET FORTUNE 69

préteur et consul dans la même année. (Ans de R. 664-715.)

10. Considérons maintenant les vicissitudes du sort. L. Lentulus, après avoir été consul, se vit condamné pour concussion en vertu de la loi Cécilia. Depuis, il fut créé censeur avec L. Censorinus. Ainsi la fortune se plut tour à tour à l'honorer et à le dégrader, le faisant passer successivement du consulat à la condamnation, de la condamnation à la censure. Elle ne le laissa ni jouir d'un bonheur continuel, ni gémir éternellement dans l'adversité. (An de R. 606.)

11. Elle voulut faire éclater le même pouvoir dans la personne de Cn. Cornélius Scipion Asina. Étant consul, il fut pris par les Carthaginois près de Lipari. En vertu du droit de la guerre, il avait tout perdu; mais un regard plus favorable de la fortune lui fit tout recouvrer. Il fut même consul une seconde fois. Qui aurait pu croire que de l'honneur des douze faisceaux il passerait dans les fers des Carthaginois? Qui eût ensuite présumé que des prisons carthaginoises il reviendrait à la souveraine magistrature? C'est ainsi cependant qu'il devint de consul prisonnier, et de prisonnier consul. (Ans de R. 493-499.)

12. Et Crassus, d'immenses trésors ne lui avaient-ils pas valu

---

In eodem etiam illud eximium, quod eodem anno prætor et consul est factus.

10. Casuum nunc contemplemur varietatem. L. Lentulus consularis, lege Cæcilia repetundarum crimine oppressus, censor cum L. Censorino creatus est. Quem quidem fortuna inter ornamenta et dedecora alterna vice versavit, consulatui illius damnationem, damnationi censuram subjiciendo, et neque bonis eum perpetuis frui, neque malis æternis ingemiscere patiendo.

11. Iisdem viribus uti voluit in Cn. Cornelio Scipione Asina. Qui consul, a Pœnis, apud Liparas captus, quum belli jure omnia perdidisset, lætiore subinde vultu ejus adjutus cuncta recuperavit; consulque etiam iterum creatus est. Quis crederet, illum a duodecim securibus a Carthaginiensium perventurum catenas? quis rursus existimaret, a punicis vinculis ad summi imperii perventurum insignia? sed tamen ex consule captivus, et ex captivo consul factus est.

12. Quid? Crasso nonne pecuniæ magnitudo *locupletis* nomen dedit? sed

le surnom de *riche?* Dans la suite, l'indigence lui imposa le titre honteux de *banqueroutier*. En effet, n'ayant pu payer ses dettes, il vit ses biens mis en vente par ses créanciers : on ne lui épargna pas même une raillerie amère ; tout ruiné qu'il était, il s'entendait encore saluer du nom de *riche* par les passants. (An de R. 694.)

13. Mais le sort de Crassus fut moins cruel que celui de Q. Cépion. Une brillante préture, un triomphe éclatant, l'honneur du consulat, la dignité de souverain pontife lui firent donner le titre glorieux de *protecteur du sénat*. Néanmoins il termina ses jours dans la prison publique. Son corps, déchiré par la main du bourreau et jeté sur les marches des gémonies, devint pour tout le Forum un spectacle d'horreur. (An de R. 648.)

14. La vie de Marius ne fut qu'une lutte extraordinaire contre la fortune. Il en soutint tous les assauts avec une égale vigueur de corps et d'esprit. Jugé indigne des honneurs à Arpinum, sa patrie, il osa demander la questure à Rome. Les refus ne purent le rebuter, et il envahit le sénat plutôt qu'il n'y entra. Il essuya le même affront au Champ de Mars dans la demande du tribu-

---

eidem postea inopia turpem decoctoris superlationem injunxit. Siquidem bona ejus a creditoribus, quia solidum præstare non poterat, venierunt. Ita quoque amara sugillatione non caruit : quum egens ambularet, *dives* ab occurrentibus salutabatur.

13. Crassum casus acerbitate Q. Cæpio præcurrit. Is namque præturæ splendore, triumphi claritate, consulatus decore, maximi pontificis sacerdotio, ut *senatus patronus* diceretur, assecutus, in publicis vinculis spiritum deposuit, corpusque ejus funesti carnificis manibus laceratum, in scalis gemoniis jacens, magno cum horrore totius Fori Romani conspectum est.

14. Jam C. Marius maxima fortunæ luctatio est. Omnes enim ejus impetus, qua corporis, qua animi robore fortissime sustinuit. Arpinatibus honoribus judicatus inferior, quæsturam Romæ petere ausus est. Patientia deinde repulsarum, irrupit magis in curiam, quam venit. In tribunatus quoque et ædilitatis

nat et de l'édilité. Enfin, s'étant mis sur les rangs pour la préture, il n'obtint que la dernière place, encore ne fut-ce pas sans danger, car il fut accusé de brigue, et il ne parvint qu'avec bien de la peine à se faire absoudre par les juges. Cependant, de ce Marius, si petit à Arpinum, si peu considéré à Rome, candidat si dédaigné, sortit ce Marius qui subjugua l'Afrique, qui fit marcher le roi Jugurtha devant son char de triomphe, qui tailla en pièces les armées des Cimbres et des Teutons ; celui dont nous voyons encore à Rome deux magnifiques trophées, dont les consulats occupent sept années dans nos fastes ; qui eut le bonheur de passer de l'exil au consulat, et le pouvoir de proscrire, tout proscrit qu'il était. Quel exemple plus frappant de l'inconstance et des caprices de la fortune ? Veut-on le ranger parmi les malheureux, on le trouvera le plus malheureux des hommes ; parmi les mortels heureux, nul ne le paraîtra plus que lui. (Ans de R. 629-667.)

15. Jules César, qui s'est frayé le chemin du ciel par ses vertus, entrait dans l'adolescence, lorsqu'allant en Asie comme simple particulier, il tomba entre les mains des pirates aux environs de l'île de Pharmacuse : il se racheta au prix de cinquante

---

petitione consimilem Campi notam expertus, præturæ candidatus supremo loco inhæsit, quam tamen non sine periculo obtinuit ; ambitus enim accusatus, vix atque ægre absolutionem a judicibus impetravit. Ex illo Mario tam humili Arpini, tam ignobili Romæ, tamque fastidiendo candidato, ille Marius evasit, qui Africam subegit, qui Jugurtham regem ante currum egit, qui Teutonorum Cimbrorumque exercitus delevit ; cujus bina tropæa in Urbe spectantur ; cujus septem in fastis consulatus leguntur ; cui post exsilium consulem creari, proscriptoque facere proscriptionem contigit. Quid hujus conditione inconstantius aut mutabilius ? quem si inter miseros posueris, miserrimius ; si inter felices, felicissimus reperietur.

15. C. autem Cæsar, cujus virtutes aditum sibi in cœlum struxerunt, inter primæ juventæ initia privatus Asiam petens, a maritimis prædonibus circa insulam Pharmacusam exceptus, quinquaginta se talentis redemit. Parva igitur

talents (environ 200,000 fr.). Telle fut la modique somme à laquelle la fortune voulut qu'on évaluât, sur un brigantin de pirates, l'astre le plus brillant de l'univers. Pourquoi nous plaindre désormais de cette déesse, puisqu'elle n'épargne pas même ceux qui participent avec elle de la divinité. Au reste, celui dont la place était marquée au ciel sut venger lui-même son outrage. César, bientôt après, se rendit maître des pirates, et les fit mettre en croix. (An de R. 667.)

Exemples étrangers.

1. Nous avons appliqué nos soins à raconter les faits qui appartiennent à notre histoire; délassons-nous maintenant à faire le récit des exemples étrangers.

Polémon, jeune Athénien, perdu de débauches, et qui faisait son plaisir des attraits du vice et de l'infamie même qui en est la suite, sortait d'un festin, non pas dans la nuit, mais le matin, après le lever du soleil et revenait chez lui. Comme il passait devant la demeure du philosophe Xénocrate, il la vit ouverte, et, dans l'état où il se trouvait, plein de vin, parfumé d'essences,

summa clarissimum mundi sidus in piratico myoparone rependi fortuna voluit. Quid est ergo quod amplius de ea queramur, si ne consortibus quidem divinitatis suæ parcit? Sed cœleste numen se ab injuria vindicavit; continuo enim captos prædones crucibus affixit.

De mutatione morum, aut fortunæ in externis.

1. Attento studio nostra commemoravimus : remissiore nunc animo aliena narrentur.

Perditæ luxuriæ Athenis adolescens Polemo, neque illecebris ejus tantummodo, sed etiam ipsa infamia gaudens, quum e convivio non post occasum solis, sed post ortum surrexisset, domumque rediens Xenocratis philosophi patentem januam vidisset, vino gravis, unguentis delibutus, sertis capite redimito,

une couronne de fleurs sur la tête, vêtu d'une robe transparente, il y entra et se mêla parmi les savants dont la salle était remplie. Non content de s'y introduire avec une telle indécence, il y prit place dans l'intention de se moquer de la noble éloquence et des sages préceptes du philosophe, et de les livrer aux impudentes railleries de l'ivresse. Une juste indignation s'éleva dans tout l'auditoire ; mais Xénocrate, sans changer de contenance ni de visage, laissant la dissertation qu'il avait entamée, se mit à parler de la modestie et de la tempérance. Telle fut la gravité de ses discours, que Polémon, forcé de rentrer en lui-même, commença par arracher sa couronne et la jeter à terre : bientôt après il cacha ses bras sous son manteau ; ensuite il quitta l'air joyeux d'un convive ; enfin, bannissant toutes ses passions désordonnées, il dut aux paroles d'un sage, comme au plus salutaire des remèdes, une entière guérison, et d'infâme débauché devint grand philosophe. Le vice avait seulement séjourné dans son âme ; il n'y avait pas pris sa demeure. (Av. J.-C. 330.)

2. J'ai peine à parler de la jeunesse de Thémistocle. Puis-je songer à son père qui le déshérita honteusement ; à sa mère, que, par l'opprobre de sa conduite, il réduisit à se pendre

---

pellucida veste amictus, refertam turba doctorum hominum scholam ejus intravit; nec contentus tam deformi introitu, consedit etiam, ut clarissimum eloquium, et prudentissima præcepta, temulentiæ lasciviis elevaret. Orta deinde, ut par erat, omnium indignatione, Xenocrates vultum in eodem habitu continuit, omissaque re, quam disserebat, de modestia ac temperantia loqui cœpit. Cujus gravitate sermonis resipiscere coactus Polemo, primum coronam capite detractam projecit; paulo post brachium intra pallium reduxit; procedente tempore oris convivalis hilaritatem deposuit : ad ultimum totam luxuriam exuit, uniusque orationis saluberrima medicina sanatus, ex infami ganeone maximus philosophus evasit. Peregrinatus est hujus animus in nequitia, non habitavit.

2. Piget Themistoclis adolescentiam attingere, sive patrem aspiciam, abdicationis injungentem notam, sive matrem, suspendio finire vitam propter filii tur-

de douleur? Cependant, de tous les grands hommes de la Grèce, il devint le plus illustre; il fut tour à tour l'espérance et le désespoir de l'Europe et de l'Asie : la première dut son salut à sa protection, celle-ci se l'attacha comme un garant de la victoire. (Av. J.-C. 479.)

3. Cimon, dans son enfance, passa généralement pour stupide : mais les Athéniens eurent à se féliciter dans la suite de s'être mis sous ses ordres, et il les força ainsi de s'accuser eux-mêmes d'ineptie pour l'avoir supposé dépourvu d'intelligence.

4. On dirait que deux fortunes différentes s'étaient partagé la vie d'Alcibiade; l'une pour lui assigner tous les avantages, naissance illustre, abondantes richesses, beauté accomplie, faveur publique, hautes dignités, puissance supérieure, génie ardent; l'autre pour faire peser sur lui tous les malheurs, condamnation, exil, confiscation, indigence, haine de la patrie, mort violente. Ni les biens ni les maux ne furent accumulés à la fois, mais entremêlés et alternatifs comme les vagues de la mer, comme le flux et le reflux.

5. Les biens les plus abondants, la prospérité la plus soutenue, avaient donné à la fortune de Polycrate, tyran de Samos,

---

pitudinem coactam, quum omnium postea Graii sanguinis virorum clarissimus exstiterit, mediumque Europæ et Asiæ vel spei, vel desperationis pignus fuerit. Hæc enim salutis eum suæ patronum habuit, illa vadem victoriæ assumpsit.

3. Cimonis vero incunabula opinione stultitiæ fuerunt referta; ejusdem imperia salutaria Athenienses senserunt; itaque coegit eos stuporis semetipsos damnare, qui eum stolidum crediderant.

4. Jam Alcibiadem quasi duæ fortunæ partitæ sunt; altera, quæ ei nobilitatem eximiam, abundantes divitias, formam præstantissimam, favorem civium propensum, summa imperia, præcipuas potentiæ vires, flagrantissimum ingenium assignaret; altera, quæ damnationem, exsilium, venditionem bonorum, inopiam odium patriæ, violentam mortem infligeret : nec aut hæc, aut illa universa, sed varia, perplexa, freto atque æstui similia.

5. Ad invidiam usque Polycratis, Samiorum tyranni, abundantissimis bonis

CHAP. IX, MOEURS ET FORTUNE 75

un éclat excessif, juste objet d'envie. En effet, tous ses desseins réussissaient naturellement, sans obstacle : toujours le succès couronnait ses désirs ; formait-il des vœux, il les voyait aussitôt exaucés : vouloir et pouvoir étaient pour lui même chose. Une seule fois la sérénité de son visage fut un instant troublée par un léger mouvement de tristesse : ce fut lorsqu'il jeta volontairement dans la mer une bague à laquelle il tenait beaucoup, afin de n'être pas tout à fait étranger aux disgrâces de la vie. Néanmoins il la recouvra bientôt par la prise du poisson qui l'avait avalée. Mais ce Polycrate, dont la fortune avait jusqu'alors heureusement vogué à pleines voiles, tomba entre les mains d'Oronte, l'un des satrapes du roi Darius, et fut mis en croix sur le point le plus élevé du mont Macale : là, son cadavre putréfié, ses membres livides et dégouttants de sang, cette main même, à qui Neptune, par le ministère d'un pêcheur, avait rendu son anneau, flétrie alors et desséchée, offrirent un agréable spectacle au peuple de Samos, joyeux de retrouver la liberté après avoir quelque temps porté le ioug d'un pénible esclavage.

6. Denys, qui avait reçu de son père, à titre d'héritage, la souveraineté de Syracuse et de presque toute la Sicile, qui pos-

---

conspicuus vitæ fulgor excessit; nec sine causa. Omnes enim conatus ejus placido excipiebantur itinere; spes certum cupitæ rei fructum apprehendebant; vota nuncupabantur simul, et solvebantur; velle ac posse in æquo positum erat. Semel duntaxat vultum mutavit, perquam brevi tristitiæ salebra successum, tunc quum admodum gratum sibi annulum de industria in profundum, ne omnis incommodi expers esset, abjecit. Quem tamen continuo recuperavit, capto pisce, qui eum devoraverat. Sed hunc, cujus felicitas semper plenis velis prosperum cursum tenuit, Orontes, Darii regis præfectus, in excelsissimo Micalensis montis vertice cruci affixit. E qua putres ejus artus, et tabido cruore manantia membra, atque illam lævam, cui Neptunnus annulum piscatoris manu restituerat, situ marcidam, Samos amara servitute aliquandiu pressa, liberis ac lætis oculis aspexit.

6. Dionysius autem, quum hereditatis nomine a patre Syracusanorum ac pæne

sédait des trésors immenses, qui avait à ses ordres des armées, des flottes, une puissante cavalerie, se vit forcé par l'indigence à montrer à lire aux enfants dans la ville de Corinthe. Il donnait en même temps, par une telle métamorphose, une grande leçon aux personnes d'un âge plus avancé : de souverain devenu maître d'école, il leur apprenait à ne pas trop se fier à la fortune. (Av. J.-C. 343.)

7. Après Denys vient le roi Syphax, qui essuya comme lui les injustes caprices du sort. Rome et Carthage, dans la personne de Scipion et d'Asdrubal, étaient allées à la cour de ce prince solliciter son amitié. Parvenu à ce comble de gloire, d'être en quelque sorte l'arbitre de la victoire entre les deux peuples les plus puissants du monde, il se vit, peu de temps après, chargé de chaînes, traîné auprès de Scipion par Lélius, lieutenant de ce général, et réduit à se jeter en suppliant aux pieds de celui à qui naguère, du haut de son trône, il avait présenté une main arrogante et superbe. (Ans de R. 547-550.)

Qu'ils sont fragiles et périssables, combien ils ressemblent à des jouets d'enfants ces présents de la fortune, que l'on nomme puissance et richesses humaines! Ils abondent tout à coup et

---

totius Siciliæ tyrannidem accepisset, maximarum opum dominus, exercituum dux, rector classium, equitatuum potens, propter inopiam litteras puerulos Corinthi docuit; eodemque tempore, tanta mutatione majores natu, ne quis nimis fortunæ crederet, magister ludi factus ex tyranno, monuit.

7. Sequitur hunc Syphax rex, consimilem fortunæ iniquitatem expertus. Quem amicum hinc Roma per Scipionem, illinc Carthago per Asdrubalem ultro petitum ad penates deos ejus venerat. Cæterum eo claritatis evectus, ut validissimorum populorum tantum non arbiter victoriæ exsisteret, parvi temporis interjecta mora, catenatus a Lælio legato ad Scipionem imperatorem pertractus est; cujusque dexteram regio insidens solio arroganti manu attigerat, ejus genibus supplex procubuit.

Caduca nimium et fragilia, puerilibusque consentanea crepundiis sunt ista, quæ vires atque opes humanæ vocantur. Affluunt subito, repente dilabuntur;

disparaissent soudain ; ils ne prennent de fondements stables nulle part ; ils ne se fixent solidement sur aucune personne ; emportés çà et là par le souffle de l'inconstante déesse, ils vous élèvent au comble de la prospérité, et bientôt, par un retour imprévu, vous plongent tristement dans un abîme de misères. Aussi ne doit-on pas considérer comme des biens, ni qualifier de ce nom des faveurs dont le seul regret double encore l'amertume des maux qu'elles vous ont causés.

nullo in loco, nulla in persona stabilibus nixa radicibus consistunt; sed incertissimo flatu fortunæ huc atque illuc acta, quos sublime extulerunt, improviso recursu destitutos, profundo cladium miserabiliter immergunt. Itaque neque existimari, neque dici debent bona, quæ inflictorum malorum amaritudinem desiderio sui duplicent.

LIVRE SEPTIÈME

CHAPITRE I

DU BONHEUR

Nous avons rapporté beaucoup d'exemples de l'instabilité de la fortune, nous n'en pouvons raconter qu'un très-petit nombre de sa constance dans la faveur : preuve évidente qu'elle frappe les coups sinistres avec empressement, et qu'elle n'accorde la prospérité qu'avec réserve. Quand une fois elle a pris sur elle d'oublier sa malignité, elle ne se contente pas de réunir, d'accumuler sur une tête les plus grands biens, elle en assure encore la possession pour toujours.

LIBER SEPTIMUS

CAPUT I

DE FELICITATE

Volubilis fortunæ complura exempla retulimus; constanter propitiæ admodum pauca narrari possunt. Quo patet, eam adversas res cupido animo infligere secundas parce tribuere. Eadem, ubi malignitatis oblivisci sibi imperavit, non solum plurima et maxima, sed etiam perpetua bona congerit.

1. Voyons donc par quelle suite de bienfaits elle conduisit Q. Métellus au comble du bonheur, sans que sa bienveillance se soit lassée jamais depuis le premier jour de sa vie jusqu'à son dernier soupir. Elle voulut qu'il naquît dans la première ville du monde ; elle le fit sortir du sang le plus illustre ; à ces avantages elle joignit les plus rares qualités de l'esprit, et des forces corporelles capables de supporter les fatigues ; elle lui donna une épouse aussi remarquable par sa vertu que par sa fécondité ; elle se plut à lui accorder l'honneur du consulat, le commandement des armées, la gloire d'un magnifique triomphe ; elle lui procura la jouissance de voir en même temps trois de ses fils, dont l'un avait été même honoré de la censure et du triomphe, devenus personnages consulaires et le quatrième revêtu de la préture, de marier trois filles et de presser sur son sein les fruits de leur hymen. Parmi tant d'objets heureux, tant de naissances, de berceaux, de robes viriles, d'hyménées, tant de dignités, de commandements militaires, en un mot tant de motifs de félicitations, pas un deuil, pas un événement lugubre, pas un sujet de tristesse. Contemplez le ciel : à peine y trouverez-vous un tel bonheur, puisque nous voyons les plus grands

---

1. Videamus ergo, quot gradibus beneficiorum Q. Metellum, a primo originis die ad ultimum usque fati tempus nunquam cessante indulgentia, ad summum beatæ vitæ cumulum perduxerit. Nasci eum in urbe terrarum principe voluit; parentes ei nobilissimos dedit; adjecit animi rarissimas dotes, et corporis vires, ut sufficere laboribus posset; uxorem pudicitia et fecunditate conspicuam conciliavit; consulatus decus, imperatoriam potestatem, speciosissimi triumphi prætextum largita est; fecit, ut eodem tempore tres filios consulares, unum etiam censorium ac triumphalem, et quartum prætorium videret, utque tres filias nuptum daret, earumque sobolem sinu suo exciperet. Tot partus, tot incunabula, tot viriles togæ, tam multæ nuptiales faces, honorum, imperiorum, omnis denique gratulationis summa abundantia, quum interim nullum funus, nullus gemitus, nulla causa tristitiæ. Cœlum contemplare; vix tamen ibi talem statum

poëtes donner aux dieux même l'affliction et la douleur. Cette prospérité fut couronnée par une fin qui ne la démentit pas : ses fils et ses gendres portèrent son corps sur leurs épaules dans la ville de Rome et le mirent sur le bûcher. (An de R. 638.)

2. Voilà un bonheur illustre : en voici un plus obscur, mais que la divinité se plut à marquer d'une préférence éclatante. Gygès, fier de régner sur la Lydie, empire également riche en forces militaires et en trésors, alla consulter l'oracle d'Apollon Pythien, pour savoir s'il était un mortel plus heureux que lui. Le dieu, faisant entendre sa voix du fond du sanctuaire, lui préféra Aglaüs de Psophis : c'était le plus pauvre des Arcadiens ; mais, déjà avancé en âge, il n'était jamais sorti des limites de son petit héritage ; il vivait content des productions et des plaisirs de son étroit domaine. Apollon, par un oracle plein de sagesse, traça le vrai caractère, et non les dehors trompeurs d'une vie heureuse. Il répondit à ce prince, qui se glorifiait fastueusement de l'éclat de sa fortune, « qu'il préférait une chaumière où règne le charme de la sécurité à un palais attristé par les soucis et les inquiétudes ; quelques parcelles de terre

---

reperies, quoniam quidem luctus et dolores deorum quoque pectoribus a maximis vatibus assignari videmus. Hunc autem vitæ actum ejus consentaneus finis excepit ; namque Metellum, ultimæ senectutis spatio defunctum, lenique genere mortis inter oscula complexusque carissimorum pignorum exstinctum, filii et generi humeris suis per Urbem latum rogo imposuerunt.

2. Clara hæc felicitas : obscurior illa, sed divino splendore præposita. Quum enim Gyges, regno Lydiæ armis et divitiis abundantissimo inflatus, Apollinem Pythium sciscitatum venisset, *an aliquis mortalium se esset felicior*, deus, ex abdito sacrarii specu voce missa, Aglaum Psophidium ei prætulit. Is erat Arcadum pauperrimus ; sed, ætate jam senior, terminos agelli sui nunquam excesserat, parvuli ruris fructibus ac voluptatibus contentus. Verum profecto beatæ vitæ finem Apollo, non adumbratum, oraculi sagacitate complexus est. Quocirca insolenter fulgore fortunæ suæ glorianti respondit, « magis se probare securitate ridens tugurium, quam tristem curis et sollicitudinibus aulam ; paucasque

cultivées sans crainte aux fertiles campagnes de la Lydie, toujours semées d'alarmes ; une ou deux paires de bœufs d'un facile entretien à un appareil de troupes, d'armes, de chevaux, charges ruineuses et dévorantes pour un pays ; une petite provision de choses nécessaires, peu sujette à exciter l'envie, à des trésors sans cesse exposés aux embûches de la cupidité. » Ainsi, tandis que Gygès ambitionne l'assentiment du dieu, dans la vaine opinion qu'il a de lui-même, il apprend où se trouve un bonheur pur et solide.

CHAPITRE II

DE LA SAGESSE DANS LES PAROLES ET DANS LES ACTIONS

Exemples chez les Romains.

Je vais maintenant décrire cette sorte de bonheur qui consiste uniquement dans la disposition de l'âme, qui ne s'obtient que

glebas pavoris expertes, quam pinguissima Lydiæ arva metu referta ; et unum aut alterum jugum boum facilis tutelæ, quam exercitus, et arma, et equitatum voracibus impensis onerosum ; et usus necessarii horreolum nulli nimis appetendum, quam thesauros omnium insidiis et cupiditatibus expositos. » Ita Gyges, dum astipulatorem vanæ opinionis deum habere concupiscit, ubinam solida et sincera esset felicitas, didicit.

CAPUT II

DE SAPIENTER DICTIS AUT FACTIS

De sapienter dictis aut factis a Romanis.

Nunc id genus felicitatis explicabo, quod totum in habitu animi est, nec votis

par des vœux, mais qui prend naissance dans le cœur de l'homme éclairé et qui éclate par des paroles et des actions pleines de sagesse.

1. L'histoire nous apprend qu'Appius Claudius répétait fréquemment ce mot : « Il vaut mieux donner au peuple romain le travail que le repos; » non qu'il ignorât combien le repos a de douceur, mais il remarquait que, pour les États puissants, l'agitation des affaires est l'aiguillon de la vertu, au lieu que trop d'inaction amène la mollesse et l'engourdissement. C'était une vérité : le travail, malgré ce que ce mot a de répugnant, maintint les mœurs de la république dans leur pureté, et le repos, objet si flatteur à nommer, les infecta d'une foule de vices.

2. Scipion l'Africain trouvait qu'en matière de guerre il est honteux de dire : « Je n'y avais pas songé. » Il pensait sans doute qu'il faut mûrement réfléchir et discuter avant d'employer la force des armes. Rien de plus sensé; une faute est sans remède quand on en livre les suites aux fureurs de Mars. Le même général disait encore, « qu'on ne doit en venir aux mains avec l'ennemi, qu'autant que l'occasion est favorable, ou que la nécessité le commande. » Paroles également sages : en effet, ne

---

petitur, sed in pectoribus sapientia præditis natum, dictis factisque prudentibus enitescit.

1. Appium Claudium crebro solitum dicere accepimus, *Negotium populo Romano melius, quam otium committi;* non quod ignoraret, quam jucundus tranquillitatis status esset, sed quod animadverteret, præpotentia imperia agitatione rerum ad virtutem capessendam excitari, nimia quiete in desidiam resolvi. Et sane negotium, nomine horridum, civitatis nostræ mores in suo statu continuit; blandæ appellationis quies plurimis vitiis respersit.

2. Scipio vero Africanus *turpe esse* aiebat *in re militari dicere : Non putaram;* videlicet, quia explorato et excusso consilio, quæ ferro aguntur, administrari oportere arbitrabatur; summa ratione. Inemendabilis enim est error, qui violentiæ Martis committitur. Idem negabat, *aliter cum hoste confligi debere, quam si aut occasio obvenisset, aut necessitas incidisset:* æque prudenter,

pas profiter d'un moment avantageux pour vaincre, c'est une extrême folie; ne pas combattre quand on est réduit à n'avoir plus d'autre ressource, c'est une lâcheté funeste à qui en est capable. Se conduire de la sorte, c'est, d'un côté, ne savoir pas mettre à profit les faveurs de la fortune; de l'autre, ne pas savoir braver ses outrages.

3. Q. Métellus énonça, dans le sénat, une pensée aussi noble que profonde. Après la réduction de Carthage, il déclara qu'il ne savait si cette victoire avait fait plus de bien que de mal à la république, parce que, si elle était avantageuse en ramenant la paix, elle ne laissait pas d'avoir quelque danger en éloignant Annibal. En effet, disait-il, l'arrivée de ce général en Italie avait réveillé la vertu du peuple romain, déjà plongée dans le sommeil; et l'on devait craindre que, délivrée d'un redoutable rival, elle ne retombât dans le même assoupissement. Ainsi Métellus plaçait au même rang parmi les calamités, l'incendie des maisons, la dévastation des campagnes, l'épuisement du trésor, et le relâchement de notre ancienne énergie. (An de R. 551.)

4. Que de sagesse dans la conduite de Licinius Fimbria, personnage consulaire! M. Lutatius Pythia, chevalier romain très-

---

Nam et prospere gerendæ rei facultatem omittere, maxima dementia est; et in angustias utique pugnandi compulsum abstinere se prælio, pestiferum ignaviæ affert exitum; eorumque qui ista committunt, alter beneficio fortunæ uti, alter injuriæ nescit resistere.

3. Q. quoque Metelli quum gravis, tum etiam alta in senatu sententia. Qui, devicta Carthagine, « nescire se, illa victoria bonine plus an mali reipublicæ attulisset, asseveravit; quoniam, ut pacem restituendo profuisset, ita Annibalem submovendo, non nihil nocuisset : ejus enim transitu in Italiam, dormientem jam populi Romani virtutem excitatam; metuique debere, ne acri æmulo liberata in eumdem somnum revolveretur. » In æquo igitur malorum posuit, uri tecta, vastari agros, exhauriri ærarium, et prisci roboris nervos hebetari.

4. Quid, illud factum Licinii Fimbriæ consularis quam sapiens! A M. Lutatio Pythia, splendido equite Romano, judex aditus de sponsione, quam is cum

distingué, le priait de juger une contestation où il soutenait, contre un adversaire, qu'il était homme de bien. Mais Fimbria refusa son arbitrage dans une telle matière, ne voulant ni flétrir par une sentence défavorable la réputation d'un citoyen estimé, ni jurer de la probité d'autrui, parce que cette seule qualité emporte avec elle la réunion d'une foule de vertus.

5. Voilà un trait de sagesse fourni par le forum ; le suivant appartient aux annales militaires. Le consul Papirius Cursor, faisant le siége d'Aquilonie, voulait livrer l'assaut. Quoique les poulets sacrés ne donnassent aucun signe favorable, l'augure ne laissa pas d'annoncer les plus heureux auspices. Informé de sa supercherie, Papirius considéra le présage comme heureux tant pour lui que pour son armée, et engagea l'action ; mais il eut soin de placer l'imposteur devant la première ligne, afin que si les dieux étaient irrités, ils eussent une tête à frapper comme victime expiatoire. Par un effet soit du hasard, soit de la Providence divine, le premier javelot parti de l'armée ennemie vint percer l'augure, et l'étendit mort sur la place. A cette nouvelle, le consul, plein de confiance, donna l'assaut et prit Aquilonie. Telle fut sa promptitude à trouver le moyen de venger l'injure

---

adversario, *quod vir bonus esset*, fecerat, numquam id judicium pronunciatione sua finire voluit, ne aut probatum virum, si contra eum judicasset, fama spoliaret; aut juraret virum bonum esse, quum ea res innumerabilibus laudibus contineatur.

5. Forensibus hæc ; illa militaribus stipendiis prudentia exhibita. Papirius Cursor consul, quum Aquiloniam oppugnans prælium vellet committere, pullariusque, non prosperantibus avibus, optimum ei auspicium renuntiasset, de fallacia illius factus certior, sibi quidem et exercitui bonum omen datum credidit, ac pugnam iniit. Cæterum mendacem ante ipsam aciem constituit, ut haberent dii, cujus capite, si quid iræ conceperant, expiarent. Directum est autem sive casu, sive etiam cœlestis numinis providentia, quod primum e contraria parte missum erat telum, in ipsum pullarii pectus, eumque exanimem prostravit. Id ut consul cognovit, fidente animo et hostes invasit, et Aquiloniam cepit. Tam cito animadvertit, quo pacto injuria imperatoris vindicari deberet, quemadmo-

du général, de réparer l'outrage fait à la religion, et de s'assurer la victoire. Il se montra tout à la fois homme sévère, consul religieux, brave capitaine; il saisit d'un coup d'œil l'étendue de la crainte, la nature du châtiment, le gage de l'espérance. (An de R. 460.)

6. Passons maintenant aux traits de sagesse du sénat. Lorsqu'il envoya contre Annibal les consuls Claudius Néron et Livius Salinator, tous les deux égaux en mérite, mais animés l'un contre l'autre d'une haine violente, il mit un soin extrême à les réconcilier, de peur que leur inimitié particulière ne les empêchât de gérer utilement les affaires publiques. En effet, si la concorde ne règne pas entre deux hommes associés au même pouvoir, chacun s'attachera plus à contrarier les opérations de son collègue qu'à bien faire lui-même; et, si même la mésintelligence va jusqu'à une haine implacable, ils seront l'un pour l'autre des adversaires plus redoutables que tous deux ne peuvent l'être pour l'armée ennemie. (An de R. 546.)

Ces deux mêmes rivaux ayant été cités devant le peuple par le tribun Cn. Bébius, pour avoir exercé la censure avec trop de rigueur, le sénat, par un décret, les dispensa de répondre à cette

---

dum violata religio expianda foret, qua ratione victoria apprehendi posset. Egit virum severum, consulem religiosum, imperatorem strenuum; timoris modum, pœnæ genus, spei viam, uno mentis impetu rapiendo. -

6. Nunc ad senatus acta transgrediar. Quum adversus Annibalem Claudium Neronem et Livium Salinatorem consules mitteret, eosque ut virtutibus pares, ita inimicitiis acerrime inter se dissidentes videret, summo studio in gratiam reduxit, ne propter privatas dissensiones rempublicam parum utiliter administrarent : quia consimili imperio nisi concordia inest, major aliena opera interpellandi, quam sua edendi cupiditas nascitur; ubi vero etiam pertinax intercedit odium, alter alteri, quam uterque contrariis castris, certior hostis proficiscitur.

Eosdem senatus, quum ob nimis aspere actam censuram a Cn. Bæbio tribuno plebis pro rostris agerentur rei, causæ dictione decreto suo liberavit, vacuum

accusation, voulant mettre à l'abri de toute attaque judiciaire une magistrature instituée pour demander compte aux autres, non pour rendre compte elle-même. (An de R. 549.)

Ce fut avec la même sagesse que le sénat punit de mort le tribun Tibérius Gracchus, pour avoir osé publier la loi agraire. Le même sénat ordonna qu'en vertu de cette loi du tribun, trois commissaires feraient une distribution de terres, par tête, au peuple. Conduite salutaire, puisqu'elle fit disparaître à la fois et le moteur et le prétexte d'une sédition dangereuse. (An de R. 620.)

De quelle prudence il fit preuve dans sa politique à l'égard du roi Masinissa! Ce prince qui l'avait servi avec le plus grand zèle et la plus constante fidélité contre les Carthaginois, il le voyait ardent à reculer les limites de son royaume. Il fit passer une loi qui déclarait Masinissa libre et indépendant de l'empire romain. Cette mesure lui procura l'avantage, et de conserver l'amitié d'un roi qui avait bien mérité de la république, et de fermer son enceinte aux plaintes importunes des Maures, des Numides et des autres peuples de ces contrées, dont la férocité ne savait demeurer en repos, ni garder fidèlement un traité de paix. (An de R. 602.)

---

omnis judicii metu eum honorem reddendo, qui exigere debet rationem, non reddere.

Par illa sapientia senatus, qua Tib. Gracchum tribunum plebis, agrariam legem promulgare ausum, morte multavit. Idem, *ut secundum legem ejus per triumviros ager populo viritim divideretur*, egregie censuit. Siquidem gravissimæ seditionis eodem tempore et auctorem et causam sustulit.

Quam deinde se prudenter in rege Masinissa gessit! Nam, quum promptissima et fidelissima ejus opera adversus Carthaginienses usus esset, eumque in dilatando regno avidiorem cerneret, *legem ferri jussit, qua Masinissæ ab imperio populi Romani solutam libertatem tribueret*. Quo facto quum optime meriti benevolentiam retinuit, tum Mauritaniæ et Numidiæ, cæterarumque illius tractus gentium nunquam fida pace quiescentem feritatem a valvis suis repulit.

Exemples étrangers.

1. Le temps me manquerait plutôt que les sujets tirés de notre histoire; car c'est moins à la force corporelle qu'à la vigueur des âmes que notre empire est redevable de son accroissement et de sa conservation. Ainsi, laissons dans un silence qui n'ôte rien à l'admiration la plupart des actes de la prudence romaine, pour donner place aux exemples de cette vertu chez les étrangers.

Socrate, qui fut comme l'oracle de la sagesse humaine sur la terre, pensait que nous ne devons rien demander aux dieux, si ce n'est de nous accorder le bien, parce qu'eux seuls savent ce qui est utile à chacun de nous, tandis que nos vœux ont ordinairement pour objet des choses qu'il vaudrait mieux ne pas obtenir. Et, en effet, enveloppée des plus épaisses ténèbres, âme des mortels, sur quel vaste champ d'illusions n'étends-tu pas tes aveugles prières? Tu désires les richesses, qui ont fait tant de victimes; tu aspires aux honneurs, qui ont perdu une foule d'ambitieux; tu roules en toi-même jusqu'à des projets de

---

De sapienter dictis aut factis ab externis.

1. Tempus deficiet domestica narrantem; quoniam imperium nostrum non tam robore corporum, quam animorum vigore, incrementum ac tutelam sui comprehendit. Majore itaque ex parte Romana prudentia in admiratione tacita reponatur, alienigenisque hujus generis exemplis detur aditus.

Socrates, humanæ sapientiæ quasi quoddam terrestre oraculum, *nihil ultra petendum a diis immortalibus* arbitrabatur, *quam ut bona tribuerent, quia ii demum scirent, quid unicuique esset utile; nos autem plerumque id votis expetere, quod non impetrasse melius foret.* Etenim densissimis tenebris involuta, mortalium mens, in quam late patentes errores cæcas precationes tuas spargis! Divitias appetis, quæ multis exitio fuerunt; honores concupiscis, qui complures

royauté, lorsqu'on a sous les yeux le sort déplorable de tant de souverains ; tu recherches avec ardeur de brillants mariages, qui font parfois, il est vrai, l'illustration des familles, mais qui souvent les renversent et les anéantissent. Mets donc un terme à cette folie, cesse de convoiter, comme le comble du bonheur, des objets qui deviendront pour toi une source d'infortune. Abandonne-toi tout entière à la volonté du ciel. Qui peut facilement dispenser les biens les peut aussi le plus convenablement choisir.

Le même Socrate disait encore que le chemin le plus facile et le plus court pour arriver à la gloire est de travailler à se rendre tel qu'on veut paraître. C'était prescrire ouvertement aux hommes d'embrasser la vertu elle-même plutôt que de rechercher son ombre. Un jeune homme demandait un jour au même philosophe s'il devait se marier ou garder le célibat. « Quelque parti que vous preniez à cet égard, lui répondit-il, vous aurez lieu de vous en repentir. D'un côté, une vie solitaire, point d'enfants, une race prête à s'éteindre, un héritier étranger ; de l'autre, de continuels soucis, mille sujets de plainte, une dot reprochée, les airs dédaigneux des parents de votre femme, la médisance

---

pessumdederunt ; regna tecum ipsa volvis, quorum exitus sæpenumero miserabiles cernuntur ; splendidis conjugiis injicis manus ; at hæc ut aliquando illustrant, ita nonnunquam funditus domos evertunt. Desine igitur stulte futuris malorum tuorum causis, quasi felicissimis rebus, inhiare, teque totam cœlestium arbitrio permitte ; quia, qui tribuere bona ex facili solent, etiam eligere aptissime possunt.

Idem *expedita et compendiaria via eos ad gloriam pervenire* dicebat, *qui id agerent, ut quales videri vellent, tales etiam essent.* Qua quidem prædicatione aperte monebat, ut homines ipsam potius virtutem haurirent, quam umbram ejus consectarentur. Idem, ab adolescentulo quodam consultus, utrum uxorem duceret, an se omni matrimonio abstineret, respondit, utrum eorum fecisset, acturum pœnitentiam. « Hic te, inquit, solitudo, hic orbitas, hic generis interitus, hic heres alienus excipiet ; illic perpetua sollicitudo, contextus querelarum, dotis exprobratio, affinium grave supercilium, garrula socrus lingua,

d'une belle-mère, les piéges d'un suborneur, l'incertitude sur le sort de vos enfants. » Il ne permit pas que, dans une matière aussi hérissée de difficultés, le jeune homme fît son choix comme pour une partie de plaisir.

Tristement condamné à mort par une coupable démence des Athéniens, le même Socrate reçut le poison de la main du bourreau, sans s'émouvoir, sans changer de visage. Déjà il approchait la coupe de ses lèvres, lorsque Xantippe, sa femme, fondant en larmes, s'écria d'une voix lamentable qu'il mourait innocent. « Eh quoi ! lui dit-il, vaudrait-il mieux, à votre avis, mourir coupable ? » O profonde sagesse, que la présence même de la mort ne peut déconcerter ! (Av. J.-C. 399.)

2. Que de sagesse encore dans cette pensée de Solon ! « Personne, disait-il, ne doit être appelé heureux pendant sa vie, parce que nous sommes exposés jusqu'à notre dernier soupir aux vicissitudes de la fortune. » C'est donc le tombeau qui assure à l'homme le titre d'heureux, en le mettant à l'abri de l'adversité. Le même Solon, voyant un de ses amis s'abandonner à la tristesse, le mena sur la citadelle, et l'invita à promener sa vue sur toutes les personnes d'alentour. Il suivit ce conseil. « Consi-

---

subsessor alieni matrimonii, incertus liberorum eventus. » Non passus est juvenem in contextu rerum asperarum, quasi lætæ materia facere delectum.

Idem, quum Atheniensium scelerata dementia tristem de capite ejus sententiam tulisset, fortique animo et constanti vultu potionem veneni e manu carnificis accepisset, admoto jam labris poculo, uxori Xanthippæ inter fletum et lamentationem vociferanti innocentem eum periturum : *Quid ergo*, inquit, *nocenti mihi mori satius esse duxisti?* Immensam illam sapientiam, quæ ne in ipso quidem vitæ excessu oblivisci sui potuit !

2. Age, quam prudenter Solon, *neminem, dum adhuc viveret, beatum dici debere*, arbitrabatur, *quod ad ultimum usque fati diem ancipiti fortunæ subjecti essemus!* Felicitatis igitur humanæ appellationem rogus consummat, qui se incursui malorum objicit. Idem, quum ex amicis quemdam graviter mœrentem videret, in arcem perduxit, hortatusque est, *ut per omnes subjectorum ædificiorum*

dérez, lui dit alors le philosophe, combien de chagrins ont habité, habitent encore, et habiteront, dans les âges suivants, les demeures que vous apercevez ; et cessez de déplorer les maux de l'humanité, comme si vous en étiez seul la victime. » C'est ainsi qu'en le consolant il lui faisait comprendre que les villes ne sont que de tristes amas des misères humaines. Solon disait encore que si tous les hommes avaient réuni leurs maux ensemble, chacun préfèrerait s'en retourner avec les siens, plutôt que de prendre sa part de la masse commune. D'où il concluait qu'on a tort de se désespérer et de se croire le plus malheureux des mortels pour des disgrâces qui sont l'effet du hasard. (Av J.-C. 565.)

3. Priène, patrie de Bias, étant tombée au pouvoir des ennemis, tous ceux des habitants qui avaient pu échapper à la fureur de la guerre s'enfuyaient chargés de ce qu'ils possédaient de plus précieux. On demanda à Bias pourquoi il n'emportait pas aussi quelque partie de ses biens : « Moi, dit-il, je porte mes biens avec moi. » C'était dans son âme qu'il les portait, non sur ses épaules : trésor que l'on ne saurait apercevoir, mais que la raison peut apprécier ; qui, renfermé dans le cœur comme dans un asile impénétrable, ne craint ni les attaques des hommes ni celles

partes oculos circumferret. Quod ut factum animadvertit: «Cogita nunc tecum, inquit, quam multi luctus sub his tectis et olim fuerint, hodieque versentur, insequentibusque seculis sint habitaturi; ac mitte mortalium incommoda tanquam propria deflere.» Qua consolatione demonstravit, urbes esse humanarum cladium consepta miseranda. Idem aiebat, « Si in unum locum cuncti mala sua contulissent, futurum, ut propria deportare domum, quam ex communi miseriarum acervo portionem suam ferre mallent.» Quo colligebat, non oportere nos, quæ fortuito patiamur, præcipuæ et intolerabilis amaritudinis judicare.

3. Bias autem, quum patriam ejus Prienem hostes invasissent, omnibus, quos modo sævitia belli incolumes abire passa fuerat, pretiosarum rerum pondere onustis fugientibus, interrogatus, *quid ita nihil ex bonis suis secum ferret : Ego vero*, inquit, *bona mea mecum porto*. Pectore enim illa gestabat, non humeris; nec oculis visenda, sed æstimanda animo; quæ domicilio mentis inclusa, nec

des dieux; qui, toujours avec nous, au sein de nos foyers, ne nous abandonne pas non plus dans l'exil. (Av. J.-C. 569.)

4. Voici une pensée de Platon dont l'expression est fort concise, mais le sens très-étendu : « Il n'y aura de bonheur pour le monde, disait-il hautement, que lorsque les philosophes seront rois, ou les rois philosophes. »

5. Ce fut aussi un roi d'un profond jugement que celui qui, avant de placer sur sa tête le diadème qu'on lui présentait, le retint, à ce qu'on raconte, quelque temps entre ses mains, et dit, en le considérant : « Triste bandeau, emblème d'un fastueux éclat plutôt que du bonheur! qui saurait bien tout ce qu'il renferme de soucis, de misères et de dangers, ne voudrait seulement pas le soulever de terre. »

6. Et cette réponse de Xénocrate, combien ne mérite-t-elle pas d'éloges! Comme il assistait, sans y prendre aucune part, à une conversation dictée par la médisance, l'un des interlocuteurs lui demanda pourquoi il retenait ainsi sa langue : « C'est, répondit-il, que je me suis quelquefois repenti d'avoir parlé, et jamais d'avoir gardé le silence. (Av. J.-C. 358.)

---

mortalium, nec deorum manibus labefactari queunt, et, ut manentibus præsto sunt, ita fugientes non deserunt.

4. Jam Platonis, verbis astricta, sed sensu prævalens sententia; qui *tum demum beatum terrarum orbem futurum* prædicavit, *quum aut sapientes regnare, aut reges sapere cœpissent.*

5. Rex etiam ille subtilis judicii, quem ferunt traditum sibi diadema, priusquam capiti imponeret, retentum diu considerasse, ac dixisse : « O nobilem magis quam felicem pannum! quem si quis penitus cognoscat, quam multis sollicitudinibus, et periculis, et miseriis sit refertus, ne humi quidem jacentem tollere vellet. »

6. Quid, Xenocratis responsum, quam laudabile! Quum maledico sermoni quorumdam summo silentio interesset, uno ex his quærente, cur solus ita linguam suam cohiberet : *Quia, dixisse me,* inquit, *aliquando pœnituit, tacuisse nunquam.*

7. Aristophane donna aussi un précepte d'une profonde sagesse, lorsque, rappelant Périclès des enfers, il lui fit dire d'un ton prophétique, dans une comédie, « qu'il ne faut pas élever un lion dans une république; mais qu'une fois qu'on a eu cette imprudence, il faut savoir lui obéir. » Il avertissait ainsi de mettre un frein à l'ambition des jeunes gens d'une naissance illustre et d'un génie ardent, mais de ne plus les empêcher d'arriver au pouvoir, quand on les a laissés se repaître, à l'excès, de la faveur et de la complaisance publique, parce qu'il est ridicule et inutile de vouloir comprimer des forces qu'on a pris soin d'alimenter soi-même. (Av. J.-C. 427.)

8. Nous avons aussi de Thalès un mot admirable. On lui demandait si les actions des hommes échappent aux regards des dieux. « Pas même leurs pensées, » répondit-il. Ainsi nous chercherons à avoir, je ne dis pas seulement les mains, mais encore le cœur pur, dans la persuasion que la divinité assiste à tout ce qui se passe de plus secret en nous-mêmes. (Av. J.-C. 638.)

9. La réponse qui suit n'est pas moins sage. Un père qui n'avait qu'une fille demandait à Thémistocle s'il fallait lui donner pour époux un citoyen sans fortune, mais recommandable, ou un

---

7. Aristophanis quoque altioris est prudentiæ præceptum; qui in comœdia introduxit remissum ab inferis Atheniensem Periclem, vaticinantem, *non oportere in urbe nutriri leonem; sit autem sit alitus, obsequi ci convenire*. Monet enim, ut præcipuæ nobilitatis et concitati ingenii juvenes refrenentur; nimio vero favore ac profusa indulgentia pasti, quo minus potentiam obtineant, ne impediantur, quod stultum sit et inutile, eas obtrectare vires, quas ipse foveris.

8. Mirifice etiam Thales. Nam interrogatus, an facta hominum deos fallerent: *Nec cogitata*, inquit; ut non solum manus, sed etiam mentes puras habere vellemus, quum secretis cogitationibus nostris cœleste numen adesse credidissemus.

9. Ac ne quod sequitur quidem, minus sapiens. Unicæ filiæ pater Themistoclem consulebat, utrum eam pauperi, sed ornato; an locupleti, sed parum pro-

personnage riche, mais peu estimé. « J'aime mieux, lui dit-il, un homme sans argent, que de l'argent sans homme. » En répondant ainsi à une sotte question, il l'avertissait de considérer dans le choix d'un gendre plutôt le mérite que la richesse. (Av. J.-C. 476.)

10. Combien est louable la lettre de Philippe à Alexandre, dans laquelle il le réprimande d'avoir tenté d'obtenir par des largesses l'affection de quelques Macédoniens! « Mon fils, lui dit-il, qui t'a fait concevoir une espérance si vaine? pourrais-tu croire à la fidélité de ceux que tu aurais gagnés à prix d'argent? Un tel bien ne peut être que le fruit d'un sentiment sincère. » Néanmoins, avant de parler ainsi, Philippe avait en grande partie acheté la Grèce, plutôt qu'il ne l'avait conquise par la victoire.

11. Lorsqu'Aristote envoya Callisthène, son disciple, vers Alexandre, il lui conseilla de ne s'entretenir avec le prince que très-rarement, ou de lui tenir le langage le plus agréable, afin d'être en sûreté auprès du roi par son silence, ou de s'en faire bien venir par ses discours. Mais Callisthène reprocha au monarque macédonien le plaisir qu'il prenait à se faire saluer à la manière des Perses; il s'attacha avec bienveillance à le ramener

---

bato, collocaret. Cui is: *Malo*, inquit, *virum pecunia, quam pecuniam viro indigentem.* Quo dicto stultum monuit, ut generum potius, quam divitias generi legeret.

10. Age, Philippi quam probabilis epistola, in qua Alexandrum quorumdam Macedonum benevolentiam largitione ad se attrahere conatum sic increpuit! « Quae te, fili, ratio in hanc tam vanam spem induxit, ut eos tibi fideles futuros existimares, quos pecunia ad amorem tui compulisses? a caritate istud praestatur. » At vero ante Philippus majore ex parte mercator Graeciae, quam victor.

11. Aristoteles autem Callisthenem auditorem suum ad Alexandrum dimittens monuit, ut cum eo aut rarissime, aut quam jucundissime loqueretur; quo scilicet apud regias aures vel silentio tutior, vel sermone esset acceptior. At ille, dum Alexandrum Macedonem Persica salutatione gaudentem objurgat, et ad Macedo-

aux mœurs macédoniennes : il fut condamné à mort, et se repentit, mais trop tard, d'avoir négligé un conseil salutaire. (Av. J.-C. 333.)

Le même Aristote disait encore qu'il ne faut parler de soi ni en bien ni en mal, parce que c'est vanité de se louer soi-même, et sottise de se blâmer. Le même philosophe nous donne un précepte fort utile, c'est de considérer les plaisirs des sens quand ils finissent. En les montrant sous ce point de vue, il en diminue le charme. En effet, il les présente à notre esprit accompagnés de fatigue et de repentir, et affaiblit en nous le désir de les rechercher de nouveau.

12. Voici une réponse fort sage d'Anaxagore. On lui demandait quel était l'homme heureux : « Aucun de ceux, dit-il, que vous jugez dignes de ce nom ; mais vous le trouverez au nombre de ceux qui vous semblent dans la misère. » Ce ne sera pas un mortel comblé de richesses et d'honneurs, mais un homme fidèlement et assidûment occupé à cultiver soit un petit champ, soit une modeste science ; le bonheur résidera dans son âme plus que sur son visage. (Av. J.-C. 468.)

13. Nous avons aussi un mot très-judicieux de Démade. Comme

---

nicos mores invitum revocare benevole perseverat, spiritu carere jussus, seram neglecti salubris consilii pœnitentiam egit.

Idem Aristoteles *de semetipso in neutram partem loqui debere* prædicabat : *quoniam laudare se, vani ; vituperare, stulti esset.* Ejusdem est utilissimum præceptum, *ut voluptates abeuntes consideremus.* Quas quidem sic ostendendo minuit ; fessas enim, pœnitentiæque plenas, animis nostris subjecit, quo minus cupide repetantur.

12. Nec parum prudenter Anaxagoras interroganti cuidam, *quisnam esset beatus* : *Nemo,* inquit, *ex his quos tu felices existimas ; sed eum in illo numero reperies, qui a te ex miseriis constare creditur.* Non erit ille divitiis et honoribus abundans, sed aut exigui ruris, aut non ambitiosæ doctrinæ fidelis ac pertinax cultor ; in recessu, quam in fronte, beatior.

13. Demadis quoque dictum sapiens. Nolentibus enim Atheniensibus divinos

CHAP. II, DE LA SAGESSE, ETC. 95

les Athéniens refusaient de décerner les honneurs divins à Alexandre, « Prenez garde, leur dit-il, qu'en défendant le ciel, vous ne perdiez la terre. » (Av. J.-C. 325.)

14. Quelle ingénieuse comparaison que celle que faisait Anacharsis des lois avec les toiles d'araignées! « Comme celles-ci, disait-il, retiennent les plus faibles insectes, et laissent échapper les plus forts, de même les lois enchaînent les petits et les pauvres, et ne peuvent arrêter les grands et les riches. » (Av. J.-C. 591.)

15. Rien de plus habile que la conduite d'Agésilas. Ayant découvert pendant la nuit une conspiration contre la république de Lacédémone, il abrogea sur-le-champ les lois de Lycurgue qui défendaient de punir un citoyen sans l'avoir juridiquement condamné, et il les rétablit aussitôt que les coupables eurent été saisis et mis à mort. Il évita également, soit d'être injuste dans une exécution salutaire à l'État, soit d'y éprouver légalement aucun obstacle. Ainsi, afin de pouvoir exister toujours, les lois cessèrent d'exister un instant. (Av. J.-C. 370.)

16. Mais ne faut-il pas admirer la remarquable prudence d'Hannon! Lorsque Magon eut annoncé le succès de la bataille de Cannes, et que, pour preuve d'une victoire si éclatante, il

---

honores Alexandro decernere, *Vide,* inquit, *ne, dum cœlum custoditis, terram amittatis.*

14. Quam porro subtiliter Anacharsis leges aranearum telis comparabat! Nam, ut illas infirmiora animalia retinere, valentiora transmittere; ita his humiles et pauperes constringi, divites et præpotentes non alligari.

15. Nihil etiam Agesilai facto sapientius. Siquidem quum adversus rempublicam Lacedæmoniorum conspirationem ortam noctu comperisset, leges Lycurgi continuo abrogavit, quæ de indemnatis supplicium sumi vetabant : comprehensis autem et interfectis sontibus, easdem e vestigio restituit; atque utrumque simul providit, ne salutaris animadversio vel injusta esset, vel jure impediretur. Itaque, ut semper esse possent, aliquando non fuerunt.

16. Sed nescio, an Hannonis excellentissimæ prudentiæ consilium. Magone enim Cannensis pugnæ exitum senatui Pœnorum nuntiante, inque tanti successus

eut répandu sous les yeux du sénat trois boisseaux d'anneaux d'or enlevés à nos citoyens qui étaient restés sur le champ de bataille, Hannon demanda si quelque allié des Romains les avait abandonnés. Sur la réponse qu'aucun n'était passé du côté d'Annibal, il conseilla d'envoyer aussitôt des députés à Rome pour traiter de la paix. Si son avis eût prévalu, Carthage n'aurait été ni vaincue dans la seconde guerre punique, ni détruite dans la troisième. (An de R. 537.)

17. Les Samnites payèrent aussi bien cher une semblable faute, quand ils négligèrent le salutaire avis d'Hérennius Pontius, le plus distingué de sa nation par son crédit et sa puissance. L'armée et son général, fils d'Hérennius même, lui demandèrent ce qu'il fallait faire des légions romaines enfermées dans les défilés des Fourches Caudines : « Les laisser aller en liberté, » répondit-il. On lui fit la même question le lendemain : « Il faut, dit-il, les détruire. » Il voulait ou gagner l'amitié des ennemis par une générosité éclatante, ou ruiner leurs forces par un désastre irréparable. Mais l'aveugle témérité des vainqueurs, rejetant également deux conseils utiles, anima les Romains à la perte des Samnites en les faisant passer sous le joug. (An de R. 432).

fidem annulos aureos trium modiorum mensuram explentes fundente, qui interfectis nostris civibus detracti erant, quæsivit, *an aliquis sociorum post tantam cladem a Romanis defecisset;* atque, ut audivit, neminem ad Annibalem transisse, suasit protinus, *ut legati Romam, per quos de pace ageretur, mitterentur.* Cujus si sententia valuisset, nec secundo Punico bello victa Carthago, neque tertio deleta foret.

17. Ne Samnites quidem parvas pœnas consimilis erroris pependerunt, quod Herennii Pontii salutare consilium neglexerunt : qui, auctoritate et prudentia cæteros præstans, ab exercitu et ejus duce filio suo consultus, *quidnam fieri de legionibus Romanis apud Furcas Caudinas inclusis deberet, inviolatas dimittendas* respondit. Postero die eadem de re interrogatus, *deleri eas oportere* dixit, ut aut maximo beneficio gratia hostium emeretur, aut gravissima jactura vires confringerentur. Sed improvida temeritas victorum, dum utramque partem spernit utilitatis, sub jugum missas in perniciem suam accendit.

18. A ces nombreux et grands exemples de sagesse, j'en ajouterai un moins important. La plus terrible imprécation que fassent les Crétois contre ceux qu'ils haïssent le plus est de souhaiter qu'ils se plaisent à quelque habitude vicieuse; et dans cette sorte de malédiction, toute modérée qu'elle est, ils trouvent une vengeance très-réelle. Car une passion vaine que l'on nourrit avec persévérance est un charme qui devient bientôt funeste.

CHAPITRE III

DE LA FINESSE DANS LES PAROLES ET DANS LES ACTIONS

Exemples chez les Romains.

Il est une autre espèce d'actions et de paroles qui découle immédiatement de la sagesse, et qui reçoit le nom de finesse.

---

18. Multis et magnis sapientiæ exemplis parvulum adjiciam. Cretenses, quum acerbissima exsecratione adversus eos, quos vehementer oderunt, uti volunt, *ut mala consuetudine delectentur*, optant; modestoque voti genere efficacissimum ultionis eventum reperiunt. Inutiliter enim aliquid concupiscere, et in eo perseveranter morari, exitio ea vicina dulcedo est.

CAPUT III

DE VAFRE DICTIS AUT FACTIS

De vafre dictis aut factis a Romanis.

Est aliud factorum dictorumque genus a sapientia proximo deflexu ad vafritiæ

Elle ne parvient à son but qu'en s'appuyant de la ruse, elle marche à la gloire par des sentiments cachés plutôt qu'à découvert.

1. Sous le règne de Servius Tullius, un père de famille, du pays des Sabins, eut une génisse d'une grandeur extraordinaire et d'une rare beauté. Les devins les plus habiles furent consultés. « Voilà, répondirent-ils, la destinée pour laquelle les dieux ont fait naître cette génisse : la patrie de quiconque l'aura immolée à Diane du mont Aventin obtiendra l'empire de l'univers. » Joyeux de cette prédiction, le maître s'empressa de la conduire à Rome et de l'amener devant l'autel de Diane sur le mont Aventin, afin d'assurer, par un heureux sacrifice, le sceptre du monde au peuple sabin. Informé de son dessein, le prêtre du temple lui fit un scrupule de frapper sa victime avant de s'être purifié dans les eaux du fleuve voisin; mais, tandis que le Sabin s'acheminait vers le Tibre, il immola lui-même la génisse, et, par cette fraude pieuse, rendit notre patrie maîtresse de tant de cités et de nations.

2. Dans ce genre de finesse, Junius Brutus mérite le premier rang. Le roi Tarquin, son oncle maternel, détruisait tout ce qu'il

---

nomen progressum. Quod nisi fallacia vires assumpserit, fidem propositi non invenit; laudemque occulto magis tramite, quam aperta via petit.

1. Serv. Tullio regnante, cuidam patrifamiliæ in agro Sabino præcipuæ magnitudinis et eximiæ formæ vacca nata est : *quam oraculorum certissimi auctores in hoc a diis immortalibus editam* responderunt, *ut quisquis eam Aventiniensi Dianæ immolasset, ejus patria totius terrarum orbis imperium obtineret.* Lætus eo dominus, bovem cum summa festinatione Romam actam, in Aventino ante aram Dianæ constituit, sacrificio Sabinis regimen humani generis daturus. De qua re antistes templi certior factus, religionem hospiti intulit, ne prius victimam cæderet, quam proximi amnis aqua se abluisset. Eoque alveum Tiberis petente, vaccam ipse immolavit, et Urbem nostram tot civitatum, tot gentium dominam pio sacrificii furto reddidit.

2. Quo in genere acuminis in primis Junius Brutus referendus est. Nam, quum

CHAP. III; DE LA FINESSE, ETC.

y avait de plus distingué dans la noblesse; son frère même avait été assassiné, entre autres victimes, pour avoir trop de vivacité d'esprit; il feignit alors d'être stupide, et, par cet artifice, il mit à couvert ses grandes qualités. S'étant rendu à Delphes, avec les fils de Tarquin, que ce prince y envoyait pour faire des présents et des sacrifices à Apollon, Brutus porta au dieu, à titre d'offrande, un bâton creux qu'il avait secrètement rempli d'or, parce qu'il craignait qu'il n'y eût pour lui du danger à honorer ouvertement la divinité par un riche présent. Après s'être acquitté de la mission qu'ils avaient reçue de leur père, les jeunes princes demandèrent à l'oracle « qui d'entre eux lui semblait devoir régner à Rome? — Celui-là, répondit Apollon, obtiendra dans votre patrie le pouvoir suprême qui, le premier de tous, aura donné le baiser à sa mère. » Alors Brutus, se laissant tomber comme par hasard, mais à dessein, baisa la terre, la considérant comme la mère commune de tous les hommes. Ce baiser, si ingénieusement donné à la terre, valut à la ville de Rome la liberté, à Brutus le premier rang dans les fastes de la république. (An de R. 240.)

3. Le premier Scipion employa aussi le secours de la ruse.

---

a rege Tarquinio, avunculo suo, omnem nobilitatis indolem excerpi, interque cæteros etiam fratrem suum, quod vegetioris ingenii erat, interfectum animadverteret, obtusi se cordis esse simulavit, eaque fallacia maximas virtutes suas texit: profectus etiam Delphos cum Tarquinii filiis, quos is ad Apollinem Pythium muneribus sacrificiisque honorandum miserat, aurum deo nomine doni clam cavato baculo inclusum tulit; quia timebat, ne sibi cœleste numen aperta liberalitate venerari tutum non esset. Peractis deinde mandatis patris, Apollinem juvenes consuluerunt, *quisnam ex ipsis Romæ regnaturus videretur?* At is, *penes eum summam Urbis nostræ potestatem futuram*, respondit, *qui ante omnes matri osculum dedisset*. Tunc Brutus, perinde atque casu prolapsus, de industria se abjecit, terramque, communem omnium matrem existimans, osculatus es. Quod tam vafre telluri impressum osculum, Urbi libertatem, Bruto primum in fastis locum tribuit.

3. Scipio quoque superior præsidium calliditatis amplexus est. Ex Sicilia

A son départ de Sicile pour l'Afrique, il voulut former un corps de trois cents cavaliers, choisis dans l'élite de son infanterie, et, ne pouvant les équiper avec assez de promptitude, il obtint par adresse ce que lui refusait le court espace de temps où il se trouvait resserré. Il avait auprès de sa personne une foule de jeunes gens des premières et des plus riches maisons de la Sicile, mais qui n'avaient point d'armes. Il en désigna trois cents auxquels il commanda de se munir sur-le-champ de belles armes et de bons chevaux, comme pour les emmener immédiatement avec lui au siége de Carthage. Ils obéirent promptement, mais néanmoins avec inquiétude sur les dangers d'une guerre lointaine et hasardeuse. Quand ils furent prêts, Scipion leur annonça qu'il les dispenserait de cette expédition, s'ils voulaient céder leurs armes et leurs chevaux à ses soldats. Cette jeunesse timide et peu guerrière saisit cette offre avidement, et s'empressa de livrer à nos soldats tout son équipage : ainsi, grâce à l'habileté du général, un ordre si pressant, qui d'abord avait paru trop rigoureux, devint un bienfait signalé pour les Siciliens par l'exemption du service militaire. (An de R. 648.)

4. Le trait suivant mérite d'être raconté. Q. Fabius Labéon

enim petens Africam, quum ex fortissimis peditibus Romanis trecentorum equitum numerum complere vellet, neque tam subito posset eos instruere, quod temporis angustiæ negabant, sagacitate consilii assecutus est. Namque ex iis juvenibus, quos secum ex tota Sicilia nobilissimos et ditissimos, sed inermes, habebat, trecentos speciosa arma et electos equos quam celerrime expedire jussit, velut eos continuo secum ad oppugnandam Carthaginem avecturus. Qui quum imperio ut celeriter ita longinqui et periculosi belli respectu sollicitis animis paruissent, *remittere se* Scipio *illam expeditionem, si arma et equos militibus suis tradere voluissent*, edixit. Rapuit conditionem imbellis ac timida juventus, instrumentoque suo cupide nostris cessit. Ergo calliditas ducis providit, ut, si quod protinus imperaretur, grave prius, deinde remisso militiæ metu maximum beneficium fieret.

4. Quod sequitur narrandum est. Q. Fabius Labeo, arbiter a senatu finium

fut choisi par le sénat pour fixer les limites des territoires de Nole et de Naples. S'étant rendu sur les lieux, il invita séparément les deux parties à mettre de côté toute ambition; à se retirer en deçà de la ligne contestée, plutôt que de passer au delà. Cédant à l'influence d'un tel arbitre, les uns et les autres suivirent son conseil, et il resta un espace de terrain vacant entre les deux frontières. Labéon régla ensuite leurs limites selon les démarcations qu'ils avaient eux-mêmes tracées, et adjugea le surplus du territoire au peuple romain. Quoique dupes de cette ruse, les habitants de Nole et de Naples ne purent pas se plaindre; puisque la décision fut prononcée conformément à leurs concessions respectives; mais il faut convenir que ce fut à un indigne artifice que la république dut cette nouvelle acquisition. (An de R. 569.)

On raconte que le même Labéon, après avoir vaincu Antiochus, lui accorda la paix à condition de céder aux Romains la moitié de ses vaisseaux, et que, pour exécuter ce traité, il les fit tous scier en deux, afin de ne pas laisser au roi un seul navire. (An de R. 564.)

5. Faisons grâce à l'orateur Antoine des reproches qu'il pourrait mériter; il disait qu'il n'avait écrit aucun de ses plaidoyers,

---

constituendorum inter Nolanos et Neapolitanos datus, quum in rem præsentem venisset, utrosque separatim monuit, *ut omissa cupiditate, regredi modo controverso, quam progredi mallent;* idque quum utraque pars auctoritate viri mota fecisset, aliquantum in medio vacui agri relictum est. Constitutis deinde finibus, ut ipsi terminaverant, quidquid reliqui soli fuit, populo Romano adjudicavit. Cæterum, etsi circumventi Nolani ac Neapolitani queri nihil potuerunt, secundum ipsorum demonstrationem dicta sententia, improbo tamen præstigiorum genere novum Civitati nostræ vectigal accessit.

Eumdem ferunt, quum a rege Antiocho, quem bello superaverat, ex fœdere icto dimidiam partem navium accipere deberet, medias omnes secuisse, ut eum tota classe privaret.

5. Jam M. Antonio remittendum convicium est; qui *idcirco se* aiebat *nullam*

afin que, si quelque proposition avancée dans une affaire précédente était de nature à nuire à une de celles qu'il aurait à soutenir dans la suite, il fût toujours en état de la désavouer. Cette conduite, indigne d'un homme d'honneur, avait cependant un côté excusable. En effet, pour sauver la vie à ses clients, il était prêt, non-seulement à déployer son éloquence, mais à sacrifier même la délicatesse.

6. Sertorius, qui devait à la bienveillance de la nature et la force du corps et les ressources du génie, se vit réduit, par la proscription de Sylla, à se faire chef des Lusitaniens. Comme il ne pouvait les déterminer par ses paroles à ne pas engager d'affaire générale avec les Romains, un adroit expédient sut les amener à son avis. Il fit venir en leur présence deux chevaux, l'un très-vigoureux, l'autre exténué; il commanda ensuite à un faible vieillard de détacher un à un les crins de la queue du premier, et à un jeune homme des plus robustes d'arracher tout d'un coup celle du second. L'on obéit; mais, tandis que le bras de celui-ci se fatigue par des efforts inutiles, la débile main du vieillard vient à bout de sa tâche. Comme l'assemblée des Barbares désirait de savoir où Sertorius en voulait venir, il leur dit

orationem scripsisse, ut, si quid, superiore judicio actum, ei, quem postea defensurus esset, nociturum foret, non dictum a se affirmare posset. Qui facti vix pudentis tolerabilem causam habuit. Pro periclitantium enim capite, non solum eloquentia sua uti, sed etiam verecundia abuti erat paratus.

6. Sertorius vero, corporis robore atque animi consilio parem naturæ indulgentiam expertus, proscriptione Syllana dux Lusitanorum fieri coactus, quum eos oratione flectere non posset, ne cum Romanis universa acie confligere vellent, vafro consilio ad suam sententiam perduxit. Duos enim in conspectu eorum constituit equos, alterum validissimum, alterum infirmissimum; ac deinde validi caudam ab imbecillo sene paulatim carpi, infirmi a juvene eximiarum virium universam convelli jussit. Obtemperatum imperio est. Sed, dum adolescentis dextera irrito se labore fatigat, senio confecta manus ministerium executa est. Tunc barbaræ concioni, quorsum ea res tenderet, cognoscere cupienti, subjecit : « Equi caudæ

que l'armée romaine était comme la queue du cheval; qu'on pouvait l'anéantir par des attaques partielles, mais que s'efforcer de l'abattre d'un seul coup, c'était le moyen de lui livrer la victoire plutôt que de la lui arracher. Ainsi une nation barbare, grossière, difficile à gouverner, et courant d'elle-même à sa ruine, comprit par les yeux l'utilité d'un conseil que ses oreilles avaient dédaigneusement rejeté. (An de R. 675.)

7. Fabius Maximus, dont le talent fut de vaincre sans combattre, avait dans son armée un fantassin de Nole, d'une bravoure supérieure, mais d'une fidélité suspecte, et un cavalier lucanien très-déterminé, mais éperdûment amoureux d'une courtisane. Aimant mieux en faire deux bons soldats que de sévir contre l'un et l'autre, il dissimula au premier ses soupçons, et se relâcha un peu envers l'autre de la sévérité de la discipline. A force de louer publiquement et de combler de distinctions celui de Nole, il détacha son cœur du parti des Carthaginois en faveur des Romains. Quant au Lucanien, il lui laissa secrètement acheter sa maîtresse, et en fit un des éclaireurs les plus dévoués de l'armée romaine. (An de R. 537 et 544.)

8. Je passe maintenant à ceux qui ont usé d'artifice pour

---

consimilem esse nostrum exercitum, cujus partes aliquis aggrediens opprimere possit; universum conatus prosternere, celerius tradiderit victoriam, quam occupaverit. » Ita gens barbara, aspera, et regi difficilis, in exitium suum ruens, quam utilitatem auribus respuerat, oculis pervidit.

7. Fabius autem Maximus, cujus non dimicare, vincere fuit, quum præcipuæ fortitudinis Nolanum peditem dubia fide suspectum, et strenuæ operæ Lucanum equitem amore scorti deperditum in castris haberet, ut utroque potius bono milite uteretur, quam in utrumque animadverteret, alteri suspicionem suam dissimulavit, in altero disciplinam paululum a recto tenore deflexit. Nam illum plene pro tribunali laudando, omnique genere honoris prosequendo, animum suum a Pœnis ad Romanos coegit revocare; et hunc clam meretricem redimere passus, paratissimum pro nobis excursorem reddidit.

8. Veniam nunc ad eos, quibus salus astutia quæsita est. M. Volusius ædilis

sauver leurs jours. M. Volusius, édile plébéien, se voyant proscrit, s'habilla en prêtre d'Isis, se mit en route, demandant l'aumône dans les rues et sur les grands chemins, sans se laisser reconnaître de ceux qu'il rencontrait, et, à la faveur de ce déguisement, parvint au camp de Marcus Brutus. Quoi de plus déplorable que de voir un magistrat du peuple romain réduit à rejeter les marques distinctives de sa dignité, et à se cacher sous le costume d'une religion étrangère pour traverser la ville? Il fallait être et bien attaché à la vie pour endurer une telle ignominie, et bien altéré du sang de ses semblables pour les réduire à une telle nécessité. (An de R. 710.)

9. Il y a quelque chose de plus noble dans la ruse qu'employa Sentius Saturninus Vétulion pour se sauver d'un péril semblable, d'une pareille extrémité. Apprenant que son nom avait été mis par les triumvirs sur la liste des proscrits, il prend aussitôt, sans être préteur, les marques de cette dignité, sort de chez lui précédé d'esclaves costumés en licteurs et en appariteurs publics, s'empare des voitures qu'il rencontre, accapare les logements, se fait partout céder le pas, et, par une telle audace à jouer le magistrat, il couvre les yeux de ses ennemis comme d'épaisses ténè-

plebis proscriptus, assumpto Isiaci habitu, per itinera viasque publicas stipem petens, quisnam revera esset, occurrentes dignoscere passus non est; eoque fallaciæ genere tectus, in M. Bruti castra pervenit. Quid illa necessitate miserius, quæ magistratum populi Romani, abjecto honoris prætexto, alienigenæ regionis obscuratum insignibus, per urbem jussit incedere? Omnes aut hi suæ vitæ, aut illi alienæ mortis cupidi, qui talia vel ipsi sustinuerunt, vel alios perpeti coegerunt.

9. Aliquanto speciosius Sentii Saturnini Vetulionis in eodem genere casus, ultimæ sortis auxilium : qui, quum a triumviris inter proscriptos nomen suum propositum audisset, continuo prætura insignia invasit, præcedentibusque in modum lictorum et apparitorum publicorum servis subornatis, vehicula comprehendit, hospitia occupavit, obvios summovit; ac tam audaci usurpatione imperii, in maxima luce densissimas hostilibus oculis tenebras offudit. Idem, ut

bres en plein jour. Arrivé à Pouzzoles, il se donne pour un envoyé de la république, se saisit en toute liberté des vaisseaux dont il avait besoin, et se rend en Sicile, alors l'asile assuré des proscrits. (An de R. 710.)

10. A ces traits domestiques, j'en ajouterai un moins sérieux, avant de passer aux exemples étrangers. Un père, qui aimait tendrement son fils, le voyait embrasé d'une flamme coupable et dangereuse. Voulant le guérir de cette passion insensée, il joignit à l'indulgence paternelle une ruse salutaire. Il le pria de n'aller trouver la personne qu'il aimait qu'après s'être livré au plaisir avec celles dont le commerce n'était pas défendu. Le jeune homme se rendit à ses prières, et la satiété d'une jouissance permise, amortissant l'ardeur d'un feu déplorable, calma, refroidit un amour que la loi condamnait, et l'éteignit insensiblement.

Exemples étrangers.

1. Alexandre, roi de Macédoine, avait été averti par un oracle

---

Puteolos venit, perinde ac publicum ministerium agens, summa cum licentia correptis navibus in Siciliam, certissimum tunc proscriptorum profugium penetravit.

10. His uno abjecto levioris notæ exemplo, ad externa convertar. Amantissimus quidam filii, quum eum inconcessis ac periculosis facibus accensum, ab insana cupiditate inhibere vellet, salubri consilio patriam indulgentiam temperavit. Petiit enim, ut prius quam ad eam, quam diligebat, iret, vulgari ac permissa Venere uteretur. Cujus precibus obsecutus adolescens, infelicis animi impetum satietate concubitus licentis resolutum, ad id, quod non licebat, tardiorem pigrioremque afferens, paulatim deposuit.

De vafre dictis aut factis ab externis.

1. Quum Alexander, Macedonum rex, sorte monitus, ut eum, qui sibi porta

de mettre à mort le premier individu qui se présenterait à lui quand il serait sorti du temple. Le premier qui s'offrit à sa rencontre fut un homme conduisant un âne; il donna aussitôt l'ordre de le traîner au supplice. Celui-ci demanda pourquoi on condamnait à la peine capitale un malheureux qui n'avait fait aucun mal, qui n'avait rien à se reprocher. Comme Alexandre lui citait, pour s'excuser, la réponse de l'oracle. « S'il en est ainsi, ô mon roi, répondit-il, ce n'est pas moi que le sort a désigné : l'âne que je conduisais devant moi s'est trouvé le premier à votre rencontre. » Charmé tout à la fois d'entendre une repartie si ingénieuse de la bouche d'un tel homme, et d'être lui-même tiré d'une méprise, Alexandre saisit avec empressement l'occasion de satisfaire la divinité au prix d'une victime bien inférieure. L'on voit dans cet exemple beaucoup d'adresse et beaucoup d'humanité : l'écuyer d'un autre roi fit preuve aussi de beaucoup d'adresse.

2. Après avoir anéanti la honteuse domination des mages, Darius et les six seigneurs de la Perse qui l'avaient aidé dans cette noble entreprise, convinrent entre eux qu'ils se rendraient à cheval dans un lieu désigné, au lever du soleil, et que le trône appartiendrait à celui dont le cheval hennirait le premier. Tandis

egresso primus occurrisset, interfici juberet, asinarium, forte ante omnes obviam factum, ad mortem abripi imperasset, eoque quærente, *quidnam se immerentem capitali supplicio innocentemque addiceret,* quum ad excusandum factum suum oraculi præceptum retulisset, asinarius : « *Si ita est,* inquit, *rex, alium sors huic morti destinavit; nam asellus, quem ego ante me agebam, prior tibi occurrit.* » Delectatus Alexander et illius tam callido dicto, et quod ab errore ipse revocatus erat, occasionem in aliquanto viliore animali expiandæ religionis rapuit. Summa in hoc cum calliditate mansuetudo : summa quoque in alterius regis equisone calliditas.

2. Sordida magorum dominatione oppressa, Darius, sex adjutoribus ejusdem dignitatis assumptis, pactum cum præclari operis consortibus fecit, ut equis insidentes, solis ortu cursum in quemdam locum dirigerent; isque regno potiretur,

que les illustres rivaux attendaient du hasard un prix de cette importance, Darius parvint à l'objet de ses vœux par un artifice d'OEdbarès, son écuyer. Celui-ci avait eu la précaution, avant le départ, de toucher avec la main une cavale en chaleur. Quand on fut arrivé à l'endroit convenu, il présenta la main aux naseaux du cheval, qui, excité par l'odeur, fit entendre le premier un hennissement. A ce signal, les six autres prétendants au souverain pouvoir descendirent de cheval, et, se prosternant à la manière des Perses, saluèrent Darius roi. Quel empire! et par quelle misérable ruse fut-il enlevé!

3. Bias, dont la sagesse est plus durable sur la terre que ne fut Priène sa patrie (puisque l'une respire encore de nos jours, tandis que l'autre, presque anéantie, ne subsiste plus que dans quelques vestiges), Bias disait qu'il faut cultiver l'amitié de manière à ne pas perdre de vue qu'elle peut se changer un jour en une haine implacable. Ce principe, au premier coup d'œil, pourra sembler trop prudent et contraire à la franchise qui fait surtout le charme de l'amitié; mais, quand on l'aura médité profondément, on le trouvera fort utile. (Av. J.-C. 593.)

---

cujus equus in eo primus hinnisset. Cæterum maximæ mercedis competitoribus fortunæ beneficium exspectantibus, solus acumine equisonis sui Œbaris prosperum exoptatæ rei effectum assecutus est. Qui in equæ genitalem partem demissam manum, quum ad eum locum ventum esset, naribus equi admovit: quo odore irritatus, ante omnes hinnitum edidit; auditoque eo, sex reliqui summæ potestatis candidati, continuo equis delapsi, ut est mos Persarum, humi prostratis corporibus, Darium regem salutaverunt. Quantum imperium, quam parvo interceptum est vaframento!

3. Bias autem, cujus sapientia diuturnior inter homines est, quam patria Priene fuit (siquidem hæc etiam nunc spirat, illius perinde atque exstinctæ vestigia tantummodo exstant), *ita aiebat oportere homines in usu amicitiæ versari, ut meminissent, eam ad gravissimas inimicitias posse converti.* Quod quidem præceptum prima specie nimis fortasse callidum videatur, inimicumque simplicitati, qua præcipue familiaritas gaudet; sed, si altioribus animis cogitatio demissa fuerit, perquam utile reperietur.

4. La ville de Lampsaque ne dut son salut qu'à une adroite repartie. Alexandre arrivait, plein de courroux, impatient de la détruire, lorsqu'il vit Anaximène, son ancien précepteur, sortir de la ville et se diriger de son côté. Persuadé qu'il venait pour arrêter, par ses sollicitations, l'effet de sa colère, il lui jura de ne point faire ce qu'il lui demanderait : « Ce que je vous demande, lui dit alors le philosophe, c'est de renverser Lampsaque. » Cette ingénieuse présence d'esprit sauva une illustre et antique cité de l'arrêt fatal prononcé contre elle. (Av. J.-C. 333.)

5. Une finesse de Démosthène vint aussi merveilleusement au secours d'une servante qui avait reçu en dépôt une somme d'argent de deux étrangers, à condition de la rendre à tous les deux ensemble. L'un d'eux revint, quelque temps après, vêtu de deuil, alléguant la mort de son compagnon, et, trompant ainsi cette malheureuse, lui enleva tout l'argent. L'autre se présenta ensuite et lui demanda le dépôt. La pauvre fille, également dépourvue d'argent et de moyens de défense, se trouvait fort embarrassée : réduite au désespoir, elle songeait déjà à mettre fin à ses jours. Mais heureusement le secours de Démosthène vint, comme un flambeau salutaire, briller à ses yeux. Arrivé à l'au-

---

4. Lampsacenæ vero urbis salus unius vaframenti beneficio constitit. Nam, quum ad excidium ejus summo studio Alexander ferretur, progressumque extra mœnia Anaximenem, præceptorem suum, vidisset; quia manifestum erat; futurum, ut preces suas iræ ejus opponeret, *non facturum se quod petisset* juravit. Tunc Anaximenes. *Peto*, inquit, *ut Lampsacum diruas*. Hæc velocitas sagacitatis oppidum, vetusta nobilitate inclytum, exitio, cui destinatum erat, subtraxit.

5. Demosthenis quoque astutia mirifice cuidam ancillæ succursum est, quæ pecuniam depositi nomine a duobus hospitibus acceperat, ea conditione, ut illam simul utrisque redderet. Quorum alter interjecto tempore, tanquam mortuo socio squalore obsitus, deceptæ omnes nummos abstulit; supervenit deinde alter, et depositum petere cœpit. Hærebat misera in maxima pariter et pecuniæ et defensionis penuria, jamque de laqueo et suspendio cogitabat. Sed opportune Demo-

dience : « Cette femme, dit-il, est prête à rendre le dépôt qui lui a été confié; mais, si vous n'amenez votre compagnon, elle ne saurait le faire : car, selon la convention que vous faites vous-même sonner si haut, elle ne doit payer à l'un qu'en présence de l'autre. (Av. J.-C. 345.)

6. Le trait suivant ne manque pas non plus de finesse. Un Athénien, détesté de tout le peuple, était sur le point de répondre devant lui d'une accusation capitale. Tout à coup il se mit à briguer la première magistrature; non qu'il espérât l'obtenir; mais il voulait donner à ses concitoyens une occasion de dissiper le premier feu de la colère, accès ordinairement le plus terrible. Un aussi adroit expédient ne trompa point son attente. En effet, hué, sifflé, insulté de mille manières par toute l'assemblée pendant les comices, il se retira encore avec l'ignominie d'un refus. Mais bientôt après, quand il fut question de sa vie, il ne rencontra plus qu'une extrême indulgence dans cette même multitude. S'il était venu risquer sa tête devant elle lorsqu'elle ne respirait encore que la vengeance, il n'aurait pu se faire écouter : animés par la colère, les esprits seraient demeurés sourds à sa défense.

---

sthenes ei patronus affulsit, qui, ut in advocationem venit, « Mulier, inquit, parata est depositi se fide solvere; sed, nisi socium adduxeris, id facere non potest, quoniam, ut ipse vociferaris, hæc dicta est lex, ne pecunia alteri sine altero numeretur. »

6. Ac ne illud parum quidem prudenter. Quidam Athenis universo populo invisus, causam apud eum capitali crimine dicturus, maximum honorem subito petere cœpit; non quod speraret, se illum consequi posse, sed ut haberent homines, ubi procursum iræ, qui acerrimus esse solet, effunderent. Neque eum hæc tam callida consilii ratio fefellit : comitiis enim clamore infesto, et crebris totius concionis sibilis vexatus, nota etiam denegati honoris perstrictus, ejusdem plebis paulo post in discrimine vitæ clementissima suffragia expertus est. Quod si adhuc ei ultionem sitienti, capitis sui periculum objecisset, nullam partem defensionis odio obseratæ aures reciperent.

7. Cet artifice a beaucoup de rapport avec la ruse que je vais raconter. Le premier Annibal, vaincu dans un combat naval par le consul Duilius, et craignant de payer de sa tête la perte de sa flotte, sut fort adroitement détourner le ressentiment de ses concitoyens. Avant qu'on pût recevoir à Carthage la nouvelle de cette journée désastreuse, il se hâta d'y envoyer un de ses amis avec des instructions particulières. Celui-ci, introduit dans le sénat : « Je viens, dit-il, vous consulter au nom d'Annibal ; comme le général romain est arrivé avec des forces navales considérables, il vous demande s'il faut lui livrer bataille. » Les sénateurs s'écrièrent unanimement, « qu'il n'y avait point à balancer. — Eh bien, reprit l'envoyé, il a livré le combat et il a été défait. » De cette manière, il ne leur laissait pas le moyen de condamner une action qu'ils avaient eux-mêmes jugée nécessaire. (An de R. 493.)

8. L'autre Annibal, voyant Fabius Maximus se jouer de la force invincible de ses armes par de salutaires lenteurs, voulut donner lieu de soupçonner qu'il cherchait à prolonger la guerre. Tandis qu'il saccageait toute l'Italie par le fer et la flamme, il

---

7. Huic vaframento consimilis illa calliditas. Superior Annibal, a Duilio consule navali prælio victus, timensque classis amissæ pœnas dare, offensam astutia miré avertit. Nam ex illa infelici pugna prius quam cladis nuntius domum perveniret, quemdam ex amicis compositum et formatum Carthaginem misit. Qui, postquam civitatis ejus curiam intravit : « Consulit, inquit, vos Annibal, quum dux Romanorum magnas secum maritimas trahens copias advenerit, an cum eo confligere debeat. » Acclamavit universus senatus, *non esse dubium quin oporteret.* Tum ille, *Conflixit,* inquit, *et superatus est.* Ita liberum iis non reliquit id factum damnare, quod ipsi fieri debuisse judicaverant.

8. Alter item Annibal Fabium Maximum, invictam armorum suorum vim saluberrimis cunctationibus pugnæ ludificantem, ut aliqua suspicione trahendi

affecta de n'excepter de ce ravage que les terres de Fabius. Cette insidieuse apparence d'une éclatante faveur aurait pu avoir quelque succès si les Romains n'avaient parfaitement connu et l'amour de Fabius pour son pays, et le caractère rusé d'Annibal. (An de R. 536.)

9. Ce fut aussi par adresse que les Tusculans évitèrent leur destruction. Ils avaient mérité, par de fréquentes révoltes, que les Romains prissent enfin le parti de raser leur ville, et déjà Camille, le plus grand de nos généraux, arrivait, à la tête d'une puissante armée, pour exécuter cette résolution. Les Tusculans allèrent tous à sa rencontre, en habits ordinaires, sans armes, lui fournirent généreusement des vivres, et lui rendirent tous les devoirs de l'hospitalité comme en pleine paix. Ils le laissèrent même entrer en armes dans l'enceinte de leurs murailles sans changer de visage ni de contenance. Cet air d'assurance et de calme leur valut, indépendamment de notre amitié, la participation au droit de bourgeoisie romaine. Certes, ils mirent beaucoup de sagacité dans leur franchise : ils avaient bien senti qu'il valait mieux dissimuler leur crainte sous des dehors bienveillants, que

---

belli respergeret, totius Italiæ agros ferro atque igni vastando, unius ejus fundum immunem ab hoc injuriæ genere reliquit. Profecisset, aliquid tanti beneficii insidiosa adumbratio, nisi Romanæ Urbi et Fabii pietas, et Annibalis vafri mores fuissent notissimi.

9. Tusculanis etiam acumine consilii incolumitas parta est. Quum enim crebris rebellationibus meruissent, ut eorem urbem funditus Romani evertere vellent, atque ad id exsequendum Furius Camillus, maximus dux validissimo instructus exercitu venisset, universi ei togati obviam processerunt, commeatusque et cætera pacis munia benignissime præstiterunt. Armatum etiam intrare mœnia passi sunt, nec vultu, nec habitu mutato. Qua constantia tranquillitatis non solum ad amicitiæ nostræ jus, sed etiam ad communionem civitatis usque penetraverunt; sagaci, hercule, usi simplicitate, quo-

de chercher un appui dans la force des armes. (An de R. 373.)

10. Mais la ruse de Tullus, général des Volsques, était une supercherie exécrable. Animé du plus vif désir de faire la guerre aux Romains, mais voyant les siens découragés par plusieurs défaites, et, pour cette raison, plus disposés à la paix, il sut, par un perfide expédient, les forcer d'entrer dans ses vues. Une foule de Volsques étant venue à Rome pour assister à la célébration des jeux publics, il alla dire aux consuls qu'il appréhendait quelque hostilité soudaine de la part de cette multitude; il les avertit de se tenir sur leurs gardes, et aussitôt sortit lui-même de la ville. Les consuls firent leur rapport au sénat, qui, sans avoir aucun soupçon, crut devoir néanmoins, sur la foi d'un personnage tel que Tullus, ordonner aux Volsques de sortir de Rome avant la nuit. Indignés d'un pareil affront, ils se laissèrent facilement entraîner à un soulèvement. Ainsi, par un mensonge couvert du voile de l'amitié, ce chef astucieux trompa deux peuples à la fois : les Romains, en leur inspirant une mesure outrageante contre des hommes irréprochables; les Volsques, en les irritant contre une nation dupe d'un artifice. (An de R. 264.)

---

niam aptius esse intellexerant, metum officio dissimulare, quam armis protegere.

10. At Volscorum ducis Tulli exsecrabile consilium ; qui, ad bellum inferendum Romanis maxima cupiditate accensus, quum aliquot adversis præliis contusos animos suorum, et ob id paci pronìores animadverteret, insidiosa ratione, quo volebat, compulit. Nam, quum spectandorum ludorum gratia magna Volscorum multitudo Romam convenisset, consulibus dixit, *Vehementer se timere, ne quid hostile subito molirentur;* monuitque, *ut essent cautiores,* et protinus ipse Urbe egressus est. Quam rem consules ad senatum retulerunt. Qui, tametsi nulla suspicio suberat, auctoritate tamen Tulli commotus, *ut ante noctem Volsci abirent,* decrevit. Qua contumelia irritati, facile impelli potuerunt ad rebellandum. Ita mendacium versuti ducis, simulatione benevolentiæ involutum, duos simul populos fefellit; Romanum, ut insontes notaret; Volscum, ut deceptis irasceretur.

CHAPITRE IV

DES STRATAGÈMES

Des Stratagèmes chez les Romains.

Voici une sorte de ruse honorable, et qui est loin d'encourir aucun reproche : c'est celle que nous désignerons, faute d'expression propre dans notre langue, par le mot grec de *stratagème*.

1. Tullus Hostilius avait attaqué avec toutes ses forces la ville de Fidènes, dont les fréquentes révoltes empêchèrent l'empire romain de s'endormir à son berceau, et, nourrissant notre valeur de trophées et de triomphes sur nos frontières, nous apprirent à porter plus loin nos espérances. En cette occasion, le chef des Albains, Métius Fufétius, dont l'alliance avait toujours été sus-

CAPUT IV

DE STRATEGEMATIS

De Strategematis Romanorum.

Illa vero pars calliditatis egregia, et ab omni reprehensione procul remota, cujus opera, quia appellatione nostra vix apte exprimi possunt, Græca pronuntiatione *strategemata* dicuntur.

1. Omnibus militaribus copiis Tullo Hostilio Fidenas agresso, quæ surgentis imperii nostri incunabula crebris rebellationibus torpere passa non sunt, finitimisque tropæis ac triumphis alitam virtutem ejus, spes suas ulterius promovere docuerunt, Metius Fufetius, dux Albanorum, dubiam et suspectam semper socie-

pecte et la fidélité douteuse, découvrit tout à coup sa perfidie au fort de la bataille. Laissant à découvert le flanc de l'armée romaine, il alla se poster sur une hauteur voisine : de combattant devenu spectateur du combat, il voulait nous accabler, si le sort nous était contraire, ou, s'il nous était favorable, profiter de la fatigue de la victoire pour nous attaquer avec avantage. Nul doute que cette défection ne dût affaiblir le courage de nos soldats, lorsqu'ils se verraient tout à la fois aux prises avec l'ennemi et abandonnés par les alliés. Mais Tullus eut soin de prévenir une impression aussi fâcheuse. Il parcourut rapidement, à cheval, tous les groupes de la mêlée, criant aux soldats que c'était par son ordre que Métius s'était retiré, et qu'à un signal convenu il viendrait fondre sur les derrières des Fidénates. Cette ruse, inspirée par la science du commandement, fit succéder la confiance à la crainte, et, bannissant l'inquiétude, remplit tous les cœurs d'une ardeur nouvelle. (An de R. 90.)

2. Mais ne quittons pas si tôt les annales de nos rois. Sextus Tarquin, fils de Tarquin le Superbe, indigné de voir que son père fît de vains efforts pour prendre la ville de Gabie, imagina un moyen plus puissant que les armes pour la réduire et l'ajouter à l'empire romain. Il alla se jeter en fugitif entre les mains des

---

tatis suæ fidem repente in ipsa acie detexit. Detecto enim Romani exercitus latere, in proximo colle consedit, pro adjutore speculator pugnæ futurus; ita ut victis insultaret, aut victores fessos aggrederetur. Non erat dubium, quin ea res militum nostrorum animos debilitatura esset, quum eodem tempore et hostes confligere, et auxilia deficere cernerent. Itaque, ne id fieret, Tullus providit. Concitato enim equo omnes pugnantium globos percurrit, prædicans, *suo jussu secessisse Metium, eumque, quum ipse signum dedisset, invasurum Fidenatium terga.* Quo imperatoriæ artis consilio metum fiducia mutavit; proque trepidatione, alacritate suorum pectora replevit.

2. At, ne continuo a nostris regibus recedam, Sex. Tarquinius, Tarquinii filius, indigne ferens, quod patris viribus expugnari Gabii nequirent, valentiorem armis excogitavit rationem, qua interceptum illud oppidum Romano imperio adjiceret.

Gabiens, comme pour se dérober à la cruauté de son père, leur faisant voir les marques sanglantes des coups de verges qu'il s'était appliqués lui-même à dessein. Il gagna peu à peu l'amitié des habitants par des caresses trompeuses et étudiées. Quand il eut acquis de cette manière la plus grande autorité parmi eux, il envoya son confident vers son père pour lui apprendre que tout était en son pouvoir, et lui demander ce qu'il fallait faire. L'astuce du vieillard répondit à la ruse du jeune homme. En effet, charmé d'une nouvelle si favorable, mais ne se fiant guère au messager, Tarquin, sans répondre un seul mot, le conduisit à l'écart dans un jardin, et abattit devant lui, avec une baguette, les têtes de pavots les plus grosses et les plus élevées. Informé et du silence et de l'action de son père, le jeune Sextus pénétra ses intentions secrètes; il comprit qu'il lui prescrivait de se défaire, soit par l'exil, soit par la mort, des premiers citoyens de Gabie. Ayant ainsi privé les Gabiens de leurs meilleurs défenseurs, il les lui livra, pour ainsi dire, les mains liées.

3. Voici encore une occasion où nos ancêtres firent usage de la ruse avec autant de succès que de sagesse. Assiégés dans le

---

Subito namque se ad Gabinos contulit, tanquam parentis sævitiam, et verbera, quæ voluntate sua perpessus erat, fugiens : ac paulatim uniuscujusque fictis et compositis blanditiis alliciendo benevolentiam, ut apud omnes plurimum posset, consecutus, familiarem suum ad patrem misit, indicaturum, *quemadmodum cuncta in sua manu haberet*; et quæsiturum, *quidnam fieri vellet*. Juvenili calliditati senilis astutia respondit. Siquidem re eximia delectatus Tarquinius, fidei autem nuntii parum credens, nihil respondit; sed, seducto eo in hortum, maxima et altissima papaverum capita baculo decussit. Cognito adolescens silentio patris simul ac facto, causam alterius argumenti pervidit; nec ignoravit præcipi sibi, « ut excellentissimum quemque Gabinorum aut exsilio submoveret, aut morte consumeret. » Ergo spoliatam bonis propugnatoribus civitatem tantum non vinctis manibus ei tradidit.

3. Illud quoque a majoribus et consilio prudenter, et exitu feliciter provisum.

Capitole par les Gaulois, après la prise de Rome, et apercevant que l'on ne comptait plus que sur la famine pour les réduire, ils surent, par un stratagème des plus adroits, enlever au vainqueur l'unique soutien de sa persévérance : ils se mirent à jeter des pains de plusieurs côtés de la muraille. A cette vue, consternation des Gaulois, qui, croyant que les nôtres avaient du blé en abondance, se déterminèrent à traiter de la levée du siége. Sans doute Jupiter eut alors pitié de voir la valeur romaine emprunter le secours de l'astuce, et, dans une extrême disette de vivres, jeter audacieusement les ressources mêmes qui lui restaient contre la disette. Aussi donna-t-il un heureux succès à un expédient qui, pour être ingénieux, ne laissa pas d'entraîner de graves dangers. (An de R. 363.)

4. Dans la suite, le même Jupiter seconda encore de sa divine bienveillance les sages mesures de deux de nos plus habiles généraux. Tandis qu'Annibal saccageait une extrémité de l'Italie, Asdrubal envahissait l'autre. Il fallait empêcher la jonction des deux frères, qui auraient accablé sous un poids irrésistible la république, fatiguée de tant de secousses : c'est à quoi réussirent de concert, Claudius Néron par une résolution vigoureuse, et

---

Quum Urbe capta Galli Capitolium obsiderent, solamque potiendi ejus spem in fame obsessorum repositam animadverterent, perquam callido genere consilii, unico perseverantiæ irritamento victores spoliaverunt. Panes enim jacere compluribus ex locis cœperunt. Quo spectaculo obstupefactos infinitamque frumenti abundantiam nostris superesse credentes, ad pactionem omittendæ obsidionis compulerunt. Misertus est tunc profecto Jupiter Romanæ virtutis, præsidium ab astutia mutantis, quum in summa alimentorum inopia projici præsidia inopiæ cerneret : igitur ut vafro, ita periculoso consilio salutarem exitum dedit.

4. Idemque Jupiter postea præstantissimorum ducum nostrorum sagacibus consiliis propitius aspiravit. Nam, quum alterum Italiæ latus Annibal laceraret, alterum invasisset Asdrubal, ne duorum fratrum junctæ copiæ intolerabili onere fessas simul res nostras urgerent, hinc Claudii Neronis vegetum consilium, illinc

Livius Salinator par une admirable prudence. Néron, qui tenait Annibal resserré dans la Lucanie, eut l'adresse, comme l'exigeait le succès de l'expédition, de lui faire croire qu'il était toujours présent, et franchit une longue distance avec une étonnante célérité, pour porter du secours à son collègue Salinator, qui se proposait de livrer bataille le lendemain près du Métaure, rivière d'Umbrie. Celui-ci reçut Néron dans son camp, au milieu de la nuit, avec le plus profond secret : il logea tribuns avec tribuns, centurions avec centurions, cavaliers avec cavaliers, fantassins avec fantassins, et, sans aucun tumulte, introduisit une seconde armée dans un espace à peine suffisant pour une seule. Aussi Asdrubal ne sut qu'il avait affaire à deux consuls qu'en succombant sous leurs efforts réunis. Ainsi cette astuce carthaginoise, si fameuse dans tout l'univers, fut dupe cette fois de l'habileté romaine : Annibal fut joué par Néron, et Asdrubal par Salinator. (An de R. 546.)

5. Q. Métellus mérite aussi d'être cité pour les ressources de son esprit. Il faisait la guerre en Espagne contre les Celtibères, en qualité de proconsul. Voyant qu'il ne pouvait prendre par la force la ville de Contrebie, leur capitale, il se mit à chercher en

---

Livii Salinatoris inclyta providentia effecit. Nero enim, compresso a se in Lucanis Annibale, præsentiam suam, quoniam ita ratio belli desiderabat, mentitus hosti, ad opem collegæ ferendam per longum iter celeritate mira tetendit. Salinator, in Umbria apud Metaurum flumen proximo die dimicaturus, summa cum dissimulatione Neronem castris noctu recepit. *Tribunos* enim *a tribunis, centuriones a centurionibus, equites ab equitibus, pedites a peditibus excipi* jussit; ac, sine ulla tumultuatione, solo, vix unum exercitum capiente, alterum inseruit. Quo evenit, ne Asdrubal cum duobus se consulibus præliaturum prius sciret, quam utriusque virtute prosterneretur. Ita illa toto terrarum orbe infamis Punica callidias, Romana elusa prudentia, Annibalem Neroni, Asdrubalem Salinatori decipiendum tradidit.

5. Memorabilis etiam consilii Q. Metellus, qui, quum proconsule bellum in Hispania adversus Celtiberos gereret, urbemque Contrebiam, caput ejus gentis,

lui-même un expédient, et, après de longues et sérieuses réflexions, voici ce qu'il imagina pour arriver à son but. Il entreprenait brusquement des marches forcées, se portait rapidement de divers côtés, se retranchait sur une hauteur, et bientôt après allait se poster sur une autre, sans que personne ni des siens ni de l'armée ennemie devinât le motif de ces mouvements subits, imprévus et de cette fluctuation continuelle. Un de ses intimes amis lui demanda pourquoi il errait ainsi de tous côtés, à quel dessein il suivait un plan de campagne si indéterminé ? « Ne cherchez pas, dit-il, à découvrir mon secret ; car si je savais que ma tunique intérieure en eût connaissance, je la brûlerais aussitôt. » Où aboutit le mystère de ces manœuvres ? quel en fut le résultat ? Quand il eut mis ses troupes dans l'impossibilité de le pénétrer, et qu'il eut donné le change à toute la Celtibérie, un jour qu'il venait d'entamer une de ses excursions, il se replia brusquement sur Contrebie, là surprit et l'accabla comme d'un coup de foudre. Si Métellus n'eût pas pris sur lui de recourir à la ruse, il lui aurait fallu vieillir sous les armes au pied des remparts de Contrebie. (An de R. 611.)

viribus expugnare non posset, intra pectus suum diu multumque consiliis agitatis, viam reperit, qua propositum ad exitum perduceret. Itinera magno impetu ingrediebatur, deinde alias atque alias regiones petebat ; modo hos obsidebat montes, paulo post ad illos transgrediebatur ; quum interim tam suis omnibus, quam ipsis hostibus, ignota erat causa inopinatae ejus ac subitae fluctuationis. Interrogatus quoque a quodam amicissimo sibi, *quid ita sparsum et incertum militiae genus sequeretur ?* « Absiste, inquit, istud quaerere ; nam, si hujus consilii mei interiorem tunicam consciam sensero, continuo eam cremari jubebo. » Quorsum igitur ista dissimulatio erupit ? aut quem finem habuit ? Postquam vero et exercitum suum ignorantia, et totam Celtiberiam errore implicavit, quum alio cursum direxisset, subito ad Contrebiam reflexit, eamque inopinatam et attonitam oppressit. Ergo nisi mentem suam dolos scrutari coegisset, ad ultimam ei senectutem apud moenia Contrebiae armato sedendum foret.

Des Stratagèmes chez les étrangers.

1. Agathocle, roi de Syracuse, donna l'exemple d'une ruse audacieuse. Voyant les Carthaginois déjà maîtres, en grande partie de sa capitale, il fait passer son armée en Afrique, afin de repousser la terreur par la terreur, la force par la force; et cette diversion ne fut pas sans effet. Épouvantés de son apparition soudaine, les Carthaginois achetèrent volontiers leur conservation au prix de celle de l'ennemi; ils conclurent un traité pour délivrer à la fois l'Afrique des Siciliens, et la Sicile des Africains. Agathocle se fût-il obstiné à défendre les murs de Syracuse, cette ville aurait supporté seule toutes les calamités de la guerre, tandis que Carthage aurait joui tranquillement des avantages de la paix et de la sécurité. En reportant chez les autres les maux qu'il essuyait, en attaquant les foyers de l'ennemi au lieu de défendre les siens, il déconcerta ses adversaires, et rentra d'autant plus sûrement dans son royaume qu'il avait mis plus de résolution à l'abandonner. (Av. J.-C. 296.)

De Strategematis externorum.

1. Agathocles autem, Syracusanorum rex, audaciter callidus. Quum enim urbem ejus majore ex parte Carthaginienses occupassent, exercitum suum in Africam trajecit, ut metum metu, vim vi discuteret; neque sine effectu : nam repentino ejus adventu perculsi Pœni, libenter incolumitatem suam salute hostium redemerunt, pactique sunt, ut eodem tempore Africa siculis, et Sicilia Punicis armis liberaretur. Age, si Syracusarum mœnia tueri perseverasset, illa belli malis urgerentur, bona pacis fruenda securæ Carthagini reliquisset. Nunc inferendo quæ patiebatur, dum alienas potius lacessit opes, quam suas tuetur, quo æquiore animo regnum deseruit, eo tutius recepit.

2. Que fit Annibal à la journée de Cannes? N'avait-il pas, avant d'en venir aux mains, enveloppé notre armée d'une multitude de piéges où elle ne pouvait manquer de périr misérablement? D'abord, il eut soin de prendre position de manière qu'elle eût devant les yeux le soleil et la poussière que le vent soulève ordinairement en cet endroit avec violence ; ensuite il donna ordre à une partie de ses troupes de feindre la fuite au milieu de l'action, et une légion romaine s'étant mise à la poursuite de ce corps, séparé du reste de l'armée, tomba dans une embuscade préparée à dessein, et y fut taillée en pièces. Enfin quatre cents cavaliers qu'il avait dressés à ce manége, vinrent, comme déserteurs, trouver le consul, qui, selon l'usage, leur fit mettre bas les armes, et les plaça aux dernières lignes de l'armée ; mais ceux-ci, tirant des épées qu'ils tenaient cachées entre la tunique et la cuirasse, coupèrent le jarret aux soldats romains occupés de soutenir le combat. Telle fut la bravoure carthaginoise, toujours armée de ruses, de piéges, de fourberies : et c'est ce qui excuse légitimement aujourd'hui la valeur romaine d'en avoir été la victime ; elle fut trompée plutôt que vaincue. (An de R. 537.)

2. Quid Annibal Cannensi prælio? nonne aciem nostram, prius quam ad dimicandum descenderet, compluribus astutiæ copulatam laqueis, ad tam miserabilem perduxit exitum? Ante omnia enim providit, ut et solem, et pulverem, qui ibi vento multus excitari solet, adversum haberet. Deinde *partem copiarum suarum inter ipsum prælii tempus de industria fugere* jussit : quam quum a reliquo exercitu abruptam legio Romana sequeretur, trucidandam eam ab iis, quos in insidiis collocaverat, curavit. Postremo quadringentos equites subornavit, qui, simulata transitione, petierunt consulem : a quo jussi more transfugarum depositis armis in ultimam pugnæ partem secedere, destrictis gladiis, quos inter tunicas et loricas abdiderant, poplites pugnantium Romanorum ceciderunt. Hæc fuit Punica fortitudo, dolis et insidiis et fallacia instructa : quæ nunc certissima circumventæ virtutis nostræ excusatio est, quoniam decepti magis quam victi sumus.

CHAPITRE V

DES REFUS

Le tableau de ce qui se passe au Champ de Mars instruira utilement ceux qui entrent dans la carrière de l'ambition à supporter courageusement les mauvais succès des comices. A voir d'illustres personnages essuyer des refus, ils ne perdront pas l'espérance d'arriver aux honneurs, mais ils solliciteront avec plus de sagesse et de prudence; ils se rappelleront qu'on ne peut blâmer le peuple de refuser une grâce à un citoyen, puisque souvent des citoyens se sont cru permis de résister individuellement au vœu général; ils sauront, en outre, qu'il faut attendre de la patience ce qu'on n'aura pu obtenir de la faveur.

1. Lorsque Q. Fabius Maximus donna un repas au peuple, en mémoire de Scipion l'Africain, son oncle, il pria Q. Élius Tubéron de dresser une table. Celui-ci établit de petits lits à la

CAPUT V

DE REPULSIS

Campi quoque repræsentata conditio ambitiosam ingredientes viam, ad fortius sustinendos parum prosperos comitiorum eventus utiliter instruxerit; quia, propositis ante oculos clarissimorum virorum repulsis, ut non minore cum spe honores, ita prudentiore cum animi judicio petent; meminerintque nefas non esse, aliquid ab omnibus uni negari, quum sæpenumero singuli cunctorum voluntatibus resistere fas esse duxerint, scientes etiam, patientia quæri debere, quod gratia impetrari nequierit.

1. Q. Ælius Tubero, a Q. Fabio Maximo, epulum populo nomine P. Africani patrui sui dante, rogatus ut triclinium sterneret, lectulos Punicanos pellibus hæ-

phénicienne, recouverts de peaux de bouc, et, au lieu d'argenterie, étala simplement de la vaisselle de Samos. Cette mesquinerie déplut tellement à la multitude que, malgré sa réputation d'homme de mérite, quoique appuyé des noms de Paul-Émile, son aïeul, et de Scipion, son oncle, lorsque Tubéron se présenta comme candidat à la préture, il ne remporta du Champ de Mars que la honte d'un refus. Autant on estima toujours la simplicité dans l'intérieur des familles, autant on attachait de prix à la magnificence dans les relations publiques. Ainsi la ville ne considéra pas le petit nombre des convives de Tubéron; elle se crut voir tout entière avec eux sur de misérables peaux de bouc, et se vengea de la pauvreté du service en refusant son suffrage. (An de R. 624.)

2. P. Scipion Nasica, l'honneur de la magistrature romaine, celui qui, étant consul, déclara la guerre à Jugurtha; qui de ses mains pures et sans taches, reçut la mère des dieux quittant le séjour de l'Ida et de la Phrygie pour passer sur nos autels et habiter nos demeures; qui étouffa par la force de son crédit plusieurs séditions dangereuses; que le sénat se fit gloire d'avoir pour chef pendant plusieurs années : Nasica, dis-je, très-jeune encore, s'était mis sur les rangs pour l'édilité curule, et, selon

dinis stravit, et pro argenteis vasis samia exposuit. Cujus rei deformitas sic omnes offendit, ut, quum alioqui vir egregius haberetur, comitiisque prætoriis candidatus in Campum L. Paulo avo et P. Africano avunculo nixus descendisset, repulsa inde notatus abiret. Nam, ut privatim semper continentiam probabant, ita publice maxima cura splendoris habita est. Quocirca urbs non unius convivii numerum, sed totam se in illis pelliculis jacuisse credens, ruborem epuli suffragiis suis vindicavit.

2. P. autem Scipio Nasica, togatæ potentiæ clarissimum lumen, is qui consul Jugurthæ bellum indixit, qui Matrem Idæam a Phrygiis sedibus ad nostras aras focosque migrantem sanctissimis manibus excepit, qui multas et pestiferas seditiones auctoritatis suæ robore oppressit, quo principe senatus per aliquot annos gloriatus est; quum ædilitatem curulem adolescens peteret, manumque cujusdam

l'usage des candidats, serrait fortement la main d'un simple citoyen. Comme elle était endurcie par les travaux de la campagne, il lui demanda en plaisantant, s'il avait coutume de marcher sur les mains. Ce mot, entendu de ceux qui se trouvaient autour de lui, se répandit parmi le peuple, et attira un refus à Scipion. Toutes les tribus de la campagne, croyant qu'il leur reprochait par là leur pauvreté, firent éclater leur ressentiment contre son injurieuse plaisanterie. En réprimant l'orgueil de la jeune noblesse, Rome en fit une pépinière de grands hommes et d'utiles citoyens, et en ne lui permettant pas de compter facilement sur le succès de ses demandes, elle donna aux honneurs la considération et l'importance qu'ils méritaient.

3. Jamais on n'eut à reprocher une pareille imprudence à Paul-Émile : cependant, il échoua plusieurs fois dans la demande du consulat. Le même Paul-Émile, après avoir fatigué les comices du spectacle de ses poursuites et de ses refus, se vit nommer deux fois consul et censeur, et parvint ainsi au comble de la gloire. L'injustice, loin d'abattre son courage, ne fit que l'animer de plus en plus. Excité par les affronts mêmes, il porta aux comices un désir plus ardent et plus vif d'obtenir la plus haute magistrature; et ce peuple, qu'il n'avait pu émouvoir par ses grandes

rustico opere duratam, more candidatorum tenacius apprehendisset, joci gratia interrogavit eum, *num manibus solitus esset ambulare?* Quod dictum, a circumstantibus exceptum, ad populum manavit, causamque repulsæ Scipioni attulit. Omnes namque rusticæ tribus, paupertatem sibi ab eo exprobratam judicantes, iram suam adversus contumeliosam ejus urbanitatem destrinxerunt. Igitur civitas nostra, nobilium juvenum ingenia ab insolentia revocando, magnos et utiles cives fecit; honoribusque, non patiendo eos a securis peti, debitum auctoritatis pondus adjecit.

3. Nullus error talis in L. Æmilio Paulo conspectus est; sed tamen aliquoties frustra consulatum petiit. Idemque, quum jam Campum repulsis suis fatigasset, bis consul et censor factus, amplissimum dignitatis gradum obtinuit. Cujus virtutem injuriæ non fregerunt, sed acuerunt, quoniam quidem ipsa nota accensam cupiditatem summi honoris ardentiorem ad comitia detulit, ut populum,

qualités ni par l'éclat de sa naissance, céda enfin à son opiniâtreté. (An de R. 567, 568, 569.)

4. Q. Cécilius Métellus, se voyant refuser le consulat, s'en retourna chez lui, accablé de chagrin et de confusion, avec quelques amis qui partageaient sa tristesse. Le même Métellus, après avoir défait le faux Philippe, se rendit en triomphe au Capitole, tout rayonnant de joie et d'allégresse, et accompagné du corps entier du sénat. Ce fut aussi Métellus qui termina en grande partie la guerre d'Achaïe, à laquelle Mummius ne fit que mettre la dernière main. Le peuple pouvait-il donc refuser le consulat à un personnage à qui il allait assigner bientôt les deux plus belles provinces de l'empire, l'Achaïe et la Macédoine, ou plutôt à qui il allait en devoir la conquête? Eh bien, par là même, il ne fit qu'accroître son zèle. Ce grand homme sentit toute l'activité qu'il devait déployer dans la gestion d'une magistrature qu'il avait eu tant de peine à obtenir. (An de R. 606-609.)

5. Qui fut jamais aussi grand et aussi fortuné que Sylla? Il dispensa à son gré les richesses et les dignités; il abrogea les anciennes lois et en établit de nouvelles. Et lui aussi, dans ce Champ de Mars, dont il devint ensuite l'arbitre souverain, il se vit ignominieusement refuser la préture, qui lui aurait obtenu

---

quem nobilitatis splendore et animi bonis movere non potuerat, pertinacia vinceret.

4. Q. autem Cæcilium Metellum pauci et mœsti amici, consulatus repulsa afflictum, tristitia ac rubore plenum, domum reduxerunt : eumdem de Pseudophilippo triumphantem universus senatus lætum et alacrem in Capitolium prosecutus est. Achaici etiam belli, cui summam manum L. Mummius adjecit, maxima pars ab hoc viro profligata est. Eine ergo populus consulatum negare potuit, cui mox duas clarissimas provincias aut daturus erat, aut debiturus, Achaiam et Macedoniam? Et quidem hoc facto, meliore eo cive usus est; intellexit enim, quam industrie sibi gerendus esset consulatus, quem tanto labore impetrari senserat.

5. Quid tam excellens, quid tam opulentum, quam L. Sylla? Divitias et imperia largitus est; leges vetustas abrogavit, novas tulit. Hic quoque in eo Campo, cujus postea dominus exstitit, repulsa præturæ sugillatus est, omnia loca petiti

à la fois toutes les places de la dignité qu'il ambitionnait, si quelque dieu eût mis alors l'image de sa grandeur future sous les yeux du peuple romain. (An de R. 659.)

6. Mais parlons du plus grave reproche que l'on puisse faire aux comices. Caton d'Utique, dont le caractère était capable de faire plus d'honneur à la préture qu'il n'en pouvait lui-même recevoir d'illustration, fit un jour inutilement la demande de cette dignité. Suffrages bien voisins de la démence! mais l'assemblée fut assez punie de son erreur, puisqu'elle fut forcée d'accorder à Vatinius ce qu'elle refusait à Caton. Ainsi, à bien apprécier le fait, on refusa, non pas la préture à Caton, mais Caton à la préture. (An de R. 698.)

CHAPITRE VI

DE LA NÉCESSITÉ

De la Nécessité chez les Romains.

Les lois cruelles et amères de la nécessité, son despotique

honoris, si quis modo deorum formam et imaginem futuræ ejus potentiæ populo Romano repræsentasset, impetraturus.

6. Sed, ut comitiorum maximum crimen referam, M. Porcius Cato, plus moribus suis præturæ decoris adjecturus, quam prætexto ejus splendoris ipse laturus, consequi illam a populo aliquando non potuit. Proxima dementiæ suffragia : quæ satis quidem graves pœnas erroris sui pependerunt, quoniam, quem honorem Catoni negaverant, Vatinio dare coacti sunt. Ergo, si vere æstimare volumus, non Catoni tunc prætura, sed præturæ Cato negatus est.

CAPUT VI

DE NECESSITATE

De Necessitate Romanorum.

Abominandæ quoque necessitatis amarissimæ leges, et truculentissima imperia,

empire, ont souvent réduit et notre patrie et les nations étrangères à des extrémités si affreuses, qu'il est pénible, je ne dis pas d'y songer, mais d'en entendre seulement le récit.

1. Pendant la seconde guerre punique, notre jeunesse militaire se trouvant épuisée par plusieurs combats désastreux, le sénat, sur la proposition du consul Tib. Gracchus, fut d'avis d'acheter aux frais de la république un certain nombre d'esclaves pour repousser les ennemis. Les tribuns firent adopter ce décret par le peuple, et trois commissaires, nommés à cet effet, achetèrent vingt-quatre mille esclaves. Après leur avoir fait jurer de servir l'État avec courage et activité tant que les Carthaginois seraient en Italie, ils leur donnèrent des armes et les envoyèrent au camp. On en acheta aussi deux cent soixante-dix, tirés de l'Apulie et de Fidicules pour le recrutement de la cavalerie. A quoi ne réduit point la rigueur de l'adversité? Cette cité qui, jusqu'alors, avait dédaigné de prendre pour soldats des hommes de condition libre, mais sans autre possession que leur personne, va tirer des esclaves des réduits de la servitude et des cabanes de pâtres, les rassemble et les réunit à son armée comme le renfort le plus solide! La fierté des sentiments cède donc quelquefois à

---

tum Urbem nostram, tum etiam exteras gentes multa non intellectu tantum, sed etiam auditu gravia, perpeti coegerunt.

1. Nam aliquot adversis præliis secundo Punico bello exhausta militari juventute Romana, senatus auctore Tib. Graccho consule censuit, *uti publice servi adversus propulsandorum hostium impetum emerentur.* Eaque de re per tribunos plebis ad populum lata rogatione tres creati sunt viri, qui quatuor et viginti millia servorum comparaverunt; adactosque jurejurando, *strenuam se fortemque operam daturos, quoad Pœni essent in Italia,* datis armis, in castra miserunt. Ex Apulia etiam et a Fidiculis septuaginta atque ducenti ad supplementum equitatus sunt empti. Quanta violentia est casus acerbi! Quæ civitas ad id tempus ingenuæ quoque originis capite censos habere milites fastidierat, eadem cellis servilibus extracta corpora, et a pastoralibus casis collecta mancipia, velut præcipuum firmamentum exercitui suo adjecit. Cedit ergo interdum generosus spi-

a force du besoin et au pouvoir de la fortune, quand on se trouve dans l'alternative, ou de prendre le parti le plus sûr, ou de périr en suivant le plus honorable. (An de R. 537.)

La funeste journée de Cannes jeta dans Rome une telle confusion que, par ordre de Marcus Junius, alors chargé des affaires comme dictateur, on arracha des temples, pour le service de l'armée, les dépouilles des ennemis qui avaient été consacrées aux dieux; on fit prendre les armes à des jeunes gens encore revêtus de la robe de l'enfance; on enrôla même des hommes condamnés, soit à l'esclavage, soit à la peine capitale, au nombre de six mille. A considérer ces actes en eux-mêmes, on y trouve quelque ignominie; mais, si l'on met dans la balance la force de la nécessité, on n'y verra que des mesures appropriées à la dureté des circonstances. Après le même désastre, Otacilius et Cornélius Mammula, qui gouvernaient en qualité de propréteurs, le premier la Sicile, le second la Sardaigne, se plaignirent de ce que les alliés ne fournissaient plus ni solde ni subsistances pour leurs flottes et leurs armées; ils déclarèrent même que ces peuples étaient dans l'impossibilité de le faire. Le sénat leur répondit, que le trésor ne pouvait suffire aux dépenses lointaines; qu'il leur

---

ritus utilitati, et fortunæ viribus succumbit, ubi, nisi tutiora consilia legeris, speciosa sequenti concidendum est.

Cannensis autem clades adeo Urbem nostram vehementer confundit, ut M. Junii opera, dictatura rempublicam administrantis, spolia hostium affixa templis, deorum numini consecrata, instrumenta militiæ futura convellerentur, ac prætextati pueri arma induerent, addictorum etiam, et capitali crimine damnatorum sex millia conscriberentur. Quæ si per se aspiciantur, aliquid ruboris habeant, si autem admotis necessitatis viribus ponderentur, sævitiæ temporis convenientia præsidia videantur. Propter eamdem cladem senatus Otacilio, qui Siciliam, et Cornelio Mammulæ, qui Sardiniam proprætoribus obtinebant, querentibus, « quod neque stipendium, neque frumentum classibus eorum et exercitibus socii præberent, » affirmantibus etiam, ne habere quidem eos, unde id præstare possent, rescripsit, « ærarium longinquis expensis non sufficere; proinde, quo pacto tantæ inopiæ

fallait, en conséquence, aviser aux moyens de subvenir par eux-mêmes à une telle disette. Écrire de la sorte, n'était-ce pas se dessaisir du pouvoir sur ces contrées, renoncer, en peu de mots, à la possession de la Sicile et de la Sardaigne, ces généreuses provinces, nourrices de notre patrie, ces pays qui lui servaient comme d'échelons et de points d'appui dans ses expéditions militaires, et dont la conquête lui avait coûté tant de sueurs et de sang? Mais tel était l'arrêt de la nécessité. (An de R. 537.)

2. C'est encore toi, impitoyable nécessité, qui forças les habitants de Casilinum, assiégés par Annibal, et manquant de vivres, à prendre les courroies détournées des usages les plus indispensables, à arracher les peaux des boucliers, et à s'en nourrir après les avoir amollies dans l'eau bouillante. Quelle misère plus profonde, si l'on considère l'horreur de leur position? quelle fidélité plus inébranlable, si l'on envisage la constance de ces infortunés, qui, pour ne pas abandonner les Romains, eurent le courage d'user d'une pareille nourriture, tandis qu'ils apercevaient, du haut de leurs murailles, les plaines fertiles et les riches campagnes de leur territoire? Ainsi, quand la ville de Capoue s'empressait de faire savourer ses délices au farouche Carthaginois, Casilinum, petite ville du voisinage, récemment illustrée par une

---

succurrendum esset, ipsi viderent. » His litteris quid aliud quam imperii sui gubernacula e manibus abjecit? Siciliamque et Sardiniam, benignissimas Urbis nostræ nutrices, gradus et stabilimenta bellorum, tam multo sudore et sanguine in jus ac potestatem redactas, paucis verbis, ita scilicet necessitate jubente, dimisit.

2. Eadem Casilinates obsidione Annibalis clausos, alimentorumque facultate defectos, lora necessariis vinculorum usibus subducta, eque scutis detractas pelles, ferventi resolutas aqua, mandere voluisti. Quid illis, si acerbitatem casus intueare, miserius? si constantiam respicias, fidelius? qui, ne a Romanis desciscerent, tali cibi genere uti sustinuerunt, quum pinguissima arva sua fertilissimosque compos mœnibus suis subjectos intuerentur. Itaque Campanæ urbis, quæ Punicam feritatem deliciis suis cupide fovit, in propinquo situm Casilinum,

rare vertu, frappait ses regards perfides d'un éclatant témoignage de persévérance dans l'amitié. (An de R. 537.)

3. Trois cents Prénestins étaient restés courageusement dans la ville assiégée et partageaient son dévouement. L'un d'eux, ayant pris un rat, aima mieux le vendre deux cents deniers (160 fr.), que de le manger lui-même pour soulager sa faim. Mais, sans doute par un effet de la Providence divine, et le vendeur et l'acheteur eurent le sort qu'ils méritaient : l'avare mourut de faim, et ne put jouir du fruit de sa sordide cupidité; l'homme sage, qui ne s'était point refusé une dépense salutaire, sauva ses jours à l'aide d'une nourriture, bien coûteuse il est vrai, mais commandée par la nécessité. (An de R. 537.)

4. A l'époque de la guerre civile, où l'on vit les consuls C. Marius et Cn. Carbon armés contre Sylla, dans cette querelle où l'on ne cherchait pas la victoire pour la chose publique, mais où la chose publique devait être elle-même le prix de la victoire, on fit fondre et monnayer, en vertu d'un sénatus-consulte, l'or et l'argent qui décoraient les temples, afin de fournir à la solde des troupes. Certes, une cause où il s'agissait de décider qui aurait le pouvoir d'assouvir sa cruauté par la proscription méri-

---

modo rara virtute clarum, perseverantis amicitiæ pignore impios oculos verberavit.

3. In illa obsidione et fide quum trecenti Prænestini permanerent, evenit, ut ex his quidam murem captum ducentis potius denariis vendere, quam ipse leniendæ famis gratia consumere mallet. Sed, credo, deorum providentia et venditori et emptori, quem uterque merebatur, exitum attribuit. Avaro enim fame consumpto, manubiis sordium suarum frui non licuit; æqui animi vir ad salutarem impensam faciendam, care quidem, verum necessarie, comparato cibo vixit.

4. C. autem Mario et Cn. Carbone consulibus, bello civili cum L. Sylla dissidentibus, quo tempore non reipublicæ victoria quærebatur, sed præmium victoriæ res erat publica, senatusconsulto aurea atque argentea templorum ornamenta, ne militibus stipendia deessent, conflata sunt : digna enim erat causa, hinc an illi

tait bien que l'on dépouillât les temples des dieux immortels! Non, ce ne fut pas la volonté des sénateurs, ce fut ta main cruelle, affreuse nécessité, qui, d'un style impie, traça les caractères de ce décret. (An de R. 671.)

5. L'armée du divin Jules César, que l'on pourrait appeler le bras invincible d'un invincible capitaine, ayant bloqué la ville de Munda, manquait de matériaux pour élever les retranchements; elle entassa des cadavres ennemis à la hauteur qu'elle jugea convenable, et, à défaut de pieux de bois pour former une palissade, elle fit usage de lances et de javelots : nouveau genre de circonvallation que lui suggéra la nécessité. (An de R. 708.)

6. Au souvenir d'un père reçu parmi les puissances célestes je joindrai la mémoire de son divin fils. Lorsque Phraatès, roi des Parthes, menaçait d'envahir nos provinces, et que le bruit inattendu de ses préparatifs de guerre eut frappé de terreur les contrées voisines de ses États, la disette se fit tellement sentir aux environs du Bosphore, que l'on donnait six mille deniers pour une mesure d'huile, et un esclave pour un boisseau de blé. Mais les soins d'Auguste, qui veillait alors à la sûreté de l'univers, dissipèrent un orage si effroyable. (Vers l'an 733 de R.)

---

crudelitatem suam proscriptione civium satiarent, ut dii immortales spoliarentur. Non ergo patrum conscriptorum voluntas, sed tua, teterrima necessitas, truculenta manus illi consulto stylum impressit.

5. Divi Julii exercitus, id est, invicti ducis invicta dextera, quum armis Mundam clausisset aggerique exstruendo materia deficeret, congerie hostilium cadaverum, quam desideraverat altitudinem instruixit; eamque tragulis et pilis, quia roboreæ sudes deerant, magistra novæ molitionis necessitate usus, vallavit.

6. Atque, ut divinam filii mentionem cœlestis patris recordationi subnectam, quum effusurus se in nostras provincias Parthorum rex Phraates videretur, vicinæque imperio ejus regiones subita indicti tumultus denuntiatione quaterentur, tanta in Bosphorano tractu commeatus penuria incessit, ut sex millibis denariis singula vasa olei, frumentique modiis totidem mancipia permutarentur. Sed amarissimam tempestatem Augusti cura, tutelæ tunc terrarum vacans, dispulit.

Exemples étrangers.

1. Le ciel ne fit pas luire un pareil secours aux yeux des Crétois. Lorsqu'ils furent assiégés par Métellus et réduits à la dernière disette, on les vit irriter plutôt qu'apaiser leur soif avec leur urine et celle de leurs chevaux. De peur d'être vaincus, ils endurèrent des maux que le vainqueur même ne les aurait pas contraints à endurer. (An de R. 635.)

2. Les Numantins, environnés de palissades et de tranchées par le jeune Scipion, après avoir épuisé toutes les ressources capables de les soutenir, finirent par se nourrir de la chair de cadavres humains. Aussi, quand la ville fut prise, en trouva-t-on un grand nombre qui portaient sous leurs vêtements des membres d'hommes égorgés. Ici la nécessité ne peut servir d'excuse : quelle nécessité de vivre à ce prix, quand on est libre de mourir? (An de R. 620.)

De Necessitate externorum.

1. Cretensibus nihil tale præsidii affulsit; qui, obsidione Metelli ad ultimam usque penuriam compulsi, sua jumentorumque suorum urina sitim torserunt, justius dixerim, quam sustentarunt, quia, dum vinci timent, id passi sunt, quod eos ne victor quidem pati coegisset.

2. Numantini autem, a Scipione vallo et aggere circumdati, quum omnia, quæ famem eorum trahere poterant, consumpsissent, ad ultimum humanorum corporum dapibus usi sunt. Quapropter, capta jam urbe, complures inventi sunt, artus et membra trucidatorum corporum sinu suo gestantes. Nulla est in his necessitatis excusatio; nam, quibus mori licuit, sic vivere necesse non fuit.

3. L'horrible acharnement des Numantins est loin d'égaler la rage exécrable et dénaturée des habitants de Calagurris dans une conjoncture semblable. Assiégés par Cn. Pompée, ils voulaient, en faisant échouer ses efforts, montrer une fidélité invincible aux mânes de Sertorius, qui venait d'être assassiné. Comme il n'existait plus dans la ville d'autres êtres qui pussent leur servir de nourriture, ils en vinrent à cet excès d'horreur de manger leurs femmes et leurs enfants; et, afin de pouvoir alimenter plus longtemps ses entrailles de ses entrailles mêmes, cette jeunesse sous les armes n'hésita pas à saler les restes malheureux de ces cadavres. Allez donc exhorter de pareils soldats à défendre vaillamment, sur un champ de bataille, la vie de leurs femmes et de leurs enfants ! Ce grand capitaine avait plutôt à punir de tels ennemis qu'à les subjuguer : on pouvait trouver plus de sécurité dans leur châtiment que de gloire dans leur soumission, puisqu'il n'est point de serpents, point de bêtes féroces qui leur soient comparables et qu'ils n'aient surpassés en férocité. Ce qui est pour ces animaux un tendre objet d'affection, qu'ils chérissent plus que leur propre vie, les Calagurritains en firent un aliment qu'ils servirent à leurs repas. (An de R. 681.)

3. Horum trucem pertinaciam in consimili facinore Calagurritanorum exsecrabilis impietas supergressa est. Qui, quo perseverantius interempti Sertorii cineribus, obsidionem Cn. Pompeii frustrantes fidem præstarent, quia nullum jam aliud in urbe eorum supererat animal, uxores suas natosque ad usum nefariæ dapis verterunt. Quoque diutius armata juventus viscera sua visceribus suis aleret, infelices cadaverum reliquias salire non dubitavit. En quam aliquis in acie hortaretur, ut pro salute conjugum et liberorum fortiter dimicaret ! Ex hoc nimirum hoste, tanto duci pœna magis quam victoria petenda fuit, quia plus vindicatus libertatis, quam victus gloriæ afferre potuit, quum omne serpentum ac ferarum genus comparatione sui titulo feritatis superavit. Nam, quæ illis dulcia vitæ pignora proprio spiritu cariora sunt, ea Calagurritanis prandia atque cœna exstiterunt.

CHAPITRE VII

DES TESTAMENTS ANNULÉS

Occupons-nous maintenant d'un acte qui est, tout à la fois, le dernier de la vie et l'objet d'un soin particulier. Considérons les testaments qui furent annulés, quoique faits conformément aux lois, ou qui furent confirmés, quoiqu'on pût les annuler justement, ou enfin les testaments qui transmirent l'honneur d'une succession à d'autres qu'à ceux qui s'attendaient à le recueillir.

1. Je suivrai dans mon récit l'ordre que je viens de proposer. Le père d'un jeune homme qui était à l'armée, reçut du camp la fausse nouvelle de sa mort, et mourut, laissant un testament par lequel il instituait d'autres héritiers. Après avoir rempli ses années de service, le jeune homme revient et se voit exclus de la maison paternelle par l'erreur de son père et l'impudence de ses amis. Or, est-il rien de plus indigne ? Il avait consumé la fleur de

CAPUT VII

DE TESTAMENTIS RESCISSIS

Vacemus nunc negotio, quod actorum hominis et præcipuæ curæ et ultimi est temporis : consideremusque, quæ testamenta aut rescissa sunt legitime facta, aut, quum merito rescindi possent, rata manserunt; quæve ad alios quam qui exspectabant, honorem hereditatis transtulerunt.

1. Atque, ista ut ordine, quo proposui, exsequar, militantis cujusdam pater, quum de morte filii falsum e castris nuntium accepisset, aliis heredibus scriptis decessit. Peractis deinde stipendiis, adolescens reversus, domum errore patris impudentiaque amicorum sibi clausam reperit. Quid enim illis inverecundius?

sa jeunesse à la défense de la patrie, il avait essuyé pour elle les plus grandes fatigues et les plus grands dangers, il montrait d'honorables cicatrices, et il demandait que les foyers de ses aïeux ne devinssent pas la possession de gens oisifs, à charge même à sa patrie. Il est donc forcé, après avoir quitté les armes, de descendre dans le forum, pour y livrer, sous la toge, un combat d'un genre nouveau. L'action fut vive : car c'était à des héritiers sans honneur qu'il avait à disputer son patrimoine devant les centumvirs. Cependant il réunit en sa faveur, non-seulement toutes les sections du tribunal, mais tous les juges, et sortit vainqueur de la lutte.

2. Le fils de M. Annéius Carséolanus, chevalier romain très-distingué, avait été adopté par son oncle maternel Suféuas. Passé sous silence dans le testament de son père naturel, il le fit annuler par les centumvirs, quoique Tullianus, intime ami du grand Pompée, fût un des héritiers nommés, et Pompée lui-même l'un des signataires. Le crédit d'un personnage si considérable lui opposa plus de difficultés que les mânes de son père. Néanmoins, malgré ce double obstacle, il ne laissa pas de recouvrer l'héritage paternel; car L. Sextilius et P. Popilius, parents du testateur, et

---

florem juventæ pro republica absumpserat, maximos labores et plurima pericula toleraverat, adverso corpore exceptas ostendebat cicatrices, et postulabat, *ne avitos ejus lares otiosa ipsi urbi onera possiderent.* Itaque depositis armis coactus est in foro togatam ingredi militiam. Acerbe : cum improbissimis enim heredibus de paternis bonis apud centumviros contendit; omnibusque non solum consiliis, sed etiam sententiis, superior discessit.

2. Item M. Anneii Carseolani, splendidissimi equitis Romani, filius, a Sufenate avunculo suo adoptatus, testamentum, naturalis patris, quo præteritus erat, apud centumviros rescidit, quum in eo Tullianus, Pompeii Magni familiaris, ipso quidem Pompeio signatore, heres scriptus esset. Itaque plus illi in judicio cum excellentissimi viri gratia, quam cum parentis cineribus negotii fuit. Cæterum, quamvis utraque hæc adversus eum nitebantur, tamen paterna bona obtinuit. Nam L. quidem Sextilius et P. Popilius, quos M. Anneius sanguine sibi

que celui-ci avait institués héritiers, par égales portions, avec Tullianus, n'osèrent pas courir les hasards d'une consignation avec le jeune adversaire. Cependant l'autorité, alors prépondérante du grand Pompée, pouvait les engager à soutenir le testament, et ils avaient encore en leur faveur cette considération, que le fils d'Annéius était entré, par l'adoption, dans tous les droits civils et religieux de la famille de Suſénas. Mais les liens de la nature, cette chaîne si puissante entre un fils et l'auteur de ses jours, l'emportèrent tout ensemble, et sur la volonté d'un père, et sur le crédit du premier citoyen de la république. (Vers l'an 695.)

3. Un enfant, nommé C. Tettius, avait été déshérité par son père : il était né de Pétronia, que Tettius avait eue pour épouse jusqu'au moment de son décès. Le divin Auguste ordonna par un décret qu'il fût mis en possession de l'héritage paternel. C'était agir en père de la patrie : Tettius avait commis la plus grave injustice en abjurant le nom de père envers un fils qui lui était né légitimement.

4. Septicia, mère des Trachales d'Ariminum, irritée contre ses fils, prit le parti, uniquement pour leur nuire, puisqu'elle ne pouvait plus devenir mère, d'épouser un homme extrêmement vieux,

---

conjunctos eadem ex parte, qua Tullianum, heredes fecerat, sacramento cum adolescentulo contendere ausi non sunt; tametsi præcipuis eo tempore Magni viribus ad defendendas tabulas testamenti invitari poterant, et aliquantulum adjuvabat heredes, quod M. Anneius in Sufenatis familiam ac sacra transierat. Sed arctissimum inter homines procreationis vinculum, patris simul voluntatem, et principis viri auctoritatem superavit.

3. C. autem Tettium infantem a patre exheredatum, Petronia matre, quam Tettius, quoad vixit, in matrimonio habuerat, natum, divus Augustus *in bona paterna ire decreto suo* jussit, patris patriæ animo usus; quoniam Tettius, in proprio jure procreato filio, summa cum iniquitate paternum nomen abrogaverat.

4. Septicia quoque, mater Trachalorum Ariminensium, filiis irata, in contumeliam eorum, quum jam parere non posset, Publicio seni admodum nupsit,

nommé Publicius, et ne fit aucune mention de ses fils dans son testament. Ceux-ci s'adressèrent au divin Auguste, qui improuva et le mariage et les dernières volontés de Septicia. Il leur adjugea la succession de leur mère; et, comme le mariage n'avait pas été contracté dans la vue d'avoir des enfants, il fit défense au mari de retenir la dot. Quand l'équité elle-même eût siégé comme arbitre dans cette affaire, aurait-elle pu prononcer avec plus de justice ou plus de sagesse? Tu rejettes ceux à qui tu as donné le jour; tu contractes un nouvel hymen quand tu ne peux plus devenir mère; par animosité, par emportement, tu renverses l'ordre naturel des successions; tu ne rougis pas de donner tout ton patrimoine à ce vieillard, objet de ton caprice, ce triste cadavre auquel tu as livré ton corps flétri par les ans. Aussi, en punition d'une conduite si injuste, tu as été frappée de la foudre céleste jusqu'au fond des enfers.

5. Nous avons aussi une décision bien sage de C. Calpurnius Pison, préteur de la ville. Térentius, père de huit enfants, qu'il avait pris soin d'élever jusqu'à leur adolescence, vint au pied de son tribunal se plaindre que l'un de ses fils, qu'il avait donné en adoption, l'avait déshérité. Calpurnius le mit en possession des biens du jeune homme, et ne permit pas aux héritiers d'intenter

---

testamento etiam utroque præterito. A quibus aditus divus Augustus, et nuptias mulieris, et suprema judicia improbavit. Nam hereditatem maternam filios habere jussit; dotem, quia non creandorum liberorum causa conjugium intercesserat, virum retinere vetuit. Si ipsa æquitas hac de re cognosceret, possetne justius aut gravius pronuntiare? Spernis quos genuisti, nubis effœta, testamenti ordinem violento animo confundis, neque erubescis ei totum patrimonium addicere, cujus pollincto jam corpori marcidam senectutem tuam substravisti; ergo, dum sic te geris, ad inferos usque cœlesti fulmine afflata es.

5. Egregia quoque C. Calpurnii Pisonis prætoris urbis constitutio. Quum enim ad eum Terentius ex octo filiis, quos in adolescentiam perduxerat, *ab uno in adoptionem dato exheredatum se* querelam detulisset, bonorum adolescentis possessionem ei dedit, heredesque lege agere passus non est. Movit profecto

une action juridique. Les motifs qui déterminèrent le préteur furent sans doute la majesté paternelle, le don de la vie, le bienfait de l'éducation ; mais ce qui ne manqua pas de faire encore sur lui quelque impression, ce fut le nombre des enfants qui entouraient Térentius ; ce fut de voir sept frères déshérités dans la personne de leur père par un frère dénaturé. (An de R. 682.)

6. Mais, que de sagesse dans ce décret du consul Mamercus Émilius Lépidus ! Un certain Génucius, prêtre de Cybèle, avait obtenu de Cn. Orestès, préteur de la ville, la restitution des biens de Névianus, qui lui en avait transmis la possession par un testament. Surdinus, dont l'affranchi avait institué Génucius héritier, en appela au consul Mamercus. Celui-ci annula la décision du préteur, se fondant sur ce que Génucius, s'étant volontairement mutilé et privé de la faculté de procréer, ne devait compter ni parmi les hommes ni parmi les femmes. Arrêt digne de Mamercus, digne d'un prince du sénat : il empêcha que Génucius ne vînt, de sa présence impure et de sa voix dégradée, souiller les audiences des magistrats sous prétexte de demander justice. (An de R. 676.)

Pisonem patria majestas, donum vitæ, beneficium educationis : sed aliquid etiam flexit circumstantium liberorum numerus, quod cum patre septem fratres impie exheredatos videbat.

6. Quid, Mamerci Æmilii Lepidi consulis quam grave decretum ! Genucius quidam, Matris magnæ gallus, a Cn. Oreste prætore urbis impetraverat, ut restitui se in bona Næviani juberet, quorum possessionem secundum tabulas testamenti ab ipso acceperat. Appellatus Mamercus a Surdino, cujus libertus Genucium hederem fecerat, prætoriam jurisdictionem abrogavit, quod diceret, « Genucium amputatis sui ipsius sponte genitalibus corporis partibus, neque virorum, neque mulierum numero haberi debere. » Conveniens Mamerco, conveniens principi senatus decretum : quo provisum est, ne obscena Genucii præsentia, inquinataque voce, tribunalia magistratuum sub specie petiti juris polluerentur.

8.

7. Q. Métellus se montra bien plus sévère qu'Orestès dans la préture de Rome. Un certain Vétilius, exerçant un métier honteux, demanda la possession des biens de Juventius en vertu d'un testament. Métellus rejeta sa requête. Un personnage aussi grave, aussi illustre, crut qu'il ne devait rien y avoir de commun entre le sanctuaire de la justice et un lieu de prostitution. Il ne voulut, ni approuver l'action d'un testateur qui n'avait pas rougi de jeter sa fortune dans un cloaque infect, ni rendre la justice à celui qui avait renoncé à toute profession honnête, comme il l'eût rendue à un honorable citoyen. (An de R. 680.)

CHAPITRE VIII

DES TESTAMENTS CONFIRMÉS ET INATTENDUS

Contentons-nous de ces exemples de testaments annulés, et disons quelque chose de ceux qui ont été maintenus, quoiqu'ils eussent des causes de nullité.

---

7. Multo Q. Metellus prætorem urbanum severiorem egit, quam Orestes gesserat. Qui Vetilio lenoni bonorum Juventii possessionem secundum tabulas testamenti non dedit, quia vir nobilissimus et gravissimus fori ac lupanaris separandam conditionem existimavit; nec aut factum illius comprobare voluit, qui fortunas suas in stabulum contaminatum projecerat, aut huic tanquam integro civi jura reddere, qui se ab omni honesto vitæ genere abruperat.

CAPUT VIII

DE RATIS TESTAMENTIS ET INSPERATIS

His rescissorum testamentorum exemplis contenti attingamus ea, quæ rata manserunt, quum causas haberent, propter quos rescindi possent.

CHAP. VIII, DES TESTAMENTS CONFIRMÉS 139

1. Combien était certain et même notoire l'état de démence où Tuditanus était tombé ! On l'avait vu jeter des pièces d'argent au peuple, se promener en plein forum, au milieu de la risée publique, avec une robe traînante à la manière des acteurs qui jouent la tragédie, et faire mille extravagances pareilles. Il institua son fils héritier par un testament, que Tibérius Longus, son proche parent, s'efforça en vain de faire annuler au tribunal des centumvirs. Ceux-ci jugèrent qu'il fallait plutôt considérer les dispositions mêmes du testament que la personne qui en était l'auteur.

2. Si la conduite de Tuditanus est insensée, le testament d'Ébucia, qui fut l'épouse de L. Ménénius Agrippa, est un trait de frénésie. Elle avait deux filles d'une égale vertu, Plétoria et Afrania. Entraînée par l'impulsion de son caprice plutôt que par aucun autre motif de mécontentement ou de satisfaction, elle institua Plétoria son unique héritière ; et d'un patrimoine aussi considérable que le sien, elle ne légua aux enfants d'Afrania que vingt mille sesterces (4,000 fr.). Cependant Afrania ne voulut point plaider contre sa sœur ; elle endura l'injustice de sa mère, et aima mieux rendre cet hommage à ses dernières volontés que

---

1. Quam certæ, quam etiam notæ insaniæ Tuditanus ! utpote qui populo nummos sparserit, togamque velut tragicam vestem in foro trahens, maximo cum hominum risu, conspectus fuerit, ac multa his consentanea fecerit. Testamento filium instituit heredem : quod Tib. Longus, sanguine proximus, hastæ judicio subvertere frustra conatus est ; magis enim centumviri, quid scriptum esset in tabulis, quas quis eas scripsisset, considerandum existimaverunt.

2. Vita Tuditani demens : Æbuciæ autem, quæ L. Menenii Agrippæ uxor fuerat, tabulæ testamenti plenæ furoris. Nam, quum haberet duas simillimæ probitatis filias, Plætoriam et Afraniam, animi sui potius inclinatione provecta, quam ullis alterius injuriis aut officiis commota, Plætoriam tantummodo heredem instituit : filiis autem Afraniæ ex suo admodum amplo patrimonio viginti millia nummum legavit. Afrania tamen cum sorore sacramento contendere noluit ; testamentumque matris patientia honorare, quam judicio convellere, satius esse

de les faire annuler par les tribunaux. Plus elle montra de résignation, plus elle fit voir qu'elle était loin de mériter cette injure.

3. Cet égarement dans une femme cause moins de surprise quand on songe au testament de Q. Métellus. Lorsqu'une foule de personnages de son nom jouissaient à Rome de la plus grande célébrité, lors même qu'on y voyait briller la famille des Claudius, à laquelle il tenait de fort près par les liens du sang, il osa désigner pour unique héritier Carrinas; et personne n'attaqua une pareille disposition.

4. Autre exemple semblable. Pompéius Rhéginus, né au delà des Alpes, n'avait pas été nommé dans le testament de son frère. Pour faire ressortir l'injustice de cette omission, il lut, en présence d'une nombreuse réunion des deux ordres, deux testaments qu'il avait faits dans une assemblée du peuple; il y déclarait son frère héritier d'une grande partie de ses biens, avec un prélegs de quinze millions de sesterces (3,000,000 fr.). Il se répandit longtemps en plaintes amères au milieu de ses amis qui partageaient son indignation; mais il ne voulut pas en venir à une accusation juridique, et laissa reposer tranquilles à cet égard les

---

duxit, eo se ipsa indigniorem injuria ostendens, quo eam æquiore animo sustinebat.

3. Minus mirandum errorem muliebrem Q. Metellus fecit. Is namque, plurimis et celeberrimis ejusdem nominis viris in Urbe nostra vigentibus, Claudiorum etiam familia, quam arctissimo sanguinis vinculo contingebat, florente, Carrinatem solum heredem reliquit; nec hocce ejus testamentum quisquam attentavit.

4. Item Pompeius Rheginus, vir transalpinæ regionis, quum testamento fratris præteritus esset, et ad coarguendam iniquitatem ejus, binas tabulas testamentorum suorum in comitio incisas, habita utriusque ordinis maxima frequentia, recitasset, in quibus magna ex parte heres frater erat scriptus, prælegabaturque ei centies et quinquagies sestertium, multum ac diu inter assentientes indignationi suæ amicos questus, quod ad hastæ judicium attinuit,

mânes de son frère. Cependant, les héritiers que celui-ci avait institués n'étaient ni ses égaux par la naissance, ni ses proches : ils étaient tous étrangers à la famille et de basse condition. Ainsi l'on pouvait regarder, et l'omission comme un opprobre pour le testateur, et la préférence comme une injure pour son frère.

5. Les testaments dont je vais parler eurent le même bonheur, la même impunité; mais peut-être furent-ils encore plus odieux, plus coupables. Q. Cécilius était redevable du rang distingué auquel il était parvenu, et du plus riche patrimoine, à l'active protection et aux grandes libéralités de L. Lucullus. Quoiqu'il ne cessât de répéter que son unique héritier serait Lucullus, quoiqu'il lui eût même remis ses anneaux en mourant, il adopta Pomponius Atticus par testament, et lui laissa toute sa succession. Mais sa fausseté et sa perfidie eurent leur récompense ; le peuple romain traîna son cadavre, la corde au cou, dans les rues de Rome, et, si cet homme pervers eut un fils et un héritier, au gré de ses désirs, il eut aussi les honneurs et la pompe funèbres que méritait son ingratitude. (An de R. 695.)

6. T. Marius d'Urbinum en eût mérité de semblables. Les bienfaits d'Auguste, cet empereur de divine mémoire, l'élevèrent

---

cineres fratris quietos esse passus est : et erant ab eo instituti heredes, neque sanguine patrio pares, neque proximi, sed et alieni, et humiles ; ut non solum flagitiosum silentium, sed etiam prælatio contumeliosa videri posset.

5. Æque felicis impunitatis, sed nescio an tetrioris hæc delicti testamenta. Q. Cæcilius, L. Luculli promptissimo studio, maximaque liberalitate, et honestum dignitatis gradum, et amplissimum patrimonium consecutus, quum præ se semper tulisset, unum illum sibi esse heredem, moriens etiam annulos ei suos tradidisset, Pomponium Atticum testamento adoptavit, omniumque bonorum reliquit heredem. Sed fallacis et insidiosi cadaver populus Romanus, cervicibus reste circumdatum, per viam traxit. Itaque nefarius homo filium quidem et heredem habuit quem voluit, funus autem et exsequias quales meruit.

6. Neque aliis dignus fuit T. Marius Urbinas; qui, ab infimo militiæ loco, beneficiis divi Augusti imperatoris ad summos castrenses honores perductus,

du rang de simple soldat au comble des honneurs militaires. Ces dignités furent pour lui une source abondante de richesses; toute sa vie il affecta de publier qu'il laisserait sa fortune à celui qui en était l'auteur; la veille même de sa mort il répétait encore ce mot à Auguste, et cependant il n'inséra pas même le nom de ce prince dans son testament.

7. L. Valérius, surnommé Heptachordus, eut, dans la personne de Cornélius Balbus, un ennemi déclaré, qui, sous la toge, lui fit constamment la guerre. Par les instigations et les manœuvres de ce Balbus, il essuya mille vexations, mille procès; enfin il subit même une accusation capitale que lui intenta un accusateur, agent secret de son ennemi. Néanmoins, laissant de côté ses avocats et ses protecteurs, il donna toute sa succession à Balbus. Tant de maux l'avaient accablé; ils avaient égaré son esprit, flétri son cœur. On peut dire que la honte fit ses délices, le péril son plaisir, les condamnations l'objet de ses vœux, puisqu'on le voit répandre sa bienveillance sur l'auteur de ces persécutions, et poursuivre de sa haine ceux qui prirent sa défense.

8. T. Barrulus avait reçu de Lentulus Spinther les témoignages de la plus tendre affection et de la plus généreuse amitié;

---

eorumque uberrimis quæstibus locuples factus, non solum cæteris vitæ temporibus, *ei se fortunas suas relinquere, a quo acceperat*, prædicavit, sed etiam pridie quam exspiraret, idem istud ipsi Augusto dixit, quum interim ne nomen quidem ejus tabulis testamenti adjecerit.

7. L. autem Valerius, cui cognomen Heptachordo fuit, togatum hostem Cornelium Balbum expertus, utpote opera ejus et consilio compluribus privatis vexatus litibus, ad ultimumque, subjecto accusatore, capitali crimine accusatus, præteritis advocatis et patronis suis, solum heredem reliquit, nimia consternatione, quæ animum ejus transversum egit, depravatus. Amavit enim sordes suas, et dilexit pericula, et damnationem votis expetivit, auctorem harum rerum benevolentia, propulsatores odio insecutus.

8. T. Barrulus Lentulo Spintheri, cujus amantissimum animum, liberalissi-

CHAP. VIII, DES TESTAMENTS CONFIRMÉS 143

en mourant, il lui remit ses anneaux comme à son unique héritier, et cependant il ne lui laissa rien de son héritage. Si la conscience a le pouvoir qu'on lui suppose, quel supplice n'infligeait-elle pas en ce dernier moment à un homme si pervers? Il expirait dans la pensée de sa perfidie et de son ingratitude; cette idée, comme un bourreau intérieur, déchirait son âme criminelle; il sentait que son passage de la vie à la mort faisait horreur aux dieux du ciel, et allait devenir un objet d'exécration pour les divinités infernales.

9. M. Popilius, de l'ordre des sénateurs, avait été, dès l'enfance, étroitement uni avec Oppius Gallus. Au moment de mourir, il le traita encore comme un ancien ami : il tourna vers lui des regards affectueux, lui adressa des paroles où éclataient les marques du plus vif attachement, et, dans une foule de personnages assis à ses côtés, Gallus fut le seul qu'il jugea digne d'un dernier adieu, d'un dernier embrassement. Popilius fit plus encore : il lui remit ses anneaux, comme s'il eût craint que son ami ne perdît quelque chose d'une succession qu'il ne devait pas recueillir. Aussitôt Gallus, homme délicat et religieux, mais indignement joué par un ami expirant, les déposa dans une cassette,

---

mamque amicitiam senserat, decedens suos annulos, perinde atque unico heredi, tradidit, quem nulla ex parte heredem reliuquebat. Quantum illo momento temporis conscientia (si modo vires, quas habere creditur, possidet) a teterrimo homine supplicium exegit! Inter ipsam enim fallacis et ingratæ culpæ cogitationem, spiritum posuit, quasi tortore aliquo mentem ejus intus cruciante; quod animadvertebat, a vita ad mortem transitum suum et superis diis invisum esse, et inferis detestabilem futurum.

9. M. vero Popilius senatorii ordinis Oppium Gallum ab ineunte ætate familiarissimum sibi, moriens, pro vetusto jure amicitiæ, et vultu benigno respexit, et verbis magnum præ se amorem ferentibus prosecutus est; unum etiam de multis, qui assidebant, ultimo complexu et osculo dignum judicavit; insuperque annulos quoque suos ei tradidit, videlicet ne quid ex ea hereditate, quam non erat aditurus, amitteret. Quos ocius vir diligens, sed morientis amici plenum

les fit religieusement sceller par les personnes qui étaient présentes, et, se trouvant lui-même exclus de l'héritage, les remit aux héritiers du défunt. Est-il rien de plus indigne, de plus révoltant? Un sénateur romain, au terme de sa carrière, un homme désormais étranger aux jouissances de la vie, les yeux déjà couverts des ombres de la mort, près de rendre le dernier soupir, se plaît à insulter aux droits sacrés de l'amitié par une infâme dérision.

contumeliæ ludibrium, in locellum repositos, et a præsentibus assignatos diligentissime, heredibus illius exheres ipse reddidit. Quid hoc loco inhonestius? aut quid intempestivius? Senator populi Romani curia egressus, homo vitæ fructibus continuo cariturus, sanctissima jura familiaritatis, morte pressis oculis, et spiritu supremos anhelitus reddente, scurrili lusu sugillanda sibi desumpsit.

LIVRE HUITIÈME

CHAPITRE I

DES JUGEMENTS PUBLICS LES PLUS REMARQUABLES

Des accusés absous.

Pour apprendre à supporter avec courage les chances incertaines des jugements, citons maintenant des accusés qui furent violemment poursuivis devant le peuple, et rappelons les motifs qui les firent absoudre ou condamner.

1. Horace, condamné par le roi Tullus pour avoir tué sa sœur, appela de cette sentence au jugement du peuple, et fut absous.

LIBER OCTAVUS

CAPUT I

DE JUDICIIS PUBLICIS INSIGNIBUS

Absoluti.

Nunc quoque, ut æquiore animo ancipites judiciorum motus tolerentur, recordemur, invidia laborantes, quibus de causis aut absoluti sunt, aut damnati.

1. M. Horatius, interfectæ sororis crimine a Tullo rege damnatus, ad populum

L'atrocité avait provoqué la sévérité du roi; le motif désarma l'assemblée. On pensa qu'il y avait eu plus de rigueur que d'injustice à punir une jeune fille d'un amour hors de raison. Ainsi une punition courageuse justifia l'homicide, et la main d'un frère put verser le sang d'une sœur avec autant de gloire que celui de l'ennemi.

2. Le peuple romain est ici un gardien sévère de la chasteté : dans la suite on le vit prononcer en juge trop indulgent. Servius Galba était vivement attaqué du haut de la tribune par Libon, tribun du peuple, pour avoir fait mourir un grand nombre de Lusitaniens, pendant sa préture en Espagne, au mépris de la parole qu'il leur avait donnée : l'ancien Caton, alors extrêmement âgé, soutenait le tribun; il avait fait en faveur de l'accusation un discours qu'il rapporte dans ses *Origines;* enfin Galba, ne comptant plus sur sa cause personnelle, se mit à recommander, les larmes aux yeux, ses enfants, encore en bas âge, et un orphelin, son proche parent, fils de Gallus. Cet expédient lui réussit; l'assemblée fut émue; et celui qui, tout à l'heure, allait être unanimement condamné, eut à peine une voix contre lui. Ainsi ce fut la compassion qui domina dans cette affaire, et non pas l'équité; Galba dut à l'intérêt qu'inspiraient des enfants

---

provocato judicio, absolutus est : quorum alterum atrocitas necis movit, alterum causa flexit, quia immaturum virginis amorem severe magis, quam impie punitum existimabat. Itaque forti punitione liberata fratris dextera, tantum consanguineo, quantum hostili cruore gloriæ haurire potuit.

2. Acrem se tunc pudicitiæ custodem populus Romanus, postea plus justo placidum judicem præstitit. Quum a Libone tribuno plebis Servius Galba pro rostris vehementer increparetur, quod Lusitanorum magnam manum, interposita fide, prætor in Hispania interemisset, actionique tribunitiæ M. Cato ultimæ senectutis, oratione sua, quam in *Origines* retulit, subscriberet, reus, pro se jam nihil recusans, parvulos liberos suos, et Galli sanguine sibi conjunctum filium, flens commendare cœpit: eoque facto mitigata concione, qui omnium consensu periturus erat, pæne nullum triste suffragium habuit. Misericordia ergo illam quæstionem,

CHAP. I, DES JUGEMENTS PUBLICS 147

une décision qu'on ne pouvait accorder à l'innocence. (An de R. 604.)

3. Le trait suivant offre un exemple semblable. A. Gabinius, au moment où l'indignation publique appelait le plus ardemment sur sa tête la flétrissure et l'infamie, fut accusé et traduit devant l'assemblée par C. Memmius. Il semblait perdu sans ressource : l'accusation triomphait sur tous les points; la défense reposait sur des arguments trop faibles pour faire impression; les juges prévenus, animés de colère, désiraient avidement la punition de l'accusé. Le malheureux n'avait plus devant les yeux que l'image du licteur et de la prison, lorsqu'un bienfait de la fortune vint, contre son attente, dissiper tout cet aspect sinistre. Sisenna, fils de Gabinius, n'écoutant que sa frayeur, courut se précipiter en suppliant aux pieds de Memmius, cherchant quelque adoucissement à la tempête, à la source même d'où avait éclaté toute la fureur de l'orage. Le superbe vainqueur le repoussa d'un air farouche, et le laissa quelque temps prosterné, avec les marques d'une affliction profonde, l'anneau arraché et jeté par terre. L'effet de ce spectacle fut tel que le tribun Lélius, de concert avec ses collègues, fit mettre Gabinius en liberté; et l'on donna

---

non æquitas rexit; quoniam quæ innocentiæ tribui nequierat absolutio, respectui puerorum data est.

3. Consentaneum quod sequitur. A. Gabinius in maximo infamiæ suæ ardore suffragiis populi, C. Memmio accusatore, subjectus, abruptæ esse spei videbatur, quoniam et accusatio partes suas plene exhibebat, et defensionis præsidia invalida fide nitebantur; et qui judicabant, ira præcipiti pœnam hominis cupide expetebant. Igitur lictor et carcer ante oculos obversabantur, quum interim omnia ista propitiæ fortunæ interventu dispulsa sunt. Filius namque Gabinii Sisenna, consternationis impulsu, ad pedes se Memmii supplex prostravit, inde aliquod fomentum procellæ petens, unde totus impetus tempestatis eruperat : quem truci vultu a se victor insolens repulsum, excusso e manu annulo humi jacere aliquandiu passus est. Quod spectaculum fecit, ut Lælius tribunus plebis, approbantibus cunctis, Gabinium dimitti juberet, ac documentum daretur, neque

ainsi aux hommes cette salutaire leçon, qu'il ne faut jamais ni abuser insolemment de ses avantages, ni se laisser aussitôt décourager dans l'adversité. (An de R. 699.)

4. L'exemple qu'on va lire nous montre encore cette vérité. P. Claudius avait outragé également la religion et la patrie : l'une avait à lui reprocher le mépris du plus antique usage; l'autre, la perte de la plus belle flotte. Amené devant un peuple irrité, il semblait ne pouvoir échapper en aucune manière au châtiment qu'il méritait, lorsqu'une pluie impétueuse, comme un bienfait du ciel, survint tout à coup et le garantit de la condamnation. L'enquête, ainsi interrompue comme par l'ordre des dieux, on ne jugea pas convenable de la recommencer. Ainsi par un orage, la mer lui avait attiré un procès criminel; par un orage, le ciel lui sauva la vie. (An de R. 504.)

5. Un secours semblable protégea Tuccia, jeune vestale, accusée d'inceste. Sa réputation, enveloppée comme d'un affreux nuage d'infamie, en sortit pure à l'aide du ciel. Forte de sa conscience et du sentiment de sa vertu, la vestale saisit un crible, et, s'adressant à Vesta : « Puissante divinité, dit-elle, si j'ai toujours approché de tes autels avec des mains pures, accorde-

---

secundarum rerum proventu insolenter abuti, neque adversis propere quemquam debilitari oportere.

4. Idque proximo exemplo æque patet. P. Claudius, nescio religionis major, an patriæ injuria (siquidem illius vetustissimum morem neglexit, hujus pulcherrimam classem amisit), infesto populo objectus, quum effugere debitam pœnam nullo modo posse crederetur, subito coorti imbris beneficio tutus fuit a damnatione. Discussa enim quæstione, aliam, velut diis interpellantibus, de integro instaurari non placuit. Ita, cui maritima tempestas causæ dictionem contraxerat, cœlestis salutem attulit.

5. Eodem auxilii genere Tucciæ, virginis vestalis, incesti criminis reæ, castitas infamiæ nube obscurata emersit. Quæ, conscientia certæ sinceritatis suæ, spem salutis ancipiti argumento ausa petere est : arrepto enim cribro : « Vesta, inquit, si sacris tuis castas semper admovi manus, effice, ut hoc hauriam e Tiberi aquam,

moi de remplir ce crible de l'eau du Tibre, et de le porter jusque dans ton temple. » Quelque hardi et téméraire que fût un pareil vœu, la nature elle-même céda au désir de la prêtresse. (An de R. 609.)

6. Ainsi, lorsque Pison fut accusé par P. Claudius Pulcher d'avoir exercé de cruelles et horribles vexations sur les alliés, sa perte semblait inévitable, et il ne dut sa délivrance qu'à un secours imprévu. Au moment même où l'on recueillait les voix et où l'on allait porter contre lui une sentence fatale, il survint une pluie violente : comme il était prosterné à terre embrassant les pieds de ses juges, il se couvrit le visage de boue. A cette vue, tout le tribunal fut touché, il passa de la sévérité à la compassion et à la clémence : il crut que l'accusé était assez puni ; il crut les alliés assez vengés de voir leur oppresseur réduit à s'abaisser si profondément, à se relever sous des dehors si abjects. (An de R. 694.)

7. Je joindrai à cet exemple celui de deux accusés qui furent absous par la faute de leurs accusateurs. Q. Flavius, augure, venait d'être amené devant le peuple par l'édile C. Valérius. Voyant déjà contre lui les suffrages de quatorze tribus, il s'écria, « qu'il n'était pas coupable, qu'on l'accablait injustement. »

---

et in ædem tuam perferam. » Audaciter et temere jactis votis sacerdotis, rerum ipsa natura cessit.

6. Item L. Piso, a P. Claudio Pulchro accusatus, quod graves et intolerabiles injurias sociis intulisset, haud dubiæ ruinæ metum fortuito auxilio vitavit. Namque per id ipsum tempus, quo tristes de eo sententiæ ferebantur, repentina vis nimbi incidit, quumque prostratus humi pedes judicum oscularetur, os suum cœno replevit. Quod conspectum totam quæstionem a severitate ad clementiam et mansuetudinem transtulit; quia satis jam graves eum pœnas sociis dedisse arbitrati sunt, huc deductum necessitatis, ut abjicere se tam suppliciter, aut attollere tam deformiter, cogeretur.

7. Subnectam duos accusatorum suorum culpa absolutos. Q. Flavius augur, a C. Valerio ædili ad populum reus actus, quum quatuordecim tribuum suffragiis

Valérius, d'une voix également forte, répondit : « Peu m'importe qu'il périsse coupable ou innocent, pourvu qu'il périsse. » Un mot si barbare valut à l'adversaire les suffrages de toutes les autres tribus. Valérius avait accablé son ennemi ; mais, tandis qu'il le croit abattu sans retour, à son insu, il le relève et perd la victoire au moment même de vaincre. (An de R. 425.)

8. C. Cosconius subit une accusation en vertu de la loi Servilia pour des actions coupables et bien avérées. Son crime était indubitable. Il lut à l'audience une pièce de la composition de Valérius Valentinus, son accusateur ; c'était un badinage poétique où l'auteur s'applaudissait d'avoir séduit un enfant et une jeune fille de condition libre. Cette seule lecture sauva l'accusé. Les juges se seraient reproché de donner l'avantage à qui méritait, non pas de triompher d'un adversaire, mais de fournir lui-même à un accusateur un sujet de triomphe. Ainsi Valérius trouva plutôt sa condamnation dans la délivrance de Cosconius, que Cosconius sa justification dans sa propre cause. (An de R. 651.)

9. Je dirai aussi quelques mots de ceux qui, accablés du poids de leurs propres crimes, ne durent leur salut qu'à l'illustration de leurs proches.

---

damnatus esset, proclamavit, *se innocentem opprimi*. Cui Valerius æque clara voce respondit, *nihil sua interesse, nocensne an innoxius periret, dummodo periret* : qua violentia dicti reliquas tribus adversario donavit. Abjecerat inimicum ; eumdem, dum pro certo pessumdatum credidit, erexit ; victoriamque in ipsa victoria perdidit.

8. C. etiam Cosconium Servilia lege reum, propter plurima et evidentissima facinora, sine ulla dubitatione nocentem, Valerii Valentini accusatoris ejus recitatum in judicio carmen, quo puerum prætextatum, et ingenuam virginem a se corruptam poetico joco significaverat, erexit. Siquidem judices iniquum rati sunt, eum victorem dimittere, qui palmam non ex alio ferre, sed de se dare merebatur. Magis ergo Valerius in Cosconii absolutione damnatus, quam Cosconius in causa sua liberatus est.

9. Attingam eos quoque, quorum salus, propriis obruta criminibus, proximorum claritati donata est.

A. Atilius Calatinus, mis en jugement pour la défection de la ville de Sora, excitait une indignation générale. La condamnation était inévitable; quelques paroles de Q. Fabius Maximus, son beau-père, suffirent pour le soustraire à un tel péril : ce grand homme n'eut qu'à déclarer à l'assemblée, que, s'il eût reconnu Calatinus coupable de ce crime, il eût rompu l'alliance qui l'unissait à lui. Aussitôt le peuple, renonçant à la sentence qu'il avait presque résolue, déféra au jugement d'un seul homme. On eût regardé comme une indignité de ne pas s'en tenir au témoignage d'un citoyen à qui l'on se félicitait d'avoir autrefois confié les armées de la république dans les conjonctures les plus difficiles.

10. M. Émilius Scaurus, accusé de concussion, présenta aux juges des moyens si faibles, une défense si misérable, que l'accusateur osa dire : « La loi me permet d'appeler en témoignage cent vingt personnes; je consens que Scaurus soit acquitté, s'il peut en citer un égal nombre à qui il n'ait rien enlevé dans son gouvernement. » Tout avantageuse qu'était une pareille condition, l'accusé ne put la remplir. Néanmoins, en considération de l'ancienneté de sa noblesse et de la mémoire encore récente de son père, il fut acquitté. (An de R. 699.)

A. Atilium Calatinum, Soranorum oppidi proditione reum admodum infamem, imminentis damnationis periculo Q. Maximi soceri pauca verba subtraxerunt, quibus affirmavit, *si in eo crimine sontem illum ipse comperisset, diremplurum se fuisse affinitatem.* Continuo enim populus pæne jam exploratam sententiam suam unius judicio concessit, indignum ratus ejus testimonio non credere, cui difficillimis reipublicæ temporibus bene se exercitus credidisse meminerat.

10. M. quoque Æmilius Scaurus, repetundarum reus, adeo perditam et comploratam defensionem in judicium attulit, ut, quum accusator diceret, « lege sibi centum atque viginti hominibus denuntiare testimonium licere, seque non recusare quo minus absolveretur, si totidem nominasset, quibus in provincia nihil abstulisset, » tam bona conditione uti non potuerit. Tamen propter vetustissimam nobilitatem et recentem memoriam patris, absolutus est.

11. Mais si l'éclat des noms les plus illustres fut tout-puissant pour le salut des accusés, il eut assurément bien peu de force pour leur condamnation. Bien plus : en poursuivant avec trop de chaleur des accusés évidemment coupables, des grands ne servirent qu'à les protéger. P. Scipion Émilien intenta une action criminelle à L. Cotta devant le préteur. La cause, malgré les griefs les plus terribles dont elle était comme frappée à mort, fut remise jusqu'à sept fois ; enfin, à la huitième, l'accusé fut absous. Les juges, en hommes circonspects, craignirent que la condamnation ne parût un acte de complaisance pour le crédit imposant de l'accusateur ; ils se dirent, sans doute, à eux-mêmes : « Nous ne voulons pas qu'en attaquant la vie d'un citoyen, l'on apporte devant les tribunaux des triomphes, des trophées, des dépouilles, des éperons de vaisseaux. Qu'on fasse trembler l'ennemi ; mais qu'on ne vienne pas, soutenu d'une gloire si éclatante, mettre en péril les jours d'un citoyen. » (An de R. 622.)

12. Autant les juges se raidirent contre le crédit d'un accusateur si illustre, autant ils firent voir d'indulgence envers un accusé d'un rang bien inférieur. Calidius de Bologne est surpris pendant la nuit dans la chambre à coucher d'un homme marié :

---

11. Sed, quemadmodum splendor amplissimorum virorum in protegendis reis plurimum valuit, ita in opprimendis non sane multum potuit : quin etiam evidenter noxiis, dum eos acrius impugnat, profuit. P. Scipio Æmilianus L. Cottam ad prætorem accusavit. Cujus causa, quanquam gravissimis criminibus erat confossa, septies ampliata, et ad ultimum octavo judicio absoluta est; quia homines sapientissimi verebantur, ne præcipuæ accusatoris amplitudini damnatio ejus donata existimaretur. Quos hæc secum locutos crediderim : « Nolumus caput alterius petentem, in judicium triumphos et tropæo, spoliaque, ac devictarum navium rostra deferre : terribilis sit is adversus hostem; civis vero salutem, tanto fulgore gloriæ subnixus, ne insequatur. »

12. Tam vehementes judices adversus excellentissimum accusatorem, quam mites in longe inferioris fortunæ reo! Calidius Bononiensis, in cubiculo mariti noctu deprehensus, quum ob id causam adulterii diceret, inter maximos et gra-

on l'accuse d'adultère ; on appelle sur lui la flétrissure et l'infamie ; il essuie l'orage le plus violent : enfin il surnage, il échappe, à l'aide d'un bien faible moyen dont il se saisit comme d'une planche de salut au milieu du naufrage. Il proteste au tribunal que c'est l'amour d'une jeune esclave qui l'a conduit dans cet appartement. Tout prêtait au soupçon, le lieu, le temps, la personne de la mère de famille, la jeunesse même du prévenu ; mais l'aveu d'une passion déréglée dissipa l'accusation d'adultère.

13. Cet exemple repose sur un fait moins grave que le suivant. On accusa de parricide les Clélius, deux frères d'une illustre maison de Terracine. Leur père, T. Clélius, avait été assassiné dans son lit, près de ses deux fils couchés dans un autre lit. Il n'était aucun esclave, aucune personne de condition libre qu'on pût soupçonner de ce meurtre. Le tribunal acquitta les deux frères, sans autre motif que ce seul fait qui lui fut démontré : lorsqu'on avait ouvert la porte de la chambre, on les avait trouvés endormis. Le sommeil, indice le plus certain d'une conscience pure et tranquille, sauva la vie des deux malheureux. On jugea qu'il n'était point dans la nature qu'après l'assassinat de leur père, ils aient pu goûter le repos sur ses blessures, au milieu de son sang.

---

vissimos infamiæ fluctus emersit, tanquam fragmentum naufragii, leve admodum genus defensionis amplexus; affirmavit enim *se ob amorem pueri servi eo esse perductum*. Suspectus erat locus, suspectum tempus, suspecta matris familiæ persona, suspecta etiam adolescentia ipsius : sed crimen libidinis confessio intemperantiæ liberavit.

13. Remissioris hoc, illud aliquanto gravioris materiæ exemplum. Quum parricidii causam duo fratres Clœlii dicerent, splendido Tarracinæ loco nati, quorum pater T. Clœlius in cubiculo quiescens, filiis altero lecto cubantibus, erat interemptus, neque aut servus quisquam aut liber inveniretur ad quem suspicio cædis pertineret, hoc uno nomine absoluti sunt, quia judicibus planum factum est, illos aperto ostio inventos esse dormientes. Somnus innoxiæ securitatis certissimus index miseris opem tulit : judicatum est enim, rerum naturam non recipere, ut, occiso patre, supra vulnera et cruorem ejus, quietem capere potuerint.

Accusés condamnés.

1. Nous allons maintenant considérer d'un œil rapide ceux qui succombèrent pour des motifs étrangers à la cause, et sur lesquels leur innocence ne put prévaloir.

L. Scipion, après avoir si magnifiquement triomphé du roi Antiochus, fut accusé d'en avoir reçu de l'argent ; il se vit condamner : S'était-il laissé corrompre pour repousser au delà du mont Taurus ce potentat, maître de l'Asie entière, et déjà étendant ses mains victorieuses jusque sur l'Europe? Non, sans doute ; mais un citoyen d'une vertu si pure et à l'abri d'un tel soupçon, ne put résister au trait de l'envie qui s'attachait alors aux glorieux surnoms des deux frères illustres. (An de R. 566.).

2. Si l'éclat de la gloire fit le malheur de Scipion, une parole imprudente perdit C. Décianus, citoyen d'une probité reconnue. Comme il accusait du haut de la tribune un personnage fort décrié, un P. Furius, il osa, dans un endroit de son discours, se plaindre de la mort de L. Saturninus. Il n'en fallut pas davan-

Damnati.

1. Percurremus nunc eos, quibus in causæ dictione, magis, quæ extra quæstionem erant, nocuerunt, quam sua innocentia opem tulit.

L. Scipio, post speciosissimum triumphum de rege Antiocho ductum, perinde ac pecuniam ab eo accepisset, damnatus est : non puto, quod pretio corruptus fuerat, ut illum totius Asiæ dominum et jam Europæ manus victrices injicientem, ultra Taurum montem submoveret; sed alioquin vir sincerissimæ vitæ, et ab hac suspicione procul remotus, invidiæ, quæ tunc in duorum fratrum inclytis cognominibus habitabat, resistere non potuit.

2. At Scipioni quidem maximus fortunæ fulgor, C. autem Deciano spectatæ integritatis viro vox sua exitium attulit. Nam, quum P. Furium inquinatissimæ vitæ pro rostris accusaret, quia quadam in parte actionis de morte L. Saturnini

CHAP. I, DES JUGEMENTS PUBLICS

tage; loin d'obtenir la condamnation de l'accusé, il subit lui-même la peine qu'il provoquait contre Furius. (An de R. 654.)

3. Une circonstance semblable causa la perte de Sextus Titius. Il était innocent; il s'était concilié la faveur du peuple par une loi agraire. Mais on trouva chez lui un portrait de Saturninus, et toutes les voix se réunir pour l'accabler. (An de R. 655.)

4. A ces exemples joignons celui de Claudia. On ne lui reprochait aucun crime; un vœu impie la fit condamner. Comme elle rentrait chez elle, au retour des jeux publics, fort pressée de la foule, elle avait souhaité que son frère, l'un des fléaux les plus mémorables de nos forces navales, revînt à la vie, et que, souvent élevé au consulat, il pût, sous sa fatale conduite, diminuer l'affluence de la multitude. (An de R. 507.)

5. Nous pouvons nous écarter un instant et jeter aussi un coup d'œil sur ceux qui essuyèrent les rigueurs de la justice pour des causes assez légères. M. Mulvius, Cn Lollius, L. Sextilius, triumvirs chargés de veiller à la sûreté de la ville, eurent le malheur d'arriver trop tard pour éteindre un incendie qui avait éclaté sur la voie Sacrée : les tribuns les appelèrent devant le peuple et les firent condamner. (An de R. 585.)

---

queri ausus fuerat, nec reum damnavit, et insuper ei pœnas addictas pependit.

3. Sextum quoque Titium similis casus prostravit. Erat innocens; erat agraria lege lata gratiosus apud populum : tamen, quia Saturnini imaginem domi habuerat, suffragiis eum tota cognitio oppressit.

4. Adjiciatur his Claudia, quam insontem crimine votum impium subvertit, quia, quum a ludis domum rediens turba elideretur, optaverat ut frater suus, maritimarum virium nostrarum præcipua jactura, revivisceret, sæpiusque consul factus, infelici ductu nimis magnam urbis frequentiam minueret.

5. Possumus et ad illos brevi diverticulo transgredi, quos leves ob causas damnationis incursus abripuit: M. Mulvius, Cn. Lollius, L. Sextilius, triumviri, quod ad incendium in sacra via ortum exstinguendum tardius venerant, a tribunis plebis die dicta ad populum damnati sunt.

6. Tel fut aussi le sort de P. Villius, triumvir nocturne. Cité au tribunal du peuple par le tribun P. Aquilius pour avoir fait négligemment sa ronde, il succomba sous une pareille accusation. (An de R. 698.)

7. Le peuple offrit encore l'exemple d'une sentence bien sévère, quand il punit d'une forte amende M. Émilius Porcina, à la poursuite de L. Cassius, qui l'accusait d'avoir élevé trop haut sa maison de campagne d'Alsium. (An de R. 616.)

8. Nous ne devons pas non plus passer sous silence cette condamnation bien remarquable. Un particulier, épris d'un amour excessif pour son jeune enfant, voulut céder à ses désirs en préparant, à la campagne, un mets composé de chair de bœuf; et, ne pouvant se procurer dans le voisinage ce qui était nécessaire, il prit le parti de tuer un bœuf de labour pour satisfaire cette fantaisie. Sur ce fait on lui intenta une action publique; on le condamna. Dans un siècle moins reculé on l'eût trouvé innocent.

De deux femmes dont le procès est resté indécis

1. Disons aussi un mot de ceux qui, exposés au péril de la vie,

6. Item P. Villius, triumvir nocturnus, a P. Aquilio tribuno plebis accusatus, populi judicio concidit, quia vigilias negligentius circumierat.

7. Admodum severæ notæ et illud populi judicium, quum M. Æmilium Porcinam, a L. Cassio accusatum crimine nimis sublime exstructæ villæ in Alsiensi agro, gravi multa affecit.

8. Non supprimenda illius quoque damnatio, qui pueruli sui nimio amore correptus, rogatus ab eo ruri, ut omasum in cœnam fieri juberet, quum bubulæ carnis in propinquo emendæ nulla facultas esset, domito bove occiso, desiderium ejus explevit. Eoque nomine publica quæstione afflictus est; innocens, nisi tam prisco seculo natus esset.

Ambustæ duæ.

1. Atque, ut eos quoque referamus, qui in discrimen capitis adducti, neque

ne furent ni condamnés, ni absous. On amena une femme devant le préteur M. Popilius Lénas pour avoir tué sa mère à coups de bâton. Il ne prononça ni pour ni contre. Un fait bien constaté le tenait en suspens. Cette femme avait perdu ses enfants par le poison ; ils avaient été victimes du ressentiment de leur aïeule contre sa fille : outrée de douleur, l'accusée n'avait fait que se venger d'un parricide par un parricide. Des deux forfaits, l'un parut digne de vengeance, l'autre indigne de pardon. (An de R. 610.)

2. Une difficulté semblable vint embarrasser P. Dolabella, lorsqu'il gouvernait l'Asie en qualité de proconsul. Une femme de Smyrne tua son mari et son fils, parce qu'ils avaient assassiné un autre fils, jeune homme du plus heureux naturel, qu'elle avait eu d'un premier mariage. La cause fut portée devant le proconsul. Celui-ci la renvoya au tribunal de l'aréopage d'Athènes, ne pouvant ni acquitter une femme coupable d'un double assassinat, ni punir une mère infortunée qu'une juste douleur avait poussée à cette vengeance. Le magistrat du peuple romain se conduisit avec autant de circonspection que d'humanité ; mais l'aréopage ne montra pas moins de sagesse. Ayant examiné la cause, il or-

---

damnati, neque absoluti sunt, apud M. Popilium Lænatem prætorem quædam, quod matrem fuste percussam interemerat, causam dixit. De qua neutram in partem latæ sententiæ sunt, quia abunde constabat, eamdem, veneno necatorum liberorum dolore commotam, quos avia filiæ infensa sustulerat, parricidium ultam esse parricidio. Quorum alterum ultione dignum, alterum absolutione non dignum judicatum est.

2. Eadem hæsitatione P. Dolabellæ, proconsulari imperio Asiam obtinentis, animus fluctuatus est. Materfamilias Smyrnæa virum et filium interemit, quum ab his optimæ indolis juvenem, quem ex priore viro enixa fuerat, occisum comperisset. Quam rem Dolabella ad se latam, Athenas ad areopagi cognitionem relegavit, quia ipse neque liberare cædibus duabus contaminatam, neque punire eam justo dolore impulsam, sustinebat. Consideranter et mansuete populi Romani magistratus : sed areopagitæ quoque non minus sapienter, qui, inspecta causa, et

donna à l'accusateur et à l'accusée de se représenter devant lui dans cent ans. Il pensa comme le proconsul. Celui-ci, en commettant à d'autres le soin de décider, celui-là, en remettant l'affaire à une époque illusoire, évitèrent également l'insoluble difficulté de condamner ou d'absoudre. (An de R. 685.)

CHAPITRE II

DES JUGEMENTS PRIVÉS LES PLUS REMARQUABLES

Aux jugements publics je vais joindre des jugements privés, dont l'équité pourra intéresser le lecteur, sans qu'un nombre excessif d'exemples fatigue son attention.

1. Les augures sommèrent Claudius Centumalus d'abaisser la maison qu'il possédait sur le mont Célius, parce qu'elle gênait leur vue quand ils observaient le vol des oiseaux du haut de la citadelle. Il la vendit à Calpurnius Lanarius sans faire mention

accusatorem et ream post centum annos ad se reverti jusserunt, eodem affectu moti, quo Dolabella; sed ille transferendo quæstionem, hi differendo, damnandi atque absolvendi inexplicabilem cunctationem mutabant.

CAPUT II

DE PRIVATIS JUDICIIS INSIGNIBUS

Publicis judiciis adjiciam privata, quorum magis æquitas quæstionum delectare, quam immoderata turba offendere lectorem poterit.

1. Claudius Centumalus, ab auguribus jussus altitudinem domus suæ, quam in Cœlio monte habebat, submittere, quia his ex arce augurium capientibus officiebat, vendidit eam Calpurino Lanario, nec indicavit quod imperatum a col-

CHAP. II, DES JUGEMENTS PRIVÉS 159

de la sommation des augures. Calpurnius, forcé à démolir une partie de sa maison, se pourvut en garantie contre Claudius. Il choisit pour arbitre M. Porcius Caton, père de l'illustre Caton d'Utique, afin de décider, au nom de la bonne foi, ce que le vendeur lui devait de dédommagement. Lorsque Caton sut que Claudius avait, à dessein, gardé le silence sur l'injonction des augures, il le condamna à réparer le dommage qu'éprouvait Calpurnius. Sentence pleine d'équité ; car celui qui vend de bonne foi ne doit ni grossir les avantages, ni déguiser les inconvénients. (Vers l'an de R. 559.)

2. Ce jugement fut bien connu dans son temps : celui que je vais raconter ne fut pas non plus enseveli dans le silence. C. Visellius Varro, étant tombé dangereusement malade, consentit à se reconnaître débiteur de trois cent mille sesterces (60,000 fr.) envers Otacilia Latérensis, avec laquelle il avait eu un commerce illicite, afin que, s'il venait à mourir, elle pût exiger cette somme de ses héritiers. C'était comme un legs qu'il voulait lui assurer, en colorant du nom de créance une libéralité contraire aux bonnes mœurs. Visellius échappa de cette périlleuse maladie, au grand regret d'Otacilia. Celle-ci, indignée qu'une prompte mort

---

legio augurum erat. A quibus Calpurnius demoliri domum coactus, M. Porcium Catonem, inclyti Catonis patrem, arbitrum Claudio addixit, et formilam, QUIDQUID SIBI DARE FACERE OPORTERET EX FIDE BONA. Cato, ut est edoctus, de industria Claudium edictum sacerdotum suppressisse, continuo illum Calpurnio damnavit. Summa quidem cum æquitate; quia bonæ fidei venditorem, nec commodorum spem augere, nec incommodorum cognitionem obscurare oportet.

2. Notum suis temporibus judicium commemoravi; sed nec, quod relaturus quidem sum, oblitteratum est silentio. C. Visellius Varro, gravi morbo correptus, trecenta millia nummum ab Otacilia Laterensi, cum qua commercium libidinis habuerat, expensa ferri sibi passus est, eo consilio, ut, si decessisset, ab heredibus eam summam peteret; quam legati genus esse voluit, libidinosam liberalitatem debiti nomine colorando. Evasit deinde Visellius ex illa tempestate adversus vota Otaciliæ. Quæ offensa, quod spem prædæ suæ morte non maturasset, ex amica

n'eût pas hâté le moment de saisir sa proie, quitta aussitôt le rôle d'amie complaisante pour prendre celui d'impitoyable usurière : elle lui demanda le payement de cette somme, aussi vainement promise qu'impudemment sollicitée. C. Aquilius, personnage d'une grande considération et très-habile dans la science du droit civil, fut choisi pour juger cette affaire. Prenant conseil des principaux citoyens de la ville, de ses lumières et de sa conscience, il rejeta la demande d'Otacilia. S'il eût été possible, sur la même question, et de condamner Varro et d'absoudre sa partie adverse, je ne doute point qu'Aquilius ne se fût également empressé de le punir d'un coupable et honteux égarement. Mais, à un tribunal privé, il ne put que réprimer une prétention frauduleuse, laissant à la vengeance publique le soin de poursuivre le crime d'adultère. (An de R. 675.)

3. Marius, dans une occasion semblable, rendit une sentence bien plus énergique et telle qu'on devait l'attendre d'un caractère guerrier. C. Titinius, de Minturnes, répudia pour adultère sa femme, nommée Fannia, qu'il avait épousée à bon escient malgré ses mœurs déréglées, et prétendit la dépouiller de sa dot. Marius, choisi pour arbitre, entendit les deux parties, l'une en présence de l'autre; ensuite, prenant Titinius à part, il lui conseilla de se

obsequenti subito destrictam fœneratricem agere cœpit nummos petendo; quos ut fronte inverecunda, ita inani stipulatione captaverat. De qua re C. Aquilius, vir magnæ auctoritatis, et scientia juris civilis excellens, judex addictus, adhibitis in consilium principibus civitatis, prudentia et religione sua mulierem repulit. Quod si eadem formula et Varro damnari, et adversaria absolvi potuisset, ejus quoque non dubito quin turpem et inconcessum errorem libenter castigaturus fuerit : nunc privatæ actionis calumniam ipse compescuit; adulterii crimen publicæ quæstioni vindicandum reliquit.

3. Multo animosius, et ut militari spiritu dignum erat, se in consimili genere judicii C. Marius gessit. Nam, quum C. Titinius Minturnensis Fanniam uxorem, quam impudicam de industria duxerat, eo crimine repudiatam, dote spoliare conaretur, sumptus inter eos judex, in conspectu habita quæstione, seductum

désister et de rendre la dot. Il réitéra plusieurs fois cette invitation, toujours inutilement. Forcé ainsi de prononcer une sentence, il condamna Fannia à une amende d'un sesterce pour dérèglement, et Titinius à la restitution entière de la dot ; « et le motif, dit-il, d'une telle décision, c'est la conviction où je suis que Titinius n'a recherché l'alliance de Fannia, qu'il savait impudique, que pour envahir son patrimoine. » (An de R. 653.)

Ce fut cette même Fannia à qui Marius eut affaire dans la suite, lorsque, déclaré ennemi public par le sénat, il fut conduit à Minturnes, tout couvert de la fange du marais d'où on l'avait arraché. Ce fut à elle que l'on confia la garde du prisonnier. Elle lui procura tous les secours qui furent en son pouvoir. Elle avait senti qu'elle ne pouvait imputer qu'à sa propre conduite le jugement qui l'avait flétrie, et que, si elle avait conservé sa dot, elle en était redevable à la justice de Marius. (An de R. 665).

4. L'on a aussi beaucoup parlé d'un jugement qui condamna un particulier comme coupable de vol, parce que, ayant emprunté un cheval pour aller à Aricie, il s'en était servi pour passer encore la colline située au delà de cette ville. Pouvons-nous

---

Titinium monuit, *ut incepto desisteret, ac mulieri dotem redderet*, Quod quum sæpius frustra fecisset, coactus ab eo sententiam pronuntiare, mulierem impudicitiæ ream sestertio nummo, Titinium summa totius dotis damnavit, præfatus, « idcirco se hunc judicandi modum secutum, quod liqueret sibi, Titinium patrimonio Fanniæ insidias struentem, impudicæ conjugium expetisse. »

Fannia autem hæc est, quæ postea Marium hostem a senatu judicatum, cœnoque paludis, qua extractus erat, oblitum, etiam in domum suam custodiendum Minturnis deductum, ope quantacunque potuit, adjuvit : memor, quod impudica judicata esset, suis moribus ; quod dotem servasset, illius religioni acceptum ferri debere.

4. Multus sermo eo etiam judicio manavit, in quo quidam furti damnatus est, quod equo, cujus usus illi usque Ariciam commodatus fuerat, ulteriore ejus municipii clivo vectus esset. Quid aliud hoc loci, quam verecundiam

rien louer ici que la délicatesse d'un siècle qui punissait une si légère transgression des lois de la probité ?

CHAPITRE III

DES FEMMES QUI ONT ELLES-MÊMES PLAIDÉ LEURS CAUSES DEVANT LES MAGISTRATS

Nous ne devons pas non plus garder le silence sur ces femmes que la timidité de leur sexe ni l'austère modestie ne purent forcer au silence dans le forum ni devant les tribunaux.

1. Amésia Sentia, traduite en justice, plaida elle-même sa cause devant des juges que présidait le préteur L. Titius, au milieu d'un immense concours de peuple. Elle suivit tous les points de la défense; elle en remplit tous les devoirs avec exactitude, avec vigueur même, et fut acquittée en une seule audience, presque à l'unanimité. Comme elle cachait sous les dehors d'une femme l'âme et le caractère d'un homme, on lui donnait le nom d'*Androgyne.* (An de R. 676.)

illius seculi laudemus, in quo tam minuti a pudore excessus puniebantur?

CAPUT III

DE MULIERIBUS QUÆ CAUSAS APUD MAGISTRATUS EGERUNT

Ne de his quidem feminis tacendum est, quas conditio naturæ, et verecundiæ stola, ut in foro et judiciis tacerent, cohibere non valuit.

1. Amæsia Sentia rea, causam suam, L. Titio prætore judicium cogente, maximo populi concursu egit; partesque omnes ac numeros defensionis non solum diligenter, sed etiam fortiter executa, et prima actione et pæne cunctis sententiis liberata est. Quam, quia sub specie feminæ virilem animum gerebat, *Androgynem* appellabant.

2. C. Afrania, femme du sénateur Licinius Buccion, et passionnée pour les procès, plaidait toujours elle-même ses causes devant le préteur, non qu'elle manquât de défenseurs, mais elle abondait en effronterie. A force de fatiguer les tribunaux de cris, ou plutôt d'aboiements inaccoutumés au forum, elle devint le plus fameux exemple de chicane que son sexe ait jamais fourni. Aussi son nom est-il une flétrissure; et pour caractériser la dépravation des mœurs dans une femme, on dit : c'est une C. Afrania. Elle prolongea son existence jusqu'à l'année où César fut consul pour la seconde fois avec P. Servilius. Car en parlant d'un monstre pareil, l'histoire doit marquer plutôt l'époque de sa disparition que celle de sa naissance. (An de R. 705.)

3. Hortensia, fille de Q. Hortensius, voyant les femmes accablées d'un énorme tribut par les triumvirs, sans qu'aucun homme osât prendre leur défense, se chargea de leur cause, et la plaida au tribunal des triumvirs avec autant de bonheur que de fermeté. Elle déploya un talent qui rappelait l'éloquence de son père, et obtint la remise de la plus grande partie de la taxe imposée à son sexe. Hortensius sembla revivre dans une femme, respirer dans le discours de sa fille; et, si les hommes sortis du

---

2. C. vero Afrania, Licinii Buccionis senatoris uxor, prompta ad lites contrahendas, pro se semper apud prætorem verba fecit; non quod advocatis deficiebatur, sed quod impudentia abundabat. Itaque inusitatis foro latratibus assidue tribunalia excercendo, muliebris calumniæ notissimum evasit exemplum; adeo, ut pro crimine improbis feminarum moribus C. Afraniæ nomen objiciatur. Prorogavit autem spiritum suum ad C. Cæsarem iterum, et P. Servilium consules. Tale enim monstrum magis, quo tempore exstinctum, quam quo sit ortum, memoriæ tradendum est.

3. Hortensia vero, Q. Hortensii filia, quum ordo matronarum gravi tributo a triumviris esset oneratus, nec quisquam virorum patrocinium eis accommodare auderet, causam feminarum apud triumviros et constanter et feliciter egit. Repræsentata enim patris facundia, impetravit, ut major pars imperatæ pecuniæ his remitteretur. Revixit tum muliebri stirpe Q. Hortensius, verbisque filiæ aspira-

même sang eussent voulu suivre cet exemple d'énergie, l'on n'aurait pas vu l'éloquence d'Hortensius, un si grand héritage, se réduire bientôt à un seul plaidoyer, ouvrage d'une femme. (An de R. 710.)

CHAPITRE IV

DE LA QUESTION

Afin de parcourir successivement toutes les parties de la procédure, nous allons rappeler quelques déclarations faites dans les tourments de la question et que l'on a rejetées ou trop légèrement admises.

1. Un esclave, appartenant au banquier M. Agrius, fut accusé d'avoir assassiné un esclave de C. Fannius, nommé Alexandre. Appliqué à la torture par son maître, il se déclara constamment l'auteur du meurtre. Livré en conséquence à Fannius, il subit le dernier supplice. Peu de temps après, on vit revenir chez son maître celui que l'on avait cru assassiné.

---

vit. Cujus si virilis sexus posteri vim sequi voluissent, Hortensianæ eloquentiæ tanta hereditas una feminæ actione abscissa non esset.

CAPUT IV.

DE QUESTIONIBUS

Atque, ut omnes judiciorum numeros exsequamur, quæstiones, quibus aut creditum non est, aut temere habita fides est, referamus.

1. M. Agrii argentarii servus Alexandrum C. Fannii servum occidisse insimulatus est; eoque nomine tortus a domino, *admisisse se id facinus* constantissime asseveravit : itaque Fannio deditus, supplicio affectus est. Parvulo deinde tempore interjecto, ille, cujus de nece creditum erat, domum rediit.

2. Au contraire, cet esclave de Fannius, cet Alexandre, soupçonné d'avoir tué C. Flavius, chevalier romain, souffrit six fois la torture, et persista toujours à nier qu'il fût coupable. Néanmoins on le traita comme s'il eût avoué le crime : les juges le condamnèrent, et le triumvir Calpurnius le mit en croix.

3. Il en fut de même dans le procès intenté à Fulvius Flaccus. Son esclave Philippe, sur lequel roulait toute l'information, fut torturé jusqu'à huit fois, sans jamais laisser échapper aucun mot capable de nuire à son maître. On ne laissa pas néanmoins de condamner Fulvius, quoique ce courage d'un seul homme à souffrir huit fois la torture fournît une plus forte présomption en faveur de l'accusé que la patience de huit hommes à l'endurer une seule fois.

CHAPITRE V

DES TÉMOIGNAGES REJETÉS OU ADMIS

Après les interrogatoires nous allons citer des exemples de témoignages.

2. Contra Fannii servus Alexander, quum in suspicionem C. Flavii equitis Romani occisi venisset, sexies tortus pernegavit, *ei se culpæ affinem fuisse;* sed perinde atque confessus, et a judicibus damnatus, et a L. Calpurnio triumviro in crucem actus est.

3. Item Fulvio Flacco causam dicente, Philippus servus ejus, in quo tota quæstio nitebatur, octies tortus, nullum omnino verbum, quo dominus perstringeretur, emisit; et tamen reus damnatus est, quum certius argumentum innocentiæ unus octies tortus exhiberet, quam octo semel torti præbuissent.

CAPUT V

DE TESTIMONIIS IRRITIS VEL RATIS

Sequitur ut ad testes pertinentia exempla commemorem.

1. Avec Cnéus et Quintus Servilius Cépion, deux frères qui s'étaient élevés de dignités en dignités au plus haut degré de considération, les frères Métellus, Quintus et Lucius, qui avaient été consuls et censeurs, et dont l'un avait eu même les honneurs du triomphe, déposèrent avec beaucoup de chaleur contre Q. Pompéius, fils d'Aulus, accusé de concussion. Cependant on acquitta Pompéius; non qu'on les soupçonnât de mauvaise foi, mais on voulut empêcher que le prévenu ne parût sacrifié au crédit d'ennemis puissants. (An de R. 615.)

2. M. Émilius Scaurus, prince du sénat, témoigna contre C. Memmius, accusé de concussion; il le chargea, le poursuivit avec véhémence : il déchira également, dans une déposition, C. Fabius, prévenu du même crime : lorsque C. Norbanus subit une accusation publique de lèse-majesté, le même Scaurus s'efforça ouvertement de le perdre. Cependant ni son crédit qui lui donnait l'influence la plus étendue, ni sa probité que personne ne mettait en doute, ne put faire condamner un seul de ces accusés.

3. L. Crassus n'était pas moins imposant devant les tribunaux qu'Émilius Scaurus au milieu des pères conscrits. La plus mâle

---

1. Cnæo et Quinto Serviliis Cæpionibus, iisdem parentibus natis et per omnes honorum gradus ad summam amplitudinem provectis, item fratribus Quinto et Lucio Metellis consularibus et censoriis, altero etiam triumphali, in Q. Pompeium Auli filium repetundarum reum acerrime dicentibus testimonium, non abrogata fides absoluto Pompeio; sed, ne potentia inimicum oppressisse viderentur, occursum est.

2. M. etiam Æmilius Scaurus; princeps senatus, C. Memmium repetundarum reum destricto testimonio insecutus est; item C. Flavium eadem lege accusatum testis proscidit: jam C. Norbanum, majestatis crimine publicæ quæstioni subjectum; ex professo opprimere conatus est : nec tamen aut auctoritate, qua plurimum pollebat, aut religione, de qua nemo dubitabat, quemquam illorum affligere potuit.

3. L. quoque Crassus tantus apud judices, quantus apud patres conscriptos Æmilius Scaurus (namque eorum suffragia robustissimis et felicissimis eloquen-

et la plus heureuse éloquence gouvernait à son gré les suffrages des juges, et il était le prince du barreau, comme Scaurus l'était du sénat. Il déposa contre M. Marcellus accusé; il sembla lancer contre lui la foudre la plus redoutable; l'explosion fut terrible, le coup sans effet. (An de R. 660.)

4. Quels efforts ne firent pas Q. Métellus Pius, les Lucullus (Lucius et Marcus), Q. Hortensius, M. Lépidus, pour perdre C. Cornélius, accusé du crime de lèse-majesté ? Non contents de le charger comme témoins par leurs dépositions, ils allèrent jusqu'à demander sa tête, en déclarant que l'impunité de Cornélius entraînerait la ruine de la république. Ces ornements de la patrie, j'ai honte de le dire, trouvèrent dans la sentence des juges un bouclier qui les repoussa. (An de R. 687.)

5. Parlerai-je de Cicéron, que la milice du barreau éleva aux plus grands honneurs, à la plus haute illustration ? ne fut-il pas terrassé comme témoin, dans le forum, ce champ ordinaire des triomphes de son éloquence, lorsqu'il affirma avec serment que Clodius était à Rome et qu'il était venu chez lui, tandis que celui-ci ne se défendait d'un infâme sacrilége qu'en alléguant une absence ? les juges aimèrent mieux absoudre Clodius du crime d'inceste, que Cicéron du soupçon de parjure. (An de R. 692.)

---

tiæ stipendiis regebat, eratque sic fori, ut ille curiæ princeps); quum vehementissimum testimonii fulmen in M. Marcellum reum injecisset, impetu gravis, exitu vanus apparuit.

4. Age, Q. Metellus Pius, L. M. Luculli, Q. Hortensius, M. Lepidus, C. Cornelii majestatis rei, quam non onerarunt tantummodo testes salutem; sed etiam negantes, illo incolumi stare rempublicam posse, depoposcerunt ? Quæ decora civitatis (pudet referre) umbone judiciali repulsa sunt.

5. Quid M. Cicero, forensi militia summos honores amplissimumque dignitatis locum adeptus, nonne in ipsis eloquentiæ suæ castris testis abjectus est, dum P. Clodium Romæ apud se fuisse juravit, illo sacrilegum flagitium uno absentiæ argumento tuente ? Siquidem judices Clodium incesti crimine, quam Ciceronem infamia perjurii liberare maluerunt.

6. Après tant de témoins mal accueillis, je vais en citer un dont la déposition fut une nouveauté dans l'ordre judiciaire, et entraîna toutefois une condamnation. P. Servilius, qui avait été consul, censeur et triomphateur, qui avait joint à ses titres de famille celui d'*Isauricus*, passant un jour dans le forum, vit des témoins déposer contre un accusé. Il vint prendre place comme témoin, et, au grand étonnement des avocats et des accusateurs, adressa aux juges ces paroles : « L'homme que je vois ici sur la sellette m'est inconnu ; j'ignore quel a été son genre de vie, s'il est justement ou injustement accusé. Je ne sais qu'une chose : un jour que je me rendais à Laurente, il se trouva à ma rencontre dans un passage fort étroit et ne voulut pas descendre de cheval. Ce fait peut-il intéresser votre conscience sur le point qui vous occupe ? vous l'apprécierez vous-mêmes : quant à moi, je n'ai pas cru devoir vous le laisser ignorer. » Les juges, sans se donner presque la peine d'entendre le reste des témoins, condamnèrent le prévenu. Ils cédèrent et à l'influence d'un si grand personnage et à la vive indignation que leur causa le mépris des égards dus à son rang ; ils pensèrent qu'on est prêt à se jeter dans toute sorte d'excès, quand on ne sait pas respecter les premiers citoyens de l'État. (An de R. 679.)

---

6. Tot elevatis testibus, unum, cujus nova ratione judicium ingressa auctoritas confirmata est, referam. P. Servilius consularis, censorius, triumphalis, qui majorum suorum titulis *Isaurici* cognomen adjecit, quum forum præteriens testes in reum dari vidisset, loco testis constitit, ac summam inter patronorum pariter et accusatorum admirationem sic orsus est : « Hunc ego, judices, qui causam dicit, cujas sit, aut quam vitam egerit, quamque merito vel injuria accusetur, ignoro ; illud tantum scio, quum occurrisset mihi Laurentina via iter facienti, admodum angusto loco equo descendere noluisse : quod an aliquid ad religionem vestram pertineat, ipsi æstimabitis ; ego id supprimendum non putavi. » Judices reum, vix auditis cæteris testibus, damnaverunt. Valuit enim apud eos quum amplitudo viri, tum gravis neglectæ dignitatis ejus indignatio ; eumque, qui venerari principes nesciret, in quodlibet facinus procursurum crediderunt.

CHAPITRE VI

DE CEUX QUI COMMIRENT DES FAUTES QU'ILS AVAIENT PUNIES DANS LES AUTRES

N'oublions pas non plus ceux qui se rendirent coupables de fautes qu'ils avaient poursuivies dans les autres.

1. C. Licinius, surnommé Hoplomachus, demanda au préteur d'interdire son père comme dissipateur. Sa requête lui fut accordée. Mais peu de temps après, le vieillard étant mort, il se hâta lui-même d'engloutir l'immense patrimoine qu'il en avait reçu en argent et en domaines. Il eût mérité à son tour le même châtiment, puisqu'il aima mieux dissiper son héritage que de le transmettre à un héritier.

2. C. Marius s'était montré grand citoyen et avait sauvé la République, en écrasant L. Saturninus qui soulevait les esclaves en leur montrant pour enseigne le bonnet de la liberté : et, lors-

---

CAPUT VI

QUI, QUÆ IN ALIIS VINDICARANT, IPSI COMMISERUNT

Ne illos quidem latere patiamur, qui, quæ in aliis vindicarant, ipsi commiserunt.

1. C. Licinius cognomine Hoplomachus, a prætore postulavit, ut patri suo bonis, tanquam ea dissipanti, interdiceretur. Et quidem, quod petierat, impetravit; sed ipse parvo post tempore, mortuo sene, amplam ab eo relictam pecuniam latifundiaque festinanter consumpsit. Dignus hac vicissitudine pœnæ fuit, quoniam hereditatem absumere, quam heredem maluit tollere.

2. C. autem Marius, quum magnum et salutarem reipublicæ civem in L. Saturnino opprimendo egisset, a quo in modum vexilli pileum servitutis ad arma ca-

que Sylla entra dans Rome avec son armée, le même Marius, arborant le bonnet de la liberté, appela les esclaves à son secours. Aussi, en imitant l'action qu'il avait punie dans un séditieux, il trouva un autre Marius pour le renverser à son tour. (An de R. 653.)

3. C. Licinius Stolon, à qui les plébéiens étaient redevables d'un bienfait, celui de pouvoir demander le consulat, avait fait une loi qui défendait de posséder plus de cinq cents arpents de terre, et lui-même en acquit un millier; mais, pour déguiser cette contravention, il en mit la moitié sur la tête de son fils. Accusé à ce sujet par M. Popilius Lénas, il fut condamné le premier en vertu de la loi qu'il avait portée; et il apprit, par son exemple, qu'on ne doit jamais prescrire aux autres que ce qu'on s'est d'abord imposé à soi-même. (An de R. 396.)

4. Q. Varius, à qui l'ambiguité de son droit de citoyen attira le surnom d'*Hybride*, fit passer, pendant son tribunat, malgré l'opposition de ses collègues, une loi d'enquête contre ceux qui auraient, par des menées perfides, forcé les alliés à prendre les armes. Loi funeste à la république; car elle occasionna d'abord la guerre sociale, et ensuite la guerre civile. Mais ce Varius, tribun

---

pienda ostentatum erat, L. Sylla cum exercitu in Urbem irrumpente, ad auxilium servorum pileo sublato confugit. Itaque dum facinus, quod punierat, imitatur; alterum Marium, a quo affligeretur, invenit.

3. C. vero Licinius Stolo, cujus beneficio plebi petendi consulatum potestas facta est, quum lege sanxisset, *ne quis amplius quam quingenta agri jugera possideret*, ipse mille comparavit, dissimulandique criminis gratia dimidiam partem filio emancipavit. Quam ob causam a M. Popilio Laenate accusatus; primus sua lege cecidit; ac docuit, nihil aliud praecipi debere, nisi quod prius quisque sibi imperaverit.

4. Q. autem Varius, propter obscurum jus civitatis *Hybrida* cognominatus; tribunus plebis legem adversus intercessionem collegarum perrogavit, quae jubebat quaeri; *quorum dolo malo socii ad arma ire coacti essent*, magna cum clade reipublicae; sociale enim prius, deinde civile bellum excitavit. Sed, dum ante

pernicieux avant d'être reconnu citoyen, se prit lui-même au piége qu'il tendait à d'autres, et trouva sa ruine dans sa propre loi. (An de R. 662.)

CHAPITRE VII

DE L'ÉTUDE ET DE L'APPLICATION AU TRAVAIL

De l'étude et de l'application au travail chez les Romains.

Mais pourquoi tarder davantage? célébrons le pouvoir du travail. Son activité, comme un souffle vivifiant, anime les opérations militaires, enflamme l'émulation des orateurs et rehausse la gloire du barreau; tous les arts trouvent dans son sein un asile fidèle et un solide aliment; tout ce que l'esprit, la langue et la main de l'homme peuvent enfanter de plus admirable, s'y développe et arrive à la plus haute perfection. Vertu accomplie, l'amour du travail s'affermit et se consolide par sa persévérance.

pestiferum tribunum plebis quam certum civem agit, sua lex eum domesticis laqueis constrictum absumpsit.

CAPUT VII

DE STUDIO ET INDUSTRIA

De studio et industria Romanorum.

Quid cesso vires industriæ commemorare? cujus alacri spiritu militiæ stipendia roborantur, forensis gloria accenditur, fido sinu cuncta studia recepta nutriuntur, quidquid animo, quidquid manu, quidquid lingua admirabile est, ad cumulum laudis perducitur: quæ quum perfectissima sit virtus, duramento sui confirmatur.

1. Caton, âgé de quatre-vingt-six ans, se livrait encore aux affaires publiques avec l'ardeur d'un jeune homme. Accusé par ses ennemis d'un crime capital, il plaida lui-même sa cause, et personne n'eut lieu de remarquer en lui ou une mémoire chancelante, ou une poitrine affaiblie, ou une prononciation incertaine et embarrassée; c'est qu'un travail soutenu, un continuel exercice, conservaient à toutes ses facultés leur vigueur naturelle. Sur le point même de terminer une si longue carrière, il prit la défense de l'Espagne dans une accusation intentée à Galba, l'un des orateurs les plus éloquents de son siècle. (An de R. 604.)

Le même Caton conçut un vif désir de savoir la langue grecque : on pourra juger de l'âge où il commença cette étude, si l'on considère qu'il n'apprit même les lettres latines qu'aux approches de la vieillesse. Il s'était déjà fait une grande réputation comme orateur, lorsqu'il s'occupa de devenir encore l'un des plus habiles jurisconsultes.

2. Un de ses descendants, merveilleux rejeton d'une souche illustre, Caton d'Utique, qui vécut à une époque plus rapprochée de nous, était si passionné pour l'étude, si avide de s'instruire, que, dans le sénat même, en attendant l'ouverture de la séance, il ne pouvait s'empêcher de lire des livres grecs. Il

1. Cato, sextum et octogesimum annum agens, dum in republica tuenda juvenili animo perstat, ab inimicis capitali crimine accusatus, suam causam egit : neque aut memoriam ejus quisquam tardiorem, aut firmitatem lateris ulla ex parte quassatam, aut os hæsitatione impeditum animadvertit, quia omnia ista in statu suo æquali ac perpetua industria continebat. Quin etiam in ipso diutissime actæ vitæ fine disertissimi oratoris Galbæ accusationi defensionem suam pro Hispania opposuit.

Idem Græcis litteris erudiri concupivit; quam sero, inde æstimemus, quod etiam Latinas pæne jam senex didicit : quumque eloquentia magnam jam gloriam partam haberet, id egit, ut juris civilis quoque esset peritissimus.

2. Cujus mirifica proles, propior ætati nostræ Cato, ita doctrinæ cupiditate flagravit, ut ne in Curia quidem, dum senatus cogitur, temperaret sibi, quo minus

fit voir, par cette application au travail, que les uns n'ont pas assez de temps, lorsque d'autres sont embarrassés de leurs loisirs.

3. Térentius Varron peut être cité comme le modèle d'une vie laborieuse et comme un exemple de longévité. Sa vie, qui embrassa la durée d'un siècle, fut moins remplie d'années que de productions littéraires. Le même lit vit à la fois son dernier soupir et le terme de ses précieux travaux.

4. Même persévérance dans Livius Drusus, qui, affaibli par les ans et privé de la vue, s'occupait généreusement d'expliquer au peuple le droit civil, et de composer des ouvrages fort utiles à qui voudrait l'étudier. La nature put faire de lui un vieillard, la fortune un aveugle; elles ne purent, ni l'une ni l'autre, empêcher qu'il ne conservât et la vigueur et la vue de l'esprit.

5. Publius, sénateur, et Pontius Lupus, chevalier romain, célèbres avocats de leur temps, perdirent l'usage de la vue, et ne laissèrent pas de continuer leur service au barreau avec la même activité. Leur auditoire n'en devint que plus nombreux : on accourait en foule, les uns pour le plaisir de les entendre, les

---

libros Græcos lectitaret. Qua quidem industria ostendit, aliis tempora deesse, alios temporibus superesse.

3. Terentius autem Varro, humanæ vitæ exemplo et spatio nominandus; non annis, quibus seculi tempus æquavit, quam stilo vivacior fuit : in eodem enim lectulo et spiritus ejus, et egregiorum operum cursus exstinctus est.

4. Consimilis perseverantiæ Livius Drusus, qui ætatis viribus, et acie oculorum defectus, jus civile populo benignissime interpretatus est, utilissimaque discere id cupientibus monumenta composuit. Nam, ut senem illum natura, cæcum fortuna facere potuit, ita neutra interpellare valuit, ne non animo et videret et vigeret.

5. Publius vero senator, et Pontius Lupus eques Romanus, suis temporibus celebres causarum actores, luminibus capti, eadem industria forensia stipendia exsecuti sunt; itaque frequentius etiam audiebantur, concurrentibus aliis, quia

autres par admiration pour leur persévérance. Car les autres hommes, quand un pareil malheur vient à les frapper, recherchent la solitude, et s'enfoncent doublement dans les ténèbres, en joignant une nuit volontaire à celle dont le sort les a environnés.

6. Lorsque P. Crassus, étant consul, passa en Asie, pour réduire le roi Aristonicus par la force des armes, il s'appliqua si soigneusement à l'étude du grec, il en saisit les diverses parties avec une telle capacité, qu'il ne tarda pas à posséder parfaitement les cinq dialectes dont cette langue se compose. Une telle connaissance le rendit fort agréable aux alliés : car il répondait à chacun d'eux dans le dialecte même de la requête présentée à son tribunal. (An de R. 622.)

7. Je n'omettrai pas même ici le nom de Roscius, ce modèle si connu de l'art théâtral, qui n'osa jamais hasarder un geste devant le peuple, sans l'avoir auparavant médité chez lui. Aussi ce ne fut pas le théâtre qui fit honneur à Roscius, ce fut Roscius qui honora le théâtre. Il jouit de la faveur populaire ; il sut gagner même l'intimité des premiers citoyens de la république. Telle est la récompense d'un travail réfléchi, scrupuleux et toujours en

---

ingenio eorum delectabantur, aliis, quia constantiam admirabantur. Namque alii eo incommodo perculsi secessum petunt, duplicantque tenebras, fortuitis voluntarias adjicientes.

6. Jam P. Crassus, quum in Asiam ad Aristonicum regem debellandum consul venisset, tanta cura Græcæ linguæ notitiam animo comprehendit, ut eam in quinque divisam genera per omnes partes ac numeros penitus cognosceret. Quæ res maximum ei sociorum amorem conciliavit, qua quis eorum lingua apud tribunal illius postulaverat, eadem decreta reddenti.

7. Ne Roscius quidem subtrahatur, scenicæ industriæ notissimum exemplum, qui nullum unquam spectanti populo gestum, nisi quem domi meditatus fuerat, ponere ausus est. Quapropter non ludicra ars Roscium, sed Roscius ludicram artem commendavit ; nec vulgi tantum favorem, verum etiam principum familiaritates amplexus est. Hæc sunt attenti, et anxii, et nunquam cessantis studii

CHAP. VII, DE L'ÉTUDE, ETC.   175

haleine; voilà ce qui permet à un simple histrion de venir sans indignité se mêler à d'aussi grands personnages et s'associer à leurs louanges.

De l'étude et de l'application au travail chez les étrangers.

1. Que l'activité des Grecs, dont les travaux furent si avantageux aux Romains, reçoive ici de la langue latine le juste prix de ses services.

Démosthène, dont le nom seul rappelle à l'esprit la plus sublime éloquence, l'idée du parfait orateur, ne pouvait, étant jeune, prononcer la première lettre de l'art qu'il s'efforçait d'étudier; mais il combattit si vivement le vice de son organe, que personne, dans la suite, ne prononça plus nettement cette même lettre. Sa voix était si grêle qu'elle choquait les oreilles; il sut par un exercice continuel la rendre pleine, sonore, agréable aux auditeurs. Il n'avait pas une forte poitrine : le travail lui donna ce que sa complexion lui refusait; il embrassait d'une seule

præmia; propter quæ tantorum virorum laudibus non impudenter se persona histrionis inseruit.

De studio et industria externorum.

1. Græca quoque industria, quoniam nostræ multum profuit, quem meretur fructum, Latina lingua recipiat.

Demosthenes, cujus commemorato nomine, maximæ eloquentiæ consummatio audientis animo oboritur, quum inter initia juventæ, artis, quam affectabat, primam litteram dicere non posset, oris sui vitium tanto studio expugnavit, ut ea a nullo expressius efferretur. Deinde propter nimiam exilitatem acerbam auditu vocem suam exercitatione continua ad maturum et gratum auribus sonum perduxit. Lateris etiam firmitate defectus, quas corporis habitus vires negaverat, a labore mutuatus est; multos enim versus uno impetu spiritus complectebatur,

haleine une suite de vers, et les prononçait en gravissant, d'un pas rapide, des lieux escarpés. Il allait sur les plus bruyants rivages, et y déclamait malgré le fracas des ondes, afin d'accoutumer et d'endurcir ses oreilles aux orages de la tribune, à l'agitation des assemblées. On raconte aussi qu'il mettait de petits cailloux dans sa bouche, et qu'il s'exerçait ainsi à parler longtemps et avec vivacité, afin d'avoir la langue plus prompte et plus dégagée, quand il parlerait la bouche vide. Il lutta contre la nature : il en triompha même ; une force d'âme, une opiniâtreté sans exemple, brisèrent les injustes obstacles qu'elle oposait à ses efforts. Nous trouvons en lui deux Démosthène ; l'un enfant de la nature, l'autre enfant du travail. (Av. J.-C. 359.)

2. Je passerai à un exemple d'une plus haute antiquité. Pythagore, désira, dès sa jeunesse, parvenir au comble du savoir et connaître tout ce qui peut honorer l'esprit humain, — on commence de bonne heure et avec activité tout ce qu'on peut conduire à sa dernière perfection, — il se rendit d'abord en Égypte : il y étudia la langue du pays, consulta les livres de ses anciens prêtres, et recueillit les observations d'une suite innombrable de siècles. Il partit ensuite pour la Perse. Là, il se mit

---

eosque adversa loca celeri gradu scandens, pronuntiabat : ac vadosis litoribus insistens, declamationes fluctuum fragoribus obluctantibus edebat, ut ad fremitus concitatarum concionum patientia duratis auribus in actionibus uteretur. Fertur quoque ore insertis calculis multum ac diu loqui solitus, quo vacuum promptius esset et solutius. Præliatus est cum rerum natura, et quidem victor abiit, malignitatem ejus pertinacissimo animi robore superando : itaque alterum Demosthenem mater, alterum industria enixa est.

2. Atque, ut ad vetustiorem industriæ actum transgrediar, Pythagoras, perfectissimum opus sapientiæ a juventa pariter et omnis honestatis percipiendæ cupiditatem ingressus (nihil enim quod ad ultimum sui finem perventurum est, non et mature et celeriter incipit), Ægyptum petiit, ubi litteris gentis ejus assuefactus, præteriti ævi sacerdotum commentarios scrutatus, innumerabilium seculorum observationes cognovit. Inde ad Persas profectus, magorum exactissimæ

sous la conduite des mages pour s'instruire des sciences les plus exactes : à leur école il apprit le mouvement des astres, le cours des étoiles, la nature, l'usage et les influences de tous les corps célestes. Il écouta leurs bienveillantes leçons avec docilité, et les saisit avidement. Puis il s'embarqua pour la Crète et pour Lacédémone, et, après en avoir observé les lois et les mœurs, il se présenta aux jeux Olympiques. Il y donna une idée de l'étendue de ses connaissances, et excita au plus haut degré l'admiration de la Grèce entière. On lui demanda quel nom il croyait avoir mérité. Il répondit, qu'il était non pas un *sage,* titre qu'avaient déjà pris sept personnages illustres, mais un *philosophe*, c'est-à-dire, un *ami de la sagesse.* Il poursuivit ses voyages jusqu'en Italie, dans cette partie qu'on nommait la Grande-Grèce. Là, une foule de villes les plus opulentes ressentirent les effets de sa science, et n'eurent qu'à s'en applaudir. Métaponte vit la flamme de son bûcher, et la contempla d'un regard plein de vénération. Cette ville dut aux cendres de Pythagore plus de gloire, plus d'illustration qu'à celles de ses propres citoyens.

3. Platon eut pour patrie la ville d'Athènes, et Socrate pour maître, deux sources inépuisables de science. A ce bonheur, il

---

prudentiæ se formandum tradidit; a quibus siderum motus, cursusque stellarum, et uniuscujusque vim, proprietatem et effectum benignissime demonstratum docili animo hausit. Cretam deinde et Lacedæmona navigavit, quarum legibus ac moribus inspectis, ad Olympicum certamen descendit; quumque multiplicis scientiæ maxima totius Græciæ admiratione specimen exhibuisset, *quo cognomine censeretur,* interrogatus, *non se* σοφὸν (jam enim illud septem excellentes viri occupaverant) sed φιλόσοφον *esse* respondit. In Italiæ etiam partem, quæ tunc major Græcia appellabatur, perrexit; in qua plurimis et opulentissimis urbibus effectus suorum studiorum approbavit; cujus ardentem rogum plenis venerationis oculis Metapontus aspexit, oppidum Pythagoræ, quam suorum cinerum, nobilius clariusve monumento.

3. Plato autem patriam Athenas, præceptorem Socratem sortitus, et locum et hominem doctrinæ fertilissimum, ingenii quoque divina instructus abundantia,

en joignit un autre : il possédait un génie d'une divine fécondité. Déjà il passait pour le plus sage des mortels, et même on eût dit que Jupiter, descendu du ciel, n'aurait pu parler le langage des hommes avec plus de grâce, de sublimité et d'abondance : ce fut alors qu'il entreprit de voyager en Égypte et d'apprendre des prêtres de ce pays les calculs infinis de la géométrie et l'art d'observer les astres. Tandis qu'une jeunesse studieuse accourait en foule à Athènes pour y entendre les leçons de Platon, ce philosophe, devenu lui-même disciple de vieillards égyptiens, visitait le cours du Nil, ce fleuve à la source mystérieuse, parcourait de vastes champs, une immense contrée barbare, et les longues sinuosités des canaux dont elle est entrecoupée. Aussi suis-je loin de m'étonner qu'il ait passé en Italie, qu'il soit allé entendre Archytas, à Tarente, Timée, Arion et Échécrate, à Locres, pour apprendre les principes et le système de Pythagore. Il lui fallait rassembler de toutes parts une telle abondance, une telle richesse de lumière, afin de pouvoir, à son tour, les répandre et les disséminer sur toute la terre. L'on dit même que, lorsqu'il mourut, âgé de quatre-vingt-un ans, il avait sous son chevet les mimes de Sophron. Ainsi l'ardeur de l'étude l'animait encore à sa dernière heure.

---

quum omnium jam mortalium sapientissimus haberetur, eo quidem usque, u si ipse Jupiter cœlo descendisset, nec elegantiore, nec beatiore facundia usurus videretur, Ægyptum peragravit, dum a sacerdotibus ejus gentis geometriæ multiplices numeros, atque cœlestium observationum rationem percipit. Quoque tempore a studiosis juvenibus certatim Athenæ Platonem doctorem quærentibus petebantur, ipse Nili fluminis inexplicabiles ripas, vastissimosque campos, effusam barbariem, et flexuosos fossarum ambitus, Ægyptiorum senum discipulus lustrabat. Quo minus miror, eum in Italiam transgressum, ut ab Archyta Tarenti, a Timæo, et Arione, et Echecrate Locris, Pythagoræ præcepta et instituta acciperet; tanta enim vis, tanta copia litterarum undique colligenda erat, ut invicem per totum terrarum orbem dispergi et dilatari posset. Altero etiam et octogesimo anno decedens, sub capite Sophronis mimos habuisse fertur; sic ne extrema quidem ejus hora agitatione studii vacua fuit.

4. Démocrite pouvait être compté parmi les premiers de son temps pour la richesse. Ses biens étaient si considérables, que son père put donner un repas à l'armée de Xerxès, sans altérer sa fortune. Mais pour se livrer à l'étude avec un esprit plus libre et plus dégagé, il fit présent de son patrimoine à sa patrie, ne se réservant qu'un très-faible revenu. Il habita un bon nombre d'années la ville d'Athènes, occupé sans relâche du soin d'étudier et de pratiquer la philosophie. Il y demeura inconnu, comme il le témoignait lui-même dans un de ses ouvrages. Mon esprit s'arrête d'étonnement à la vue d'une telle application, et passe à un autre exemple.

5. Carnéade fournit une longue et laborieuse carrière sous les étendards de a philosophie. Parvenu à l'âge de quatre-vingt-dix ans, il ne quitta le service qu'en cessant de vivre. Son application aux travaux de la science allait jusqu'au prodige : était-il à table, les mets devant lui, il oubliait d'y toucher, tant il était absorbé par ses réflexions. Mais Mélissa, son épouse, sans interrompre ses méditations, prenait soin d'empêcher qu'il ne mourût de besoin ; sa main, conduisant celle du philosophe, lui portait les morceaux à la bouche. Ainsi Carnéade ne vivait que de l'es-

---

4. At Democritus, quum divitiis censeri posset, quæ tantæ fuerunt, ut pater ejus Xerxis exercitui epulum dare ex facili potuerit, quo magis vacuo animo studiis litterarum esset operatus, parva admodum summa retenta, patrimonium suum patriæ donavit. Athenis autem compluribus annis moratus, omnia temporum momenta ad percipiendam et exercendam doctrinam conferens, ignotus illi urbi vixit; quod ipse in quodam volumine testatur. Stupet mens admiratione tantæ industriæ, et jam transit alio.

5. Carneades laboriosus et diuturnus sapientiæ miles : siquidem, nonaginta expletis annis, idem illi vivendi ac philosophnadi finis fuit. Ita se mirificum doctrinæ operibus addixerat, ut, quum cibi capiendi causa recubuisset, cogitationibus inhærens, manum ad mensam porrigere obliviseceretur; sed eum Melissa, quam uxoris loco habebat, temperato inter studia non interpellandi, sed inediæ succurrendi officio, dextera sua necessariis usibus aptabat. Ergo, animo tan-

prit; son corps n'était pour lui qu'une enveloppe étrangère et superflue. (Avant J.-C. 183.)

Lorsqu'il avait à disputer contre Chrysippe, il se purgeait auparavant avec de l'elléhore, afin de mieux déployer les forces de son génie et de réfuter plus vivement son adversaire. De tels breuvages sont désirables à qui aime la science et une gloire solide.

6. Quelle devait être l'ardeur d'Anaxagore pour l'étude! Il rentrait dans sa patrie après de longs voyages, et, voyant ses champs abandonnés, « Je serais perdu, dit-il, si ces biens n'étaient ruinés : » parole qui attestait le succès de ses efforts pour arriver à la sagesse. Car s'il eût donné son temps à la culture de ses terres plutôt qu'à celle de son esprit, il serait demeuré dans ses foyers, simple possesseur de ses domaines, au lieu d'y revenir avec tant de savoir et un nom si illustre. (Av. J.-C. 466.)

7. Je citerai aussi Archimède. Je louerais le fruit de ses études, si elles ne lui avaient tout à la fois sauvé et arraché la vie. A la prise de Syracuse, Marcellus n'ignorait pas que c'étaient les inventions d'Archimède qui avaient si longtemps et si puissamment retardé sa victoire. Néanmoins, plein d'admi-

---

tummodo vita fruebatur; corpore vero quasi alieno et supervacuo circumdatus erat.

Idem cum Chrysippo disputaturus, helleboro se ante purgabat, ad exprimendum ingenium suum attentius, et illius refellendum acrius; quas potiones industria solidæ laudis cupidis efficit appetendas.

6. Quali porro studio Anaxagoram flagrasse credimus? qui, quum e diutina peregrinatione patriam repetisset, possessionesque desertas vidisset, *Non essem*, inquit, *ego salvus, nisi istæ periissent*; vocem petitæ sapientiæ compotem. Nam, si prædiorum potius, quam ingenii, culturæ vacasset, dominus rei familiaris intra penates mansisset, non tantus Anaxagoras ad eos rediisset.

7. Archimedis quoque fructuosam industriam fuisse dicerem, nisi eadem illi et dedisset vitam, et abstulisset. Captis enim Syracusis, Marcellus machinationibus ejus multum ac diu victoriam suam inhibitam senserat : eximia tamen

ration pour son rare génie, il donna ordre d'épargner ses jours, espérant presque autant de gloire de la conservation d'Archimède que de la conquête de Syracuse. Mais tandis que le géomètre fixe son attention et ses regards sur des figures qu'il a tracées par terre, un soldat pénètre chez lui pour piller, et l'épée levée sur sa tête, il lui demande son nom. Archimède, trop occupé de la solution de son problème, ne peut répondre à cette question; il tire une ligne sur le sable, et lui dit : « De grâce, ne brouille point cette figure. » Une telle réponse fait croire au soldat qu'il méprise les ordres du vainqueur, sa tête tombe, et son sang va confondre l'ouvrage de sa science. C'est ainsi que, tour à tour, son travail lui valut la vie et lui causa la mort. (An de R. 541.)

8. On sait encore que Socrate se mit à l'étude de la lyre dans un âge avancé, aimant mieux faire cet apprentissage un peu tard, que de ne le faire jamais. Cependant, que pouvait ajouter une telle connaissance au savoir de Socrate? Mais son infatigable activité voulut joindre encore à tant de trésors de science les principes d'un art aussi peu relevé que celui de la musique. Ainsi, se croyant trop pauvre d'instruction pour se dispenser

---

hominis prudentia delectatus, ut capiti illius parceretur, edixit, pæne tantum gloriæ in Archimede servato, quantum in oppressis Syracusis, reponens. At is, dum animo et oculis in terram defixis formas describit, militi, qui prædandi gratia domum irruperat, strictoque super caput gladio, *quisnam esset*, interrogabat, propter nimiam cupiditatem investigandi quod requirebat, nomen suum indicare non potuit, sed protracto manibus pulvere : « *Noli*, inquit, *obsecro, istum disturbare;* » ac perinde quasi negligens imperii victoris, obtruncatus, sanguine suo artis suæ lineamenta confudit. Quo accidit, ut propter idem studium modo donaretur vita, modo spoliaretur.

8. Socratem etiam constat ætate provectum fidibus tractandis operam dare cœpisse, satius judicantem ejus artis usum sero, quam nunquam percipere. Et quantula Socrati accessio ista futura scientiæ erat! sed pertinax hominis industria, tantis doctrinæ suæ divitiis etiam musicæ rationis vilissimum elemen-

d'apprendre, il devint riche d'enseignements pour éclairer les autres.

9. Réunissons comme en un seul faisceau les exemples d'une longue et heureuse application à l'étude. Isocrate composa le célèbre discours intitulé *Panathénaïque* à l'âge de quatre-vingt-quatorze ans, comme il le témoigne lui-même. On y voit briller un génie plein de feu : preuve évidente, que les hommes d'étude, en perdant par la vieillesse leurs forces corporelles, conservent intérieurement, grâce au travail, toute la vigueur de l'âme, toute la fleur de la jeunesse. Et ce ne fut pas là le terme de sa vie : Isocrate jouit encore cinq années de l'admiration qu'excita cet ouvrage.

10. La vie de Chrysippe, sans atteindre une limite aussi reculée, embrassa néanmoins un assez grand espace. Ce philosophe commença, à l'âge de quatre-vingts ans, le traité de logique qu'il nous a laissé, modèle de raisonnement et de discussion, et qui contient trente-neuf livres. Il mit un soin extrême à nous transmettre ses méditations; et telles furent l'activité et l'étendue de ses travaux, que, pour étudier à fond tout ce qu'il a écrit, il faudrait une vie fort longue. (Av. J.-C. 212.)

---

tum accedere voluit. Ergo dum ad discendum semper se pauperem credidit, ad docendum fecit se locupletissimum.

9. Atque, ut longae et felicis industriae quasi in unum acervum exempla redigamus, Isocrates nobilissimum librum, qui inscribitur Παναθηναϊκός, quartum et nonagesimum annum agens, ita ut ipse significat, composuit, opus ardentis spiritus plenum; ex quo apparet, senescentibus membris eruditorum, intus animos industriae beneficio florem juventae retinere. Neque hoc stilo terminos vitae suae clausit; namque admirationis ejus fructum quinquennio percepit.

10. Citerioris aetatis metas, sed non parvi tamen spatii, Chrysippi vivacitas flexit; nam octogesimo anno caeptum, undequadragesimum λογικῶν exactissimae subtilitatis volumen reliquit. Cujus studium in tradendis ingenii sui monumentis tantum operae laborisque sustinuit, ut ad ea, quae scripsit, penitus cognoscenda, longa vita sit opus.

11. Et toi, Cléanthe, qui pris tant de peine à étudier la sagesse, et qui mis tant de persévérance à l'enseigner, tu attiras les regards du dieu même qui préside au travail; tu excitas son admiration; il te voyait, dans ta jeunesse, puiser de l'eau la nuit pour gagner ta vie, et le jour recueillir les préceptes de Chrysippe; il te vit, à l'âge de quatre-vingt-dix-neuf ans, t'appliquer encore à l'instruction de tes auditeurs. Tu remplis l'espace d'un siècle dans ce double travail, et tu nous laisses embarrassés de savoir si tu méritas plus d'éloges comme maître ou comme disciple. (Av. J.-C. 273.)

12. Je citerai aussi Sophocle. Il rivalisa glorieusement avec la nature; il fut infatigable à lui enfanter des merveilles, comme elle était libérale à lui dispenser les jours. Il atteignit presque la centième année, et composa, aux approches de la mort, son *Œdipe à Colone*, pièce admirable, qui seule pouvait ravir la palme à tous les poëtes tragiques. Iophon, fils de Sophocle, ne voulut pas laisser ignorer ce fait à la postérité; il eut soin d'inscrire sur le tombeau de son père ce que je viens de raconter.

13. Le poëte Simonide se glorifie lui-même d'avoir récité des vers et disputé le prix de poésie à l'âge de quatre-vingts ans. Il

---

11. Te quoque, Cleanthe, tam laboriose haurientem, et tam pertinaciter tradentem sapientiam, numen ipsius industriæ suspexit, quum adolescentem quæstu extrahendæ aquæ nocturno tempore inopiam tuam sustentantem, diurno Chrysippi præceptis percipiendis vacantem, eumdemque ad undecentesimum annum attenta cura erudientem auditores tuos, videret. Duplici enim labore unius seculi spatium occupasti, incertum reddendo, discipulusne an præceptor esses laudabilior.

12. Sophocles quoque gloriosum cum rerum natura certamen habuit, tam benigne mirifica illi opera sua exhibendo, quam illa operibus ejus tempora liberaliter subministrando. Prope enim centesimum annum attigit, sub ipsum transitum ad mortem Œdipode Coloneo scripto; qua sola fabula omnium ejusdem studii poetarum præripere gloriam potuit : idque ignotum esse posteris filius Sophoclis Iophon noluit, sepulcro patris, quæ retuli, insculpendo.

13. Simonides vero poeta *octogesimo anno et docuisse se carmina, et in eorum*

était assez juste qu'il recueillît le fruit de son génie, et goûtât longtemps un plaisir qu'il allait léguer à tous les siècles. (Av. J.-C. 551.)

14. Jusqu'où allait l'ardeur de Solon pour l'étude? On en jugera par ces vers, où il dit, qu'il apprenait chaque jour quelque chose en vieillissant; et son dernier jour confirma ce témoignage. Comme ses amis conversaient ensemble, assis autour de son lit, il souleva sa tête appesantie par la mort. On lui demanda la cause de cet effort : « C'est, répondit-il, afin de ne mourir qu'après avoir bien compris le sujet de votre entretien. » Certes, l'oisiveté serait bannie de ce monde, si les hommes y entraient avec les sentiments qui animaient Solon au sortir de la vie. (Av. J.-C. 559.)

15. Quelle dut être l'application de Thémistocle! Au milieu des plus grandes occupations et des soins les plus importants, il apprit et retint les noms de tous ses concitoyens; exilé de sa patrie par un arrêt des plus injustes, et forcé de se réfugier auprès de Xerxès qu'il venait de vaincre, il se rendit habile dans la langue des Perses, avant de paraître devant le prince, voulant s'appuyer de son travail comme d'une recommandation, et flatter

---

certamen descendisse ipse gloriatur; nec fuit iniquum, illum voluptatem ex ingenio suo diu percipere, quum eam omni ævo fruendam traditurus esset.

14. Jam Solon quanta industria flagraverit, et versibus complexus est, quibus significat se quotidie aliquid addiscentem senescere, et supremo vitæ die confirmavit : qui, assidentibus amicis, et quadam de re sermonem inter se conferentibus, fatis jam pressum caput erexit; interrogatusque, *quapropter id fecisset*, respondit : « *Ut, quum istud, quidquid est, de quo disputatis, percepero, moriar.* » Migrasset profecto ex hominibus inertia, si eo animo vitam ingrederentur, quo eam Solon egressus est.

15. Quam porro industrius Themistocles, qui, maximarum rerum cura districtus, omnium tamen civium suorum nomina memoria comprehendit, per summamque iniquitatem patria pulsus, et ad Xerxem, quem paulo ante devicerat, confugere coactus, priusquam in conspectum ejus veniret, Persico sermoni

les oreilles du monarque par des sons qui lui étaient familiers et agréables. (Av. J.-C. 463.)

16. Deux rois se sont partagé le double mérite de Thémistocle. Cyrus avait appris les noms de tous ses soldats, et Mithridate savait les langues des vingt-deux nations qui étaient sous son obéissance : l'un voulait saluer ses soldats sans le secours d'un nomenclateur ; l'autre, parler à ses sujets sans interprète.

CHAPITRE VIII

DU REPOS HONORABLE

Du Repos honorable chez les Romains.

Le repos, bien qu'il paraisse fort contraire au travail et à l'étude, doit prendre place immédiatement à leur suite. Je ne parle point du repos qui étouffe la vertu, mais de celui qui la réveille et la ranime. L'un est à craindre, même pour les lâches ; l'autre, souvent à désirer, même pour les hommes les plus actifs : ceux-là doivent

---

se assuefecit; ut, labore parta commendatione, regiis auribus familiarem et assuetum sonum vocis adhiberet !

16. Cujus utriusque industriæ laudem duo reges partiti sunt, Cyrus omnium militum suorum nomina, Mithridates duarum et viginti gentium, quæ sub regno ejus erant, linguas ediscendo : ille, ut sine monitore exercitum salutaret ; hic, ut eos, quibus imperabat, sine interprete alloqui posset.

CAPUT VIII

DE OTIO LAUDATO

De Otio laudato in Romanis.

Otium, quod industriæ et studio maxime contrarium videtur, præcipue subnecti debet, non quo evanescit victus, sed quo recreatur. Alterum enim etiam inertibus vitandum ; alterum strenuis quoque interdum appetendum est : illis,

fuir une vie languissante et oisive; ceux-ci, après une interruption convenable, retourneront au travail avec plus d'énergie.

1. Un couple illustre de vrais amis, Scipion et Lélius, liés entre eux et par une affection mutuelle et par la réunion de toutes les vertus, suivaient d'un pas égal la carrière d'une vie active, et prenaient aussi, en commun, du repos et des délassements. L'on sait qu'ils se promenaient sur les rivages de Caïète et de Laurente, et s'amusaient à recueillir de petits cailloux et des coquillages. C'est un fait que L. Crassus se plaisait à répéter, et qu'il tenait de son beau-père Q. Scévola, gendre de Lélius.

2. Scévola, témoin irrécusable des paisibles délassements de ce grand homme, passe pour avoir été fort habile au jeu de paume : c'était sans doute à cet exercice qu'il allait ordinairement reposer son esprit des fatigues du forum. Il donnait aussi quelques moments au trictrac et aux échecs, après s'être longtemps appliqué à régler les droits des citoyens et le culte des dieux. Dans les affaires sérieuses, c'était Scévola; dans les jeux et les amusements, c'était l'homme à qui la nature ne permet pas de supporter un travail continuel.

ne proprie vitam inertem exigant; his, ut tempestiva laboris intermissione ad laborandum fiant vegetiores.

1. Par veræ amicitiæ clarissimum Scipio et Lælius, cum amoris vinculo, tum etiam omnium virtutum inter se juncti societate, ut actuosæ vitæ iter æquali gradu exsequebantur, ita animi quoque remissioni communiter acquiescebant. Constat namque, eos Caietæ et Laurenti vagos litoribus conchulas et calculos lectitasse, idque se L. Crassus ex socero suo Q. Scævola, qui gener Lælii fuit, audisse sæpenumero prædicavit.

2. Scævola autem, quietæ remissionis eorum certissimus testis, optime pila lusisse traditur; quia videlicet ad hoc diverticulum animum suum, forensibus ministeriis fatigatum, transferre solebat. Alveo quoque et calculis vacasse interdum dicitur, quum bene ac diu jura civium, et cærimonias deorum ordinasset. Ut enim in rebus seriis Scævolam, ita et in scenicis lusibus hominem agebat, quem rerum natura continui laboris patientem esse non sinit.

Du Repos honorable chez les étrangers.

1. Socrate, qui pénétra tous les secrets de la sagesse, avait bien senti cette vérité. Aussi ne rougit-il pas, lorsqu'à cheval sur un bâton, et jouant avec ses fils, tout enfants, il excita la risée d'Alcibiade. (Av. J.-C. 413.)

2. C'était aussi le sentiment d'Homère, ce poëte divin, lorsqu'il mettait entre les mains violentes du fils de Pélée une lyre harmonieuse, pour reposer leur énergie guerrière par un exercice doux et paisible.

CHAPITRE IX

DU POUVOIR DE L'ÉLOQUENCE

Du pouvoir de l'Éloquence chez les Romains.

Nous voyons que l'éloquence a beaucoup d'empire; néan-

De Otio laudato in externis.

1. Idque vidit cui nulla pars sapientiæ obscura fuit, Socrates; ideoque non erubuit tunc, quum interposita arundine cruribus suis, cum parvulis filiolis ludens ab Alcibiade risus est.

2. Homerus quoque, ingenii cœlestis vates, non aliud sensit, vehementissimis Achillis manibus canoras fides aptando, ut earum militare robur leni pacis studio relaxaret.

CAPUT IX

DE VI ELOQUENTIÆ

De vi Eloquentiæ in Romanis.

Potentiam vero eloquentiæ etsi plurimum valere animadvertimus, tamen sub

moins il est à propos de l'envisager dans des exemples particuliers, pour faire mieux ressortir son pouvoir.

1. Après l'expulsion des rois, le peuple, irrité contre le sénat, s'était retiré près de l'Anio, sur le mont Sacré. La république offrait l'aspect le plus triste et le plus douloureux; divisée par une discorde fatale, ce n'était plus qu'une tête et un corps séparés l'un de l'autre; et, si l'éloquence de Valérius n'était venue au secours de la patrie, l'espérance d'un si vaste empire se serait évanouie presque à sa naissance. Les paroles de ce grand homme ramenèrent à des sentiments plus modérés et plus sages un peuple égaré par les charmes d'une liberté récemment conquise, et à laquelle il n'était point accoutumé, elles le soumirent au sénat, elles réunirent Rome à elle-même. Ainsi une voix éloquente se fit entendre, et la colère, la sédition, les armes, lui cédèrent la victoire. (An de R. 259.)

2. L'éloquence arrêta même les soldats de Marius et de Cinna, elle retint leur glaive furieux, brûlant de verser le sang des citoyens. Des émissaires de ces chefs barbares étaient venus pour égorger M. Antonius. A la voix de cet illustre orateur, ils restèrent immobiles, et, sans pouvoir frapper leur victime,

---

propriis exemplis, quo scilicet vires ejus testatiores fiant, recognosci convenit.

1. Regibus exactis, plebs dissidens a patribus, juxta ripam fluminis Anienis in colle, qui *Sacer* appellatur, armata consedit. Eratque non solum deformis, sed etiam miserrimus reipublicæ status, a capite ejus cætera parte corporis pestifera seditione divisa; ac, ni Valerii subvenisset eloquentia, spes tanti imperii in ipso pæne ortu suo corruisset. Is namque populum nova et insolita libertate temere gaudentem, oratione ad meliora et saniora consilia revocatum, senatui subjecit, id est, Urbem Urbi junxit. Verbis ergo facundis ira, consternatio, arma cesserunt.

2. Quæ etiam Marianos Cinnanosque mucrones, civilis profundendi sanguinis cupiditate furentes, inhibuerunt. Missi enim a sævissimis ducibus milites ad M. Antonium obtruncandum, sermone ejus obstupefacti, destrictos jam et

remirent dans le fourreau leurs épées étincelantes, déjà levées sur sa tête. Ils se retirèrent. Mais P. Antronius, qui seul s'était tenu à l'écart, et n'avait pu entendre les paroles éloquentes d'Antonius, exécutant l'ordre sanguinaire, lui donna la mort. Quelle dut être son éloquence? Ses ennemis même n'ont pas la force de l'assassiner, sitôt qu'ils ont prêté l'oreille à ses discours. (An de R. 666.)

3. Le divin Jules César, qui fut le plus parfait soutien et de la Providence céleste, et en même temps de l'esprit humain, exprima le pouvoir de la parole avec beaucoup de vérité : il dit, au sujet de l'accusation qu'il avait intentée à Cn. Dolabella, que le plaidoyer de C. Cotta lui arrachait des mains une excellente cause; et ce fut de la bouche la plus éloquente que sortit cette plainte. (An de R. 676.) Après un tel exemple, je ne saurais trouver dans nos annales rien de plus imposant; je passe donc aux étrangers.

Du pouvoir de l'Éloquence chez les étrangers.

1. Telle fut, au rapport des historiens, l'éloquence de Pisis-

---

vibrantes gladios cruore vacuos vaginis reddiderunt. Quibus digressis, P. Antronius (is enim solus in ambitu expers Antonianæ facundiæ steterat) crudele imperium truculento ministerio peregit. Quam disertum igitur eum fuisse putemus, quem ne hostium quidem quisquam occidere sustinuit, qui modo vocem ejus ad aures suas voluit admittere?

3. Divus quoque Julius, quam cœlestis numinis, tam etiam humani ingenii perfectissimum columen, vim facundiæ proprie expressit, dicendo in accusatione Cn. Dolabellæ, quem reum egit, *extorqueri sibi causam optimam C. Cottæ patrocinio;* siquidem maxima tunc eloquentia questa est. Cujus facta mentione, quoniam domesticum nullum majus adjecerim exemplum, peregrinandum est.

De vi Eloquentiæ in externis.

1. Pisistratus dicendo tantum valuisse traditus est, ut ei Athenienses regium

trate, que les Athéniens, séduits par ses paroles, lui déférèrent la puissance royale, malgré l'opposition et les efforts de Solon, citoyen tout dévoué à sa patrie. Mais si les harangues de l'un étaient plus sages, celles de l'autre étaient plus éloquentes. Aussi ce peuple, d'ailleurs très-éclairé, préféra la servitude à la liberté. (Av. J.-C. 565.)

2. Périclès, qui avait reçu de la nature les dons les plus heureux et qui les avait soigneusement cultivés et perfectionnés à l'école d'Anaxagore, imposa le joug de la servitude à Athènes la libre. Il sut la conduire, la faire mouvoir à son gré, et, lors même qu'il parlait contre le vœu du peuple, ses discours avaient encore des attraits et de la popularité. Aussi l'ancienne comédie, dont le langage était si mordant, et qui en voulait surtout à la puissance de ce grand homme, avouait-elle cependant qu'un charme plus doux que le miel résidait sur ses lèvres, et que ses paroles laissaient une sorte d'aiguillon dans l'âme de ses auditeurs.

Un vieillard, dit-on, qui se trouvait à la première harangue de Périclès, encore très-jeune, et qui, dans sa jeunesse, avait entendu Pisistrate, déjà fort avancé en âge, haranguer le peuple,

imperium oratione capti permitterent, quum præsertim ex contraria parte amantissimus patriæ Solon niteretur. Sed alterius salubriores erant conciones, alterius disertiores : quo evenit, ut alioqui prudentissima civitas libertati servitutem præferret.

2. Pericles autem felicissimis naturæ incrementis, sub Anaxagora præceptore summo studio perpolitus et instructus, liberis Athenarum cervicibus jugum servitutis imposuit. Egit enim ille urbem, et versavit arbitrio suo; quumque adversus voluntatem populi loqueretur, jucunda nihilominus et popularis ejus vox erat. Itaque veteris comœdiæ maledica lingua, quamvis potentiam viri perstringere cupiebat, tamen *in labris ejus hominis melle dulciorem leporem* fatebatur *habitare; inque animis eorum, qui illum audierant, quasi aculeos quosdam relinqui* prædicabat.

Fertur quidam, quum admodum senex primæ concioni Periclis adolescentuli interesset, idemque juvenis Pisistratum jam decrepitum concionantem audisset,

ne put s'empêcher de s'écrier, « Qu'il fallait se tenir en garde contre un tel citoyen; tant sa manière de haranguer rappelait celle de Pisistrate. » C'était tout à la fois bien juger de l'éloquence du jeune Athénien et deviner son caractère. En effet, quelle différence y eut-il entre Pisistrate et Périclès? l'un exerça la souveraineté en armes, l'autre sans armes.

3. Quelle force d'éloquence ne devons-nous pas supposer à Hégésias, philosophe de Cyrène? Il représentait les maux de la vie avec tant d'énergie, il en faisait une peinture si déplorable et l'imprimait tellement dans les âmes, que plus d'un auditeur, au sortir de ses leçons, conçut le désir de se donner la mort. Aussi le roi Ptolémée lui fit défense de continuer à discourir sur ce sujet.

CHAPITRE X

DE LA VOIX ET DU GESTE

Exemples chez les Romains.

Il faut, pour le triomphe de l'éloquence, une prononciation

non temperasse sibi quo minus exclamaret, *Caveri illum civem oportere, quod Pisistrati orationi simillima ejus esset oratio;* nec hominem aut æstimatio eloquii, aut morum augurium fefellit. Quid enim inter Pisistratum et Periclem interfuit, nisi quod ille armatus, hic sine armis tyrannidem gessit?

3. Quantum eloquentia valuisse Hegesiam, Cyrenaicum philosophum, arbitramur, qui sic mala vitæ repræsentabat, ut, eorum miseranda imagine audientium pectoribus inserta, multis voluntariæ mortis oppetendæ cupiditatem ingeneraret? Ideoque a rege Ptolemæo ulterius hac de re disserere prohibitus est.

CAPUT X

DE PRONUNTIATIONE ET APTO MOTU CORPORIS

De Pronuntiatione et apto Motu corporis in Romanis.

Eloquentiæ autem ornamenta in pronuntiatione apta et convenienti motu cor-

convenable et un geste approprié aux paroles. Munie d'un tel secours, elle assiége les hommes par trois côtés à la fois : elle-même envahit leur âme, tandis qu'elle livre leurs oreilles et leurs yeux aux attraits de ses deux auxiliaires.

1. Mais offrons la preuve de cette vérité dans d'illustres personnages ; et d'abord, citons un jeune orateur, C. Gracchus, dont l'éloquence fut plus heureuse que les vues politiques, puisqu'un génie si ardent, si capable de défendre la république, conçut le dessein impie de vouloir la troubler. Toutes les fois qu'il haranguait le peuple, il avait derrière lui un esclave, habile musicien, qui, sans être aperçu, guidait la voix de son maître au son d'une flûte d'ivoire, l'animant ou la modérant selon le besoin. Car la chaleur et la véhémence ne laissaient pas assez d'attention à Gracchus pour garder, de lui-même, une telle mesure. (An de R. 630.)

2. Q. Hortensius, qui regardait la grâce des mouvements corporels comme le moyen le plus puissant, s'étudiait presque plus à les composer qu'à rechercher l'éloquence même des paroles. On accourait en foule à ses plaidoyers ; et l'on ne saurait dire ce qui flattait davantage, de l'entendre ou de le voir : tant

---

poris consistunt. Quibus quum se instruxit, tribus modis homines aggreditur, animos eorum ipsa invadendo, horum alteri aures, alteri oculos permulcendos tradendo.

1. Sed, ut propositi fides in personis illustribus exhibeatur, C. Gracchus eloquentiæ, quam propositi, felicioris adolescens, quoniam flagrantissimo ingenio, quum optime rempublicam tueri posset, perturbare impie maluit, quoties apud populum concionatus est, servum post se musicæ artis peritum habuit, qui occulte eburnea fistula pronuntiationis ejus modos formabat, aut nimis remissos excitando, aut plus justo concitatos revocando : quia ipsum calor atque impetus actionis attentum hujusce temperamenti æstimatorem esse non patiebatur.

2. Q. autem Hortensius, plurimum in corporis decoro motu repositum credens, pæne plus studii in eodem elaborando, quam in ipsa eloquentia affectanda impendit; itaque nescires, utrum cupidius ad audiendum eum, an ad spectandum

les paroles de l'orateur étaient secondées par ses dehors, et ses dehors par ses paroles! Aussi est-il un fait constant : Ésopus et Roscius, les deux plus habiles acteurs de l'époque, assistaient souvent à ses plaidoyers, afin d'enrichir la scène de gestes empruntés au barreau.

3. Enfin Cicéron, dans son discours pour Gallius, fit assez voir combien il attachait d'importance aux deux moyens qui nous occupent. Comme l'accusateur M. Calidius prétendait que le prévenu avait tenté de l'empoisonner, et qu'il le prouverait par témoins, pièces d'écriture, et interrogatoires, Cicéron lui reprocha le calme de son visage, la langueur de sa voix et de son langage dans une plainte de cette nature. Il sut à la fois dévoiler le vice de l'accusation, et fournir à sa cause une preuve nouvelle en finissant par cette apostrophe : « Eh quoi, Calidius, si tu disais la vérité, est-ce ainsi que tu t'exprimerais? » (An de R. 687.)

De la Prononciation et du Geste chez les étrangers.

Démosthène en jugeait de de même. On lui demandait quelle

---

concurreretur : sic verbis oratoriis aspectus, et rursus aspectui verba serviebant. Itaque constat, Æsopum Rosciumque, ludicræ artis peritissimos viros, illo causas agente, in corona frequenter astitisse, ut foro petitos gestus in scenam referrent.

3. Jam M. Cicero, quantum in utraque re, de qua loquimur, momenti sit, oratione quam pro Gallio habuit, significavit, M. Calidio accusatori exprobrando, quod, *præparatum sibi a reo venenum, testibus, chirographis, questionibus se probaturum* affirmans, remisso vultu, et languida voce, et soluto genere orationis usus esset : pariterque et oratoris vitium detexit, et causæ periclitantis argumentum adjecit, totum hunc locum ita claudendo : *Tu istud, M. Calidi, nisi fingeres, sic ageres?*

De Pronuntiatione et apto Motu corporis in externis.

Consentaneum huic Demosthenis judicium, qui quum interrogaretur, *quidnam*

était l'arme la plus puissante de l'orateur : L'action, répondit-il. On répéta cette question plusieurs fois; il fit toujours la même réponse, reconnaissant qu'il devait à l'action presque tous ses succès. Aussi rien de plus juste que ce mot d'Eschine. Forcé de quitter Athènes après ce fameux procès qui avait tourné à sa honte, il s'était retiré à Rhodes. Un jour, à la demande des habitants de cette ville, il débita, d'une voix sonore et harmonieuse, d'abord son discours contre Ctésiphon, ensuite la défense du même Ctésiphon par Démosthène. Tout l'auditoire admirait l'éloquence des deux plaidoyers, mais il donnait surtout des louanges à celui de Démosthène; « Que serait-ce donc, leur dit Eschine, si vous l'aviez entendu lui-même? » Un si grand orateur, un ennemi naguère si ardent, appréciait le génie de son adversaire, la vigueur et le feu de son éloquence, jusqu'à se déclarer lui-même presque incapable de lire ses ouvrages; il avait bien éprouvé ce que pouvaient l'énergique vivacité de ses regards, l'air terrible et imposant de son visage, le ton de sa voix si bien assorti à ses paroles, et les mouvements expressifs de son corps. Aussi, quoiqu'on ne puisse rien ajouter à ce chef-d'œuvre, il manque néanmoins aujourd'hui à Démosthène une grande partie de lui-même; on le lit, mais on n'entend point sa voix.

---

esset in dicendo efficacissimum, respondit, ἡ ὑπόκρισις. Iterum deinde et tertio interpellatus, idem dixit, pæne totum se illi debere confitendo. Recte itaque Æschines, quum propter judicialem ignominiam, relictis Athenis, Rhodum petisset, atque ibi rogatu civitatis suam prius in Ctesiphontem, deinde Demosthenis pro eodem orationem clarissima et suavissima voce recitasset, admirantibus cunctis utriusque voluminis eloquentiam, sed aliquanto magis Demosthenis : *Quid si*, inquit, *ipsum audissetis!* Tantus orator, et modo tam infestus adversarius, sic inimici vim ardoremque dicendi suspexit, ut se scriptorum ejus parum idoneum lectorem esse prædicaret; expertus acerrimum oculorum vigorem, terribile vultus pondus, accommodatum singulis verbis sonum vocis, efficacissimos corporis motus. Ergo etsi operi illius adjici nihil potest, tamen in Demosthene magna pars Demosthenis abest, quod legitur potius, quam auditur.

CHAPITRE XI

DES EFFETS EXTRAORDINAIRES DES ARTS

Exemples chez les Romains.

Je vais raconter les effets des sciences et des arts : ce récit pourra intéresser le lecteur ; en faisant voir leur utilité, il exposera au grand jour des choses dignes de mémoire, et l'écrivain, en les publiant, n'aura pas perdu ses veilles.

1. La passion de Sulpicius Gallus pour tous les genres de connaissances fut très-utile à la république. Il était lieutenant de Paul-Émile dans la guerre contre le roi Persée. Pendant une belle nuit la lune vint tout à coup à s'éclipser. Effrayée de ce phénomène comme d'un prodige menaçant, notre armée avait perdu confiance et tremblait d'en venir aux mains. Gallus ex-

CAPUT XI

DE EFFECTIBUS ARTIUM RARIS

De effectibus artium raris apud Romanos.

Effectus etiam artium recogniti possunt aliquid afferre voluptatis : protinusque et quam utiliter excogitatæ sint, patebit, et memoratu dignæ res lucido in loco reponentur, et labor in iis edendis suo fructu non carebit.

1. Sulpicii Galli maximum in omni genere litterarum recipiendo studium plurimum reipublicæ profuit. Nam quum L. Pauli, bellum adversum regem Persen gerentis, legatus esset, ac serena nocte subito luna defecisset, eoque veluti diro

pliqua si habilement le système planétaire et la nature des corps célestes, que les soldats reprirent courage, et marchèrent, pleins d'ardeur, au combat. Ainsi l'éclatante victoire de Paul-Émile, ce fut la noble science de Gallus qui en ouvrit le chemin. Si celui-ci n'eût rassuré nos soldats, s'il n'eût triomphé de leur frayeur, le général n'aurait pu triompher de l'ennemi. (An de R. 580.)

2. L'habileté de Spurina à découvrir les avis des dieux n'éclata pas moins vivement, mais par un coup trop douloureux à l'empire romain. Il avait averti Jules César de se tenir sur ses gardes, en lui représentant comme sinistres les trente jours qui allaient suivre : le dernier tombait aux ides de mars (15 mars). Dans la matinée du trentième jour, le hasard les réunit tous les deux chez Calvinus Domitius auquel ils venaient rendre visite. César dit à Spurina : « Eh bien ! ne sommes-nous pas aux ides de mars ? — Eh bien, reprit Spurina, sont-elles passées ? » L'un avait banni la crainte en voyant le terme de l'époque suspecte : l'aruspice pensait que le dernier instant même pouvait recéler tout le péril. Que n'a-t-il été dupe de sa science, plutôt que le père de la patrie victime de sa sécurité ! (An de R. 709.)

---

quodam monstro perterritus exercitus noster manus cum hoste conserendi fiduciam amisisset, de cœli ratione et siderum natura peritissime disputando, alacrem eum in aciem misit. Itaque illi inclytæ Paulianæ victoriæ liberales artes Galli aditum dederunt, quia nisi ille metum nostrorum militum vicisset, imperator vincere hostes non potuisset.

2. Spurinæ quoque in consectandis deorum monitis efficacior scientia apparuit, quam urbs romana voluit. Prædixerat enim C. Cæsari, *ut proximos dies triginta quasi fatales caveret*, quorum ultimus erat idus martiæ. Eo quum forte mane uterque in domum Calvini Domitii ad officium convenisset, Cæsar Spurinæ : *Ecquid scis*, inquit, *idus martias jam venisse?* et is, *Ecquid scis, illas nondum præteriisse?* Abjecerat alter timorem, tanquam exacto tempore suspecto : alter ne extremam quidem ejus partem periculo vacuam esse arbitratus est. Utinam aruspicem potius augurium, quam patriæ parentem securitas fefellisset !

Exemples chez les étrangers.

1. Mais portons nos regards chez les étrangers. Une éclipse de soleil avait tout à coup enveloppé la ville d'Athènes de ténèbres extraordinaires. Le peuple était dans la stupeur, croyant que le ciel lui annonçait la mort. Périclès se présente au milieu de ses concitoyens; il leur donne, sur le cours du soleil et de la lune, les explications qu'il avait reçues de son maître Anaxagore, et empêche sa patrie d'être plus longtemps en proie à une vaine frayeur. (Av. J.-C. 430).

2. Quel honneur le roi Alexandre ne faisait-il pas aux arts, quand il ne permettait qu'à Apelle de le peindre, au seul Lysippe de le représenter en bronze?

3. Lorsqu'on visite la ville d'Athènes, les regards s'arrêtent sur un Vulcain sorti des mains d'Alcamène. Entre autres signes de perfection qui frappent d'abord la vue dans cet ouvrage, on admire jusqu'à l'habileté avec laquelle le statuaire fait entrevoir la démarche boiteuse de Vulcain sous une draperie qui la déguise. Le défaut ne paraît plus comme une difformité; ennobli

---

De effectibus artium raris apud externos.

1. Sed, ut alienigena scrutemur, quum obscurato repente sole inusitatis perfusæ tenebris Athenæ sollicitudine agerentur, interitum sibi cœlesti denuntiatione portendi credentes, Pericles processit in medium; et, quæ a præceptore suo Anaxagora pertinentia ad solis et lunæ cursum acceperat, disseruit, nec ulterius trepidare cives suos vano metu passus est.

2. Quantum porro dignitatis a rege Alexandro tributum arti existimamus, qu se et pingi ab uno Apelle, et fingi a Lysippo tantummodo voluit?

3. Tenet visentes Athenas Vulcanus Alcamenis manibus fabricatus. Præter cætera enim perfectissimæ artis in eo præcurrentia indicia, etiam illud mirantur, quod stat dissimulatæ claudicationis sub veste leviter vestigium repræsentans;

par l'ingénieux ciseau, il se laisse voir seulement comme un trait particulier et distinctif du dieu.

4. On voit son épouse en marbre dans le temple de Gnide. Cette statue, ouvrage de Praxitèle, semble respirer. Telle en est la beauté qu'elle provoqua les honteux embrassements d'un impudique. On doit, par là, trouver plus excusable l'erreur du cheval, à qui la vue d'une cavale en peinture arracha un hennissement, des chiens qui aboyèrent à l'aspect d'une chienne représentée dans un tableau, du taureau qu'on vit à Syracuse, s'enflammer et devenir furieux pour une génisse d'airain d'une exquise ressemblance. Faut-il s'étonner que l'art trompe ainsi des êtres privés de raison, quand nous voyons les traits d'un marbre muet et insensible exciter dans un homme une flamme sacrilége?

5. Mais si la nature permet souvent à l'art de rivaliser de puissance avec elle, parfois aussi elle le laisse se consumer en efforts inutiles. C'est ce qu'éprouva le pinceau d'un excellent artiste, d'Euphranor. Il peignait à Athènes les douze grands dieux : il avait représenté Neptune avec tout ce qu'il put rassembler de couleurs et de traits majestueux, se flattant de donner

---

ut non tanquam exprobratum vitium, ita tanquam certam propriamque dei notam decore significans.

4. Cujus conjugem Praxiteles in marmore quasi spirantem in templo Gnidiorum collocavit, propter pulchritudinem operis a libidinoso cujusdam complexu parum tutam. Quo excusabilior est error equi, qui, visa pictura equæ, hinnitum edere coactus est; et canum latratus aspectu pictæ canis incitatus; taurusque ad amorem et concubitum æneæ vaccæ Syracusis nimiæ similitudinis irritamento compulsus. Quid enim vacua rationis animalia arte decepta miremur, quum hominis sacrilegam cupiditatem muti lapidis lineamentis excitatam videamus?

5. Cæterum natura quemadmodum sæpenumero æmulam virium suarum artem esse patitur, ita aliquando irritam fesso labore dimittit. Quod summi artificis Euphranoris manus senserunt: nam, quum Athenis duodecim deos pingeret, Neptuni imaginem quam poterat excellentissimis majestatis coloribus complexus

à Jupiter un caractère plus auguste encore. Mais, l'inspiration s'était épuisée sur le premier ouvrage, et quelques efforts qu'il fît pour le second, il ne put jamais atteindre la hauteur qu'il s'était proposée.

6. Que dirai-je de cet autre peintre non moins célèbre, qui représenta le cruel sacrifice d'Iphigénie? Après avoir placé autour de l'autel Calchas l'air abattu, Ulysse consterné, Ajax frémissant de rage, Ménélas poussant des plaintes lamentables, il couvrit d'un voile la tête d'Agamemnon ; n'était-ce pas avouer que l'art ne saurait exprimer l'affliction la plus profonde et la plus amère ? Il nous montre un aruspice, des amis, un frère en pleurs, son tableau est mouillé de leurs larmes : mais il laisse à la sensibilité du spectateur à juger de la douleur du père.

7. Ajoutons encore un exemple, également fourni par la peinture. Un artiste d'un rare talent avait déployé toutes les ressources de son art pour représenter un cheval sortant du manége; on eût dit l'animal vivant. Il voulut encore peindre l'écume autour des naseaux. Mais tout habile qu'il était, ce mince objet l'arrêta ; il essaya longtemps, à plusieurs reprises, toujours inutilement. Enfin, d'impatience et de dépit, il saisit une éponge

est, perinde ac Jovis aliquanto augustiorem repræsentaturus; sed, omni impetu cogitationis in superiori opere absumpto, posteriores ejus conatus assurgere, quo tendebant, nequiverunt.

6. Quid ille alter æque nobilis pictor, luctuosum immolatæ Iphigeniæ sacrificium referens, quum Calchanta tristem, mœstum Ulyssem, clamantem Ajacem, lamentantem Menelaum circa aram statuisset, caput Agamemnonis involvendo, nonne summi mœroris acerbitatem arte exprimi non posse confessus est ? Itaque pictura ejus, aruspicis, amicorum, et fratris lacrymis madet; patris fletum spectantis affectui æstimandum reliquit.

7. Atque, ut ejusdem studii adjiciam exemplum, præcipuæ artis pictor equum ab exercitatione venientem, modo non vivum, labore industriæ suæ comprehenderat. Cujus naribus spumas adjicere cupiens, tantus artifex in tam parvula materia multum ac diu frustra terebatur : indignatione deinde accensus, spon-

qui était près de lui, encore imprégnée de toutes sortes de couleurs, et la jeta sur le tableau comme pour perdre son ouvrage. Mais la fortune, la dirigeant vers les naseaux du cheval, accomplit le désir du peintre. Ainsi une imitation que l'art avait tentée vainement fut l'œuvre du hasard.

CHAPITRE XII

DANS LES ARTS IL FAUT S'EN RAPPORTER AUX PLUS HABILES MAITRES

Exemples chez les Romains.

Chacun, dans son art, est toujours le plus capable et de conseiller et de raisonner : c'est une vérité que je vais appuyer par quelques exemples.

Q. Scévola, cet illustre interprète des lois, cet oracle infaillible de la jurisprudence, toutes les fois qu'on venait le consulter sur

giam omnibus imbutam coloribus forte juxta se positam apprehendit, et, veluti corrupturus opus suum, tabulæ illisit; quam fortuna ad ipsas equi nares directam, desiderium pictoris coegit explere. Itaque quod ars adumbrare non valuit, casus imitatus est.

CAPUT XII

OPTIMIS ARTIUM MAGISTRIS CONCEDENDUM ESSE

Optimis artium magistris concedendum esse, ut factum apud Romanos.

Suæ autem artis unumquemque et auctorem, et disputatorem optimum esse, ne dubitemus, paucis exemplis admoneamus.

Q. Scævola, legum clarissimus et certissimus vates, quotiescunque de jure

quelque point de droit relatif à des propriétés rurales, renvoyait à Furius et à Cascellius, tous deux spécialement versés dans cette partie de la science. Par là, il faisait admirer sa modération ; il ne perdait rien de son autorité, en reconnaissant que ces sortes de questions ne pouvaient être mieux résolues que par ceux qui en avaient une habitude journalière. Ainsi, dans chaque profession, le plus sage est celui qui n'a de son propre talent qu'une opinion modeste et qui sait habilement apprécier le mérite des autres.

Exemples étrangers.

1. Platon, cet esprit si riche en savoir, fut aussi pénétré de cette vérité. Les entrepreneurs d'un édifice sacré voulurent conférer avec lui sur le plan et la forme de l'ouvrage : il les renvoya à Euclide le géomètre, déférant à sa science, ou plutôt à sa profession.

2. Athènes est fière de son arsenal, et avec raison : c'est un ouvrage magnifique et pour la richesse et pour l'élégance. Philon,

---

prædiatorio consulebatur, ad Furium et Cascellium, quia huic scientiæ dediti erant, consultores rejiciebat. Quo quidem facto moderationem magis suam commendabat, quam auctoritatem minuebat, ab his id negotium aptius explicari posse confitendo, qui quotidiano ejus usu callebant. Sapientissimi igitur artis suæ professores sunt, a quibus et propria studia verecunde, et aliena callide æstimantur.

Optimis artium magistris concedendum esse, ut factum apud externos.

1. Platonis quoque eruditissimum pectus hæc cogitatio attigit ; qui conductores sacræ aræ, de modo et forma ejus secum sermonem conferre conatos, ad Euclidem geometram ire jussit, scientiæ ejus cedens, immo professioni.

2. Gloriantur Athenæ armamentario suo, nec sine causa ; est enim illud opus et impensa et elegantia visendum. Cujus architectum Philonem ita facunde ra-

qui en fut l'architecte, rendit compte de son entreprise en plein théâtre : il le fit en un style si agréable, que le peuple le plus habile à manier la parole n'applaudit pas moins à son éloquence qu'à son talent dans l'architecture.

3. J'admire encore cet artiste, qui, dans un de ses ouvrages, écouta volontiers les avis d'un cordonnier sur la chaussure, et qui lui imposa silence, lorsqu'il voulut s'élever au dessus du pied et critiquer même la jambe. (Av. J.-C. 342.)

CHAPITRE XIII

VIEILLESSES MÉMORABLES

Exemples chez les Romains.

Ce livre, en offrant des exemples d'application au travail, a déjà montré la vieillesse à son dernier période dans quelques hommes illustres. Néanmoins donnons encore à cette partie de la vie un chapitre distinct et particulier. Évitons le reproche d'avoir refusé nos louanges à un âge que les dieux immor-

tionem institutionis suæ in theatro reddidisse constat, ut disertissimus populus non minorem laudem eloquentiæ ejus, quam arti, tribueret.

3. Mirifice et ille artifex, qui, in opere suo moneri se a sutore de crepida et ansulis passus, de crure etiam disputare incipientem, supra plantam ascendere vetuit.

CAPUT XIII

DE SENECTUTE MEMORABILI

De Senectute memorabili in Romanis.

Senectus quoque ad ultimum sui finem provecta, in hoc eodem opere, inter exempla industriæ, in aliquot claris viris conspecta est : separatum tamen et proprium titulum habeat, ne, cui deorum immortalium præcipua indulgentia

tels ont daigné honorer d'une faveur spéciale. Que l'espoir d'une plus longue durée devienne pour la vieillesse comme un soutien, un point d'appui; que la vue d'une antique félicité vienne l'animer; que la confiance assure la tranquillité de notre siècle, le plus heureux qu'on ait jamais vu, en prolongeant jusqu'aux limites les plus reculées de l'existence humaine les jours et la santé du prince en qui repose le salut de la patrie.

1. M. Valérius Corvus vécut cent ans. Quarante-sept années s'écoulèrent entre son premier et son sixième consulat. Une vigoureuse constitution lui permit et de soutenir les emplois les plus glorieux de la république et de travailler assidûment à la culture de ses terres; modèle admirable et du citoyen et du père de famille.

2. Métellus fournit une carrière non moins longue. Quatre ans après son dernier consulat, dans un âge fort avancé, il fut créé souverain pontife. Il présida aux cérémonies sacrées pendant vingt-deux ans, et jamais sa langue n'hésita en prononçant les vœux et les prières; jamais on ne vit sa main trembler en faisant les sacrifices.

---

affuit, nostra ornata mentio defuisse existimetur; et simul spe diuturnioris vitæ, quasi adminicula quædam dentur, quibus insistens, alacriorem se respectu vetustæ felicitatis facere possit; tranquillitatemque seculi nostri, qua nulla unquam beatior fuit, subinde fiducia confirmet, salutaris principis incolumitatem ad longissimos humanæ conditionis terminos prorogando.

1. M. Valerius Corvus centesimum annum complevit. Cujus inter primum et sextum consulatum quadraginta septem anni intercesserunt; suffecitque integris viribus corporis non solum speciosissimis reipublicæ ministeriis, sed etiam exactissimæ agrorum suorum culturæ, et civis, et patrisfamilias optabile exemplum.

2. Cujus vitæ spatium æquavit Metellus, quartoque anno post consularia imperia, senex admodum, pontifex maximus creatus, tutelam cærimoniarum per duos et viginti annos, neque ore in votis nuncupandis hæsitante, neque in sacrificiis faciendis tremula manu, gessit.

3. Q. Fabius Maximus exerça pendant soixante-deux ans les fonctions d'augure ; et quand il y parvint, il était déjà dans la force de l'âge. Réunissons ensemble ces deux portions de sa vie ; elles rempliront aisément la mesure d'un siècle.

4. Que dirai-je de M. Perpenna ? Il survécut à tous les sénateurs qu'il avait convoqués sous son consulat : il vit réduits au nombre de sept les pères conscrits dont il avait dressé la liste pendant sa censure avec L. Philippus. Il compta plus de jours que l'auguste compagnie tout entière.

5. Pour Appius, qui vécut tant d'années privé de la lumière, je terminerais sa vie à son infortune, si, depuis l'instant où ce malheur s'appesantit sur lui, il n'avait su diriger avec une fermeté admirable une famille de quatre fils et de cinq filles, une nombreuse clientèle et la chose publique. Bien plus : déjà fatigué du poids des ans, il se fit porter en litière au sénat pour empêcher la conclusion d'une paix honteuse avec Pyrrhus. Comment donner à un tel homme le nom d'aveugle ? la patrie avait peine à voir par elle-même le chemin de l'honneur, il lui apprend à le discerner.

6. La longévité des femmes a été également remarquable :

---

3. Q. autem Fabius Maximus duobus et sexaginta annis auguratus sacerdotium sustinuit, robusta jam ætate id adeptus ; quæ utraque tempora si in unum conferantur, facile seculi modum expleverint.

4. Jam de M. Perpenna quid loquar ? qui omnibus, quos in senatum consul vocaverat, superstes fuit : septem quoque tantummodo, quos censor collega L. Philippi legerat, e patribus conscriptis reliquos vidit, toto ordine amplissimo diuturnior.

5. Appii vero ævum clade metirer, quia infinitum numerum annorum orbatus luminibus exegit, nisi quatuor filios et quinque filias, plurimas clientelas, rem denique publicam, hoc casu gravatus, fortissime rexisset : quin etiam fessus jam vivendo, lectica se in Curiam deferri jussit, ut cum Pyrrho deformem pacem fieri prohiberet. Hunc cæcum aliquis nominet, a quo patria quod honestum erat, per se parum cernens, coacta est pervidere ?

6. Muliebris etiam vitæ spatium non minus longum in compluribus apparuit ;

une foule d'exemples l'attestent; mais il me suffira d'en citer quelques-uns. La femme de Livius Rutilius vécut quatre-vingt-dix-sept ans; Térentia, qui fut l'épouse de Cicéron, en compta cent trois; celle d'Aufilius, nommée Clodia, accomplit sa cent quinzième année; elle avait perdu quinze enfants.

Vieillesses mémorables chez les étrangers.

1. A ces exemples je joindrai ceux des rois dont la longue carrière fut très-utile au peuple romain. Hiéron, qui gouverna la Sicile, parvint à la quatre-vingt-dixième année. Masinissa, roi de Numidie, alla encore plus loin : son règne dura soixante ans, et la vigueur de sa vieillesse le rendit le plus étonnant des hommes. C'est un fait constant, comme Cicéron le rapporte dans son traité *de la Vieillesse*, que jamais aucune pluie, aucun froid, ne purent le forcer à couvrir sa tête. On dit qu'il se tenait debout plusieurs heures de suite, à la même place, les pieds immobiles, jusqu'à ce qu'il eût fatigué les jeunes gens dans cette espèce de lutte : mais les affaires demandaient-elles qu'il fût assis, il de-

---

quarum aliquas strictim retulisse me satis erit. Nam et Livia Rutilii septimum et nonagesimum, et Terentia Ciceronis tertium et centesimum, et Clodia Aufilii, quindecim filiis ante amissis, quintum decimum et centesimum explevit annum.

De Senectute memorabili in externis.

1. Jungam his duos reges, quorum diuturnitas populo Romano fuit utilissima. Siciliæ rector Hiero ad nonagesimum annum pervenit; Masinissa, Numidiæ rex, hunc modum excessit, regni spatium sexaginta annis emensus, vel ante omnes homines robore senectæ admirabilis. Constat cum, quemadmodum Cicero refert libro quem *de Senectute* scripsit, nullo unquam imbre, nullo frigore, ut caput suum veste tegeret, adduci potuisse. Eumdem ferunt aliquot horis in eodem vestigio perstare solitum, non ante modo pede, quam consimili labore juvenes fatigasset; at, si quid agi a sedente oporteret, toto die sæpenumero nullam in

meurait souvent, assure-t-on, sur son siége une journée entière, sans se retourner d'aucun côté. A la tête des armées, il passait quelquefois un jour et une nuit sans descendre de cheval; et la vieillesse ne lui fit abandonner aucun des travaux auxquels il avait exercé et endurci sa jeunesse. Quant à l'amour même, il conserva tellement sa force, qu'à l'âge de plus de quatre-vingt-six ans, il eut encore un fils nommé Méthymnatus. La terre était inculte et déserte quand il monta sur le trône, il la laissa fertile et abondante, grâce aux soins qu'il donna toujours à l'agriculture.

2. Gorgias de Léontium, qui eut pour disciples Isocrate et beaucoup d'autres personnages du plus grand génie, se félicitait de son sort. En effet, à l'âge de cent sept ans, on lui demandait, comment il pouvait se résoudre à vivre si longtemps : « C'est, répondit-il, que je n'ai point à me plaindre de ma vieillesse. » Le cours d'une telle vie est bien admirable : fut-il une existence et plus longue et plus heureuse ? Il recommença un second siècle, sans y rencontrer aucun sujet de plainte, sans en laisser dans le premier.

3. Xénophilus de Chalcis, philosophe pythagoricien, compta

---

partem converso corpore in solio durasse. Ille vero etiam exercitus, equo insidens, noctem diei plerumque jungendo, duxit; nihilque omnino ex iis operibus, quæ adolescens sustinere assueverat, quo minus senectute ageret, omisit : veneris etiam usu ita semper viguit, ut post sextum et octogesimum annum filium generarit, cui Methymnato nomen fuit. Terram quoque, quam vastam et desertam acceperat, perpetuo culturæ studio frugiferam reliquit.

2. Gorgias etiam Leontinus, Isocratis et complurium magni ingenii virorum præceptor, sua sententia felicissimus. Nam, quum centesimum et septimum ageret annum, interrogatus, *quapropter tandiu vellet in vita remanere? Quia nihil,* inquit, *habeo quod senectutem meam accusem.* Quid isto tractu ætatis aut longius, aut beatius? Jam alterum seculum ingressus, neque in hoc querelam ullam invenit, neque in illo reliquit.

3. Biennio minor Xenophilus Chalcidensis Pythagoricus, sed felicitate non

deux années de moins que Gorgias, mais il eut un égal bonheur, puisque, au rapport d'Aristoxène le Musicien, sans avoir éprouvé aucune des infirmités humaines, il mourut dans tout l'état de la gloire que peut donner un savoir accompli.

4. Pour Arganthonius de Gadès, telle fut la durée de son règne, que l'on pourrait même se contenter d'une vie aussi longue. Il gouverna sa patrie pendant quatre-vingts ans, et il en avait déjà quarante lorsqu'il monta sur le trône; c'est ce qu'affirment des auteurs dignes de foi. Et même Asinius Pollion, qui n'est pas un des moindres écrivains latins, atteste, dans le troisième livre de ses histoires, que ce prince vécut cent trente ans; et Pollion lui-même est un assez bel exemple d'une robuste vieillesse.

5. La longue existence de ce roi de Gadès devient moins étonnante, quand on songe aux Éthiopiens, qui, selon Hérodote, passent cent vingt ans; aux Indiens, sur lesquels Ctésias nous a transmis le même témoignage; à Épiménide de Cnose, qui, au rapport de Théopompe, vécut cent cinquante-sept ans.

6. S'il faut en croire Hellanicus, on voit chez les Épiens, peuple d'Étolie, des hommes qui vivent deux cents ans; et Da-

---

inferior; siquidem, ut ait Aristoxenus musicus, omnis humani incommodi expers, in summo perfectissimæ splendore doctrinæ exstinctus est.

4. Arganthonius autem Gaditanus tandiu regnavit, quandiu etiam ad satietatem vixisse abunde foret. Octoginta enim annis patriam suam rexit, quum ad imperium quadraginta annos natus accessisset : cujus rei certi sunt auctores. Asinius etiam Pollio non minima pars Romani stili, in tertio historiarum suarum libro, *centum illum et triginta annos explesse,* commemorat; et ipse nervosæ vivacitatis haud parvum exemplum.

5. Hujus regis consummationem annorum minus admirabilem faciunt Æthiopes, *quos* Herodotus scribit *centesimum et vigesimum annum transgredi;* et Indi, de quibus Ctesias idem tradit; et Epimenides Cnosius, *quem* Theopompus dicit *septem et quinquaginta et centum annos vixisse.*

6. Hellanicus vero ait, *quosdam ex gente Epiorum,* quæ pars est Ætoliæ, *du-*

mastès, en appuyant ce témoignage, assure de plus, qu'un d'entre eux, nommé Lictorius, homme d'une force étonnante et d'une taille extraordinaire, compta trois cents ans.

7. Alexandre, dans son traité sur les contrées d'Illyrie, affirme qu'un certain Danthon parvint jusqu'à la cinq centième année sans ressentir en rien les infirmités de la vieillesse. Mais Xénophon est bien plus libéral encore dans son livre intitulé *Périple* (voyage maritime) : il donne au roi des Latmiens huit cents ans, et, de peur que le père de ce prince ne parût traité avec peu de bienveillance, il lui en accorde, à son tour, six cents.

CHAPITRE XIV

DE L'AMOUR DE LA GLOIRE

De l'amour de la Gloire chez les Romains.

Il s'agit maintenant de la gloire. Quelle en est la source, quelle en est la nature? par quelle voie doit-on y parvenir? ou

centos explere annos; eique subscribit Damastes, hoc amplius affirmans, Lictorium quemdam ex his maximarum virium, staturæque præcipuæ, trecentesimum annum cumulasse.

7. *Alexander vero in eo volumine, quod de Illyrico tractu composuit, affirmat, Danthona quemdam ad quingentesimum usque annum nulla ex parte senescentem processisse. Sed multo liberalius Xenophon, cujus* Περίπλους *legitur : is enim Latmorium regem octingentis vitæ annis donavit; ac, ne pater ejus parum benigne acceptus videretur, ei quoque sexcentos assignavit annos.*

CAPUT XIV

DE CUPIDITATE GLORIÆ

De cupiditate Gloriæ in Romanis.

Gloria vero, aut unde oriatur, aut cujus sit habitus, aut qua ratione debeat

CHAP. XIV, DE L'AMOUR DE LA GLOIRE.

ne convient-il pas mieux à la vertu de la négliger comme inutile? Je laisse ces questions à ceux qui se livrent particulièrement à ces sortes de méditations, et qui ont le talent d'exprimer avec éloquence ce qu'ils ont sagement pensé. Je ne prétends rien de pareil: satisfait d'attacher, dans cet ouvrage, le souvenir des actions à celui de leurs auteurs, et le nom des auteurs au souvenir de leurs actions, je m'efforcerai de montrer, par des exemples appropriés au sujet, jusqu'où va ordinairement la passion de la gloire.

1. Le premier Scipion l'Africain voulut qu'on plaçât, parmi les monuments de la famille Cornélia, la statue du poëte Ennius, dont le génie lui paraissait avoir donné du lustre à ses exploits. Il n'ignorait pas, sans doute, que tant que l'empire romain serait florissant, tant que l'Afrique tremblerait devant l'Italie comme un esclave aux pieds de son maître, et que le Capitole étendrait sa domination sur tout l'univers, le souvenir de ses actions ne pourrait s'éteindre; mais il regardait comme un rare bonheur que la lumière des lettres fût venue encore en augmenter l'éclat: héros digne d'un Homère, et qui n'eut pour chantre qu'un génie rustique et grossier.

2. Nous voyons les mêmes sentiments dans un autre général,

---

comparari, et an melius a virtute, veluti non necessaria, negligatur, viderint ii, quorum in contemplandis hujusmodi rebus cura teritur; quibusque illa, quæ prudenter animadverterunt, facunde contigit eloqui : ego, in hoc opere factis auctores et auctoribus facta sua reddere contentus, quanta cupiditas ejus esse soleat, propriis exemplis demonstrare conabor.

1. Superior Africanus Ennii poetæ effigiem in monumentis Corneliæ gentis collocari voluit, quod ingenio ejus opera sua illustrata judicaret : non quidem gnarus, quandiu Romanum imperium floreret, et Africa Italiæ pedibus esset subjecta, totiusque terrarum orbis summum columen arx Capitolina possideret, eorum exstingui memoriam non posse, si tamen litterarum quoque lumen illis accessisset, magni æstimans, vir Homerico, quam rudi atque impolito præconio, dignior.

2. Similiter honoratus animus erga poetam Accium D. Bruti, suis tempori-

l'un des plus illustres de son siècle : D. Brutus se fit honneur de sa bienveillance pour le poëte Accius; flatté de son amitié et des louanges empressées qu'il en recevait, il orna de ses vers les portiques des temples qu'il avait consacrés du produit des dépouilles ennemies. (An de R. 621.)

3. Le grand Pompée même ne fut pas insensible à cette sorte de gloire. Il donna le titre de citoyen romain, en présence de toute son armée, à Théophane de Mitylène, qui écrivait son histoire : honneur magnifique par lui-même et rehaussé encore par un discours public où le général prit soin de le justifier. Ainsi personne ne put douter que ce ne fût un témoignage de reconnaissance plutôt que de faveur. (Vers l'an 692.)

4. L. Sylla ne s'attacha, il est vrai, aucun homme de lettres; mais, lorsque Jugurtha fut amené à Marius par Bocchus, roi de Mauritanie, il revendiqua si ardemment tout l'honneur d'un tel succès, qu'il fit graver cet événement sur un anneau qui lui servait de cachet. Ainsi un homme qui devait s'élever un jour à un tel degré de puissance, ne sut pas dédaigner même le plus faible vestige de gloire. (An de R. 647.)

5. A la suite de ces généraux, je citerai un soldat animé du sentiment de la gloire. Scipion distribuait des récompenses mi-

---

bus clari ducis, exstitit : cujus familiari cultu et prompta laudatione delectatus, ejus versibus templorum aditus, quæ ex manubiis consecraverat, adornavit.

3. Ne Pompeius quidem magnus ab hoc affectu gloriæ aversus, qui Theophanem Mytilenæum, scriptorem rerum suarum, in concione militum civitate donavit, beneficium per se amplum accurata etiam et testata oratione prosecutus. Quo effectum est, ut ne quis dubitaret, quin referret potius gratiam, quam inchoaret.

4. L. autem Sylla, etsi ad neminem scriptorem animum direxit, tamen Jugurthæ a Boccho rege ad Marium perducti totam sibi laudem tam cupide asseruit, ut annulo, quo signatorio utebatur, insculptam illam traditionem haberet; et (quantus postea!) ne minimum quidem gloriæ vestigium contempsit.

5. Atque, ut imperatoribus gloriosum militis spiritum subnectam, Scipionem

litaires à ceux qui s'étaient signalés par leur valeur. T. Labiénus lui désigna un brave cavalier, l'invitant à lui donner des bracelets d'or. Le général répondit qu'il s'en garderait bien, il craignait d'avilir les honneurs militaires en les accordant à un homme qui naguère était esclave. Alors Labiénus lui donna de l'or pris sur les dépouilles des Gaulois. A voir une telle récompense, Scipion ne put dissimuler sa pensée : « Voilà, dit-il au cavalier, le présent d'un homme riche. » A ce mot, le soldat confus baissa les yeux et jeta l'or aux pieds de Labiénus. Mais lorsqu'il entendit Scipion lui adresser ces paroles : « Reçois de ton général ces bracelets d'argent, » il s'en alla transporté de joie. Il n'est donc point de condition si basse qui ne soit touchée des douceurs de la gloire. (An de R. 707.)

6. La gloire ! on a vu même des hommes illustres la rechercher jusque dans les plus petites choses. En effet, pourquoi C. Fabius, citoyen de la plus haute noblesse, après avoir fait les peintures du temple de la Santé, édifice consacré par C. Junius Bubulcus, y inscrivit-il son nom ? Fallait-il encore cette distinction à une famille signalée par des consulats, des sacerdoces, des triomphes ? Certes elle n'en avait pas besoin : mais Fabius après s'être livré

---

dona militaria iis, qui strenuam operam ediderant, dividentem, T. Labienus, *ut forti equiti aureas armillas tribueret*, admonuit; eoque negante, *se id facturum; ne castrensis honos in eo, qui paulo ante servisset, violaretur*, ipse ex præda Gallica aurum equiti largitus est. Nec tacite id Scipio tulit; nam equiti : « *Habebis*, inquit, *donum viri divitis.* » Quod ubi ille accepit, projecto ante pedes Labieni auro, vultum demisit. Idem, ut audiit Scipionem dicentem, *Imperator te argenteis armillis donat*, alacer gaudio abiit. Nulla est ergo tanta humilitas, quæ dulcedine gloriæ non tangatur.

6. Illa vero etiam a claris viris interdum ex humillimis rebus petita est. Nam quid sibi voluit C. Fabius nobilissimus civis? qui quum in æde Salutis, quam C. Junius Bubulcus dedicaverat, parietes pinxisset, nomen his suum inscripsit; id enim demum ornamenti familiæ consulatibus, et sacerdotiis, et triumphis celeberrimæ deerat! Cæterum sordido studio deditum ingenium, qualemcunque

à un art bien au-dessous de sa naissance, n'y eût-il acquis qu'un faible talent, ne voulut pas en laisser effacer la mémoire. Il suivait sans doute l'exemple de Phidias, qui avait tellement enchâssé son portrait dans le bouclier de Minerve, qu'on ne pouvait l'en détacher sans désassembler tout l'ouvrage. (An de R. 451.)

De l'amour de la Gloire chez les étrangers

1. Mais il eût été préférable, s'il avait à cœur d'imiter les étrangers, de prendre pour modèle l'ardeur de Thémistocle. On dit que l'émulation de la vertu agitait de son aiguillon ce jeune Athénien jusqu'à lui ôter le repos pendant la nuit, et qu'il répondit, quand on lui demanda pourquoi il se trouvait à cette heure-là dans les rues, « C'est que les trophées de Miltiade m'arrachent au sommeil. » Sans doute le souvenir de Marathon embrasait son âme d'un feu secret, et préparait son génie aux éclatantes victoires d'Artémisium et de Salamine, noms à jamais célèbres dans les fastes de la gloire navale. Un jour qu'il allait au théâtre, on lui demanda quelle voix il entendrait avec le plus de

---

illum laborem suum silentio obliterari noluit, videlicet Phidiæ secutus exemplum, qui clypeo Minervæ effigiem suam inclusit, quâ convulsâ, tota operis colligatio solveretur.

De cupiditate Gloriæ in externis.

1. Sed melius aliquanto, si imitatione aliena capiebatur, Themistoclis ardorem esset æmulatus; quem ferunt stimulis virtutum agitatum, et ob id noctes inquietas exigentem, quærentibus, *quid ita eo tempore in publico versaretur*, respondisse : « *Quia me tropæa Milliadis de somno excitant.* » Marathon nimirum animum ejus ad Artemisium, et Salamina, navalis gloriæ fertilia nomina, illustranda tacitis facibus incitabat. Idem theatrum petens, quum interrogaretur,

plaisir : « Celle, répondit-il, qui chantera le mieux mes actions. » Goûter ainsi la gloire était presque une nouvelle source de gloire.

2. Alexandre était insatiable de renommée. Anaxarque, qui l'accompagnait dans ses expéditions, l'assurait sur la foi de Démocrite, son maître, qu'il existait un nombre infini de mondes : « Que je suis malheureux! s'écria le monarque, je n'en ai pas encore conquis un seul! » Un homme trouvait sa gloire trop resserrée dans un espace qui suffit à la demeure de tous les dieux.

3. Si l'ambition la plus ardente animait un roi, un jeune guerrier, la soif des louanges n'était pas moins vive dans Aristote : en voici une preuve. Il avait fait présent de ses livres sur l'art oratoire à Théodecte, l'un de ses disciples, lui permettant de les publier. Il se repentit ensuite d'en avoir ainsi cédé l'honneur, et, à l'occasion de quelque matière dont il s'occupait dans un de ses ouvrages, il renvoya aux livres de Théodecte, en annonçant qu'il y avait traité le sujet plus amplement. Si je n'étais retenu par le respect qu'on doit à un savoir si vaste et si universel, je dirais qu'il aurait fallu à ce philosophe les leçons d'un philosophe plus magnanime pour fortifier son âme.

---

cujus vox auditu illi futura esset gratissima, dixit : « *Ejus, a quo artes meæ canentur optime.* » Dulcedinem gloriæ pæne adjecit gloriosam.

2. Jam Alexandri pectus insatiabile laudis, qui Anaxarcho comiti suo, ex auctoritate Democriti præceptoris innumerabiles mundos esse referenti : « *Heu me*, inquit, *miserum, quod ne uno quidem adhuc potitus sum!* » Angusta homini possessio gloriæ fuit, quæ deorum omnium domicilio sufficit.

3. Regis, et juvenis, flagrantissimæ cupiditati similem Aristotelis in capessenda laude sitim subnectam. Is namque Theodecti discipulo oratoriæ artis libros, quos ederet, donaverat, molesteque postea ferens, titulum eorum sic alii cessisse, proprio volumine quibusdam rebus insistens, *planius sibi de his in Theodectis libris dictum esse* adjecit. Nisi me tantæ et tam late patentis scientiæ verecundia teneret, dicerem dignum philosophum, cujus stabiliendi mores altioris animi philosopho traderentur.

Au reste, ceux même qui s'efforcent d'inspirer aux autres le mépris de la gloire sont loin de la dédaigner. Car ils inscrivent soigneusement leurs noms à la tête de leurs ouvrages, afin que ce souvenir leur assure ce qu'ils font profession de rabaisser. Mais quelle que soit leur hypocrisie, elle est mille fois préférable à la pensée de ces hommes, qui, pour éterniser leur mémoire, n'ont pas hésité à se signaler même par des forfaits.

4. Parmi ces scélérats Pausanias ne mérite-t-il pas le premier rang? Il avait demandé à Hermoclès comment il pourrait arriver tout d'un coup à la célébrité; celui-ci lui avait répondu: « Donnez la mort à un homme illustre et sa gloire rejaillira sur vous. » Pausanias ne tarda pas à assassiner Philippe; et certes il obtint ce qu'il désirait : car il s'est fait connaître à la postérité par son parricide, autant que Philippe par ses exploits.

5. Mais voici une passion pour la gloire, qui va jusqu'au sacrilége. Il s'est trouvé un homme qui s'avisa de mettre le feu au temple de Diane, à Éphèse, afin que la destruction d'un si magnifique ouvrage répandît son nom dans tout l'univers. Il avoua ce dessein extravagant, lorsqu'il fut sur le chevalet. Les Éphésiens

---

Cæterum gloria ne ab his quidem, qui contemptum ejus introducere conantur, negligitur, quoniam quidem ipsis voluminibus nomina sua diligenter adjiciunt, ut, quod professione elevant, usurpatione memoriæ assequantur. Sed qualiscunque horum dissimulatio proposito illorum longe tolerabilior est, qui dum æternam memoriam assequerentur, etiam sceleribus innotescere non dubitarunt.

4. Quorum e numero nescio an in primis Pausanias debeat referri. Nam, dum Hermoclem percontatus esset, *quonam modo subito clarus posset evadere*, atque is respondisset, *si illustrem virum aliquem occidisset, futurum ut gloria ejus ad ipsum redundaret*, continuo Philippum interemit. Et quidem quod petierat, assecutus est; tam enim se parricidio, quam Philippus virtute, notum posteris reddidit.

5. Illa vero gloriæ cupiditas sacrilega. Inventus est enim, qui Dianæ Ephesiæ templum incendere vellet, ut, opere pulcherrimo consumpto, nomen ejus per totum terrarum orbem disjiceretur : quem quidem mentis furorem equuleo im-

avaient sagement aboli, par un décret, la mémoire d'un homme si exécrable; mais Théopompe, écrivain des plus éloquents, l'a nommé dans ses livres d'histoires. (Av. J.-C. 355.)

CHAPITRE XV

DES HONNEURS RENDUS AU MÉRITE

Exemples chez les Romains.

Ce sera faire plaisir aux belles âmes que d'exposer au jour les distinctions éclatantes justement accordées à divers personnages. On doit considérer d'un œil également satisfait et les récompenses et les honneurs de la vertu. Nous éprouvons (et c'est la nature même qui inspire un tel sentiment), nous éprouvons une sorte d'allégresse à voir les honneurs cherchés par une généreuse activité, et payés comme une dette par la reconnaissance. Ici la

positus deterxit. At bene consuluerant Ephesii, decreto memoriam teterrimi hominis abolendo, nisi Theopompi magnæ facundiæ ingenium historiis eum suis comprehendisset.

CAPUT XV

QUÆ CUIQUE MAGNIFICA CONTIGERUNT

Quæ cuique magnifica contigerunt in Romanis.

Candidis autem animis voluptatem præbuerint in conspicuo positæ, quæ cuique magnifica merito contigerunt; quia æque præmiorum virtutis atque honorum contemplatio judicanda est, ipsa natura nobis alacritatem subministrante, quum honorem industrie appeti, et exsolvi grate videmus. Verum, etsi mens hoc loco

pensée se porte aussitôt, de toute son impétuosité, vers l'Auguste demeure, temple sacré de la gloire; mais il vaut mieux arrêter son essor. Une vertu dont la place est marquée au ciel ne peut recevoir des hommes une digne récompense; toutes les distinctions de la terre, malgré leur magnificence, ne sauraient jamais l'égaler.

1. Le premier Scipion l'Africain fut élevé au consulat avant l'âge fixé par les lois. Des lettres venues de l'armée invitèrent le sénat à le lui déférer. Ainsi l'on ne saurait dire ce qui fit le plus d'honneur à Scipion, de la décision des pères conscrits, ou du vœu des soldats. Il fallait un général contre les Carthaginois; si la toge nomma Scipion, les armes l'avaient demandé. Il serait long de raconter toutes les prérogatives qu'on lui accorda pendant sa vie, tant elles furent nombreuses; ce serait d'ailleurs inutile, parce qu'elles ont été déjà rappelées en grande partie dans cet ouvrage. Aussi, j'ajouterai seulement ici ce qui le distingue encore jusqu'à ce jour : son image est placée dans le sanctuaire du tout-puissant, du grand Jupiter; c'est là qu'on va la prendre, toutes les fois que la famille des Cornéliens a quelque solennité à célébrer : lui seul a pour vestibule le Capitole même. (Ans de R. 548 et 552.)

---

protinus ad Augustam domum, beneficentissimum et honoratissimum templum, omni impetu fertur, melius cohibebitur; quoniam cui ascensus in cœlum patet, quamvis maxima, debito tamen minora sunt, quæ in terris tribuuntur.

1. Superiori Africano consulatus citerior legitimo tempore datus est; quod fieri oportere, exercitus senatum litteris admonuit. Ita nescias, utrum illi plus decoris patrum conscriptorum auctoritas, an militum consilium adjecerit; toga enim Scipionem ducem adversus Pœnos creavit, arma poposcerunt. Cui quæ in vita præcipua assignata sunt, et longum est referre, quia multa; et non necessarium, quia majore ex parte jam relata sunt. Itaque, quod hodieque eximium capit, adjiciam : imaginem in cella Jovis optimi maximi positam habet; quæ, quotiescunque munus aliquod Corneliæ genti celebrandum est, inde petitur; unique illi instar atrii Capitolium est.

2. C'est ainsi que l'on va chercher au sénat, pour de semblables cérémonies, l'image du premier Caton : juste reconnaissance de l'illustre compagnie, qui voulut avoir, pour ainsi dire, toujours dans son sein, un sénateur si utile à la république, un citoyen devenu grand par son mérite personnel plutôt que par la faveur de la fortune, et dont les conseils avaient porté à Carthage le coup mortel, avant que l'épée de Scipion la renversât de fond en comble.

3. Une distinction, véritable modèle d'honneur, signala aussi le nom de Scipion Nasica. Il n'avait pas encore été questeur; et ce furent ses mains et sa maison que le sénat choisit, d'après le conseil d'Apollon Pythien, pour recevoir la déesse de Pessinunte. Car le même oracle avait ordonné que ce devoir fût rendu à la mère des dieux par le plus religieux des Romains. Déroulez nos fastes d'un bout à l'autre, considérez tous les chars de triomphe, vous ne trouverez rien de plus glorieux que cette supériorité de vertu. (An de R. 549.)

4. Les Scipions viennent tour à tour nous présenter leurs titres de gloire. Scipion Émilien s'était mis sur les rangs pour l'édilité; le peuple le fit consul. Le même Émilien, voulant appuyer de son suffrage Q. Fabius Maximus, fils de son frère, était

---

2. Tam hercle, quam curia superioris Catonis effigies ad ejus generis officia expromitur. Gratum ordinem, qui utilissimum reipublicæ senatorem tantum non semper secum habitare voluit, omnibus numeris virtutum divitem, magisque suo merito quam fortunæ beneficio magnum; cujus prius consilio, quam Scipionis imperio, est deleta Carthago.

3. Verum specimen honoris a Scipione quoque Nasica oboritur. Ejus namque manibus et penatibus nondum quæstorii, senatus, Pythii Apollinis monitu, Pessinunte arcessitam deam excipi voluit, quia eodem oraculo præceptum erat, ut hæc ministeria matri deum a sanctissimo viro præstarentur. Explica totos fastos, constitue omnes currus triumphales, nihil tamen morum principatu speciosius reperies.

4. Tradunt subinde nobis ornamenta sua Scipiones commemoranda. Æmilianum enim populus ex candidato ædilitatis, consulem fecit; eumdem, quum quæstoriis comitiis suffragator Q. Fabii Maximi fratris filii, in campum descen-

venu au Champ de Mars, pendant une élection de questeurs; il en sortit consul pour la seconde fois. Deux fois on assigna un département au même Scipion sans le tirer au sort, d'abord l'Afrique, ensuite l'Espagne. Et ce ne fut point à la brigue qu'il dut ces honneurs : jamais citoyen, jamais sénateur ne connut moins l'intrigue; en faut-il d'autre preuve que le cours de sa vie marquée par la probité la plus sévère, et sa mort même, lâche assassinat, fruit d'une trame clandestine? (Ans de R. 606, 619, 624.)

5. M. Valérius fut aussi l'objet de deux faveurs éclatantes. Les dieux et les citoyens s'empressèrent à l'envi de l'ennoblir; les uns, le voyant aux prises avec un Gaulois, envoyèrent un corbeau à son secours; les autres lui décernèrent le consulat à l'âge de vingt-trois ans : double titre d'honneur pour une famille antique et d'un nom précieux à la patrie. Le surnom de *Corvinus* qu'elle conserve encore, rappelle le premier; le second, joint à une distinction singulière, signale particulièrement cette famille; elle vit sortir de son sein (quelle gloire pour une maison!) et le plus jeune consul et celui qui commence les fastes de la république. (Ans de R. 404, 405.)

6. Q. Scévola, qui fut collègue de L. Crassus dans le consulat, n'eut pas non plus une gloire vulgaire. Il avait gouverné l'Asie

---

disset, consulem iterum reduxit; eidem senatus bis sine sorte provinciam, prius Africam, deinde Hispaniam, dedit; atque hæc neque civi, neque senatori ambitioso, quemadmodum non solum vitæ ejus severissimus cursus, sed etiam mors clandestinis illata insidiis declaravit.

5. M. quoque Valerium duabus rebus insignibus dii pariter atque cives speciosum reddiderunt, illi cum quodam Gallo cominus pugnanti corvum propugnatorem subjicientes, hi tertium et vigesimum annum ingresso consulatum largiti : Quorum alterum decus vetustæ originis, optimi nominis gens, Corvini amplexa cognomen usurpat; alterum summo subjungitur ornamento; tam celeritate, quam principio consulatus gloriando.

6. At ne Q. quidem Scævolæ, quem L. Crassus in consulatu collegam habuit, gloria parum illustris : qui Asiam tam sancte et tam fortiter obtinuit, ut sena-

CHAP. XV. DES HONNEURS, ETC.

avec tant de justice et de fermeté, que le sénat, toutes les fois qu'il envoya des gouverneurs dans cette province, leur proposa pour règle l'exemple et la conduite de Scévola. (An de R. 658.)

7. Les sept consulats de C. Marius et ses deux magnifiques triomphes se rattachent à un mot du second Africain : mot flatteur pour Marius, et qui fit l'orgueil de toute sa vie. Au siége de Numance, il servait dans la cavalerie, sous les ordres de Scipion. Pendant un repas on fit, par hasard, cette question au général : « Si la république venait à vous perdre, aurait-elle un citoyen capable de vous remplacer dans le commandement ? — Quand ce ne serait que celui-ci, » répondit Scipion, en se tournant vers Marius qui était placé au-dessus. Ce fut comme un augure de l'avenir. Le génie le plus accompli voyait naître un génie extraordinaire ; et l'on ne saurait dire, s'il réussit mieux à le deviner qu'à enflammer son ardeur. Certes, ce festin militaire présageait les glorieux festins qu'on devait un jour célébrer dans toute la ville en l'honneur de Marius. La nouvelle qu'il avait détruit les Cimbres étant arrivée aux approches de la nuit, il n'y eut personne qui, pendant son repas, ne lui fît des libations comme aux dieux immortels.

---

tus deinceps in eam provinciam ituris magistratibus exemplum atque formam officii Scævolam decreto suo proponeret.

7. Inhærent illi voci posterioris Africani septem C. Marii consulatus, ac duo amplissimi triumphi. Ad rogum enim usque gaudio exsultavit, quod, quum apud Numantiam sub eo duce stipendia equestria mereret, et forte inter cœnam quidam Scipionem interrogasset, *si quid illi accidisset, quemnam respublica æque magnum habitura esset imperatorem*, respiciens se supra ipsum cubantem : « vel hunc, dixit. » Quo augurio perfectissima virtus maximam orientem virtutem videritne certius, an efficacius accenderit, perpendi vix potest. Illa nimirum cœna militaris speciosissimas tota in Urbe Mario futuras cœnas ominata est. Postquam enim Cimbros ab eo deletos initio noctis nuntius pervenit, nemo fuit, qui non illi tanquam diis immortalibus, apud sacra mensæ suæ libaverit.

8. Les applaudissements de la faveur et les frémissements de l'envie retentissent également dans l'histoire pour attester les honneurs extraordinaires qui furent accumulés sur la tête de Cn. Pompée. Simple chevalier romain, il fut envoyé en Espagne contre Sertorius, avec le titre de proconsul et un pouvoir égal à celui de Métellus Pius, alors le premier citoyen de la république; il triompha deux fois avant d'avoir été revêtu d'aucune dignité; il entra dans la carrière des honneurs par le commandement suprême; créé consul pour la troisième fois, un sénatus-consulte ordonna qu'il n'aurait point de collègue; la défaite de Mithridate, de Tigrane, de beaucoup d'autres rois, de plusieurs nations, d'une foule de villes et de pirates, fut pour lui l'objet d'un seul triomphe. (Ans de R. 676-692.)

9. Une acclamation du peuple romain éleva, pour ainsi dire, jusqu'aux astres Quinctius Catulus. Il était à la tribune, et faisait à l'assemblée cette question : « Si vous persistez à vous reposer de tout sur Pompée, et qu'un malheur vienne tout à coup à vous l'enlever, en qui mettrez-vous votre espérance? — En toi! » s'écria unanimement tout l'auditoire. Quelle admirable énergie dans l'expression d'un jugement si honorable! En deux

---

8. Jam quæ in Cn. Pompeium et ampla et nova congesta sunt, hinc assensione favoris, illinc fremitu invidiæ, litterarum monumentis obstrepuntur. Eques Romanus pro consule in Hispaniam adversus Sertorium, pari imperio cum Pio Metello principe civitatis, missus est; nondum ullum honorem auspicatus, bis triumphavit; initia magistratuum a summo imperio cepit; tertium consulatum decreto senatus solus gessit; de Mithridate, et Tigrane, de multis præterea regibus, gentibus, plurimisque civitatibus, et prædonibus unum duxit triumphum.

9. Q. etiam Catulum populus Romanus voce sua tantum non ad sidera usque evexit. Nam, quum ab eo pro Rostris interrogaretur, *si in uno Pompeio Magno omnia reponere perseverasset, absumpto illo subiti casus incursu, in quo spem esset habiturus*, summo consensu acclamavit, *In te*. Vim honorati judicii admirabilem! siquidem Magnum Pompeium cum omnibus

syllabes on égale Catulus au grand Pompée décoré de tous les titres de gloire que je viens d'énumérer. (An de R. 687.)

10. Voyez M. Caton revenir de Chypre avec les trésors du roi : son abord aux rives du Tibre pourra aussi vous sembler mémorable. A la descente du vaisseau, il trouve les consuls et les autres magistrats, tout le sénat et le peuple romain, accourus à sa rencontre, et joyeux de voir, non pas la flotte chargée d'immenses richesses en or et en argent, mais Caton échappé aux hasards de l'expédition. (An de R. 697.)

11. Mais peut-être n'est-il rien de comparable à l'honneur extraordinaire qu'on fit à L. Marcius. Il n'était que simple chevalier romain; et cependant deux armées, réduites à un état déplorable tant par la mort de leurs généraux, Lucius et Cnéus Scipion, que par la victoire d'Asdrubal, le choisirent pour les commander, dans un moment où l'extrême péril ne laissait aucun accès à la faveur. (An de R. 541.)

12. Il est juste de joindre au souvenir des hommes celui de Sulpicia, fille de Servius Paterculus, et femme de Q. Fulvius Flaccus. Le sénat, après avoir consulté les livres Sibyllins par le ministère des décemvirs, avait décrété qu'une statue serait con-

---

ornamentis, quæ retuli, duarum syllabarum spatio inclusum Catulo æquavit !

10. Potest et M. Catonis ex Cypro cum regia pecunia revertentis appulsus ad ripam Tiberis videri memorabilis : cui navi egredienti consules, et cæteri magistratus, et universus senatus populusque Romanus officii gratia præsto fuit, non quod magnum pondus auri et argenti, sed quod M. Catonem classis illa incolumem advexerat, lætatus.

11. Sed nescio, an præcipuum sit L. Marcii inusitati decoris exemplum, quem equitem Romanum duo exercitus, P. et Cn. Scipionem interitu, victoriaque Asdrubalis lacerati, ducem legerunt, quo tempore salus eorum, in ultimas angustias deducta, nullum ambitioni locum relinquebat.

12. Merito virorum commemorationi Sulpicia, Ser. Paterculi filia, Q. Fulvii Flacci uxor, adjicitur : quæ, quum senatus, libris Sibyllinis per decemviros inspectis, censuisset, ut Veneris Verticordiæ simulacrum consecraretur, quo

sacrée à Vénus Verticordia (convertissante), comme le plus sûr moyen de détourner du vice l'esprit des filles et des femmes, et de le ramener à la vertu; que cent femmes seraient choisies entre toutes les mères de famille, et que, sur ce nombre, le sort en désignerait dix pour nommer celle qui leur paraîtrait la plus irréprochable. Sulpicia fut jugée la plus vertueuse de toutes. (An de R. 639.)

Exemples étrangers.

1. Comme l'on peut aussi, sans porter atteinte à la majesté romaine, considérer les honneurs rendus aux étrangers, nous en allons citer des exemples.

Les disciples de Pythagore avaient pour lui une vénération si profonde qu'ils regardaient comme un sacrilége de mettre en discussion ce qu'il leur avait enseigné, et même lorsqu'on leur demandait la raison de quelque principe, ils se contentaient de répondre : « Lui-même l'a dit. » Voilà un bel hommage; mais ce n'était que dans le sein de l'école. En voici d'autres qui lui furent déférés par les suffrages d'un peuple. Les Crotoniates le prièrent instamment de vouloir bien aider de ses conseils leur

---

facilius virginum mulierumque mens a libidine ad pudicitiam converteretur, et ex omnibus matronis, centum, ex centum autem decem sorte ductæ, de sanctissima femina judicium facerent, cunctis castitate prælata est.

Quæ cuique magnifica contigerunt in externis.

1. Cæterum, quia sine ulla diminutione Romanæ majestatis extera quoque insignia respici possunt, ad ea transgrediamur.

Pythagoræ tanta veneratio ab auditoribus tributa est, ut, quæ ab eo acceperant, in disputationem deducere nefas existimarent. Quin etiam interpellati ad reddendam causam, hoc solum respondebant, *ipsum dixisse*. Magnus honos; sed schola tenus : illa urbium suffragiis tributa. Enixo Crotoniatæ studio ab eo

sénat, composé de mille citoyens. Cette opulente cité, qui lui avait tant de fois donné des témoignages de vénération, l'honora encore après sa mort; elle fit de sa maison un temple consacré à Cérès. Ainsi, tant que dura la splendeur de cette ville, le souvenir du philosophe fit adorer la déesse, et le culte de la déesse fit révérer le philosophe.

2. Gorgias de Léontium, le plus habile homme de son siècle en littérature, fut le premier qui, dans une assemblée générale, osa demander sur quel sujet on désirait l'entendre discourir. La Grèce entière lui éleva une statue d'or massif dans le temple d'Apollon, à Delphes, tandis que jusqu'alors elle n'avait érigé aux autres personnages que des statues dorées.

3. La même nation s'empressa unanimement d'honorer la mémoire d'Amphiaraüs. Elle donna au lieu de sa sépulture la forme et les prérogatives d'un temple; elle établit l'usage d'y aller chercher des oracles. Les cendres d'Amphiaraüs jouissent du même privilége que le trépied d'Apollon Pythien, que l'airain de Dodone, que la fontaine de Jupiter Ammon.

4. Ce fut aussi une distinction peu commune que l'honneur accordé à Phérénice. Seule entre toutes les femmes, elle eut la

---

petierunt, *ut senatum ipsorum*, qui mille hominum numero constabat, *consiliis suis uti pateretur* : opulentissimaque civitas tam frequenter venerati post mortem domum, Cereris sacrarium fecit; quantumque illa urbs viguit, et dea in hominis memoria, et homo in deæ religione cultus est.

2. Gorgiæ vero Leontino, studiis litterarum ætatis suæ cunctos præstanti, adeo ut primus in conventu poscere, qua de re quisque audire vellet, ausus sit, universa Græcia in templo Delphici Apollinis statuam solido ex auro posuit, quum cæterorum ad id tempus auratas collocasset.

3. Eadem gens summo consensu ad Amphiaraum decorandum incubuit, locum, in quo humatus est, in formam conditionemque templi redigendo, atque inde oracula capi instituendo. Cujus cineres idem honoris possident, quod Pythicæ cortinæ, quod aheno Dodonæ, quod Hammonis fonti datur.

4. Pherenices quoque non vulgaris honos, cui soli omnium feminarum gym-

permission d'assister aux combats gymniques, lorsqu'elle amena son fils Euclée à Olympie pour y disputer le prix. Elle était fille d'un athlète vainqueur aux jeux Olympiques, et elle était entourée de ses frères qui y avaient remporté la palme.

nico spectaculo interesse permissum est, quum ad Olympia filium Euclea certamen ingressurum adduxisset, Olympionice patre genita, fratribus eamdem palmam assecutis latera ejus cingentibus.

LIVRE NEUVIÈME

CHAPITRE I

DU LUXE ET DE LA VOLUPTÉ

Du Luxe et de la Volupté chez les Romains.

Le luxe, passion séduisante et moins facile à fuir qu'à censurer, viendra figurer aussi dans notre ouvrage, non pour y recevoir aucune louange, mais afin que la vue même de son image l'excite au repentir. Nous lui associerons la volupté, qui a aussi pour principe un égarement du cœur : liés l'un à l'autre par l'illusion qui leur a donné naissance, qu'ils partagent ensemble et le blâme et le retour à la vertu.

LIBER NONUS

CAPUT I

DE LUXURIA ET LIBIDINE

De Luxuria et Libidine in Romanis.

Blandum etiam malum luxuria, quam accusare aliquanto facilius est, quam vitare, operi nostro inseratur, non quidem ut ullum honorem recipiat, sed ut, se ipsam recognoscens, ad pœnitentiam impelli possit. Jungatur illi libido, quoniam ex iisdem vitiorum principiis oritur; neque aut a reprehensione, aut ab emendatione separantur, gemino mentis errore connexæ.

1. C. Sergius Orata fut le premier qui bâtit des bains suspendus : dépense d'abord assez modique, mais qui s'éleva ensuite jusqu'à établir comme des mers d'eau chaudes suspendues dans les airs. (Vers l'an 656 de R.)

Le même Orata, ne voulant pas sans doute laisser à la discrétion de Neptune les plaisirs de sa bouche, imagina de créer des mers particulières : il retint les flots dans des viviers, et y renferma diverses espèces de poisson, comme autant de troupeaux séparés les uns des autres, par des jetées. Ainsi il ne pouvait survenir de tempêtes assez violentes pour empêcher que la table d'Orata n'abondât des mets les plus variés. Il fit aussi bâtir à l'entrée du lac Lucrin, espace jusqu'alors désert, des édifices immenses et très-élevés qui en rétrécissent l'embouchure; c'était pour jouir du plaisir de manger les huîtres plus fraîches. Mais cette avidité à se plonger dans une eau qui appartenait à l'État lui attira un procès avec Considius, l'un des fermiers publics. L. Crassus, plaidant contre Orata dans cette cause, dit assez plaisamment : « Mon ami Considius a tort de penser qu'en éloignant Orata du lac Lucrin, il le privera d'huîtres; car si on lui défend d'en prendre là, il saura bien en trouver sur le toit de ses maisons. »

---

1. C. Sergius Orata pensilia balnea primus facere instituit; quæ impensa, levibus initiis cœpta, ad suspensa calidæ aquæ tantum non æquora penetravit.

Idem videlicet, ne gulam Neptuni arbitrio subjectam haberet, peculiaria sibi maria excogitavit, æstuariis intercipiendo fluctus, pisciumque diversos greges separatis molibus includendo, ut nulla tam sæva tempestas incideret, qua non Oratæ mensæ varietate ferculorum abundarent. Ædificiis etiam spatiosis et excelsis deserta ad id tempus ora Lucrini lacus pressit, quo recentiore usu conchyliorum frueretur. Ubi dum se publicæ aquæ cupidius immergit, cum Considio publicano judicium nactus est. In quo L. Crassus, adversus illum causam agens, *errare amicum suum Considium dixit, quod putaret Oratam remotum a lacu, cariturum ostreis; namque ea, si inde petere non licuisset, in tegulis reperturum.*

2. Ésopus, l'acteur tragique, aurait dû donner son fils en adoption à un tel personnage, plutôt que de laisser sa fortune à un jeune homme en qui le luxe était non pas un désordre, mais une frénésie ; qui achetait, cela est certain, à des prix excessifs de petits oiseaux, précieux pour le chant, et les servait sur sa table comme des becfigues ; qui faisait dissoudre dans le vinaigre les perles les plus rares, et en mêlait ensuite la liqueur avec sa boisson. Il semblait impatient de se débarrasser au plus tôt d'un si riche héritage, comme d'un fardeau insupportable.

Ces deux dissipateurs, l'un déjà vieux, l'autre jeune, eurent des sectateurs qui poussèrent encore plus loin la sensualité ; car le vice ne s'arrête jamais où il commence. De là ces poissons tirés des bords de l'Océan, ces coffres d'or versés dans les cuisines, tant de patrimoines épuisés à raffiner sur le plaisir de manger et de boire.

3. La fin de la seconde guerre punique et la défaite de Philippe, roi de Macédoine, altérèrent les mœurs de notre république. Le luxe dès lors commença de s'enhardir. A cette époque les femmes osèrent assiéger la maison de Brutus, qui se préparait à soutenir la loi Oppia : les femmes en désiraient l'abro-

---

2. Huic nimirum magis Æsopus tragœdus in adoptionem dare filium suum, quam bonorum suorum hæredem relinquere debuit, non solum perditæ, sed etiam furiosæ luxuriæ juvenem. Quem constat, cantu commendabiles aviculas, immanibus emptas pretiis, in cœna pro ficedulis ponere, acetoque liquatos magnæ summæ uniones potionibus aspergere solitum ; amplissimum patrimonium, tanquam amaram aliquam sarcinam, quam celerrime abjicere cupientem.

Quorum alterius senis, alterius adolescentis sectam secuti, longius manus porrexerunt ; neque enim ullum finitur vitium ibi, ubi oritur. Inde ab Oceani litoribus attracti pisces ; inde infusæ culinis arcæ, censibusque edendi atque bibendi voluptas reperta est.

3. Urbi autem nostræ secundi belli Punici finis, et Philippus rex Macedoniæ devictus, licentioris vitæ fiduciam dedit. Quo tempore matronæ Brutorum domum ausæ sunt obsidere, qui abrogationi legis Oppiæ intercedere parati erant,

gation, parce qu'elle leur défendait de porter des vêtements de diverses couleurs, d'avoir sur elles plus d'une demi-once d'or, d'approcher de la ville à une distance moindre de mille pas, sur un char attelé de deux chevaux, à moins que ce ne fût pour un sacrifice. Les hommes alors ne prévoyaient pas à quel excès tendaient cette ardeur obstinée, ce rassemblement sans exemple, et jusqu'où se porterait l'audace, une fois qu'elle aurait triomphé des lois. S'ils avaient pu lire dans l'esprit des femmes, s'ils avaient pu voir tout cet appareil de modes auquel se joignent chaque jour quelques nouveautés plus dispendieuses, ils auraient, dès le commencement, opposé une barrière à ce débordement de superfluités. (An de R. 558.)

Mais pourquoi parler davantage du luxe des femmes? La faiblesse de leur sexe, l'exclusion des grands emplois les portent naturellement à ne s'occuper que du soin de leur parure : mais je vois aussi dans le siècle précédent des hommes d'une haute réputation et d'un grand caractère s'écarter de l'antique sévérité, et se laisser aller à un relâchement qui lui était inconnu. Une querelle même entre deux illustres personnages va rendre cette vérité sensible.

---

quam feminæ tolli cupiebant, quia hic nec veste varii coloris uti, nec auri plus semuncia habere, nec juncto vehiculo propius urbem mille passus, nisi sacrificii gratia, vehi permittebat. Et quidem obtinuerunt, ut jus per continuos viginti annos servatum aboleretur. Non enim providerunt seculi illius viri, ad quem cultum tenderet insoliti cœtus pertinax studium; aut quo se usque effusura esset legum victrix audacia. Quod si animi muliebris apparatus intueri potuissent, quibus quotidie aliquid novitatis sumptuosius adjectum est, in ipso introitu ruenti luxuriæ obstitissent.

Sed quid ego de feminis ulterius loquor? quas et imbecillitas mentis, et graviorum operum negata affectatio, omne studium ad curiosiorem sui cultum hortatur conferre, quum temporum superiorum et nominis et animi excellentes viros, in hoc priscæ continentiæ ignotum diverticulum prolapsos videam; idque jurgio ipsorum pateat.

CHAP. I, DU LUXE ET DE LA VOLUPTÉ 229

4. Cn. Domitius, dans un démêlé qu'il eut avec L. Crassus, son collègue, lui reprocha d'avoir mis au portique de sa maison des colonnes de marbre du mont Hymette. — « Et vous-même, dit aussitôt Crassus, combien estimez-vous ma maison? — Six millions de sesterces. (1,200,000 fr.) — Combien rabattriez-vous de ce prix, si je faisais couper seulement dix petits arbres? — Elle ne vaudrait plus que trois millions de sesterces (600,000 fr.) — Eh bien, reprit Crassus, qui de nous donne le plus dans le luxe, moi, qui ai payé dix colonnes cent mille sesterces (20,000 fr.), ou vous, qui évaluez à trois millions l'ombre de dix petits arbres? » Langage dégénéré, qui ne rappelait plus le siècle de Pyrrhus, ou les souvenirs d'Annibal, et qui respirait déjà cette langueur attachée à l'opulence et aux tributs des nations d'outre-mer. Néanmoins on était plus modeste en édifices et en jardins de plaisance qu'on ne le fut dans les âges suivants. Ainsi ces grands hommes aimèrent mieux léguer une somptuosité naissante à la postérité, que de s'en tenir religieusement à la simplicité de leurs pères. (An de R. 661.)

5. Quelles étaient les vues de Métellus Pius, le premier citoyen de son temps, lorsqu'à son arrivée chez ses hôtes, en Espagne,

---

4. Cn. Domitius L. Crasso collegae suo altercatione orta objecit, quod columnas Hymettias in porticu domus haberet. Quem continuo Crassus, *quanti ipse domum suam æstimaret*, interrogavit. Atque, ut respondit, *Sexagies sestertio. — Quanto ergo eam*, inquit, *minoris fore existimas, si decem arbusculas inde succidero? — Ipso tricies sestertio*, ait Domitius. Tunc Crassus : *Uter igitur luxuriosior est? Egone, qui decem columnas centum millibus nummum emi; an tu, qui decem arbuscularum umbram tricies sestertium summa compensas?* Sermonem oblitum Pyrrhi, immemorem Annibalis, jamque transmarinorum stipendiorum abundantia oscitantem, aliquanto tamen insequentium sæculorum ædificiis et nemoribus angustiorem; quoniam inchoatam a se lautitiam posteris relinquere, quam a majoribus acceptam continentiam retinere maluerunt.

5. Quid enim sibi voluit princeps suorum temporum Metellus Pius, tunc quum in Hispania adventus suos ab hospitibus aris et thure excipi patiebatur?

il souffrait qu'on lui dressât des autels et qu'on lui brûlât de l'encens; lorsqu'il contemplait d'un air de satisfaction les murailles de son appartement décorées des plus riches tapisseries de l'Asie; lorsqu'il permettait qu'à des festins splendides on mêlât des spectacles préparés à grands frais; lorsqu'il célébrait des banquets en habit de triomphateur, et qu'il recevait les couronnes d'or qu'on faisait descendre du haut des lambris sur sa tête, comme s'il eût été un dieu? Où se trouvait-il alors? ce n'était ni en Grèce, ni en Asie, où le luxe pouvait corrompre l'austérité même : c'était dans une contrée barbare et guerrière; c'était en présence de Sertorius, cet ennemi si redoutable qui faisait étinceler aux yeux des armées romaines le fer des Lusitaniens. Métellus semblait avoir perdu le souvenir les campagnes de son père en Numidie. Est-il rien de plus frappant? Quel progrès dans le luxe! quelle révolution rapide! Sa jeunesse vit fleurir l'antique simplicité, sa vieillesse y avait substitué des mœurs nouvelles. (An de R. 673.)

6. Même changement dans la famille des Curions. Le forum fut témoin et de la mâle austérité du père et des débauches du fils : celui-ci s'endetta de soixante millions de sesterces (12,000,000 fr.) à outrager et à déshonorer la jeune noblesse de

---

quum Attalicis aulæis contectos parietes læto animo intuebatur? quum immanibus epulis apparatissimos interponi ludos sinebat? quum palmata veste convivia celebrabat, demissasque lacunaribus aureas coronas velut cœlesti capite recipiebat? Et ubi ista? non in Græcia, neque in Asia, quarum luxuria severitas ipsa corrumpi poterat; sed in horrida et bellicosa provincia, quum præsertim acerrimus hostis Sertorius, Romanorum exercituum oculos Lusitanis telis perstringeret : adeo illi patris sui Numidica castra exciderant! Patet igitur, quam celeri transitu luxuria affluxerit; nam cujus adolescentia priscos mores vidit, senectus novos orsa est.

6. Consimilis mutatio in domo Curionum exstitit. Siquidem forum nostrum et patris gravissimum supercilium, et filii sexcenties sestertium æris alieni aspexit, contractum famosa injuria nobilium juvenum. Itaque eodem tempore,

CHAP. I, DU LUXE ET DE LA VOLUPTÉ. 231

Rome. Ainsi on vit à la même époque deux siècles opposés habiter les mêmes pénates, un siècle de frugalité, et un siècle de dissolution. (An de R. 700.)

7. Quels excès, quel débordement d'infamies ne signalèrent pas le procès de P. Clodius? Pour faire absoudre un homme évidemment coupable, on corrompit les juges, et à quel prix? on leur livra des mères de famille et des jeunes gens de distinction, dont les nuits coûtèrent des sommes énormes. Dans une telle complication d'horreurs et de turpitudes, on ne sait qui l'on doit le plus abhorrer, de celui qui imagina ce genre de corruption, de ceux qui consentirent à se prostituer comme gage du parjure, ou de ceux qui vendirent, pour un plaisir infâme, la sainteté de leur serment. (An de R. 692.)

8. On voit une pareille infamie dans ce festin de Gémellus, messager des tribuns, homme libre par sa naissance, mais avili par un ministère servile : et ce festin, à la honte de Rome, fut donné à des magistrats, au consul Métellus Scipion et aux tribuns du peuple! Gémellus fit de sa maison un lieu de débauche; il prostitua Mucia et Fulvia, que leurs pères et leurs époux rendaient également recommandables, avec Saturninus, enfant d'une

---

et in iisdem penatibus diversa secula habitarunt, frugalissimum alterum, alterum nequissimum.

7. P. autem Clodii judicium quanta luxuria et libidine abundavit? in quo ut evidenter incesti crimine nocens reus absolveretur, noctes matronarum et adolescentium nobilium, magna summa emptæ, mercedis loco judicibus erogatæ sunt. Quo in flagitio tam tetro, tamque multiplici, nescias primum quem detestere; an qui istud corruptelæ genus excogitavit, an qui suam pudicitiam sequestrem perjurii fieri passi sunt, an qui religionem stupro permutarunt.

8. Æque flagitiosum illud convivium, quod Gemellus tribunitius viator, ingenui sanguinis, sed officii intra servilem habitum deformis, Metello Scipioni consuli, ac tribunis plebis magno cum rubore civitatis comparavit. Lupanari enim domi suæ instituto, Muciam et Fulviam, tum a patre, tum a viro utramque inclytam, et nobilem puerum Saturninum in eo prostituit. Probrosa patientiæ

illustre famille. Tristes victimes vouées à l'opprobre, livrées à la brutalité de l'ivresse et d'une passion effrénée! horrible festin que des consuls et des tribuns auraient dû punir, au lieu d'y participer! (An de R. 701.)

9. Mais rien n'égale la scélératesse de Catilina dans la débauche. Éperdûment amoureux d'Aurélia Orestilla, il voulut l'épouser : mais il rencontra un obstacle à cette union : c'était son fils unique, déjà parvenu à l'adolescence; il l'empoisonna. Ce fut au bûcher de son enfant qu'il alluma le flambeau de l'hyménée; il offrit, comme un présent de noce à sa nouvelle épouse, le sacrifice de ce qu'un père a de plus cher. Citoyen aussi pervers que père dénaturé, il subit dans la suite le châtiment que méritaient et le meurtre de son fils, et son exécrable attentat contre la patrie.

Du Luxe et de la Débauche chez les étrangers.

1. La mollesse de Capoue fut salutaire à notre république. Elle enchaîna par la puissance de ses charmes cet Annibal que les armes n'avaient pu vaincre, et le livra, facile à vaincre, au

---

corpora, ludibrio temulentæ libidini futura! epulas consulibus et tribunis non celebrandas, sed vindicandas!

9. Præcipue vero Catilinæ libido scelesta. Nam vesano amore Aureliæ Orestillæ correptus, quum unum impedimentum videret, quo minus nuptiis inter se jungerentur, filium suum, quem et solum et ætate jam puberem habebat, veneno sustulit; protinusque ex rogo ejus maritalem facem accendit, ac novæ maritæ orbitatem suam loco muneris erogavit. Eodem deinde animo civem gerens, quo patrem egerat, filii pariter manibus, et nefarie attentatæ patriæ pœnas dedit.

De Luxuria et Libidine in externis.

1. At Campana luxuria perquam utilis civitati nostræ fuit. Invictum enim armis Annibalem illecebris suis complexa, vincendum Romano militi tradidit.

fer du soldat romain. Le général le plus vigilant, l'armée la plus intrépide, elle les séduisit à force de bonne chère, de vins exquis, de suaves parfums et de voluptés; enfin elle les endormit au sein des délices; et la fierté carthaginoise fut ébranlée et frappée à mort, du moment que Séplasie et Albe commencèrent à devenir ses places d'armes. Ainsi rien de plus honteux, rien de plus dangereux même que ces vices qui étouffent le courage, engourdissent la victoire, changent la gloire en opprobre par un triste assoupissement, énervent à la fois et les forces de l'âme et celles du corps! Je ne sais même si l'on n'est pas plus à plaindre de devenir leur esclave que celui de l'ennemi. (An de R. 537.)

2. Ces mêmes vices plongèrent aussi la ville de Volsinium dans les maux les plus cruels et les plus honteux. Elle était opulente, elle avait des mœurs et des lois, elle passait pour la première ville de l'Étrurie; mais une fois abandonnée au luxe, elle tomba dans un abîme d'humiliation et d'opprobre, au point de plier sous la plus insolente domination, sous le joug de ses esclaves. Ceux-ci osèrent, d'abord en petit nombre, pénétrer dans le sénat, et bientôt ils envahirent la république tout entière. Ils dictaient à leur gré les testaments, ils défendaient les festins et

---

Illa vigilantissimum ducem, illa exercitum acerrimum dapibus largis, abundanti vino, unguentorum flagrantia, veneris usu lasciviore, ad somnum et delicias evocavit; ac tum demum fracta et contusa Punica feritas est, quum Seplasia ei et Albana castra esse cœperunt. Quid ergo his vitiis fœdius, quid etiam damnosius, quibus virtus atteritur, victoriæ languescunt, sopita gloria in infamiam convertitur, animique pariter et corporis vires expugnantur? adeo ut nescias, ab hostibusne, an ab illis capi perniciosius habendum sit.

2. Quæ etiam Volsiniensium urbem gravibus et erubescendis cladibus implicarunt. Erat opulenta, erat moribus et legibus ornata, Etruriæ caput habebatur. Sed, postquam luxuria prolapsa est, in profundum injuriarum et turpitudinis decidit, ut servorum se insolentissimæ dominationi subjiceret; qui primum admodum pauci senatorium ordinem intrare ausi, mox universam rempublicam occupaverunt. Testamenta ad arbitrium suum scribi jubebant, convivia cœtusque

les réunions des hommes libres, ils épousaient les filles de leurs maîtres ; enfin ils allèrent jusqu'à statuer par une loi, qu'ils abuseraient impunément des veuves et des femmes mariées, et qu'aucune fille ne pourrait épouser un homme de condition libre, sans avoir perdu sa virginité dans les bras de quelqu'un d'entre eux. (An de R. 428.)

3. Parlerai-je de Xerxès? Ce prince, par un raffinement d'ostentation, et pour étaler son opulence royale, poussa le goût des plaisirs jusqu'à proposer, par édit, une récompense à celui qui aurait inventé quelque volupté nouvelle. Mais, tandis qu'il se laisse captiver par l'excès des délices, dans quel désastre n'entraîne-t-il pas un si vaste empire, heureux de sauver seulement sa personne?

4. Antiochus, roi de Syrie, offre aussi un exemple qui n'a rien de plus sage. Son armée, imitant sa folle et aveugle somptuosité, portait généralement des chaussures garnies de clous d'or, traînait à sa suite de la vaisselle d'argent, et dressait des tentes où brillaient de riches broderies. Superfluités plus capables d'irriter la cupidité de l'ennemi, que d'opposer le moindre obstacle au triomphe d'un adversaire courageux. (Vers l'an 625 de R.)

---

ingenuorum fieri vetabant, filias dominorum in matrimonium ducebant. Postremo lege sanxerunt, ut stupra sua in viduis pariter ac nuptis impunita essent ; ac ne qua virgo ingenuo nuberet, cujus castitatem non ante ex numero ipsorum aliquis delibasset.

3. Age, Xerxes, opum regiarum ostentatione eximia, eo usque luxuria gaudens, ut edicto præmium ei proponeret, qui novum voluptatis genus reperisset, quanta, dum deliciis nimiis capitur, amplissimi imperii ruina evasit?

4. Antiochus quoque Syriæ rex nihilo continentioris exempli. Cujus cæcam et amentem luxuriam exercitus imitatus, magna ex parte aureos clavos crepidis subjectos habuit, argenteaque vasa ad usum culinæ comparavit, et tabernacula textilibus sigillis adornata statuit. Avaro potius hosti præda optabilis, quam ulla ad vincendum strenuo mora.

5. Quant au roi Ptolémée, un excessif développement d'embonpoint fut le fruit de sa mollesse : aussi l'a-t-on surnommé *Physcon*. Y a-t-il rien au delà de sa perversité! il contraignit sa sœur aînée à l'épouser quoiqu'elle fût mariée à un autre frère : elle avait eu une fille de ce premier lit; il la prit de force, et répudia la mère, afin de pouvoir épouser la fille. (Vers l'an 625 de R.)

6. Le peuple égyptien était digne de ses rois. Conduit par Archélaüs, il sortit de la ville pour s'opposer à Gabinius. Il fallut camper; on lui donna ordre de faire des fossés et une palissade : toute l'armée s'écria, que le trésor public devait se charger de l'entreprise et payer des ouvriers. Est-il étonnant que des âmes si énervées n'aient pu soutenir le feu de notre attaque? (Vers l'an 698 de R.)

7. Cependant leur mollesse le cède à celle des Cypriens, qui souffraient patiemment que leurs femmes, le corps étendu par terre, servissent de marchepied à leurs reines pour monter plus mollement en voiture. Les hommes, s'ils avaient mérité ce nom, auraient mieux aimé mourir que d'obéir à un pouvoir si efféminé.

---

5. Jam Ptolemæus rex accessio vitiorum suorum vixit, ideoque *Physcon* appellatus est. Cujus nequitia quid nequius? sororem natu majorem, communi fratri nuptam, sibi nubere coegit; postea deinde filia ejus per vim stuprata, ipsam dimisit, ut vacuum locum nuptiis puellæ faceret.

6. Consentaneus igitur regibus suis gentis Ægyptiæ populus : qui, ductu Archelai adversus A. Gabinium mœnibus urbis egressus, quum *castra vallo atque fossa cingere* juberetur, universus succlamavit, *ut id opus publica pecunia faciendum locaretur*. Quapropter deliciis tam enerves animi spiritum exercitus nostri sustinere non potuerunt.

7. Sed tamen effeminatior multitudo Cypriorum, qui reginas suas, mulierum corporibus velut gradibus constructis, quo mollius vestigia pedum ponerent, currus conscendere æquo animo sustinebant. Viris enim, si modo viri erant, vita carere, quam tam delicato imperio obtemperare satius fuit.

CHAPITRE II

DE LA CRUAUTÉ

De la Cruauté chez les Romains.

Un visage lascif, des regards attachés sur l'objet de quelque nouveau désir, un esprit sans cesse occupé de soins efféminés, et qui voltige de plaisirs en plaisirs, au milieu d'une intarissable variété de délices, voilà le portrait des vices que je viens d'associer. La cruauté, au contraire, a un aspect affreux, les traits farouches, les mouvements effrénés, la voix terrible ; tout en elle respire la menace et les ordres sanguinaires. Garder le silence sur une telle passion, c'est l'encourager, c'est l'accroître ; comment s'arrêtera-t-elle d'elle-même, si, pour la retenir, on ne l'assujettit pas même au frein de la flétrissure ? Enfin, si elle sait se faire craindre, sachons à notre tour la haïr.

1. Sylla ne saurait être ni loué ni blâmé assez dignement.

CAPUT II

DE CRUDELITATE

De Crudelitate Romanorum.

Hæc societas vitiorum lascivi vultus, et novæ cupiditati inhærentium oculorum, ac delicato cultu affluentis, perque varios illecebrarum motus volitantis animi ; crudelitatis vero horridus habitus, truculenta species, violenti spiritus, vox terribilis, omnia nimis et cruentis imperiis referta : cui silentium donare, incrementum est adjicere. Etenim quem modum sibi ipsa statuet, si ne sugillationis quidem frenis fuerit revocata ? ad summam, quum penes illam sit timeri, penes nos sit odisse.

1. L. Sylla, quem neque laudare, neque vituperare, quisquam satis digne

Quand il marchait à la victoire, c'était un nouveau Scipion; exerçait-il ses vengeances après avoir vaincu, c'était pour le peuple romain un autre Annibal. S'il soutint glorieusement l'autorité de la noblesse, il eut la barbarie de verser à grands flots le sang des citoyens, et d'en inonder la ville entière et toutes les parties de l'Italie. Quatre légions du parti contraire, qui s'étaient rendues sur sa parole, se trouvaient dans une métairie publique, au Champ de Mars; vainement elles implorèrent la compassion d'un vainqueur perfide; il les fit massacrer. Leurs cris lamentables et déchirants retentirent jusqu'aux oreilles de Rome épouvantée. Le Tibre, teint du sang de tant de victimes, fut contraint de porter leurs cadavres mutilés, et à peine ses ondes suffirent-elles à un si énorme fardeau. Cinq mille Prénestins, attirés hors de leur ville par l'espérance de la vie que Céthégus leur avait donnée en son nom, vinrent poser les armes et se prosterner à ses pieds; ils n'en furent pas moins assassinés par son ordre et leurs membres aussitôt dispersés dans la campagne. Il fit porter sur les registres publics les noms de quatre mille sept cents citoyens égorgés en vertu de l'édit fameux de proscription; il craignait peut-être que le souvenir d'un si glorieux exploit ne vînt à s'effacer. Non content de sévir contre ceux qui avaient pris les

potest, quia, dum quærit victorias, Scipionem se populo Romano, dum sævitiam exercet, Annibalem repræsentavit (egregie namque auctoritate nobilitatis defensa, crudeliter totam urbem atque omnes Italiæ partes civilis sanguinis fluminibus inundavit), quatuor legiones contrariæ partis, fidem suam secutas, in publica villa quæ in Martio campo erat, nequidquam fallacis dexteræ misericordiam implorantes, obtruncari jussit. Quarum lamentabiles quiritatus trepidæ civitatis aures receperunt; lacerata ferro corpora Tiberis impatiens tanti oneris cruentatis aquis vehere coactus est. Quinque millia Prænestinorum, spe salutis per P. Cethegum data, extra mœnia municipii evocata, quum abjectis armis humi corpora prostravissent, interficienda, protinusque per agros dispergenda curavit. Quatuor millia et septingentos diræ proscriptionis edicto jugulatos in tabulas publicas retulit, videlicet, ne memoria tam præclaræ rei dilueretur : nec contentus

armes pour le parti opposé, il poursuivit même des citoyens paisibles, à cause de leur grande fortune; il les fit chercher par un nomenclateur et ajouter au nombre des proscrits. Il tourna aussi contre les femmes le glaive des bourreaux, comme si ce n'était pas assez du sang des hommes pour assouvir sa fureur. Peut-on montrer une rage plus insatiable? Il se faisait apporter les têtes de ces malheureux, nouvellement coupées, et qui semblaient encore animées du souffle de la vie, afin de les dévorer des yeux, n'osant les déchirer avec la bouche. (An de R. 671.)

Mais quelle cruauté n'exerça-t-il pas sur le préteur M. Marius? Il le fit traîner, à la vue du peuple, jusqu'au tombeau des Lutatius, et ne lui ôta la vie qu'après lui avoir arraché les yeux et brisé successivement tous les membres. Ce récit me paraît à peine croyable. Mais ce n'était pas tout : M. Plétorius s'était évanoui à la vue du supplice de M. Marius; il le fit tuer à l'instant sur le lieu même. Exemple nouveau d'atrocité; il punit la compassion : c'était un crime à ses yeux de ne pouvoir envisager le crime sans horreur. Mais épargna-t-il du moins la cendre des morts? Nullement. Il tira du tombeau les restes de C. Marius et les jeta dans l'Anio. Devenu l'ennemi de C. Marius, il devait du

---

in eos sævire, qui armis a se dissenserant, etiam quieti animi cives, propter pecuniæ magnitudinem, per nomenclatorem conquisitos, proscriptorum numero adjecit; adversus mulieres quoque gladios destrinxit, quasi parum cædibus virorum satiatus. Id quoque inexplebilis feritatis indicium est : abscissa miserorum capita, modo non vultum ac spiritum retinentia, in conspectum suum afferri voluit, ut oculis illa, quia ore nefas erat, manderet.

Quam porro crudeliter se in M. Mario prætore gessit! quem, per ora vulgi ad sepulcrum Lutatiæ gentis pertractum, non prius vita privavit, quam oculos infelicis erueret, et singulas corporis partes confringeret. Vix mihi verisimilia narrare videor. At ille etiam M. Plætorium, quod ad ejus supplicium exanimis ceciderat, continuo ibi mactavit; novus punitor misericordiæ, apud quem iniquo animo scelus intueri, scelus admittere fuit. Sed mortuorum umbris saltem pepercit? minime; nam C. Marii, cujus, etsi postea hostis, quæstor tamen aliquando

moins se rappeler qu'il avait été autrefois son questeur. Voilà par quels actes il crut mériter le surnom d'*Heureux*.

2. Toutefois, quand on songe à la cruauté de C. Marius, celle de Sylla excite moins l'indignation. Marius fut également altéré de vengeance; il déploya aussi une horrible fureur. Avec quelle infâme barbarie ne mit-il pas en pièces L. César, cet illustre citoyen, ancien consul et censeur, et cela sur le tombeau du plus séditieux et du plus vil des hommes? Dans l'excès des maux qui accablaient alors la république, il ne manquait plus que de voir César immolé, comme victime d'expiation, aux mânes d'un Varius. A peine les victoires de Marius peuvent-elles effacer une tache si noire. Il les oublia lui-même, et commit plus d'atrocités dans Rome qu'il n'avait acquis de gloire à la tête des armées. Le même Marius reçut aussi avec une joie féroce la tête de M. Antonius, qui lui fut apportée pendant le repas. Il la tint quelque temps dans ses mains, en exhalant sa rage, en vomissant mille imprécations; il ne craignit pas de profaner la sainteté du banquet, de faire couler sur sa table le sang d'un citoyen si illustre, d'un si grand orateur. Il accueillit même avec transports l'auteur de cet affreux présent, il embrassa P. Annius, qui portait les marques encore récentes d'un si odieux assassinat. (An de R. 666.)

---

fuerat, erutos cineres in Anienis alveum sparsit. En quibus actis *Felicitatis* cognomen assequendum putavit!

2. Cujus tamen crudelitatis C. Marius invidiam levat. Nam et ille nimia cupiditate persequendi inimicos, iram suam nefarie destrinxit, L. Cæsaris consularis et censorii nobilissimum corpus ignobili sævitia trucidando, et quidem apud seditiosissimi et abjectissimi hominis bustum; id enim malorum miserrimæ tunc reipublicæ deerat, ut Vario Cæsar piaculum caderet. Pæne tanti victoriæ ejus non fuerunt : quarum oblitus, plus criminis domi, quam laudis in militia, meruit. Idem caput M. Antonii abscissum lætis manibus inter epulas per summam animi ac verborum insolentiam aliquandiu tenuit, clarissimique et civis et oratoris sanguine contaminari mensæ sacræ passus est; atque etiam P. Annium, qui id attulerat, in sinum suum, recentis cædis vestigiis aspersum, recepit.

3. Damasippus n'eut point de gloire à avilir. Ainsi nous pouvons librement attaquer et flétrir la mémoire d'un monstre, qui confondit avec les têtes des victimes celles des citoyens les plus considérables, et qui fit porter, attaché à un gibet, le corps mutilé de Carbon Arvina. Quel excès, ou de puissance dans le préteur le plus méprisable, ou de faiblesse dans la majesté de la république! (An de R. 671.)

4. Nous citerons encore Munatius Flaccus, défenseur plus ardent qu'estimable du parti de Pompée. Assiégé par César dans les murs d'Attégua, en Espagne, il se livra à toute la barbarie de son caractère avec une effroyable démence. Il égorgea tous ceux des habitants à qui il avait remarqué de l'attachement pour César, et précipita leurs cadavres du haut des murailles. Il traita de même les femmes de ceux qui servaient dans le camp opposé; il proclamait en même temps le nom de leurs maris, afin qu'ils vissent le meurtre de leurs épouses. Il massacrait les enfants sur le sein de leur mère : les plus petits étaient, par son ordre, ou écrasés contre terre à la vue de leurs parents, ou jetés en l'air, et reçus, en tombant, sur les piques de ses soldats. On frémit au seul récit de ces atrocités : et c'est un Romain qui les

---

3. Damasippus nihil laudis habuit, quod corrumperet. Itaque memoria ejus licentiore accusatione perstringitur, cujus jussu principum civitatis capita hostiarum capitibus permixta sunt; Carbonisque Arvinæ truncum corpus patibulo affixum gestatum est : adeo aut flagitiosissimi hominis prætura multum, aut reipublicæ majestas nihil potuit!

4. Munatius etiam Flaccus, Pompeiani nominis acrior quam probabilior defensor, quum ab imperatore Cæsare in Hispania inclusus mœnibus Atteguensium obsideretur, efferatam crudelitatem suam truculentissimo genere vesaniæ exercuit. Omnes enim ejus oppidi cives, quos studiosiores Cæsaris senserat, jugulatos muris præcipitavit; feminas quoque, citatis nominibus virorum, qui in contrariis castris erant, ut cædes conjugum suarum cernerent, maternisque gremiis superpositos liberos trucidavit, infantesque alios in conspectu parentum humo infligi, alios superjactatos pilis excipit jussit. Quæ auditu etiam intolerabilia,

commandait à des mains espagnoles! Appuyé du secours de cette nation, Flaccus s'opposait avec une opiniâtreté insensée aux travaux d'un dieu. (An de R. 708.)

De la Cruauté chez les étrangers.

1. Passons à des traits de férocité également douloureux pour notre patrie, mais dont elle n'a pas à rougir. Les Carthaginois, ayant coupé les paupières à Atilius Régulus, l'enfermèrent dans une machine toute hérissée en dedans de pointes aiguës, et le firent périr tant par l'insomnie que par la continuité des souffrances : supplice indigne du patient, mais bien digne de ses inventeurs. Même cruauté sur des soldats romains, qu'ils avaient pris dans un combat naval : ils les placèrent comme des rouleaux sous leurs navires, afin de les écraser sous un poids si énorme, et d'assouvir leur atroce barbarie par le spectacle d'une mort extraordinaire. Souillés d'un odieux forfait, leurs vaisseaux allaient profaner ensuite même le sein des mers. (An de R. 503.)

Romano jussu, lusitanis manibus administrata sunt : cujus gentis præsidio Flaccus vallatus, divinis operibus recordi pertinacia resistebat.

De Crudelitate externorum.

1. Transgrediamur nunc ad illa, quibus, ut par dolor, ita nullus nostræ civitatis rubor inest. Carthaginienses Atilium Regulum palpebris resectis, machina, in qua undique præacuti stimuli eminebant, inclusum, vigilantia pariter et continuo tractu doloris necaverunt : tormenti genus haud dignum passo, auctoribus dignissimum! Eadem usi crudelitate in milites nostros, maritimo certamine in suam potestatem redactos, navibus substraverunt, ut earum carinis ac pondere elisi, inusitata ratione mortis barbaram feritatem satiarent; tetro facinore pollutis classibus ipsum mare violaturi.

2. Un de leurs généraux, Annibal, dont la valeur tenait surtout de la férocité, fit passer à son armée la rivière nommée Vergelle sur un pont de cadavres romains, et la terre ne vit pas moins de scélératesse dans la marche des armées carthaginoises, que Neptune à l'abordage des flottes de cette nation. Le même Annibal, apercevant des prisonniers romains fatigués de leurs fardeaux et de la marche, leur faisait couper le bout du pied et les laissait en chemin. Ceux qui avaient pu arriver jusqu'au camp, il les réunissait par couples de frères et de parents, les forçait à se battre deux à deux, et ne se lassait point de ce carnage qu'il n'eût réduit leur nombre à un seul vainqueur. Ainsi une juste colère, mais une vengeance tardive animait le sénat, lorsqu'il contraignit cet Africain, réfugié chez Prusias, à se donner la mort. (Ans de R. 537 et 571.)

3. Une égale justice imposa la même nécessité à Mithridate, ce potentat qui, d'un seul mot écrit à ses lieutenants, fit égorger quatre-vingt mille citoyens romains, répandus dans les villes de l'Asie pour y exercer le commerce, et arrosa de leur sang cette vaste province au mépris des dieux de l'hospitalité. Mais son crime ne resta pas impuni; il fut réduit à expirer enfin au milieu des plus grandes douleurs, dans une lutte cruelle contre

---

2. Eorum dux Annibal, cujus majore ex parte virtus sævitia constabat, in flumine Vergello corporibus Romanis ponte facto, exercitum traduxit; ut æque scelestum terrestrium Carthaginiensium copiarum egressum terra, quam maritimarum Neptunus experiretur. Idem captivos nostros, oneribus et itinere fessos jam, prima pedum parte succisa relinquebat : quos vero in castra perduxerat, paria fere fratrum et propinquorum jungens; ferro decernere cogebat; neque ante sanguine explebatur, quam ad unum victorem omnes redegisset. Justo ergo illum odio, verumtamen tardo supplicio, senatus Prusiæ regis factum supplicem ad voluntariam mortem compulit.

3. Tam hercle, quam Mithridatem regem, qui una epistola octoginta millia civium Romanorum, in Asia per urbes negotiandi gratia dispersa, interemit, tantæque provinciæ hospitales deos injusto, sed non inulto cruore respersit; quo-

la violence du poison. Il expiait en même temps l'horreur de ces infâmes gibets, où il faisait attacher ses amis sur l'instigation d'un Gaurus, d'un vil eunuque : honteuse complaisance, ordres barbares ! (An de R. 665 et 690.)

4. Quoique la cruauté naturelle aux peuples de Thrace rende moins étonnante celle de Numulizinthe, fils de Diogiris, leur roi, cependant elle fut portée à un excès de rage qui mérite d'être cité. Scier en deux un homme vivant, faire manger aux pères et aux mères le corps de leurs enfants, étaient pour lui des jeux sans scrupule.

5. Ptolémée Physcon paraît une seconde fois sur la scène : tout à l'heure hideux exemple d'une débauche en délire, il va figurer maintenant comme un monstre de férocité. Est-il rien de plus atroce que le fait suivant ? Il avait eu de Cléopâtre, sa sœur et sa femme, un fils nommé Memphitès, enfant d'une grande beauté et qui donnait les plus heureuses espérances : il le fit tuer sous ses yeux ; il lui fit couper la tête, les pieds et les mains, les mit dans une corbeille qu'il recouvrit d'un manteau, et les envoya à la mère de cet infortuné comme présent pour le jour de

---

niam cum maximo cruciatu, veneno repugnantem spiritum suum tandem succumbere coegit ; simulque piacula crucibus illis dedit, quibus amicos suos, auctore Gauro spadone, libidinosus obsequio, scelestus imperio affecerat.

4. Numulizinthis Diogiridis filii Thraciæ regis etsi minus admirabilem crudelitatem gentis ipsius feritas, narrandam tamen rabies sævitiæ fecit : cui neque vivos homines medios secare, neque parentes liberorum vesci corporibus nefas fuit.

5. Iterum Ptolemæus Physcon emergit, paulo ante libidinosæ amentiæ teterrimum exemplum ; idem inter præcipua crudelitatis indicia referendus. Quid enim hoc facto truculentius ? filium suum nomine Memphitem, quem ex Cleopatra, eadem sorore et uxore, sustulerat, liberalis formæ optimæque spei puerum, in conspectu suo occidi jussit : protinusque caput ejus et pedes præcisos et manus in cista chlamyde opertos pro munere natalitio matri misit ; perinde

sa naissance. On eût dit que le coup qu'il lui portait ne l'atteignait pas lui-même. N'était-il pas, au contraire, plus malheureux? Dans cette perte commune, Cléopâtre excitait la compassion, et Ptolémée était un objet d'exécration universelle. A quelle fureur aveugle, à quelle effervescence ne s'abandonne pas une extrême cruauté, lorsqu'elle ne trouve plus d'appui qu'en elle-même! Physcon, voyant combien son peuple le détestait, chercha dans le crime un remède à ses terreurs. Il crut affermir son pouvoir en massacrant ses sujets. Un jour que le gymnase était rempli d'une nombreuse jeunesse, il l'entoura d'armes et de feu, et détruisit, tant par le fer que par la flamme, tout ce qui s'y trouvait rassemblé. (Vers l'an 625 de R.)

7. Ochus, qui depuis fut nommé Darius, s'était engagé par le serment le plus révéré chez les Perses, à ne faire mourir, ni par le poison, ni par le fer, ni par aucune violence, ni par la faim, aucun de ceux qui avaient concouru avec lui à la ruine des sept mages. Mais il sut imaginer un expédient plus cruel encore pour se défaire de ceux qui lui déplaisaient, sans enfreindre le lien sacré de la religion. Il avait clos de murs élevés un espace étroit qu'il remplit de cendres : au-dessus s'avançait une poutre sur laquelle il plaçait ses victimes, après leur avoir donné abondam-

---

quasi ipse cladis, quam illi inferebat, expers, ac non infelicior, quod in communi orbitate Cleopatram miserabilem, cunctis se invisum reddiderat. Adeo cæco furore summa quæque effervescit crudelitas, quum munimentum ex se ipsa reperit! Nam, quum animadverteret, quanto sui odio patria teneretur, timori remedium scelere petivit; quoque tutius plebe trucidata regnaret, frequens uventute gymnasium armis et igni circumdedit, omnesque, qui in eo erant, partim ferro, partim flamma necavit.

6. Ochus autem, qui postea Darius appellatus est, sanctissimo Persis jurejurando obstrictus, ne quem ex conjuratione, quæ septem Magos cum eo oppresserat, aut veneno, aut ferro, aut ulla vi, aut inopia alimentorum necaret, crudeliorem mortis rationem excogitavit, qua onerosos sibi non perrupto religionis vinculo tolleret. Septum enim altis parietibus locum cinere complevit, superpo-

ment à manger et à boire. De là, saisis par le sommeil, les malheureux tombaient dans ce perfide amas de poussière. (Av. J.-C. 415.)

7. Une cruauté plus impudente et plus noire fut celle d'un autre Ochus, surnommé Artaxerxès. Il enterra vivante Ocha sa sœur, et sa belle-mère. Il enferma son oncle dans une cour, avec plus de cent fils et petits-fils, et les perça tous à coups de flèches, sans en avoir reçu aucune offense : mais il les voyait jouir de la plus haute réputation de vertu et de bravoure chez les Perses. (Av. J.-C. 363.)

8. Une semblable jalousie animait la république d'Athènes, lorsque, par un décret indigne de sa gloire, elle fit couper le pouce à toute la jeunesse d'Égine, afin d'empêcher qu'un peuple, maître d'une flotte puissante, ne lui disputât l'empire de la mer. Je ne reconnais plus Athènes, lorsqu'elle prend conseil de la cruauté pour remédier à la crainte. (Av. J.-C. 458).

9. Ce fut encore un homme bien barbare que l'inventeur du taureau d'airain, sous lequel on plaçait un brasier ardent après y avoir enfermé des malheureux. Cachés dans cet affreux réduit, ils enduraient de longues souffrances, et ne pouvaient faire en-

---

sitoque tigno prominente, benigne cibo et potione exceptos in eo collocabat; e quo, somno sopiti, in illam insidiosam congeriem decidebant.

7. Apertior et tetrior alterius Ochi cognomine Artaxerxis crudelitas, qui Ocham sororem, atque eamdem socrum, vivam capite defodit, et patruum, cum centum amplius filiis ac nepotibus vacua area destitutum, jaculis confixit, nulla injuria lacessitus, sed quod in his maximam apud Persos probitatis et fortitudinis laudem consistere videbat.

8. Consimili genere æmulationis instincta civitas Atheniensium, indigno gloriæ suæ decreto Æginensium juventuti pollices abscidit, ut classe potens populus in certamen maritimarum virium secum descendere nequiret. Non agnosco Athenas, timori remedium a crudelitate mutuantes.

9. Sævus etiam ille ænei tauri inventor, quo inclusi, subditis ignibus, longo et abdito cruciatu, mugitus resonantem spiritum edere cogebantur, ne ejulatus

tendre que des cris étouffés pareils à des mugissements de taureau. L'artiste craignait que des plaintes trop semblables à la voix humaine ne vinssent à toucher le cœur du tyran Phalaris. Aussi, pour avoir voulu ôter cette ressource à des infortunés, il subit justement l'épreuve de son exécrable ouvrage; il y fut enfermé le premier. (Av. J.-C. 571.)

10. Les Étrusques ne furent pas moins atroces dans l'invention des supplices. Ils liaient et serraient étroitement ensemble des morts et des vivants, les joignant face à face dans toutes les parties du corps, et les laissaient ainsi tomber en pourriture : sacriléges bourreaux et des morts et des vivants!

11. On songe ici à ces barbares qui, après avoir immolé des victimes et tiré de leurs corps les intestins et les entrailles, y introduisent, dit-on, des hommes vivants dont ils ne laissent dépasser que la tête ; et pour les faire souffrir plus longtemps, leur donnent à manger et à boire, prolongeant ainsi leur triste existence, jusqu'à ce que, comme tous les cadavres en dissolution, le corps pétrifié devienne la proie des vers.

Plaignons-nous maintenant que la nature nous ait assujettis à une foule d'infirmités et de maladies funestes; murmurons contre

eorum, humanæ sono vocis expressi, Phalaridis tyranni misericordiam implorare possent : quam quia calamitosis deesse voluit, teterrimum artis suæ opus primus artifex inclusus merito auspicatus est.

10. At ne Etrusci quidem parum feroces in pœna excogitanda : qui vivorum corpora cadaveribus adversa adversis alligata atque constricta, ita ut singulæ membrorum partes singulis essent accommodatæ, tabescere simul patiebantur; amari vitæ pariter ac mortis tortores.

11. Sicut illi barbari, quos ferunt mactatarum pecudum intestinis et visceribus egestis homines inserere, ita ut capitibus tantummodo emineant; quoque diutius pœnæ sufficiant, cibo et potione infelicem spiritum prorogare, donec intus putrefacti laniatui sint animalibus, quæ tabidis in corporibus nasci solent.

Queramur nunc cum natura rerum, quod nos multis et asperis adversæ vale-

le ciel, reprochons-lui d'avoir refusé à l'homme la constitution inaltérable des dieux, lorsque nous voyons le genre humain, docile aux inspirations de la cruauté, se créer à lui-même tant de tortures.

CHAPITRE III

DE LA COLÈRE ET DE LA HAINE

De la Colère et de la Haine chez les Romains.

La colère et la haine excitent aussi de violents orages dans le cœur humain : l'une est plus prompte à éclater, l'autre plus persévérante dans le dessein de nuire. Le trouble les accompagne, et jamais elles n'exercent leur violence sans se tourmenter elles-mêmes ; elles veulent causer de la douleur, et elles souffrent les premières ; l'appréhension de manquer leur vengeance les tient dans une inquiétude et une anxiété mortelles. Elles ont des

---

tudinis incommodis obnoxios esse voluerit ; habitumque cælestis roboris humanæ conditioni denegatum moleste feramus, quum tot cruciatus sibimet ipsa mortalitas impulsu crudelitatis excogitaverit.

CAPUT III

DE IRA ET ODIO

De Ira et Odio Romanorum.

Ira quoque et odium in pectoribus humanis magnos fluctus excitant; procursu celerior illa, nocendi cupidine hoc pertinacius. Uterque consternationis plenus affectus, ac nunquam sine tormento sui violentus, quia dolorem quum inferre vult, patitur, amara sollicitudine, ne non contingat ultio, anxius. Sed proprie-

traits particuliers, un aspect des plus frappants; les dieux ont voulu que d'illustres personnages en offrissent une image dans la véhémence ou des actions ou des paroles.

1. Lorsque Livius Salinator sortit de Rome pour faire la guerre à Asdrubal, Fabius Maximus l'avertit de ne point livrer bataille qu'il ne connût les forces et le caractère de l'ennemi : il répondit qu'il saisirait la première occasion d'en venir aux mains. Fabius lui demanda « pourquoi il était si impatient d'engager un combat. — C'est, répliqua-t-il, pour jouir au plus tôt, ou de la gloire d'avoir vaincu l'ennemi, ou du plaisir de voir mes concitoyens taillés en pièces. » La colère et l'honneur dictèrent ensemble cette réponse : l'une gardait le souvenir d'une injuste condamnation, l'autre envisageait la gloire d'un triomphe. Mais comment le même homme pouvait-il tenir un pareil langage, et remporter une telle victoire? (An de R. 548).

2. C'était une âme ardente, un guerrier accoutumé aux travaux militaires, que la vivacité du ressentiment poussait à ce degré de colère; mais voici C. Figulus, le plus doux des hommes jouissant dans la science paisible du droit civil de la plus grande célébrité, qui se laisse entraîner par cette passion, jusqu'à ou-

---

tatis eorum certissimæ sunt imagines; quas dii ipsi in claris personis, aut dicto aliquo, aut facto vehementiori conspici voluerunt.

1. Quum adversus Asdrubalem Livius Salinator bellum gesturus Urbe egrederetur, monente Fabio Maximo, ne ante descenderet in aciem, quam hostium vires animumque cognosceret, primam occasionem pugnandi non omissurum se respondit; interrogatusque ab eodem, *quid ita tam festinanter manum conserere vellet ?* — *Ut quam celerrime*, inquit, *aut gloriam ex hostibus victis, aut ex civibus prostratis gaudium capiam.* Ira tunc atque virtus sermonem ejus inter se diviserunt; illa injustæ damnationis memor, hæc triumphi gloriæ intenta. Sed nescio, an ejusdem fuerit hoc dicere, et sic vincere.

2. Ardentis spiritus virum, et bellicis operibus assuetum, huc iracundiæ stimuli egerunt; C. autem Figulum mansuetissimum, pacato juris civilis judicio

blier sa modération et sa sagesse. On lui avait refusé le consulat; il en était fort irrité, et ce qui aigrissait encore son humeur, c'est de songer qu'on avait deux fois accordé cet honneur à son père. Le lendemain des comices, une foule de citoyens étant venus pour le consulter, il les renvoya tous, en leur disant : « Vous savez tous consulter, vous ne savez pas faire un consul. » Reproche sévère et mérité; toutefois il eût mieux valu s'en abstenir. Peut-il y avoir de la sagesse à s'emporter contre le peuple romain? (Vers l'an 621.)

3. Aussi, malgré leur noblesse dont l'éclat semble les garantir du reproche, on ne doit pas non plus approuver ces Romains qui s'offensèrent de voir arriver à la préture Cn. Flavius, personnage autrefois compté dans les derniers du peuple; qui arrachèrent de leurs doigts leurs anneaux d'or, et rejetèrent avec mépris les ornements de leurs chevaux. Laisser à ce point éclater le dépit, c'était presque afficher le deuil. (An de R. 449.)

4. Tels furent les mouvements de colère d'un ou de plusieurs particuliers contre le corps entier de la nation. Quels ont été ceux d'une multitude contre des magistrats et des généraux ? Lorsque Manlius Torquatus revint à Rome, après avoir remporté

---

celeberrimum, prudentiæ moderationisque immemorem reddiderunt. Consulatus enim repulsæ dolore accensus, eo quidem magis, quod illum bis patri suo datum meminerat, quum ad eum postero comitiorum die multi consulendi causa venissent, omnes dimisit, præfatus, *Omnes consulere scitis, consulem facere nescitis*. Dictum graviter, et merito; sed tamen aliquanto melius non dictum : nam quis populo Romano irasci sapienter potest?

3. Itaque ne illi quidem probandi, quamvis factum eorum nobilitatis splendore protectum sit, qui, quod Cn. Flavius, humillimæ quondam sortis, præturam adeptus erat, offensi, annulos aureos sibimetipsis, et phaleras equis suis detractas abjecerunt, doloris impotentia tantum non luctum profecto testati.

4. Talis iræ motus aut singulorum, aut paucorum adversus populum universum; multitudinis autem erga principes ac duces, ejusmodi : Manlio Torquato

sur les Latins et les Campaniens une victoire des plus complètes et des plus mémorables, tous les vieillards, pleins de joie et triomphants, allèrent le recevoir à l'entrée de la ville ; mais on ne vit aucun des jeunes gens s'avancer à sa rencontre. Ils étaient indignés qu'il eût donné la mort à un jeune homme, qu'il eût frappé de la hache son propre fils, pour avoir vaillamment combattu contre ses ordres. Ils se montrèrent sensibles au sort d'un guerrier de leur âge, victime d'une sévérité excessive. Je ne prétends pas les justifier ; je veux seulement signaler le pouvoir d'un ressentiment qui alla jusqu'à diviser et les âges et les affections d'une cité tout entière. (An de R. 413.)

5. La même animosité eut la force d'arrêter toute la cavalerie romaine, à qui le consul Fabius avait ordonné de poursuivre les ennemis : nos cavaliers pouvaient facilement et sans danger les anéantir ; mais ils se rappelaient que Fabius avait empêché la promulgation d'une loi agraire, et ce souvenir les retint immobiles. (An de R. 272.) Une passion semblable fut aussi funeste à Appius, dont le père, en soutenant les prérogatives du sénat, avait énergiquement combattu les intérêts du peuple : animée d'un esprit de vengeance contre le fils, l'armée tourna volontairement le dos à l'ennemi, de peur de procurer le triomphe à son général. (An de R. 282.)

---

amplissimam et gloriosissimam ex Latinis et Campanis victoriam in Urbem referenti, quum seniores omnes lætitia ovantes occurrerent, juniorum nemo obviam processit, quod filium adolescentem, fortissime adversus imperium suum præliatum, securi percussisset. Miserti sunt æqualis nimis aspere puniti ; nec factum eorum defendo, sed iræ vim indico, quæ unius civitatis et ætates et affectus dividere valuit.

5. Eademque tantum potuit, ut universum populi Romani equitatum a Fabio consule ad hostium copias persequendas missum, quum et tuto et facile eas liceret delere, legis agrariæ ab eo impeditæ memoria immobilem retineret. Illa vero etiam Appio duci, cujus pater, dum pro senatus amplitudine nititur, commoda plebis acerrime impugnaverat, infensum, exercitum faciendo, voluntaria fuga terga hosti, ne triumphum imperatori quæreret, dare coegit.

Combien de fois le ressentiment fut vainqueur de la victoire ! Il en refusa les félicitations à Torquatus, il en ravit à Fabius la plus belle partie, et l'envia tout entière à Appius en prenant la fuite.

6. Avec quelle violence ne dominait-elle pas sur le cœur de tout le peuple romain, lorsque les suffrages de l'assemblée déférèrent à M. Plétorius, l'un des premiers centurions, l'honneur de dédier le temple de Mercure, au préjudice des deux consuls, Appius et Servilius? On en voulait à Appius, pour avoir empêché qu'on ne vînt au secours des débiteurs; à Servilius, pour les avoir mollement défendus après s'être chargé de leur cause. Dira-t-on que la colère est impuissante, quand on voit ses conseils faire prévaloir un soldat sur la plus haute magistrature? (An de R. 258.)

7. Non-seulement elle a foulé aux pieds le commandement suprême ; elle en a même insolemment abusé. Q. Métellus avait conquis presque en entier les deux Espagnes, dont il avait eu le département, d'abord comme consul, ensuite comme proconsul. Il apprend qu'on lui envoie pour successeur Q. Pompéius, son ennemi. Aussitôt il affranchit du service, sur une simple demande, tous ceux qui veulent le quitter ; il donne sans examen

---

Quoties victoriæ victrix! congratulationem ejus in Torquato spernendam, in Fabio pulcherrimam partem omittendam, in Appio totam fugæ postponendam reddidit.

6. Age, quam violenter se in pectore universi populi Romani gessit eodem tempore, quo suffragiis ejus dedicatio ædis Mercurii M. Plætorio primipili centurioni data est, præteritis consulibus; Appio quod obstitisset, quo minus æri alieno suo succurreretur; Servilio, quod susceptam causam suam languido patrocinio protexisset! Negas efficacem iram, cujus hortatu miles summo imperio prælatus est?

7. Quæ quidem non proculcavit tantum imperia, sed etiam gessit impotenter. Nam Q. Metellus, quum utramque Hispaniam consul prius, deinde proconsul, pæne totam subegisset, postquam cognovit Q. Pompeium consulem inimicum suum successorem sibi mitti, omnes, qui modo militiam suam voluerunt finiri,

des congés illimités; il retire les gardes des magasins pour les exposer au pillage; il fait briser et jeter à la rivière les arcs et les flèches des Crétois; il défend de donner à manger aux éléphants. Ces actes purent flatter son animosité; mais ils ternirent la gloire de ses magnifiques exploits. Il avait mérité le triomphe; mais, pour avoir été moins courageux à vaincre la colère qu'à subjuguer l'ennemi, il se vit refuser cet honneur. (An de R. 611.)

8. Que dirai-je de Sylla? Tandis que, livré à cette passion, il verse à grands flots le sang de ses ennemis, ne finit-il point par répandre le sien même? Furieux de voir que Granius, premier magistrat de Putéoles, où il se trouvait alors, ne se pressait pas de lui donner l'argent promis par le conseil de cette colonie pour le rétablissement du Capitole, il entra dans de tels accès de rage, il poussa des éclats de voix si extraordinaires, qu'il se rompit un vaisseau dans la poitrine, et vomit sa vie avec son sang et ses menaces. Cependant il ne tombait pas encore de vieillesse, puisqu'il entrait seulement dans sa soixantième année; mais ses emportements, nourris de misères publiques, ne connaissaient point de frein. Ainsi l'on ne saurait dire qui expira le premier de Scylla ou de sa colère. (An de R. 675.)

---

dimisit; commeatus petentibus, neque causis excussis, neque constituto tempore, dedit; horrea, custodibus remotis, opportuna rapinæ præbuit; arcus sagittasque Cretensium frangi, atque in amnem abjici jussit; elephantis cibaria dari vetuit. Quibus factis ut cupiditati suæ indulsit, ita magnifice gestarum rerum gloriam corrupit; meritumque honorem triumphi, hostium, quam iræ, fortior victor, amisit.

8. Quid Sylla, dum huic vitio obtemperat, nonne multo alieno sanguine profuso, ad ultimum et suum erogavit? Puteolis enim ardens indignatione, quod Granius princeps ejus coloniæ pecuniam a decurionibus ad refectionem Capitolii promissam cunctantius daret, animi concitatione nimia, atque immoderato vocis impetu convulso pectore, spiritum cruore ac minis mixtum evomuit; nec senio jam prolapsus, utpote sexagesimum ingrediens annum, sed alita miseriis reipublicæ impotentia furens. Igitur in dubio est, Syllane prior, an iracundia Syllæ sit exstincta.

CHAP. III, DE LA COLÈRE ET DE LA HAINE 253

Exemples étrangers.

Je ne veux pas citer des personnages obscurs, et j'éprouve de la répugnance à parler des plus grands hommes pour leur reprocher leurs vices. Cependant, puisque l'objet de mon recueil m'invite à réunir ce que chaque partie offre de plus remarquable, mes scrupules doivent céder à la nature de l'ouvrage. Pour aimer à louer ce qui est beau, faut-il être moins fidèle à raconter ce qui est nécessaire?

1. Alexandre fut presque arraché du ciel par son emportement. Qui l'empêcha de s'y élever, si ce n'est Lisimaque exposé à la fureur d'un lion, Clytus percé d'un coup de lance et Callisthène condamné au supplice? La mort injuste de trois amis ravit au conquérant le fruit de trois éclatantes victoires.

2. De quelle haine implacable Amilcar était animé contre le peuple romain! En jetant les yeux sur ses quatre fils encore dans l'enfance : « Voilà, s'écria-t-il quatre lionceaux que j'élève pour la ruine de l'empire romain. » Nourrissons funestes, et bien

De Ira et Odio externorum.

Neque ab ignotis exempla petere juvat, et maximis viris exprobrare vitia sua verecundiæ est. Cæterum, quum propositi fides excellentissima quæque complecti moneat, voluntas operi cedat; dum præclara libenter probando, necessaria narrandi conscientia non desit.

1. Alexandrum iracundia sua propemodum cœlo deripuit. Nam quid obstitit, quo minus illuc assurgeret, nisi Lysimachus, leoni objectus, et Clytus hasta trajectus, et Callisthenes mori jussus? quia tres maximas victorias totidem amicorum injustis cædibus victor edidit.

2. Quam vehemens deinde adversus populum Romanum Amilcaris odium! quatuor enim puerilis ætatis filios intuens, ejusdem numeri catulos leoninos in

dignes de devenir, comme ils le furent en effet, les fléaux de leur patrie! (Av. J.-C. 246.)

3. Annibal, l'un d'entre eux, marcha de bonne heure sur les traces de son père. Au moment où Amilcar, sur le point de passer en Espagne avec une armée, faisait, à cette occasion, un sacrifice, Annibal, âgé de neuf ans, jura, la main sur l'autel, d'être le plus ardent ennemi du peuple romain, sitôt que l'âge le lui permettrait; et même, à forces de prières et d'instances, il arracha à son père la permission de l'accompagner dans la guerre qu'il allait entreprendre. (An de R. 516.) Le même Annibal, voulant un jour exprimer à quel point la haine divisait Rome et Carthage, dit en frappant du pied et soulevant la poussière : « Elles ne cesseront d'être en guerre, que lorsque l'une ou l'autre sera réduite en poudre. »

4. Voilà l'impression qu'a pu faire sur le cœur d'un enfant la violence de la haine; la colère n'a pas eu moins d'empire sur l'âme d'une femme. Sémiramis, reine d'Assyrie, était occupée à sa parure. On vint lui annoncer que Babylone s'était révoltée. Aussitôt, une partie de la tête en désordre, elle courut l'assiéger, et ne voulut point continuer l'arrangement de sa chevelure,

---

perniciem imperii nostri alere se prædicabat : digna nutrimenta, quæ in exitium patriæ suæ, ut evenit, converterentur!

3. E quibus Annibal mature adeo patris vestigia subsecutus est, ut, eo exercitum in Hispaniam trajecturo, et ob id sacrificante, novem annorum natu, altaria tenens juraret, *se, quum primum per ætatem potuisset, acerrimum hostem populi Romani futurum;* ut pertinacissimis precibus instantis belli commilitium exprimeret. Idem significare cupiens, quanto inter se odio Carthago et Roma dissiderent, inflicto in terram pede, suscitatoque pulvere, *tunc inter eas fore finem belli* dixit, *quum alterutra urbs in habitum pulveris esset redacta.*

4. In puerili pectore tantum vis odii potuit, sed in muliebri quoque æque multum valuit. Namque Semiramis Assyriorum regina, quum ei circa cultum capitis sui occupatæ nuntiatum esset, Babylonem defecisse, altera parte crinium adhuc soluta protinus ad eam expugnandam cucurrit; nec prius decorem capil-

qu'elle n'eût ramené sous ses lois une place si importante. Aussi lui érigea-t-on, à Babylone, une statue qui représentait son extérieur au moment où elle s'était précipitamment élancée pour punir la rébellion.

CHAPITRE IV

DE L'AVARICE

De l'Avarice des Romains.

Produisons aussi sur la scène l'avarice, cette passion attachée à poursuivre des gains secrets, dévorant avec avidité la proie qu'elle rencontre, entourée de possessions sans jouir et goûter le bonheur, toujours pressée de la soif d'acquérir et toujours misérable.

1. Un homme fort riche, L. Minucius Basilus étant mort en Grèce, un faussaire supposa un testament de lui, et pour l'appuyer, inscrivit au nombre des héritiers deux des personnages les

lorum in ordinem, quam tantam urbem in potestatem suam, redegit. Quocirca statua ejus Babylone posita est illo habitu, quo ad ultionem exigendam celeritate præcipiti tetendit.

CAPUT IV

DE AVARITIA

De Avaritia Romanorum.

Protrahatur etiam avaritia, latentium indagatrix lucrorum, manifestæ prædæ avidissima vorago; nec habendi fructu felix, et cupiditate quærendi miserrima.

1. Quum admodum locupleti M. Minucio Basilo falsum testamentum quidam in Græcia subjecisset, ejusdemque confirmandi gratia potentissimos civitatis

plus puissants de notre république, M. Crassus et Q. Hortensius, qui n'avaient jamais connu Minucius. La fraude était palpable ; mais avides d'argent l'un et l'autre, ils virent le crime d'autrui et n'eurent pas horreur d'en profiter. Quelle faute énorme et avec quelle légèreté j'en ai fait le récit ! Des citoyens, lumières du sénat, ornements du barreau, séduits par l'appât d'un gain honteux, protégèrent de leur autorité une infamie qu'ils auraient dû punir !

2. L'avarice éclata plus énergiquement encore dans Q. Cassius. Étant en Espagne, il surprit M. Silius et A. Calpurnius qui étaient venus avec des poignards pour l'assassiner, et leur rendit la liberté à l'un pour cinq millions de sesterces (1,000,000 fr.), à l'autre, pour six millions (1,200,000 fr.). Sans aucun doute, pour une somme double, il leur eût même volontiers tendu la gorge. (An de R. 705.)

3. Mais jamais homme ne fut possédé de cette passion comme L. Septimuléius. Après avoir été l'ami intime de C. Gracchus, il fut assez barbare pour lui couper la tête et la porter dans les rues de Rome au bout d'une lance : le consul Opimius avait promis, par édit, de la payer au poids de l'or. Quelques auteurs

---

nostræ viros M. Crassum et Q. Hortensium ; quibus Minucius ignotus fuerat, tabulis hæredes inseruisset, quanquam evidens fraus erat, tamen uterque pecuniæ cupidus, facinoris alieni munus non repudiavit. Quantam culpam quam leviter retuli ! Lumina curiæ, ornamenta fori, quod scelus vindicare debebant, inhonesti lucri captura invitati, auctoritatibus suis texerunt.

2. Verum aliquanto majores vires in Q. Cassio exhibuit : qui in Hispania M. Silium et A. Calpurnium occidendi sui gratia cum pugionibus deprehensos, quinquagies sestertium ab illo, ab hoc sexagies pactus, dimisit. At quis dubitet, si alterum tantum daretur, jugulum quoque suum æquo animo illis fuisse præbiturum ?

3. Cæterum avaritia ante omnes L. Septimuleii præcordia possedit, qui, quum C. Gracchi familiaris fuisset, caput ejus abscindere, et per urbem pilo fixum ferre sustinuit, quia Opimius consul auro id se repensurum edixerat. Sunt qui

ajoutent que Septimuléius en avait vidé une partie, et que, pour la rendre plus pesante, il l'avait remplie de plomb fondu. Que Gracchus ait été un séditieux, qu'il ait subi un juste châtiment, fallait-il que l'exécrable avidité d'un client fût assez altérée de gain pour outrager ainsi son cadavre? (An de R. 632.)

De l'Avarice chez les étrangers.

L'avarice de Septimuléius fait horreur; celle de Ptolémée, roi de Chypre, est digne de risée. Il avait amassée d'immenses richesses à force de soins méprisables; il vit le moment où elles allaient causer sa ruine. Pour se soustraire au péril, il chargea sur des vaisseaux tous ses trésors, et s'avança en pleine mer, dans le dessein de périr avec avec eux, quand il le jugerait convenable, en perçant le fond de ses navires, et de dérober ainsi sa dépouille à ses ennemis. Mais il n'eut pas la force de submerger son or son argent; il le ramena chez lui, pour devenir le prix de sa mort. En vérité, cet homme ne possédait pas les richesses, il en était possédé : s'il avait le titre de roi de Chypre, il n'était, dans son âme, que le misérable esclave de son argent. (An de R. 695.)

tradant, liquato plumbo eum cavatam partem capitis, quo ponderosius esset, explesse. Fuerit ille seditiosus, bono perierit exemplo; clientis tamen scelesta fames in has usque jacentis injurias esurire non debuit.

De Avaritia externorum.

Odium merita Septimuleii avaritia; Ptolemæi autem regis Cypriorum, risu prosequenda. Nam quum anxiis sordibus magnas opes corripuisset, propterque eas periturum se videret, et ideo, omni pecunia imposita navibus, in altum processisset, ut classe perforata suo arbitrio periret, et hostes præda carerent, non sustinuit mergere aurum et argentum, sed futurum suæ necis præmium domum revexit. Procul dubio hic non possedit divitias, sed a divitiis possessus est; titulo rex insulæ, animo pecuniæ miserabile mancipium.

CHAPITRE V

DE L'ORGUEIL ET DE L'OUBLI DE SOI-MÊME

Exemples chez les Romains.

1. Exposons aussi à la vue l'orgueil et l'oubli de soi-même. Le consul M. Fulvius Flaccus, collègue M. Plautius Hypséus, voulait faire passer les lois les plus pernicieuses sur le droit de bourgeoisie, et sur l'appel au peuple en faveur de ceux qui auraient désiré changer leur qualité de citoyen. Appelé au sénat, il ne consentit qu'avec peine à s'y rendre : l'auguste assemblée lui conseilla, le pria même de se désister ; il ne daigna pas répondre. On accuserait d'arrogance tyrannique un consul qui aurait eu envers un seul sénateur ce mépris que Flaccus affecte pour le corps entier, pour la majesté d'une compagnie si imposante. (An de R. 628.)

CAPUT V

DE SUPERBIA ET IMPOTENTIA

De Superbia et Impotentia Romanorum.

1. Atque, ut superbia quoque et impotentia in conspicuo ponantur, M. Fulvius Flaccus consul, M. Plautii Hypsæi collega, quum perniciosissimas reipublicæ leges introduceret, de civitate danda, et de provocatione ad populum, eorum, qui civitatem mutare voluissent, ægre compulsus est, ut in curiam veniret; deinde partim monenti, partim oranti senatui, ut incepto desisteret, responsum non dedit. Tyrannici consul spiritus haberetur, si adversus unum senatorem hoc modo se gessisset, quo Flaccus in totius amplissimi ordinis contemnenda majestate versatus est.

2. La même compagnie reçut aussi de M. Drusus, tribun du peuple, le plus sanglant outrage. C'était peu pour lui d'avoir maltraité le consul L. Philippus qui avait osé l'interrompre dans une harangue, de l'avoir fait saisir à la gorge, non par un licteur, mais par un de ses clients, et de l'avoir ainsi traîné en prison, avec tant de violence que le sang lui sortait abondamment par le nez. Il alla jusqu'à répondre à un message du sénat qui le sommait de se rendre à la séance : « Que ne se rend-il lui-même au palais d'Hostilius, voisin de la tribune? que ne se rend-il près de moi? » J'ajoute à regret ce qui suit : le tribun ne tint compte des ordres du sénat, et le sénat obéit aux paroles du tribun. (An de R. 662.)

3. Que de hauteur dans ce trait de Cn. Pompée ! Au sortir du bain il voit prosterné à ses pieds Hypséus, son ami, citoyen d'une naissance illustre, alors accusé de brigue. Non-seulement il le laisse à terre, il l'accable encore d'une parole insultante : « Tu ne fais que retarder mon repas, » lui dit-il; et, quoiqu'il eût à se reprocher un mot si dur, il ne laissa pas de dîner tranquillement. Cependant ce Cn Pompée intercéda, même en pleine audience, pour P. Scipion son beau-père, coupable de délits

---

2. Quæ a M. quoque Druso tribuno plebis per summam contumeliam vexata est. Parvi enim habuit L. Philippum consulem, quia interfari concionantem ausus nerat, obtorta gula, et quidem non per viatorem, sed per clientem suum, adeo violenter in carcerem præcipitem egisse, ut multus a naribus ejus cruor profunderetur; verum etiam, quum senatus ad eum misisset, ut in curiam veniret : *Quare non potius,* inquit, *ipse in Hostiliam propinquam rostris, id est, ad me, venit?* Piget adjicere quod sequitur : tribunus senatus imperium despexit; senatus tribuni verbis paruit.

3. Cn. autem Pompeius quam insolenter ! qui balneo egressus, ante pedes suos prostratum Hypsænm ambitus reum, et nobilem virum, et sibi amicum, jacentem reliquit, contumeliosa voce proculcatum : *Nihil* enim *eum aliud agere, quam ut convivium suum moraretur,* respondit; et hujus dicti conscius, securus animo cœnare potuit. Ille vero etiam in foro non erubuit P. Scipionem socerum suum,

prévus par ses propres lois; il ne rougit pas, en voyant d'illustres accusés frappés des plus terribles condamnations, de venir prier les juges, et de solliciter la grâce de Scipion comme une faveur; sensible aux caresses d'une épouse jusqu'à lui sacrifier l'ordre public. (An de R. 701.)

4. Marc-Antoine déshonora un festin par une action et une parole également atroces. Lorsqu'il était triumvir, on lui apporta la tête du sénateur Césétius Rufus pendant le repas. Tous les convives détournèrent la vue; mais Antoine la fit approcher davantage, et la considéra longtemps avec curiosité. Chacun était dans l'attente de ce qu'il allait dire : « Celui-ci, dit-il, je ne le connaissais pas. » Aveu plein d'orgueil, en parlant d'un sénateur; aveu digne d'un tyran, à n'envisager que l'assassinat. (An de R. 710.)

Exemples chez les étrangers.

1. C'en est assez sur nos citoyens; passons aux étrangers. La valeur et la prospérité poussèrent Alexandre au comble de l'orgueil par trois degrés très-remarquables. Dédaignant le sang de

---

legibus noxium, quas ipse tulerat, in maxima quidem reorum et illustrium ruina, muneris loco a judicibus deposcere, maritalis lecti blanditiis statum reipublicæ temperando.

4. Tetrum facto pariter ac dicto M. Antonii convivium. Nam, quum ad eum triumvirum Cæsetii Rufi senatoris caput allatum esset, aversantibus id cæteris, propius admoveri jussit, ac diu diligenterque consideravit. Cunctis deinde exspectantibus quidnam esset dicturus : *Hunc ego,* inquit, *notum non habui.* Superba de senatore, impotens de occiso confessio.

De Superbia et Impotentia externorum.

1. Satis multa de nostris; aliena nunc adjiciantur. Alexandri regis virtus et elicitas tribus insolentiæ gradibus exsultavit evidentissimis. Fastidio enim Phi-

Philippe, il se donna pour père Jupiter Ammon; dégoûté des mœurs et du costume macédoniens, il adopta le vêtement et les usages des Perses; méprisant la condition humaine, il disputa l'encens à la divinité. Ainsi il n'eut pas honte d'abjurer les qualités de fils, de citoyen et d'homme.

2. Xerxès, dont le nom rassemble les idées d'arrogance et de tyrannie, abusa insolemment de son pouvoir, lorsqu'au moment de déclarer la guerre à la Grèce, il appela les grands de l'Asie à sa cour et leur dit : « Je n'ai pas voulu paraître ne consulter que moi-même et je vous ai convoqués; mais souvenez-vous que votre devoir est plutôt d'obéir que de conseiller. » Que d'orgueil, lors même que Xerxès aurait eu le bonheur de rentrer victorieux dans son palais! Mais à voir une défaite si honteuse, on trouvera peut-être son langage plus impudent encore que présomptueux. (Av. J.-C. 484.)

3. Annibal, fier du succès de la bataille de Cannes, ne voulut plus ni admettre dans son camp aucun de ses concitoyens, ni répondre à personne, sans interprète; lorsque Maharbal lui déclara hautement devant sa tente qu'il avait pris les mesures pour le faire dîner sous peu de jours à Rome, dans le Capitole, il ne

---

lippi, Jovem Ammonem p trem ascivit; tædio morum et cultus Macedonici, vestem et instituta Persica assumpsit; spreto mortali habitu, divinum æmulatus est : nec fuit ei pudori, filium, civem, hominem, dissimulare.

2. Jam Xerxes, cujus in nomine superbia et impotentia habitat, suo jure quam insolenter usus est, quum Græciæ indicturus bellum, adhibitis Asiæ principibus, *Ne viderer*, inquit, *meo tantummodo usus consilio, vos contraxi; cæterum mementote, parendum magis vobis esse, quam suadendum!* Arroganter, etiamsi victori repetere ei regiam contigisset : tam deformiter victi nescias utrum insolentius dictum, an impudentius.

3. Annibal autem, Cannensis pugnæ successu elatus, nec admisit quemquam civium suorum in castris, nec responsum ulli, nisi per interpretem dedit; Maharbalem etiam ante tabernaculum suum clara voce affirmantem, *prospexisse se, quonam modo paucis diebus Romæ in Capitolio cœnaret,*

daigna même pas l'écouter. Tant la modération et la prospérité sont loin d'habiter ensemble! (An de R. 537.)

4. Le sénat de Carthage et celui de Capoue semblent avoir rivalisé d'orgueil. Le premier avait des bains séparés de ceux du peuple; celui-ci avait des tribunaux différents. Cet usage s'est conservé assez longtemps à Capoue; nous en voyons la preuve dans le discours de C. Gracchus contre Plautius.

CHAPITRE VI

DE LA PERFIDIE

De la Perfidie des Romains.

Tirons de ses ténèbres un vice caché, fertile en piéges, la perfidie, dont la force consiste principalement à mentir et à tromper. la jouissance à consommer quelque scélératesse. Ses vœux sont

aspernatus est : adeo felicitatis et moderationis dividuum contubernium est!

4. Insolentiæ vero inter Carthaginiensem et Campanum senatum quasi æmulatio fuit : ille enim separato a plebe balneo lavabatur; hic diverso foro utebatur. Quem morem Capuæ aliquandiu retentum, C. quoque Gracchi oratione in Plantium scripta patet.

CAPUT VI

DE PERFIDIA

De Perfidia Romanorum.

Occultum jam et insidiosum malum perfidia latebris suis extrahatur, cujus efficacissimæ vires sunt mentiri ac fallere, fructus in aliquo admisso scelere consistit,

accomplis quand elle a pu surprendre la crédulité et l'envelopper de ses liens criminels : monstre aussi funeste au genre humain que la bonne foi lui est salutaire. Couvrons-le donc d'autant d'opprobre que celle-ci mérite de louanges.

1. Sous le règne de Romulus, Spurius Tarpéius commandait la citadelle. Sa fille, étant allée hors des murs pour puiser de l'eau pour un sacrifice, se laissa gagner par Tatius, et consentit à faire entrer avec elle dans la forteresse les soldats sabins, à condition d'en recevoir ce qu'ils portaient à leur bras gauche : elle leur voyait des bracelets et des anneaux d'or d'un poids considérable. Quand les Sabins furent maîtres de la place, et que la jeune fille vint réclamer son salaire, ils amoncelèrent sur elle leurs boucliers et l'étouffèrent, prétendant ainsi acquitter leur promesse, puisqu'ils portaient aussi leurs boucliers au bras gauche. Abstenons-nous de les blâmer : ils tirèrent prompte justice d'une trahison impie. (An de R. 5.)

2. Servius Galba nous offre aussi un exemple de la plus insigne perfidie. Ayant convoqué le peuple de trois cités de la Lusitanie, sous prétexte de s'occuper de leurs intérêts, il choisit sept mille hommes (c'était la fleur de la jeunesse), les désarma, égorgea

---

tum certus, quum credulitatem nefariis vinculis circumdedit; tantum incommodi humano generi afferens, quantum salutis bona fides præstat. Habeat igitur non minus reprehensionis, quam illa laudis consequitur.

1. Romulo regnante, Spurius Tarpeius arci præerat. Cujus filiam virginem, aquam sacris petitum extra mœnia egressam, Tatius, ut armatos Sabinos in arcem secum reciperet, corrupit, mercedis nomine pactam, quæ in sinistris manibus gerebant; erant autem his armillæ et annuli magno ex pondere auri. Loco potitum agmen Sabinorum, puellam præmium flagitantem, armis obrutam necavit, perinde quasi promissum, quod ea quoque lævis gestaverant, solverit. Absit reprehensio, quia impia proditio celeri pœna vindicata est.

2. Servius quoque Galba summæ perfidiæ. Trium enim Lusitaniæ civitatum convocato populo, tanquam de commodis ejus acturus, septem millia, in quibus flos juventutis consistebat, electa et armis exuta, partim trucidavit, partim

lés uns, et vendit les autres. Perte immense pour les Barbares; mais elle cède encore en énormité au crime de Galba. (An de R. 602.)

3. Cn. Domitius, personnage de la plus haute naissance et d'un grand caractère, devint perfide par un amour excessif de la gloire. Irrité contre Bituitus, roi des Arverniens, pour avoir excité sa nation et celle des Allobroges à se remettre aux mains de Q. Fabius, son successeur, quoique Domitius fût encore dans la province, il l'attira chez lui sous prétexte d'une entrevue, le chargea de chaînes au mépris de l'hospitalité, et le fit transporter à Rome par mer. Si le sénat ne put approuver cet acte d'injustice, il ne voulut pas non plus l'annuler, de peur que Bituitus, rentré dans son pays, n'excitât de nouveau la guerre. On le relégua dans la ville d'Albe pour y être retenu comme prisonnier. (An de R. 632.)

4. Quant au meurtre de Viriathus, il signale une double perfidie, celle de ses amis qui trempèrent leurs mains dans son sang, et celle du consul Q. Servilius Cépion, qui suscita les assassins en leur promettant l'impunité. Ainsi, au lieu de gagner la victoire, il l'acheta. (An de R. 643.)

---

vendidit : quo facinore maximam cladem Barbarorum magnitudine criminis antecessit.

3. Cn. autem Domitium, summi generis et magni animi virum, nimiæ gloriæ cupiditas perfidum exsistere coegit. Iratus namque Bituito regi Arvernorum, quod quum suam, tum etiam Allobrogum gentem, se etiam tum in provincia morante, ad Q Fabii successoris sui dexteram confugere hortatus esset, per colloquii simulationem arcessitum, hospitioque exceptum, vinxit, ac Romam nave deportandum curavit. Cujus factum senatus neque probare potuit, neque rescindere voluit, ne remissus in patriam Bituitus bellum renovaret. Igitur eum Albam custodiæ causa relegavit.

4. Viriathi etiam cædes duplicem perfidiæ accusationem recepit; in amicis, quod eorum manibus interemptus est; in Q. Servilio Cæpione consule, quia is sceleris hujus auctor, impunitate promissa, fuit : victoriamque non meruit, sed emit.

De la Perfidie des étrangers.

1. Mais, pour considérer la perfidie à sa source même, voyons comment les Carthaginois traitèrent Xanthippe, ce Lacédémonien, qui, dans la première guerre punique, leur avait rendu les plus grands services, et dont l'habileté avait fait tomber en leur pouvoir Atilius Régulus. Ils feignirent de le remmener dans sa patrie, et le précipitèrent au fond de la mer. Quel fruit attendaient-ils d'un si grand forfait? qu'il ne pût s'associer à l'honneur de leur victoire? il y participe néanmoins, et son souvenir les couvre d'opprobre. En lui laissant la vie, ils n'eussent rien perdu de leur gloire. (An de R. 498.)

2. Annibal avait persuadé aux habitants de Nucérie de lui livrer leur ville, quoique ses remparts la rendissent imprenable; et, quand ils furent sortis, chacun avec deux vêtements, il les fit tous étouffer dans la vapeur et la fumée des étuves. Il attira de la même manière hors de leurs murailles les habitants d'Acerra, et les précipita dans des puits profonds. Il avait déclaré la guerre au peuple romain et à l'Italie; mais n'était-ce pas la faire

---

De Perfidia externorum.

1. Verum, ut ipsum fontem perfidiæ contemplemur, Carthaginienses Xanthippum Lacedæmonium, cujus optima opera primo Punico bello usi fuerant, et quo juvante Atilium Regulum ceperant, simulantes sese domum revehere, in alto merserunt; quid tanto facinore petentes? an ne victoriæ eorum socius superesset? Exstat nihilominus, et quidem cum illorum opprobrio; quem sine illa gloriæ jactura inviolatum reliquissent.

2. Annibal porro, Nucerinos, hortatu suo cum binis vestimentis urbem inexpugnabilibus muris cinctam agressos, vapore et fumo balnearum strangulando, et Acerranorum senatum, eadem ratione extra mœnia evocatum, in profundum puteorum abjiciendo, nonne, bellum adversus populum Romanum et Italiam pro-

plus violemment encore à la bonne foi même, que de s'applaudir du mensonge et de la fourberie comme des plus glorieux stratagèmes? Aussi cet Africain, dont le nom d'ailleurs devait jeter de l'éclat dans l'histoire, nous laisse-t-il douter du titre qu'il mérite le plus, de celui de grand capitaine ou de celui de méchant homme.

CHAPITRE VII

DES SÉDITIONS

Séditions du peuple romain.

Nous allons maintenant parler des séditions violentes qui s'élevèrent soit à Rome, soit dans les camps.

1. L. Équitius, qui se disait fils de Tibérius Gracchus, et qui, au mépris des lois, demandait le tribunat avec L. Saturninus, fut conduit dans la prison publique par l'ordre de C. Marius, alors consul pour la cinquième fois : mais le peuple vint briser

fessus, adversus ipsam fidem acrius gessit, mendaciis et fallacia quasi præclaris artibus gaudens? Quo evenit, ut, alioqui insignem nominis sui memoriam relicturus, in dubio, majorne, an pejor vir haberi deberet, poneret.

CAPUT VII

DE SEDITIONIBUS

De Seditionibus plebis Romanæ.

Sed, ut violentæ seditionis tam togatæ, quam etiam armatæ facta referantur :
1. L. Equitium, qui se Tib. Gracchi filium simulabat, tribunatumque adversus leges cum L. Saturnino petebat, a C. Mario quintum consulatum gerente in pu-

CHAP. VII, DES SÉDITIONS

les portes, arracha le prisonnier, et le porta sur ses épaules en faisant éclater la plus grande joie. (An de R. 653.)

2. Ce même peuple, irrité contre le censeur Q. Métellus, qui refusait de recevoir le cens d'Équitius comme fils de Gracchus, voulut l'assommer à coups de pierre. Métellus assurait que Tibérius Gracchus n'avait eu que trois fils; que tous les trois étaient morts : l'un à l'armée, en Sardaigne; le second, encore enfant, à Préneste; le troisième, à Rome, où il était né après la mort de son père. Il ne croyait pas convenable d'introduire un inconnu, un sang vil dans une famille si illustre. L'imprévoyante légèreté de la multitude, qu'on avait soulevée, soutint l'impudence et l'audace contre la majesté du consulat et de la censure; elle se porta à tous les excès de l'insolence contre ses premiers magistrats. (An de R. 654.)

3. Cet emportement ne fut qu'insensé; en voici un qui alla jusqu'à l'effusion du sang. A. Numius se trouvait en concurrence avec Saturninus dans la demande du tribunat. Déjà neuf tribuns étaient nommés, il ne restait plus qu'une place pour les deux compétiteurs. Le peuple chasse d'abord Numius par violence, le poursuit jusque dans une maison particulière; puis il

---

blicam custodiam ductum, populus claustris carceris convulsis raptum, humeris suis per summam animorum alacritatem portavit.

2. Idemque Q. Metellum censorem, quod a eo, tanquam Gracchi filio, censum recipere nolebat, lapidibus prosternere conatus est, affirmantem tres tantummodo filios Graccho fuisse, e quibus unum in Sardinia stipendia merentem, alterum infantem Præneste, tertium post patris mortem natum Romæ decessisse, neque oportere clarissimæ familiæ ignotas sordes inseri; quum interim improvida concitatæ multitudinis temeritas, pro impudentia et audacia adversus consulatum et censuram tetendit, principesque suos omni petulantiæ genere vexavit.

3. Vesana hæc tantummodo; illa etiam cruenta seditio. Populus enim A. Numium competitorem Saturnini, novem jam creatis tribunis, unoque loco duobus candidatis restante, vi prius in ædes privatas compulit; extractum deinde in-

l'en arrache, lui donne la mort, et le meurtre du plus vertueux citoyen assure la puissance au plus méchant des hommes. (An de R. 652.)

4. On a vu aussi les créanciers se soulever. Leur animosité s'alluma avec une horrible fureur contre Sempronius Asellion, préteur de la ville, pour avoir pris les intérêts des débiteurs. Ameutés par le tribun L. Cassius, ils l'assaillirent au moment qu'il faisait un sacrifice devant le temple de la Concorde, le repoussèrent des autels et de la place publique, le réduisirent à se cacher dans une échoppe, et, sans égard pour la robe de préteur, le mirent impitoyablement en pièces. (An de R. 664.)

Sédition des soldats romains.

1. Cet aspect de la place publique fait horreur; mais si l'on jette les yeux sur les camps, on éprouvera une égale indignation. La loi Sulpicia avait décerné à C. Marius, alors simple particulier, le département de l'Asie, pour faire la guerre à Mithridate. Marius députa son lieutenant Gratidius vers Sylla qui était con-

teremit, ut cæde integerrimi civis facultas adipiscendæ potestatis teterrimo civi daretur.

4. Creditorum quoque consternatio adversum Sempronii Asellionis, prætoris urbani, caput intolerabili modo exarsit. Quem, quia causam debitorum susceperat, concitati a L. Cassio tribuno plebis pro æde Concordiæ sacrificium facientem, ab ipsis altaribus fugere extra Forum coactum, inque tabernula latitantem, prætextatum discerpserunt.

De Seditionibus militum Romanorum.

1. Detestanda Fori conditio; sed, si castra respicias, æque magna orietur indignatio. Quum C. Mario lege Sulpicia provincia Asia, ut adversus Mithridatem bellum gereret, privato decreta esset, missum ab eo Gratidium legatum ad L. Syllam consulem accipiendarum legionum causa milites trucidarunt, procul

sul, pour en recevoir le commandement des légions. Les soldats massacrèrent ce lieutenant, indignés sans doute qu'on les forçât de quitter le chef suprême de la république pour obéir à un homme qui n'était revêtu d'aucune magistrature. Mais comment approuver le soldat qui prétend réformer les décrets du peuple par le meurtre d'un lieutenant? (An de R. 665.)

2. Ce fut en faveur d'un consul que l'armée se rendit coupable d'un tel excès : elle commit aussi le même crime sur la personne d'un consul. Q. Pompéius, collègue de Sylla, avait osé se rendre, en vertu d'un sénatus-consulte, à l'armée de Cn. Pompéius qui en retenait le commandement contre la volonté publique : les soldats, séduits par les sacrifices de ce chef ambitieux, assaillirent le consul au moment qu'il commençait le sacrifice d'usage, l'immolèrent comme une victime; et le sénat, s'avouant trop faible contre une armée, laissa un si énorme forfait impuni. (An de R. 665.)

3. Voici encore un trait d'exécrable violence dans une armée. C. Carbon, frère de celui qui fut trois fois consul, voulait rétablir la discipline qui s'était relâchée pendant les guerres civiles; il s'efforçait d'en resserrer les liens un peu brusquement et avec quelque rigueur. Ses soldats lui ôtèrent la vie, aimant mieux se

---

dubio indignati, quod a summo imperio ad eum, qui nullo in honore versaretur, transire cogerentur. Sed quis ferat militem scita plebis exitio legati corrigentem?

2. Pro consule istud tam violenter exercitus; illud adversus consulem. Q. enim Pompeium Syllæ collegam, senatus jussu ad exercitum Cn. Pompeii, quem aliquandiu invita civitate obtinebat, contendere ausum, ambitiosi ducis illecebris corrupti milites, sacrificare incipientem adorti, in modum hostiæ mactaverunt, tantumque scelus curia, castris cedere se confessa, inultum habuit.

3. Ille quoque exercitus nefarie violentus, qui C. Carbonem, fratrem Carbonis ter consulis, propter bella civilia dissolutam disciplinam militarem præfractius

souiller d'un si grand crime que de renoncer à des mœurs corrompues et ignominieuses. (An de R. 671.)

CHAPITRE VIII

DE LA TÉMÉRITÉ

De la Témérité des Romains.

Les mouvements de la témérité sont aussi tout à la fois subits et violents; sous l'empire de leurs secousses, on ne peut plus ni apercevoir ses propres dangers, ni apprécier avec justesse les actions des autres.

1. Avec quelle témérité le premier Africain passa d'Espagne chez Syphax avec deux galères à cinq rangs de rames, pour confier à la foi suspecte d'un Numide et son salut et celui de la

et rigidius astringere conatum, privavit vita; satiusque duxit maximo scelere coinquinari, quam pravos ac tetros mores mutare.

CAPUT VIII

DE TEMERITATE

De Temeritate Romanorum.

Temeritatis etiam et subiti et vehementes sunt impulsus : quorum ictibus hominum mentes concussæ, nec sua pericula respicere, nec aliena facta justa æstimatione prosequi valent.

1. Quam enim temere se Africanus superior ex Hispania duabus quinqueremibus ad Syphacem trajecit, in unius Numidæ infidis præcordiis suam pariter et

patrie ! C'était courir une chance bien douteuse, et abandonner à la décision du sort cette importante question : Le roi Syphax sera-t-il l'assassin ou le prisonnier de Scipion? (An de R. 547.)

2. Voici une tentative périlleuse de J. César. Quoique le ciel ait alors veillé sur ses jours, à peine cependant peut-on raconter sans effroi une pareille imprudence. Impatient de voir que ses légions tardaient à passer de Brundusium à Apollonie, il feignit une indisposition pour sortir de table, déroba la majesté de sa personne sous un vêtement d'esclave, se jeta dans une barque, et, descendant le fleuve, gagna les parages de la mer Adriatique au moment d'une affreuse tempête. Aussitôt il fit diriger la nacelle en pleine mer, et, après avoir été longtemps battu avec violence par les vents contraires, il céda enfin à la nécessité. (An de R. 705.)

3. Parlerai-je de nos soldats? Que leur témérité fut exécrable envers A. Albinus, citoyen recommandable par la naissance et les vertus, personnage honoré de toutes les dignités de la république ! Sur des soupçons frivoles et sans réalité, ils le lapidèrent dans son camp ; et, ce qui excite l'indignation au plus haut degré, c'est que des soldats, insensibles aux prières et aux plus vives

---

patriæ salutem depositurus ! Itaque exiguo momento maximæ rei casus fluctuatus est, utrum interfector, an captivus Scipionis Syphax fieret.

2. Jam C. Cæsaris anceps conatus, etsi cœlestium cura protectus est, vix tamen sine animi horrore referri potest. Siquidem impatiens legionum tardioris a Brundusio Apolloniam trajectus, per simulationem adversæ valetudinis convivio egressus, majestate sua servili veste occultata, naviculam conscendit, et e flumine maris Adriatici sæva tempestate fauces petiit; protinusque in altum dirigi jusso navigio, multum ac diu contrariis jactatus fluctibus, tandem necessitati cessit.

3. Age, illa quam exsecrabilis militum temeritas! fecit enim, ut A. Albinus, nobilitate, moribus, honorum omnium consummatione civis eximius, propter falsas et inanes suspiciones, in castris ab exercitu lapidibus obrueretur : quodque

instances de leur général, lui refusèrent la permission de se justifier. (An de R. 664.)

De la Témérité des étrangers.

1. Après un pareil trait, je m'étonne moins que le farouche et cruel Annibal n'ait pas voulu écouter la défense d'un pilote innocent. Parti de Pétilie avec une flotte pour retourner en Afrique, il était arrivé à l'entrée du détroit : mais ne pouvant se persuader qu'il y eût si peu de distance entre la Sicile et l'Italie, il s'imagina que le pilote le trahissait, et lui donna la mort. Il examina ensuite plus attentivement la vérité ; et il reconnut son injustice, quand il ne pouvait plus la réparer que par les honneurs du tombeau. De là cette statue dressée au sommet du promontoire, et placée comme en observation sur une mer étroite et orageuse, monument exposé aux regards de ceux qui vont et viennent dans le détroit, et qui leur rappelle tout ensemble le souvenir de Pélorus et la témérité du Carthaginois. (An de R. 550.)

---

accessionem indignationis non recipit, oranti atque obsecranti duci a militibus causæ dicendæ potestas negata est.

De Temeritate externorum.

1. Itaque minus miror, apud trucem et sævum Annibalis animum defensionis locum innoxio gubernatori non fuisse : quem, a Petilia classe Africam repetens freto appulsus, dum tam parvo spatio Italiam Siciliamque inter se divisas non credit, velut insidiosum cursus rectorem interemit; posteaque diligentius inspecta veritate, tunc absolvit, quum ejus innocentiæ nihil ultra sepulcri honorem dari potuit. Igitur angusti atque æstuosi maris alto e tumulo speculatrix statua, tam memoriæ Pelori, quam Punicæ temeritatis, ultra citraque navigantium oculis collocatum indicium est.

2. La république d'Athènes poussa la témérité jusqu'à la démence, lorsqu'elle enveloppa dans une même condamnation ses dix généraux qui venaient de remporter une éclatante victoire, et leur fit subir la peine capitale. La violence de la tempête les avait empêchés de donner la sépulture aux soldats morts pendant la bataille : tel était leur crime. Ainsi Athènes punissait la nécessité, au lieu d'honorer le courage. (Av. J.-C. 405.)

CHAPITRE IX

DE L'ERREUR

L'erreur est voisine de la témérité. Non moins imprudente et nuisible, elle trouve grâce plus facilement, parce que ce n'est pas la volonté, mais de vaines apparences qui l'entraînaient à commettre le mal. Tenter de retracer tous les égarements où elle jette l'esprit humain, ce serait tomber moi-même dans le défaut

---

2. Jam Atheniensium civitas ad vesaniam usque temeraria, quæ decem universos imperatores suos, et quidem a pulcherrima victoria venientes, capitali judicio exceptos necavit, quod militum corpora, sævitia maris interpellante, sepulturæ mandare non potuissent, necessitatem puniens, quum honorare virtutem deberet.

CAPUT IX

DE ERRORE

Temeritati proximus est error, quemadmodum ad lædendum par, ita cui facilius quis ignoverit, quia non sponte, sed vanis concitatus imaginibus, culpæ se

qui fait le sujet de ce chapitre. Ainsi je me contenterai de citer quelques-uns de ses écarts.

1. C. Helvius Cinna, tribun du peuple, revenant chez lui de la pompe funèbre de Jules César, fut mis en pièces par la multitude, qui le prit pour Cornélius Cinna. C'était sur celui-ci qu'elle croyait assouvir sa colère; elle lui en voulait, pour avoir prononcé du haut de la tribune, quoique allié de César, une harangue impie contre le dictateur, après l'odieux parricide qui l'avait ravi à la terre. La méprise alla même jusqu'à fixer au bout d'un javelot la tête d'Helvius et à la porter pour celle de Cornélius autour du bûcher de César. Tel fut le sort d'un malheureux tribun, victime déplorable de son zèle et de l'erreur du peuple. (An de R. 709.)

2. L'erreur de Cassius le fit se punir lui-même. Dans le cours de la bataille de Philippes, où quatre armées étaient aux prises avec des succès divers, ignorés des généraux même, il avait envoyé un centurion, nommé Titinius, pour reconnaître en quelle situation se trouvait M. Brutus. Réduit à faire bien des détours, à cause de l'obscurité qui l'empêchait de discerner si les soldats qu'il rencontrait étaient amis ou ennemis, le centurion revint

---

implicat. Qui quam late in pectoribus hominum vagetur, si complecti coner, vitio, de quo loquor, sim obnoxius. Paucos igitur ejus lapsus referemus.

1. C. Helvius Cinna tribunus plebis, ex funere C. Cæsaris domum suam petens, populi manibus discerptus est pro Cornelio Cinna, in quem sævire se existimabat, iratus ei, quod, quum affinis esset Cæsaris, adversus eum nefarie raptum, impiam pro rostris orationem habuisset. Eoque errore propulsus est ut caput Helvii perinde atque Cornelii circa rogum Cæsaris, fixum jaculo ferret; officii sui, alieni erroris piaculum miserabile.

2. Nam C. Cassium error a semetipso pœnas exigere coegit. Inter illum enim pugnæ quatuor exercituum apud Philippos varium, ipsisque ducibus ignotum eventum, missus ab eo Titinius centurio nocturno tempore, ut specularetur, quonam in statu res M. Bruti essent, dum crebros excessus viæ petit, quia tenebrarum obscuritas, hostesne an commilitones occurrerent, dignoscere non sinebat,

trop tard. Cassius, croyant qu'il avait été fait prisonnier et que tout était perdu, se hâta de terminer ses jours, quoique le camp ennemi eût été forcé et que l'armée de Brutus fût encore en grande partie intacte. Mais Titinius montra ici une générosité qu'il ne faut pas ensevelir dans l'oubli. Frappé d'un coup inattendu en voyant son général gisant sur la poussière, il demeure un instant morne et immobile ; et bientôt, fondant en larmes, il s'écrie : « O mon général, quoique j'aie involontairement causé votre mort, je ne dois pas la laisser impunie ; souffrez que je partage votre destin et que je vous accompagne. » En même temps il s'incline sur ce corps inanimé, se plonge son épée dans la gorge, et mêle son sang à celui de Cassius. Ainsi tombèrent à la fois deux guerriers, l'un victime de l'attachement, l'autre de l'erreur. (An de R. 711.)

3. Mais une méprise fit-elle jamais plus de tort qu'à la maison de Lar Tolumnius, roi des Véiens? Ce prince, jouant aux dés, eut un coup des plus heureux qui lui fit dire en riant à son adversaire, *Occide* (tue celui-ci). Les ambassadeurs romains entraient par hasard au même instant : les gardes, trompés par l'ambiguïté du mot, prirent une plaisanterie pour un ordre du roi, et tuèrent les ambassadeurs. (An de R. 315.)

---

tardius ad Cassium rediit. Quem is exceptum ab hostibus, omniaque in eorum potestatem recidisse existimans, finire vitam properavit, quum et castra hostium invicem capta, et Bruti copiæ magna ex parte incolumes essent. Titinii vero non oblitteranda silentio virtus. Qui oculis paulisper hæsit inopinato jacentis ducis spectaculo attonitus ; deinde profusus in lacrymas, *Etsi imprudens*, inquit, *imperator, causa tibi mortis fui, tamen, ne id ipsum impunitum sit, accipe me fati tui comitem ;* superque exanime corpus ejus jugulo suo gladium capulo tenus demisit; ac, permixto utriusque sanguine, duplex victima jacuit, pietatis hæc, erroris illa.

3. Cæterum falsa opinatio, nescio an præcipuam injuriam Lartis Tolumnii, Veientium regis, penatibus intulerit. Nam, quum in tesserarum prospero jactu per jocum collusori dixisset, *Occide*, et forte Romanorum legati intervenissent, satellites ejus, errore vocis impulsi, interficiendo legatos lusum ad imperium transtulerunt.

CHAPITRE X

DE LA VENGEANCE

De la Vengeance des Romains.

La passion de la vengeance est violente, mais légitime. Provoquée par un outrage, elle s'agite, et ne cherche qu'à rendre le mal pour le mal. Mais il est inutile d'en faire une plus ample description.

1. M. Flavius, tribun du peuple, fit un rapport à l'assemblée contre les Tusculans, les accusant d'avoir par leurs conseils porté à la révolte les Véliternes et les Privernates. Les accusés étaient venus à Rome avec leurs enfants et leurs femmes, en habits de deuil, comme des suppliants. Toutes les tribus opinèrent en leur faveur à l'exception de la seule tribu Polia, qui fut d'avis de trancher la tête aux hommes, après les avoir battus de verges,

CAPUT X

DE ULTIONE

De Ultione Romanorum.

Ultionis autem quemadmodum acres, ita justi aculei sunt; qui lacessiti concitantur, acceptum dolorem pensare cupientes. Quo latius complecti non attinet.

1. M. Flavius tribunus plebis ad populum de Tusculanis retulit, quod *eorum consilio Veliternos Privernatesque rebellatos* diceret. Qui cum conjugibus ac liberis squalore obsiti, quum supplices Romam venissent, accidit, ut, reliquis tribubus salutarem sententiam secutis, sola Polia judicaret, oportere publice eos

CHAP. X, DE LA VENGEANCE

et de vendre à l'encan toute la multitude incapable de porter les armes. La tribu de Papiria, où depuis prévalurent les Tusculans devenus citoyens romains, en conserva le souvenir, et ne donna jamais sa voix dans les élections à aucun candidat de la tribu Polia : ses citoyens ne voulaient pas concourir par leurs suffrages à honorer une tribu qui s'était efforcé, de tout son pouvoir, à leur ôter la vie et la liberté. (An de R. 373.)

2. Mais voici une vengeance qui reçut l'approbation et du sénat et du peuple. Hadrianus exerçait une infâme tyrannie sur les citoyens romains établis à Utique. Ceux-ci le brûlèrent tout vif; et l'on ne fit, à Rome, aucune enquête, aucune plainte à ce sujet. (An de R. 669.)

De la Vengeance des étrangers.

1. Deux reines, Thamyris et Béronice, se signalèrent par des vengeances éclatantes. Thamyris fit couper la tête à Cyrus, et la plongea dans une outre remplie de sang humain, en reprochant

verberatos securi percuti; imbellem multitudinem sub corona venire. Quam ob causam Papiria tribus, in qua plurimum postea Tusculani in civitatem recepti potuerunt, neminem unquam candidatum Poliæ tribus fecit magistratum, ne ad eam ullus honos suis suffragiis perveniret, quæ illis vitam ac libertatem, quantum in ipsa fuit, ademerat.

2. Illam vero ultionem et senatus, et consensus omnium approbavit. Quum enim Hadrianus cives Romanos, qui Uticæ consistebant, sordido imperio vexasset, idcircoque ab his vivus esset exustus, nec quæstio ulla in Urbe hac de re habita, nec querela versata est.

De Ultione externorum.

1. Claræ ultionis utraque regina, et Thamyris, quæ caput Cyri abscissum in utrem humano sanguine repletum demitti jussit, exprobrans illi insatiabilem

à ce prince d'avoir été insatiable de carnage ; elle se vengeait en même temps de la mort de son fils, tombé sous les coups de Cyrus. Béronice, transportée de douleur en apprenant que son fils venait de lui être enlevé par la perfidie de Laodice, prit les armes; monta sur un char et poursuivit le satellite Cænéus, ministre de la cruauté de cette reine ; n'ayant pu réussir à le percer de sa lance, elle l'abattit d'un coup de pierre, fit passer ses chevaux sur son corps, et, traversant les bataillons ennemis, pénétra jusqu'à la maison où elle croyait qu'on avait caché les restes inanimés de son fils.

2. Doit-on approuver la vengeance qui surprit Jason le Thessalien, au moment où il méditait la guerre contre le roi de Perse ? je n'oserais décider. Taxillus, maître de gymnase, s'était plaint que des jeunes gens l'avaient frappé. Jason l'autorisa, ou à exiger de chacun d'eux une somme de trente drachmes (27 fr.), ou à leur appliquer à chacun dix coups de fouet. Taxillus choisit cette dernière punition. Ceux qui l'avaient subie s'en prirent à Jason ; ils l'assassinèrent, mesurant leur vengeance bien plus sur le ressentiment que sur la douleur corporelle. Au reste une si faible cause, ce seul outrage à l'honneur d'une jeunesse sensible, suffit pour détruire l'espérance d'un grand événement ; la Grèce atten-

---

cruoris sitim, simulque pœnas occisi ab eo filii sui exigens : et Beronice, quæ, Laodices insidiis interceptum sibi filium graviter ferens, armata currum conscendit, persecutaque satellitem regium crudelis operis ministrum, nomine Cæneum, quem hasta nequidquam petierat, saxo ictum prostravit; ac, super ejus corpus actis equis, inter infesta contrariæ partis agmina ad domum, in qua interfecti pueri corpus occultari arbitrabatur, perrexit.

2. Jasonem Thessalum, Persarum regi bellum inferre parantem, an satis justa ultio assumpserit, ambiguæ æstimationis est. Taxilo enim gymnasiarchæ, a quibusdam juvenibus pulsatum se conquesto, permisit, ut aut tricenas ab his drachmas exigeret, aut denas plagas singulis imponeret. Quo posteriore vindicta uso, qui vapulaverant, Jasonem interfecerunt, animi, non corporis dolore, pœnæ modum æstimantes. Cæterum parvo irritamento ingenui pudoris, maximæ rei exspectatio

dait du génie de Jason tout ce qu'elle vit depuis exécuté par Alexandre. (Av. J.-C. 368.)

CHAPITRE XI

DES PAROLES EXÉCRABLES ET DES ACTIONS ATROCES

Exemples chez les Romains.

Puisque nous avons entrepris de tracer le bien et le mal de la vie humaine, et d'en offrir le tableau dans une suite d'exemples, citons maintenant des paroles et des actions atroces.

1. Et par où puis-je mieux commencer que par l'exemple de Tullie? Il remonte à une haute antiquité; il rappelle une scélératesse profonde, des paroles horribles et d'une monstrueuse perversité. Cette femme, traversant la ville sur un char, voit le conducteur de ses chevaux tirer les rênes et arrêter brusquement. Elle en demande la cause; on lui montre, étendu par terre, le

subruta est, quoniam opinione Græciæ tantum in spe Jasonis, quantum in effectu Alexandri reponitur.

CAPUT XI

DE IMPROBE DICTIS ET SCELERATE FACTIS

De improbe dictis et scelerate factis Romanorum.

Nunc, quatenus vitæ humanæ tum bona, tum etiam mala, substitutis exemplorum imaginibus persequimur, dicta improbe et facta scelerate referantur.

1. Unde autem potius, quam a Tullia ordiar? quia tempore vetustissimum, conscientia nefarium, voce improbum ac monstri simile exemplum est. Quum carpento veheretur, et is, qui jumenta agebat, succussis frenis constitisset, repen-

corps de son père, Servius Tullus, qui venait d'être assassiné. Elle ordonne de passer sur ce corps, impatiente qu'elle est d'embrasser Tarquin, auteur de l'assassinat. Un empressement si dénaturé, si révoltant, a couvert son nom d'un opprobre éternel; il a flétri jusqu'à la rue même, en lui imposant le surnom du crime. (An de R. 218.)

2. Il y a moins d'atrocité dans l'action et le mot de C. Fimbria; mais, à les considérer, l'une et l'autre, en eux-mêmes, on y verra le comble de l'audace. Fimbria avait pris des mesures pour faire égorger Scévola aux funérailles de C. Marius. Ensuite, apprenant qu'il n'était pas mort et qu'il guérirait de sa blessure, il résolut de l'accuser devant le peuple. On lui demanda quel mal il reprocherait à un homme dont la vertu et la probité étaient au-dessus de tout éloge. « Je l'accuserai, dit-il, de n'avoir pas reçu le poignard assez avant dans le corps. » Fureur effrénée qui dut arracher des gémissements à notre malheureuse patrie. (An de R. 667.)

3. Cicéron, en plein sénat, reprochait à Catilina d'avoir allumé un grand incendie : « Je le vois bien, répondit-il; et, si l'eau

---

tinæ moræ causam requisivit; et, ut comperit, corpus patris Servii Tullii occisi ibi jacere, supra id vehiculum duci jussit, quo celerius in complexum interfectoris ejus Tarquinii veniret. Qua tam impia, tamque probrosa festinatione, non solum se æterna infamia, sed ipsum etiam vicum cognomine sceleris commaculavit.

2. Non tam atrox est C. Fimbriæ factum et dictum; sed, si per se æstimetur, utrumque audacissimum. Id egerat, ut Scævola in funere C. Marii jugularetur: quem postquam ex vulnere recreatum comperit, accusare ad populum instituit. Interrogatus deinde, *quid de eo secus dicturus esset, cui pro sanctitate morum satis digna laudatio reddi non posset*, respondit, *se objecturum illi, quod parcius corpore telum recepisset*. Licentiam furoris ægræ reipublicæ gemitu prosequendam!

3. L. vero Catilina, in senatu M. Cicerone incendium ab ipso excitatum dicente : *Sentio*, inquit, *et quidem illud si aqua non potuero, ruina exstinguam.* »

CHAP. XI, DES PAROLES EXÉCRABLES, ETC. 281

ne peut l'éteindre, je l'étoufferai sous des ruines. » Que devons-nous penser en ce moment de ce conspirateur, sinon que, pressé par les remords de sa conscience, il révélait le dernier acte du parricide qu'il avait préparé. (An de R. 690.)

4. La démence avait aussi porté le trouble dans le cœur de Magius Chilon, lorsque de sa propre main il arracha à M. Marcellus la vie que César venait de lui conserver. C'était son ancien ami, c'était son compagnon d'armes sous Pompée : il vit avec douleur qu'un ami lui fût préféré par César. Lorsque Marcellus eut quitté Mitylène, lieu de son refuge, pour revenir à Rome, il le poignarda dans le port d'Athènes, et courut aussitôt pour immoler celui même dont la clémence irritait sa rage ; fléau de l'amitié, destructeur du bienfait d'un dieu, funeste violateur de la foi publique, intéressée à la conservation d'un illustre citoyen. (An de R. 707.)

5. Cette barbarie, à laquelle il semble qu'on ne puisse rien ajouter, le cède cependant au parricide de C. Toranius. Il était du parti des triumvirs ; et, lorsque son père, citoyen distingué et ancien préteur, eut été proscrit, il indiqua lui-même aux centurions qui le cherchaient, et le lieu de sa retraite, et son

---

Quem quid aliud existimemus, quam, conscientiæ stimulis actum, a se inchoatum parricidium peregisse?

4. Consternatum etiam Magii Chilonis amentia pectus, qui M. Marcello datum a Cæsare spiritum, sua manu eripuit, vetus amicus, et Pompeianæ militiæ comes, indignatus aliquem amicorum ab eo sibi præferri. Urbem enim a Mitylenis, quo se contulerat, repetentem, in Atheniensium portu pugione confodit, protinusque ad irritamenta vesaniæ suæ trucidanda tetendit ; amicitiæ hostis, divini beneficii interceptor, publicæ religionis, quod ad salutem clarissimi civis recuperandam attinuit, acerba labes.

5. Hanc crudelitatem, cui nihil adjici posse videtur, C. Toranius atrocitate parricidii superavit. Namque triumvirum partes secutus, proscripti patris sui prætorii et ornati viri latebras, ætatem, notasque corporis, quibus agnosci posset, centurionibus edidit, qui eum persecuti sunt. Senex, de filii magis vita et in-

âge, et les marques auxquelles on pourrait le reconnaître. Le vieillard, plus inquiet de la conservation de la vie et de l'avenir de son fils que du reste de jours qu'il avait lui-même à vivre, leur demanda si celui-ci avait échappé au sort des combats, s'il savait plaire aux généraux. L'un des centurions lui répondit : « C'est celui même à qui tu prends un si vif intérêt qui nous a mis sur ta trace : tu meurs par nos mains, sur les révélations de ton fils. » Aussitôt il lui passa son épée au travers du corps; et l'infortuné tomba baigné dans son sang. Destin cruel, à considérer l'assassinat en lui-même; et plus cruel encore, si l'on envisage l'auteur de l'assassinat! (An de R. 710.)

6. L. Villius Annalis éprouva le même sort, la même atrocité. Comme il se rendait au Champ de Mars pour appuyer les prétentions de son fils à la questure, il apprit qu'il se trouvait au nombre des proscrits. Il se réfugia chez un de ses clients. Mais la scélératesse d'un fils dénaturé l'empêcha de trouver son salut dans la fidélité de cet ami. Le monstre conduisit les soldats sur les traces de son père, et il le fit massacrer en sa présence : doublement parricide, et comme auteur et comme spectateur du forfait. (An de R. 710).

7. Un autre proscrit, nommé Véttius Salassus, eut aussi une fin bien cruelle. Il se tenait caché, et sa femme le livra au fer

---

crementis, quam de reliquo spiritu suo sollicitus, *an incolumis esset*, et *an imperatoribus satisfaceret*, interrogare eos cœpit. E quibus unus, *Ab illo*, inquit, *quem tantopere diligis, demonstratus, nostro ministerio, filii indicio occideris*; protinusque pectus ejus gladio trajecit. Collapsus itaque est infelix, auctore cædis quam ipsa cæde miserior.

6. Cujus fati acerbitatem L. Villius Annalis sortitus, quum in Campum ad quæstoria comitia filii descendens, proscriptum se cognosset, ad clientem suum confugit. Sed, ne fide ejus tutus esse posset, scelere nefarii juvenis effectum est : siquidem per ipsa vestigia patris militibus ductis, occidendum eum in conspectu suo objecit, bis parricida, consilio prius, iterum spectaculo.

7. Ne Vettius quidem Salassus proscriptus parum amari exitus, quem latentem

des assassins; je pourrais dire, elle l'égorgea elle-même. Car de combien le crime est-il moins horrible quand on ne s'est abstenu que d'y mettre la main. (An de R. 710.)

Exemples chez les étrangers.

1. Mais voici un fait qu'on peut raconter avec moins d'émotion, parce qu'il est étranger. Scipion l'Africain donnait un spectacle de gladiateurs dans la nouvelle Carthage (Carthagène), en mémoire de son père et de son oncle. Deux fils d'un roi qui venait de mourir, se présentèrent dans l'arène, et annoncèrent qu'ils allaient s'y disputer la couronne, afin d'accroître, par leur combat même, l'éclat du spectacle. Scipion leur avait conseillé de préférer la voie de la raison à celle des armes pour décider entre eux, et déjà l'aîné se rendait à ses avis; mais le plus jeune, qui comptait sur ses forces corporelles, persista dans cette folle résolution. Mais la lutte s'étant engagée, il fut condamné par la fortune et paya de sa vie son opiniâtreté dénaturée. (An de R. 547.)

uxor interficiendum, quid dicam, tradidit, an ipsa jugulavit? Quanto enim levius est scelus, cui tantummodo manus abest?

De improbe dictis et scelerate factis externorum.

1. Illud autem facinus, quia externum, tranquilliore affectu narrabitur. Scipione Africano patris et patrui memoriam gladiatorio munere Carthagine Nova celebrante, duo regii filii, nuper patre mortuo, in arenam processerunt, pollicitique sunt, *ibi se de regno præliaturos, quo spectaculum illud illustrius pugna sua facerent.* Eos quum Scipio monuisset, *ut verbis, quam ferro dijudicare mallent, uter regnare deberet,* ac jam major natu consilio ejus obtemperaret, minor, corporis viribus fretus, in amentia perstitit; initoque certamine, pertinacior impietas fortunæ judicio morte mulctata est.

2. Cependant Mithridate fut plus criminel encore. Il fit la guerre non pas à un frère pour hériter seul du trône paternel, mais à son père pour lui ôter la couronne. Dans un tel dessein, comment trouva-t-il des appuis parmi les hommes? comment osa-t-il invoquer le secours des dieux, c'est ce qui m'étonne et me confond.

3. Mais pourquoi nous étonner d'un fait semblable, comme s'il était unique parmi ces nations barbares? Ne sait-on pas que Sariaster conspira avec ses amis contre son père Tigrane, roi d'Arménie; que tous les conjurés se tirèrent du sang de la main droite, et se le firent boire mutuellement? Auraient-ils supporté une si sanglante cérémonie, si le prince leur eût fait jurer de défendre son père? (Av. J.-C. 65.)

4. Mais à quoi bon rechercher de tels exemples, pourquoi m'y arrêter, quand je vois tous les forfaits ensemble surpassés par le projet d'un seul parricide? Je suis emporté de toute l'impétuosité de mon âme, avec tout le feu de l'indignation; je veux déchirer le coupable, mais j'ai plus de zèle que de succès. Lorsqu'un homme, foulant aux pieds les droits de l'amitié, s'efforce d'ensevelir le genre humain dans de sanglantes ténèbres, qui pourrait trouver des paroles assez énergiques pour accabler e

---

2. Mithridates autem multo sceleratius, qui non cum fratre de paterno regno, sed cum ipso patre bellum de dominatione gessit. In quo qui aut homines ullos adjutores invenerit, aut deos invocare ausus sit, præ admiratione hæreo.

3. Quanquam quid hoc, quasi inusitatam illis gentibus miremur? quum Sariaster adversus patrem suum Tigranem, Armeniæ regem, ita cum amicis consenserit, ut omnes dexteris manibus sanguinem mitterent, atque eum invicem sorberent. Vix ferrent pro salute parentis tam cruenta conspiratione fœdus facientem.

4. Sed quid ego ista consector, aut quid iis immoror, quum unius parricidii cogitatione cuncta scelera superata cernam? Omni igitur impetu mentis, omnibus indignationis viribus, ad id lacerandum pio magis quam valido affectu rapior. Quis enim amicitiæ fide exstincta genus humanum cruentis in tenebris sepelire conatum,

CHAP. XI, DES PAROLES EXÉCRABLES, ETC. 285

traître de toute l'exécration qu'il mérite? Monstre, plus cruel que la férocité même des nations barbares, tu aurais pu saisir les rênes de l'empire romain, les arracher à notre prince, au père de la patrie, qui les tient d'une main salutaire? Parvenu au comble de tes vœux insensés, tu aurais maintenu le calme du monde? La prise de Rome par les Gaulois, le massacre des trois cents guerriers d'une illustre famille, la journée d'Allia, la mort des Scipions en Espagne, le lac Trasimène, la bataille de Cannes, la Macédoine inondée du sang romain pendant les guerres civiles, voilà les désastres que ta démence et ta rage se proposaient de renouveler et même de surpasser. Mais la céleste Providence a eu les yeux ouverts; les astres ont déployé leur pouvoir; les autels, les sanctuaires et les temples ont trouvé une sauvegarde dans la bienveillance des dieux; et rien de ce qui a dû veiller pour le salut de notre auguste empereur et pour la patrie, n'est resté dans l'inaction. Mais c'est surtout l'auteur et l'appui de notre sécurité, qui a su, par une sagesse divine, pourvoir à la conservation de ses inappréciables bienfaits, et les empêcher de s'écrouler avec tout l'univers. Ainsi la paix subsiste, les lois sont en vigueur, les mœurs publiques et particulières n'ont

---

profundo debitæ exsecrationis satis efficacibus verbis adegerit? Tu videlicet efferatæ barbariæ immanitate truculentior, habenas Romani imperii, quas princeps parensque noster salutari dextera continet, capere potuisti? aut, te compote furoris, in suo statu mundus mansisset? Urbem a Gallis captam, et trecentorum inclytæ gentis virorum strage fœdatam, Alliensem diem, et oppressos in Hispania Scipiones, Transimenum lacum, et Cannas, bellorumque civilium domestico sanguine madentem Æmathiam, amentibus propositis furoris tui repræsentare et vincere voluisti. Sed vigilarunt oculi deorum; sidera vigorem suum obtinuerunt; aræ, pulvinaria, templa, præsenti numine vallata sunt; nihilque, quod pro capite Augusti, ac patria excubare debuit, torporem sibi permisit. Et in primis auctor ac tutela nostræ incolumitatis, ne excellentissima merita sua totius orbis ruina collaberentur, divino consilio providit. Itaque stat pax, valent leges, sincerus privati ac publici officii tenor servatur. Qui autem hæc violatis amicitiæ

éprouvé aucune altération ; et celui qui, au mépris des engagements de l'amitié, cherchait à bouleverser cet ordre heureux, écrasé avec toute sa race par la puissance du peuple romain, subit encore aux enfers, si toutefois les enfers ont voulu le recevoir, le digne châtiment de sa perversité. (An de R. 783.)

CHAPITRE XII

DES MORTS EXTRAORDINAIRES

Des Morts extraordinaires chez les Romains.

Le sort de la vie humaine dépend surtout du premier et du dernier jour. Il importe principalement de considérer sous quels auspices elle commence et de quelle manière elle finit. Aussi, pour mériter, selon nous, le titre d'heureux, il faut tout à la fois être venu au monde dans un instant prospère et en être sorti

fœderibus tentavit subvertere, omni cum stirpe sua populi Romani viribus obtritus, etiam apud inferos, si tamen illuc receptus est, quæ meretur, supplicia pendit.

CAPUT XII

DE MORTIBUS NON VULGARIBUS

De Mortibus non vulgaribus Romanorum.

Humanæ autem vitæ conditionem præcipue primus et ultimus dies continet, quia plurimum interest, quibus auspiciis inchoetur, et quo fine claudatur; ideoque eum demum felicem fuisse judicamus, cui et accipere lucem prospere, et reddere

paisiblement. L'espace intermédiaire est au pouvoir de la fortune; elle tient le gouvernail, et nous procure, à son gré, une navigation orageuse ou tranquille. Mais la course n'égale jamais nos espérances; les désirs la prolongent avidement, et elle se passe presque toujours sans but, à l'aventure. Cependant, si l'on en vouloit user avec sagesse, un intervalle même très-court prendrait une vaste étendue; on suppléerait au nombre des années par la multitude des actions. Et que sert-il de jouir d'une longue existence, si elle est oiseuse, si l'on songe plus à vivre qu'à vivre honorablement? Mais, pour ne pas m'écarter davantage, je vais parler de ceux qui ont été enlevés par une mort extraordinaire.

1. Tullus Hostilius, frappé de la foudre, fut consumé avec toute sa maison. Étrange destinée de ce prince! soutien de la patrie, il est tué au sein même de la patrie, sans qu'il puisse recevoir de ses citoyens les derniers honneurs. Le feu céleste le réduit à trouver et son bûcher et son tombeau dans ses pénates et dans son palais. (An de R. 113.)

2. On a peine à le croire, la joie n'est pas moins puissante que la foudre pour ôter la vie; cependant rien de plus vrai. A la

---

placide contigit. Medii temporis cursus, prout fortuna gubernaculum rexit, modo aspero, modo tranquillo motu peragitur, spe semper minor, dum et cupide votis extenditur, et fere sine ratione consumitur. Nam et, si eo bene uti velis, etiam parvum amplissimum efficies, numerum annorum multitudine operum superando. Alioqui quid attinet inerti mora gaudere, si magis vitam exigis, quam approbas? Sed, ne longius evager, eorum mentionem faciam, qui non vulgari genere mortis absumpti sunt.

1. Tullus Hostilius, fulmine ictus, cum tota domo conflagravit. Singularem fati sortem, qua accidit, ut columen Urbis, in ipsa Urbe raptum, ne supremo quidem funeris honore a civibus decorari posset, cœlesti flamma in eam conditionem redactum, ut eosdem penates et regiam, et rogum, et sepulcrum haberet.

2. Vix verisimile est, in eripiendo spiritu idem gaudium potuisse, quod ful-

nouvelle du désastre de Trasimène, une mère venue à la porte de la ville, y rencontra son fils échappé de la bataille, et mourut en l'embrassant. Une autre, qui se tenait tristement renfermée chez elle sur le faux avis que son fils était mort, expira sitôt qu'elle le vit reparaître. Événements extraordinaires! ces femmes avaient résisté à la douleur, elles succombèrent à la joie. (An de R. 536.)

3. J'en suis peu surpris, parce que ce sont des femmes : mais que dire du consul M. Juventius Thalna, qui fut le collègue de Tib. Gracchus, consul pour la seconde fois? Il avait soumis l'île de Corse, et comme il y faisait un sacrifice, il reçoit un message qui lui annonce que le sénat a décrété, en son honneur des actions de grâce aux dieux. Il le lit attentivement, sa vue se trouble; il tombe et expire au pied de l'autel. A quoi devons-nous attribuer sa mort, si ce n'est à l'excès de la joie? Voilà celui qu'il fallait charger de la destruction de Numance et de Carthage! (An de R. 590.)

4. Avec plus de force d'âme le général Q. Catulus eut aussi une fin plus tragique. C'était lui que le sénat avait associé à C. Marius dans le triomphe des Cimbres. Opposé à ce même

---

men; et tamen idem valuit. Nuntiata enim clade, quæ ad lacum Trasimenum inciderat, altera mater, sospiti filio ad ipsam portam facta obviam, in complexu ejus exspiravit; altera, quum falso mortis filii nuntio domi mœsta sederet, ad primum conspectum redeuntis exanimata est. Genus casus inusitatum : quas dolor non exstinxerat, lætitia consumpsit.

3. Sed minus miror, quod mulieres. M. Juventius Thalna consul, collega Ti. Gracchi consulis iterum, quum in Corsica, quam nuper subegerat, sacrificaret, receptis litteris decretas ei a senatu supplicationes nuntiantibus, intento illas animo legens, caligine orta, ante foculum collapsus mortuus humi jacuit. Quem quid aliud quam nimio gaudio enectum putemus? en cui Numantia, aut Carthago excidenda traderetur!

4. Majoris aliquanto spiritus dux Q. Catulus, Cimbrici triumphi C. Mario particeps a senatu datus, sed exitus violentioris. Namque ad hoc eodem Mario postea

CHAP. XII, DES MORTS EXTRAORDINAIRES 289

Marius pendant les discordes civiles, il en reçut l'ordre de mourir, fit chauffer à grand feu une chambre enduite de chaux vive, s'y enferma et s'y laissa périr. Affreuse nécessité, qui imprime une flétrissure profonde à la gloire de Marius. (An de R. 666.)

5. Pendant le même orage politique, L. Cornélius Mérula, prêtre de Jupiter et ancien consul, ne voulant point servir de jouet à des vainqueurs insolents, s'ouvrit les veines dans le sanctuaire même du dieu. Il sut, par une mort volontaire, échapper à une injonction ignominieuse; et l'autel le plus auguste fut arrosé du sang de son ministre. (An de R. 666.)

6. Hérennius le Sicilien termina aussi sa vie avec beaucoup de résolution et de courage. Il avait été l'aruspice et l'ami de C. Gracchus. On lui en fit un crime, et, comme on le menait en prison, il se brisa la tête contre le poteau de la porte : près d'entrer dans ce lieu d'opprobre, il tomba et rendit le dernier soupir; un pas de plus le livrait à la honte du supplice, à la hache du bourreau. (An de R. 632.)

7. Une mort également brusque fut celle de C. Licinius Macer, père de Licinius Calvus, et ancien préteur. Il était accusé de

propter civiles dissensiones mori jussus, recenti calce illito, multoque igni percalefacto cubiculo se inclusum peremit : cujus tam dira necessitas maximus Marianæ gloriæ rubor exstitit.

5. Qua tempestate reipublicæ L. quoque Cornelius Merula consularis, et flamen dialis, ne ludibrio insolentissimis victoribus esset, in Jovis sacrario venis incisis contumeliosæ mortis denuntiationem effugit, sacerdotisque sui sanguine vetustissimi foci maduerunt.

6. Acer etiam et animosus vitæ exitus Herennii Siculi, quo C. Gracchus et aruspice et amico usus fuerat. Nam, quum eo nomine in carcerem duceretur, ni ejus postem illiso capite, in ipso ignominiæ aditu concidit, ac spiritum posuit; uno gradu a publico supplicio, manuque carnificis citerior.

7. Consimili impetu mortis C. Licinius Macer, vir prætorius, Calvi pater, repetundarum reus, dum sententiæ dicerentur, in Menianum conscendit : siquidem,

concussion. Comme on allait aux voix, il monta au Ménianum. Voyant que Cicéron, président du tribunal, quittait sa robe prétexte, il lui envoya dire, qu'il mourrait prévenu et non pas condamné, et qu'ainsi on ne pouvait pas vendre ses biens au profit de l'État. Aussitôt se serrant la gorge avec un mouchoir qu'il tenait par hasard à la main, il s'étrangla, et prévint par sa mort le châtiment de la justice. A cette nouvelle, Cicéron s'abstint de prononcer une sentence. Ainsi, un illustre orateur, grâce à l'étrange destinée de son père, fut préservé et de l'indigence et de l'opprobre d'une condamnation qui eût flétri toute sa famille. (An de R. 687.)

8. Voilà une fin courageuse; en voici qui sont fort risibles. Cornélius Gallus, ancien préteur, et T. Hatérius, chevalier romain, expirèrent au moment qu'ils se livraient au plaisir de l'amour. Mais pourquoi tourner en ridicule des hommes qui ont été victimes, non pas de leur passion, mais de la fragilité de notre nature? Le terme de nos jours dépend d'une foule de causes cachées : quelquefois on l'impute à des circonstances indifférentes, qui ont concouru avec l'instant de la mort, mais sans occasionner la mort même.

---

quum M. Ciceronem, qui id judicium cogebat, prætextam ponentem vidisset, misit ad eum qui diceret, se non damnatum, sed reum periisse, nec sua bona hastæ posse subjici; ac protinus sudario, quod forte in manu habebat, ore et faucibus coarctatis, incluso spiritu pœnam morte præcurrit : qua cognita re Cicero de eo nihil pronuntiavit. Igitur illustris ingenii orator et ab inopia rei familiaris, et a crimine domesticæ damnationis, inusitato paterni fati genere vindicatus est.

8. Fortis hujus mors; illorum perridicula. Cornelius enim Gallus prætorius, et T. Haterius eques Romanus inter usum puerilis Veneris absumpti sunt. Quanquam quorsum attinet eorum cavillari fata, quos non libido sua, sed fragilitatis humanæ ratio abstulit? Fine namque vitæ nostræ variis et occultis causis exposito, interdum, quæ sunt immerentia, supremi fati titulum occupant, quum magis in tempus mortis incidant, quam ipsam mortem arcessant.

Des Morts extraordinaires chez les étrangers.

1. On a vu aussi chez les étrangers des morts dignes de mémoire. Telle fut celle de Coma que l'on dit avoir été le frère de Cléon, ce fameux chef de brigands. Lorsque nous eûmes repris la ville d'Enna, qui était tombée au pouvoir des esclaves fugitifs, ce Coma fut amené devant le consul Rupilius. Tandis qu'on l'interrogeait sur la force et les desseins de ces esclaves, il fit semblant de se recueillir; il se couvrit la tête, l'appuya sur ses genoux et comprima tellement sa respiration, qu'au milieu même des gardes et sous les yeux de l'autorité suprême, il trouva pour jamais le repos et la sécurité qu'il désirait. Que les malheureux, à qui il est plus avantageux de mourir que de vivre, se tourmentent et s'agitent, qu'ils cherchent avec anxiété les moyens de sortir de la vie, qu'ils aiguisent le fer, distillent le poison, saisissent des cordes, qu'ils montent sur les hauteurs les plus escarpées, comme s'il fallait un grand appareil et des efforts extraordinaires pour rompre le faible lien qui unit l'âme et le corps :

De Mortibus non vulgaribus externorum.

1. Sunt et externæ mortes dignæ annotatu : qualis in primis Comæ, quem ferunt maximi latronum ducis Cleonis fratrem fuisse. Is enim, ad Rupilium consulem Ennam, quam prædones tenuerant, in potestatem nostram redactam, perductus, quum de viribus et conatibus fugitivorum interrogaretur, sumpto tempore ad se colligendum, caput operuit; innixusque genibus compresso spiritu, inter ipsas custodum manus, inque conspectu summi imperii, exoptata securitate acquievit. Torqueant se miseri, quibus exstingui, quam superesse, utilius est, trepido et anxio consilio, quanam ratione vita excant, quærentes; ferrum acuant, venena temperent, laqueos apprehendant, vastas altitudines circumspiciant; tanquam magno apparatu, aut exquisita molitione opus sit, ut corporis atque animi

Coma n'a recours à rien de semblable ; il ne fait que retenir son souffle dans sa poitrine, et il cesse d'exister. Certes on doit être fort peu empressé à conserver un bien fragile qui a pu s'évanouir d'une secousse ou plutôt d'une impression si légère. (An de R. 621.)

2. La fin du poëte Eschyle fut involontaire ; mais la singularité de l'événement mérite qu'on en fasse le récit. Étant un jour sorti de la ville qu'il habitait en Sicile, il s'assied dans un lieu exposé au soleil. Un aigle, portant une tortue dans ses serres, passe au-dessus : trompé par la blancheur de sa tête qui était chauve, il la prend pour une pierre, et y laisse tomber la tortue afin de la briser et d'en manger la chair. Ce coup ôta la vie au poëte, créateur et père de la mâle tragédie. (Av. J.-C. 463.)

3. On attribue aussi la mort d'Homère à une cause toute particulière. On croit qu'il expira de chagrin, dans une île, pour n'avoir pu résoudre une énigme que des pêcheurs lui avaient proposée.

4. Mais Euripide périt bien plus cruellement. Un soir, qu'il sortait de la table du roi Archélaus, en Macédoine, et qu'il s'en

---

infirmo vinculo cohærens societas dirimatur : nihil horum Coma ; sed, intra pectus inclusa anima, finem sui reperit. Enimvero minimo studio retinendum bonum, cujus caduca possessio tam levi afflatu violentiæ concussa dilabi potuit.

2. Æschyli vero poetæ excessus, quemadmodum non voluntarius, sic propter novitatem casus referendus est. In Sicilia mœnibus urbis, in qua morabatur, egressus, aprico in loco resedit. Super quem aquila testudinem ferens, elusa splendore capitis (erat enim capillis vacuum), perinde atque lapidi eam illisit, ut fractæ carne vesceretur. Eoque ictu origo et principium fortioris tragœdiæ exstinctum est.

3. Non vulgaris etiam Homeri mortis causa fertur. Qui in insula, quia questionem a piscatoribus propositam solvere non potuisset, dolore absumptus creditur.

4. Sed atrocius aliquanto Euripides finitus. Ab Archelai enim regis cœna in

retournait chez son hôte, il fut mis en pièces par des chiens : affreuse destinée, que ne méritait pas un si grand génie. (Av. J.-C. 407.)

5. D'autres poëtes illustres eurent aussi une fin bien indigne et de leur caractère et de leurs ouvrages. Sophocle, déjà fort avancé en âge, avait récité une tragédie nouvelle dans un concours de poésie. Les suffrages étant partagés, il fut longtemps inquiet de la décision ; enfin il l'emporta d'une seule voix, et la joie qu'il en ressentit lui causa la mort. (Av. J.-C. 406.)

6. Des éclats de rire immodérés terminèrent les jours de Philémon. On lui avait préparé des figues, et on les avait placées sous ses yeux. Voyant un âne qui les mangeait, il appela son esclave pour le chasser. Celui-ci n'arriva que lorsque les figues eurent disparu. « Puisque tu es venu si tard, lui dit Philémon, donne maintenant du vin à cet âne; » et il accompagna ce mot plaisant d'un rire excessif, dont les secousses réitérées, trop violentes pour les organes d'un vieillard, le mirent hors d'haleine et l'étouffèrent.

7. Quant à Pindare, il s'endormit dans un amphithéâtre, la tête appuyée sur les genoux d'un jeune homme qu'il aimait

---

Macedoniâ domum hospitalem repetens, canum morsibus laniatus obiit : crudelitas fati tanto ingenio non debita.

5. Sicut illi excessus illustrium poetarum et moribus et operibus indignissimi. Sophocles ultimæ jam senectutis, quum in certamine tragœdiam dixisset, ancipiti sententiarum eventu diu sollicitus, aliquando tamen una sententia victor, causam mortis gaudium habuit.

6. Philemonem autem vis risus immoderati abstulit. Paratas ei ficus, atque in conspectu positas asello consumente, puerum, *ut illum abigeret*, inclamavit. Qui quum jam comestis omnibus supervenisset, *Quoniam*, inquit, *tam tardus fuisti, da nunc merum asello*; ac protinus urbanitatem dicti crebro anhelitu cachinnorum prosecutus, senile guttur salebris spiritus prægravavit.

7. At Pindarus, quum in gymnasio super gremium pueri, quo unice delectabatur, capite posito quieti se dedisset, non prius decessisse cognitus est, quam,

beaucoup, et l'on ne s'aperçut qu'il avait cessé de vivre, que lorsque le chef du gymnase, voulant fermer les portes, tenta vainement de l'éveiller. Ce fut, à mon avis, une égale faveur des dieux, d'avoir obtenu tout à la fois et un génie si sublime dans la poésie et un trépas si paisible. (Av. J.-C. 452.)

8. J'en dirai autant d'Anacréon, qui toutefois avait dépassé les limites de la vie humaine. Il suçait le jus d'un raisin cuit au soleil, pour entretenir un reste de forces, un fil d'existence : mais, un pepin s'étant arrêté invinciblement dans sa gorge desséchée de vieillesse, il expira.

9. Je vais joindre ici deux hommes, à qui un même dessein valut le même sort.

Milon de Crotone, passant dans une campagne, voit un chêne entr'ouvert par des coins qu'on y avait enfoncés. Plein de confiance dans la vigueur de ses bras, il s'en approche, il introduit ses deux mains et veut achever de le fendre. Ses efforts font tomber les coins; l'arbre reprend son état naturel, serre les mains du Crotoniate et le livre, tout couvert qu'il est de palmes gymniques, à la voracité des bêtes féroces. (Av. J.-C. 513.)

10. Il en est de même de l'athlète Polydamas. Le mauvais temps le força un jour à se réfugier dans un antre. Bientôt

---

gymnasiarcha claudere jam eum locum volente, nequidquam excitaretur. Cui quidem crediderim eadem benignitate deorum et tantum poeticæ facundiæ, et tam placidum vitæ finem attributum.

8. Sicut Anacreonti quoque, quamvis statum humanæ vitæ modum supergresso; quem uvæ passæ succo tenues et exiles virium reliquias foventem, unius grani pertinacior in aridis faucibus humor absumpsit.

9. Jungam illos, quos et propositum et exitus pares fecit.

Milo Crotoniates, quum iter faciens quercum in agro cuneis adactis fissam vidisset, fretus viribus, accessit ad eam, insertisque manibus divellere conatus est. Quas arbor excussis cuneis in suam naturam revocata compressit, eumque cum tot gymnicis palmis lacerandum feris præbuit.

10. Item Polydamas athleta, tempestate speluncam subire coactus, nimio et

l'excès et l'impétuosité de la pluie ébranlèrent tellement la voûte de la caverne, qu'elle commençait à s'écrouler. Tous ceux qui s'y trouvaient avec lui, s'enfuirent pour échapper au danger. Il resta seul, comptant soutenir la masse tout entière sur ses épaules. Mais, accablé sous un poids que nul homme n'était capable de supporter, il expia sa folle présomption; l'asile où il avait cherché un abri contre l'orage devint son tombeau.

L'exemple de ces deux athlètes peut servir à prouver que trop de force corporelle énerve les facultés de l'âme. Il semble que la nature se refuse à gratifier un mortel de cette double faveur, et que ce soit une félicité plus qu'humaine de réunir au plus haut degré la force et la sagesse.

CHAPITRE XIII

DE L'ATTACHEMENT A LA VIE

De l'Attachement à la vie chez les Romains.

Après avoir parlé des morts singulières, qui furent l'effet, soit

---

subito incursu aquæ labefacta ea ac ruente, cæteris comitibus fuga periculum vitantibus, solus restitit, tanquam humeris suis totius ruinæ molem sustentaturus; sed, pondere omni corpore humano potentiore pressus, imbris causa petitam latebram, dementis fati sepulcrum habuit.

Possunt hi præbere documentum, nimio robore membrorum, vigorem mentis hebescere, quasi abnuente natura utriusque boni largitionem; ne supra mortalem sit felicitatem, eumdem et valentissimum esse, et sapientissimum.

CAPUT XIII

DE CUPIDITATE VITÆ

De Cupiditate vitæ Romanorum.

Verum, quia excessus e vita et fortuitos, et viriles, quosdam etiam temerarios

du hasard, soit du courage, soit même de la témérité, nous allons soumettre au jugement du lecteur celles qu'ont déshonorées la faiblesse et la lâcheté. La comparaison même fera voir, qu'il y a quelquefois et plus de force et plus de sagesse à chercher la mort qu'à désirer la vie.

1. M. Aquilius pouvait mourir avec gloire, et il aima mieux vivre ignominieusement l'esclave de Mithridate. N'aurait-on pas droit de dire : il mérita plutôt le supplice qu'il subit dans le Pont, que le commandement d'une armée romaine, puisqu'il put se couvrir d'un opprobre qui rejaillissait sur la république? (An de R. 665.)

2. Cn. Carbon est bien aussi un sujet de honte pour les annales latines. Il fut pris en Sicile, pendant son troisième consulat. Comme on le conduisait au supplice par ordre de Pompée, il obtint des soldats, à force de prières et de larmes, la permission d'aller satisfaire un besoin, avant de mourir. Il voulait prolonger de quelques instants la jouissance d'une vie si misérable ; et, comme il se faisait attendre, on finit par lui trancher la tête dans la honteuse posture où il se trouvait. Les paroles mêmes embarrassent l'historien qui rend compte d'une telle turpitude. Elles ne veulent point être supprimées, parce qu'elles ne méritent pas

---

oratione attigimus, subjiciamus nunc æstimationi enerves et effeminatos, ut ipsa comparatione pateat, quanto non solum fortior, sed etiam sapientior mortis interdum, quam vitæ, sit cupiditas.

1. M. Aquilius, quum sibi gloriose exstingui posset, Mithridati maluit turpiter servire. Quem non aliquis merito dixerit Pontico supplicio, quam Romano imperio digniorem, quoniam commisit, ut privatum opprobrium publicus rubor exsisteret.

2. Cn. quoque Carbo magnæ verecundiæ est Latinis annalibus. Tertio in consulatu suo jussu Pompeii in Sicilia ad supplicium ductus, petiit a militibus demisse et flebiliter, ut sibi alvum levare, priusquam exspiraret, liceret, quo miserrimæ lucis usu diutius frueretur, eo usque moram trahens, donec caput ejus sordido in loco sedentis abscinderetur. Ipsa verba tale flagitium narrantis

CHAP. XIII, DE L'ATTACHEMENT A LA VIE 297

l'oubli ; mais elles se prêtent difficilement à la narration, parce qu'elles offrent une image dégoûtante. (An de R. 671.)

3. Et Brutus ! de quel opprobre ne paya-t-il pas un faible et malheureux instant d'existence ? Lorsqu'il se vit entre les mains de Furius, qu'Antoine avait envoyé pour le tuer, non-seulement il retira la tête de dessous le glaive, mais, comme on l'invitait à la présenter avec plus de fermeté, il jura en ces propres termes : « Oui, sur ma vie, je vais la livrer. » Triste délai d'un destin inévitable ! serment insensé, parole absurde ! C'est toi, désir immodéré de conserver l'être, c'est toi qui jettes l'homme dans un tel délire, en repoussant les conseils de la saine raison, qui prescrit d'aimer la vie, mais de ne pas redouter la mort. (An de R. 710.)

De l'Attachement à la vie chez les étrangers.

1. C'est toi, qui arrachas des larmes au roi Xerxès, à la vue de la jeunesse de toute l'Asie, réunie sous les armes, lorsqu'il songea que de tant d'hommes il n'en existerait plus un seul dans

---

secum luctantur; nec silentio amica, quia occultari non merentur; nec relationi familiaria, quia dictu fastidienda sunt.

3. Quid? Brutus exiguum et infelix momentum vitæ quanto dedecore emit! Qui a Furio, quem ad eum occidendum Antonius miserat, comprehensus, non solum cervicem gladio subtraxit, verum etiam constantius eam præbere admonitus, ipsis his verbis juravit : *Ita vivam, dabo.* O fati cunctationem ærumnosam! o jurandi stolidam fidem! Sed hos tu furores, immoderata retinendi spiritus dulcedo, subjicis, sanæ rationis modum expugnando, quæ vitam diligere, mortem non timere præcipit.

De Cupiditate vitæ externorum.

1. Eadem Xerxem regem pro totius Asiæ armata juventute, quod intra centum annos esset obitura, profundere lacrymas coegisti. Qui mihi specie alienam,

cent ans. Ce prince, en déplorant en apparence la destinée des autres, gémissait réellement, ce me semble, sur son propre sort : plus riche des dons de la fortune que de ceux de la sagesse, il avait une vaste puissance, mais peu d'élévation d'âme. Quel homme, en effet, pour peu qu'il soit raisonnable, pleurera d'être né mortel?

2. Je vais maintenant citer les rois à qui la défiance suggéra des précautions extraordinaires pour leur sûreté; et je commencerai, non par le plus misérable, mais par celui que l'on regarde, dans un petit nombre d'heureux, comme digne du premier rang.

Le roi Masinissa, comptant peu sur la fidélité des hommes, confiait à des chiens la sûreté de sa vie : telle était la garde dont il entourait sa personne. A quoi bon un empire si étendu, une si nombreuse famille, ces liens d'amitié et de bienveillance qui l'unissaient si étroitement avec le peuple romain, s'il ne voyait rien de plus puissant que les aboiements et la dent des chiens pour conserver ces faveurs de la fortune?

3. Mais la misère de ce roi n'approche pas de celle d'Alexandre le Thessalien, dont le cœur était tourmenté à la fois et par l'amour et par la crainte. Quoiqu'il fût éperdûment amoureux de Thébé son épouse, jamais il ne passait chez elle après le repas, qu'il ne

---

revera suam conditionem deplorasse videtur, opum magnitudine, quam altiore animi sensu felicior. Quis enim mediocriter prudens mortalem se natum fleverit?

2. Referam nunc eos, quibus aliquos suspectos habentibus exquisitior sui custodia quæsita est; nec a miserrimo, sed ab eo, qui inter paucos felicissimus fuisse creditur, incipiam.

Masinissa rex, parum fidei in pectoribus hominum reponens, salutem suam custodia canum vallavit. Quo tam late patens imperium? quo tantus liberorum numerus? quo denique tam arcta benevolentia constricta Romana amicitia, si ad hæc tuenda nihil canino latratu ac morsu valentius duxit?

3. Hoc rege infelicior Alexander, cujus præcordia hinc amor, hinc metus torserunt. Nam, quum infinito ardore conjugis Thebes teneretur, ad eamdem ex

CHAP. XIII, DE L'ATTACHEMENT A LA VIE 299

se fit précéder d'un Thrace, le visage empreint de marques barbares, l'épée nue à la main ; et il ne s'y mettait au lit qu'après l'avoir fait scrupuleusement visiter par ses gardes. C'était un supplice concerté par la colère des dieux, de ne pouvoir maîtriser ni sa passion, ni sa frayeur. Mais celle qui causait cette frayeur y mit aussi un terme ; Thébé, irritée des infidélités d'Alexandre, lui ôta la vie.

4. Voyez Denys, tyran de Syracuse ; sa vie est-elle autre chose qu'une longue suite de tourments semblables ? Voici comment il passa trente-huit années de domination. Il éloigna ses amis, leur substitua des hommes pris chez les nations les plus farouches, et des esclaves choisis dans les plus riches maisons, pour leur confier la garde de sa personne. Redoutant les barbiers, il apprit à ses filles à faire la barbe. Quand elles approchèrent de l'âge nubile, il appréhenda aussi de mettre le fer entre leurs mains ; alors il leur enseigna à lui brûler la barbe et les cheveux avec des coquilles de noix ardentes. Il ne fut pas plus tranquille comme époux que comme père. Il eut en même temps deux femmes, c'étaient Aristomaque de Syracuse et Doris de Locres : jamais il

---

epulis in cubiculum veniens, barbarum compunctum notis Threiciis, stricto gladio jubebat anteire, nec prius se ibidem lecto committebat, quam a stipatoribus diligenter esset scrutatus : supplicium irato deorum numine compositum, neque libidini, neque timori posse imperare. Cujus timori eadem et causa, et finis fuit ; Alexandrum enim Thebe pellicatus ira mota interemit.

4. Age, Dionysius Syracusanorum tyrannus hujusce tormenti quam longa fabula ! Qui duodequadraginta annorum dominationem in hunc modum peregit : submotis amicis, in eorum locum ferocissimarum gentium homines, et a familiis locupletum electos prævalidos servos, quibus latera sua committeret, substituit ; tonsorumque metu, tondere filias suas docuit ; quarum ipsarum, postquam adultæ ætati appropinquabant, manibus ferrum non ausus committere, instituit, ut candentium juglandium putaminibus barbam sibi et capillum adurerent : nec securiorem maritum egit, quam patrem ; duarum enim eodem tempore, Aristomaches Syracusanæ et Locrensis Doridis, matrimoniis illigatus, neu-

n'alla voir l'une ou l'autre sans la faire fouiller, et même l'appartement où il couchait était entouré d'un fossé, comme un camp. Il s'y rendait par un pont de bois, et, quoiqu'une garde défendît la porte au dehors, il avait grand soin de la fermer intérieurement au verrou.

CHAPITRE XIV

DE LA RESSEMBLANCE

De la Ressemblance chez les Romains.

Des hommes d'un profond savoir disputent fort habilement sur la ressemblance du visage et de tout le corps. Les uns l'attribuent au principe du sang et à sa composition, et ils trouvent une assez forte preuve de leur opinion dans les autres animaux, qui naissent ordinairement semblables à ceux qui les ont produits : les autres

trius unquam, nisi excussæ, complexum petiit; atque etiam cubicularem lectum, perinde quasi castra, lata fossa cinxit, in quem se ligneo ponte recipiebat, quum forem cubiculi extrinsecus a custodibus opertam, interiorem claustro ipse diligenter obserasset.

CAPUT XIV

DE SIMILITUDINE FORMÆ

De Similitudine formæ Romanorum.

De similitudine autem oris, et totius corporis, altiore doctrina præditi subtilius disputant. Eorumque alii in ea sunt opinione, ut existiment, illam origini et contextui sanguinis respondere; nec parvum argumentum ex cæteris animalibus trahunt, quæ fere gignentibus similia nascuntur : alii negant certam hanc

CHAP. XIV, DE LA RESSEMBLANCE 301

soutiennent que ce n'est point là une loi invariable de la nature, et que la conformation des mortels dépend des images que le hasard présente au moment de la conception; aussi, ajoutent-ils, voyons-nous souvent de belles personnes donner naissance à des enfants très-laids, et des hommes faibles devoir le jour à des parents robustes. Mais, comme cette question reste encore douteuse, nous allons citer des exemples frappants de ressemblance entre des hommes de familles différentes.

1. Vibius, d'une honnête famille, et Publicius, affranchi, ressemblaient si parfaitement au grand Pompée, que, sans la différence de fortune, on pouvait s'y méprendre, saluer Pompée pour eux, et eux pour Pompée. Du moins partout où Vibius et Publicius se présentaient, ils attiraient tous les regards, chacun reconnaissant les traits du plus illustre citoyen de la république dans des personnages fort ordinaires. Ce jeu du hasard était, en quelque sorte, héréditaire dans la famille du grand Pompée.

2. En effet, son père avait tant de ressemblance avec Ménogène, son cuisinier, que cet illustre citoyen, réunissant à la fierté du caractère la réputation d'un grand général, ne put empêcher les Romains de lui imposer le ridicule nom de cet individu.

---

esse naturæ legem, sed species mortalium, prout fortuita sors conceptionis obtulit, attribui; atque ideo plerumque ex speciosis deformes, et ex robustis invalidos partus edi. Verum, quoniam ista quæstio in ambiguo versatur, pauca inter alienos conspectæ similitudinis exempla referemus.

1. Magno Pompeio Vibius ingenuæ stirpis, et Publicius libertinus ita similes fuerunt, ut permutato statu, et Pompeius in illis, et illi in Pompeio salutari possent. Certe quocunque aut Vibius, aut Publicius accesserant, ora hominum in se obvertebant, unoquoque speciem amplissimi civis in personis mediocribus annotante. Quod quidem fortuitum ludibrium, quasi hæreditarium ad eum penetravit.

2. Nam pater quoque ejus eousque Menogenis, coqui sui, similis esse visus est, ut vir, et ferox animo et præpotens armis, sordidum ejus nomen repellere a se non valuerit.

3. Un jeune homme d'une haute naissance, Cornélius Scipion, qui trouvait dans sa propre famille une foule de surnoms des plus glorieux, fut réduit à subir l'humiliation d'un nom d'esclave : le peuple l'appelait *Sérapion*, parce qu'il ressemblait à un esclave de ce nom, chargé d'immoler les victimes. Ni la pureté des mœurs, ni les égards que méritaient tant de nobles aïeux, ne purent le garantir d'une injurieuse dénomination.

4. Jamais le consulat ne réunit des citoyens d'un sang plus généreux que Lentulus et Métellus. Cependant leur ressemblance avec des histrions les mit tous deux presque en spectacle sur la scène. Elle fit donner à Lentullus le nom de *Spinther*, acteur de second ordre; et, sous le nom de *Népos* que Métellus devait à ses mœurs, on lui aurait imposé celui de *Pamphilus*, comédien de troisième ordre avec lequel on lui trouvait une exacte ressemblance.

5. M. Messalla, qui avait été consul et censeur, et Curion, citoyen environné de tous les genres d'illustration, furent forcés de recevoir des noms de comédiens. Le premier dut aux traits de son visage le surnom de *Ménogène*, et le second, celui de *Barbuleus*, à la ressemblance de la démarche.

---

3. Eximiæ vero nobilitatis adolescens Cornelius Scipio, quum plurimis et clarissimis familiæ suæ cognominibus abundaret, in servilem *Serapionis* appellationem vulgi sermone impactus est, quod hujusce nominis victimario quam similis erat. Nec illi aut morum probitas, aut respectus tot imaginum, quo minus hac contumelia aspergeretur, opitulata sunt.

4. Generosissimum consulatus collegium Lentuli et Metelli fuit : qui ambo in scena propter similitudinem histrionum propemodum spectati sunt; sed alter ex quodam secundarum cognomen *Spintheris* traxit; alter, nisi *Nepotis* a moribus accepisset, Pamphili tertiarum, cui simillimus esse ferebatur, habuisset.

5. At M. Messala consularis et censorius, *Menogenis*; Curioque omnibus honoribus abundans, *Burbulei* : ille propter oris aspectum, hic propter parem corporis motum, uterque scenici nomen coactus est recipere.

De la Ressemblance chez les étrangers.

1. Contentons-nous de ces exemples domestiques que les personnages rendent remarquables et qui sont assez généralement connus.

Le roi Antiochus avait, dit-on, beaucoup de ressemblance avec un homme de son âge et même du sang royal, nommé Artémon. Laodice, femme d'Antiochus, ayant tué son époux, et voulant cacher son crime, feignit que le roi était malade, mit cet Artémon dans un lit, et le fit passer pour le monarque même. Elle introduisit ensuite le public : tout le monde fut trompé au son de sa voix et à l'air du visage. On crut entendre Antiochus mourant recommander à son peuple Laodice et ses enfants.

2. Hybréas de Mylase, orateur qui joignit la véhémence à la fécondité, était, à en croire les auteurs, tellement semblable à un esclave de Cyme, chargé de balayer le gymnase, que toute l'Asie le prenait pour son frère : tant il y avait de rapport entre eux et pour les traits du visage et pour toutes les parties du corps !

De Similitudine formæ externorum.

1. Abunde sint hæc de domesticis, quoniam et personis sunt excellentia, et non obscura notitia celebrantur.

Regi Antiocho unus ex æqualibus, et ipse regiæ stirpis, nomine Artemon, perquam similis fuisse traditur. Quem Laodice, uxor Antiochi, interfecto viro, dissimulandi sceleris gratia, in lectulo perinde quasi ipsum regem ægrum collocavit; admissumque universum populum, et sermone ejus et vultu consimili fefellit; credideruntque homines ab Antiocho moriente Laodicen et natos ejus sibi commendari.

2. Hybream autem Mylasenum, copiosæ atque concitatæ facundiæ oratorem, Cymæorum sarvo strigmenta gymnasii colligenti tam similem ferunt, ut tantum non germanum fratrem totius Asiæ oculi assignarent; ita lineamentis oris et omnium membrorum compares erant.

3. Cet homme, qu'on assure avoir parfaitement ressemblé à un gouverneur de Sicile, était d'un caractère bien hardi. Le proconsul lui dit un jour, qu'il était fort étonné d'une telle ressemblance, parce que son père n'avait jamais mis le pied dans cette province. « Mais, répliqua le Sicilien, le mien est allé plus d'une fois à Rome. » Piqué d'une plaisanterie injurieuse à l'honneur de sa mère, il s'en vengea en jetant le soupçon sur la mère même du gouverneur : c'était bien de l'audace pour qui avait à redouter le pouvoir des faisceaux et des haches.

CHAPITRE XV

DE CEUX QUI, PAR IMPOSTURE, SE SONT INTRODUITS DANS DES FAMILLES ÉTRANGÈRES

Exemples chez les Romains.

On peut pardonner cette témérité ; elle n'est dangereuse que pour un seul : mais l'imprudence dont je vais parler, on ne

---

3. Ille vero, quem in Sicilia prætoris admodum similem fuisse constat, petulantis fuit animi. Proconsule enim dicente, *mirari se, quapropter sui tam similis esset, quum pater suus in eam provinciam nunquam accessisset. — At meus*, inquit, *Romum frequenter accessit*. Joco namque lacessitam matris suæ pudicitiam, invicem suspicione in matrem ejus rejecta, audacius, quam virgis et securibus subjecto conveniebat, ultus est.

CAPUT XV

DE HIS QUI PER MENDACIUM SE IN ALIENAS FAMILIAS INSERUERUNT

De his qui per mendacium se in alienas familias inseruerunt apud Romanos.

Sed tolerabilis hæc, uni tantummodo anceps temeritas : quod sequitur impu-

saurait la tolérer en aucune manière, parce qu'elle entraîne les plus graves conséquences et pour les particuliers et pour l'Etat.

1. Je ne parlerai pas d'un audacieux venu de Firmum, ville du Picénum, monstre déjà signalé dans cet ouvrage, de cet Équitius qui se donna pour fils de Tibérius Gracchus, et dont la grossière éloquence, trompant une multitude agitée, le fit investir d'une vaste puissance, du tribunat. Hérophilus, médecin vétérinaire, acquit une telle considération en se disant le petit-fils de C. Marius, sept fois consul, que plusieurs colonies de vétérans, des villes municipales du premier ordre, et presque toutes les communautés l'adoptaient pour leur protecteur. Bien plus, lorsque César, après la défaite du jeune Cn. Pompée en Espagne, ouvrit ses jardins au peuple, cet Hérophilus, séparé de lui par une seule colonne, fut salué avec presque autant d'enthousiasme; et, si la divine puissance de César n'eût opposé un obstacle à cette honteuse effervescence, on aurait vu se renouveler la hideuse plaie dont Equitius avait frappé la république. Hérophilus fut relégué hors de l'Italie par un décret du dictateur; mais, lorsque celui-ci eut passé au séjour des Immortels, il revint à Rome, et y forma le complot de massacrer tout le sénat. En

---

dentiæ genus, nec ferendum ullo modo, periculique tum privatim tum etiam publice late patentis.

1. Nam, ut Equitium, Firmo Piceno monstrum veniens, relatum jam in hujusce ibri superiore parte, præteream, cujus in amplectendo Tib. Graccho patre evidens mendacium, turbulento vulgi errore, amplissima tribunatus potestate vallatum est; Herophilus equarius medicus C. Marium septies consulem avum sibi vindicando ita se extulit, ut coloniæ veteranorum complures, et municipia splendida, collegiaque fere omnia patronum adoptarent. Quin etiam, quum C. Cæsar, Cn. Pompeio adolescente in Hispania oppresso, populum in hortis suis admisisset, proximo intercolumnio pæne pari studio frequentiæ salutatus est. Quod nisi divinæ Cæsaris vires huic erubescendæ procellæ obstitissent, simile vulnus respublica excepisset, atque in Equitio acceperat. Cæterum decreto ejus extra Italiam relegatus, postquam ille cœlo receptus est, in Urbem rediit, et consilium inter-

punition de ce crime, il fut mis à mort dans la prison par ordre des pères conscrits, et subit enfin le châtiment que méritait une scélératesse prompte à tramer tous les forfaits. (An de R. 709.)

2. Le divin Auguste même, lorsque sa suprême intelligence gouvernait encore le monde, ne fut pas à l'abri d'une pareille tentative et d'un tel outrage. Il se rencontra un misérable qui osa se dire issu du sang le plus illustre et le plus pur, né d'Octavie, sœur de ce prince : il prétendait que celui à qui on l'avait confié, voyant l'extrême faiblesse de sa complexion, l'avait retenu pour son fils et lui avait substitué l'enfant dont il était réellement le père. C'était vouloir tout ensemble, effacer de la plus auguste famille la mémoire de son véritable sang et la flétrir par le vil mélange d'un sang étranger. Mais tandis qu'il s'abandonne à l'essor de son effronterie et qu'il ne met plus de frein à son audace, un ordre d'Auguste le condamne à ramer dans une galère de l'État.

3. Il s'est aussi trouvé un homme, qui se disait le fils de Sertorius. Mais l'épouse de ce grand capitaine refusa de le reconnaître : aucune violence ne put jamais l'y contraindre.

4. Et Trébellius Calca? avec quelle assurance ne se donna-t-il pas pour le fils de Clodius! Et même, lorsqu'il en demanda les

---

ficiendi senatus capere sustinuit. Quo nomine jussu patrum necatus in carcere, seras prompti animi ad omne moliendum scelus pœnas pependit.

2. Nec divi quidem Augusti etiamnum terras regentis excellentissimum numen ab hoc injuriæ genere intentatum. Exstitit enim, qui *clarissimæ ac sanctissimæ sororis ejus Octaviæ utero se genitum* fingere auderet; *propter summam autem imbecillitatem corporis, ab eo, cui datus erat, perinde atque ipsius filium retentum, subjecto in locum suum proprio filio*, diceret : videlicet, ut eodem tempore sanctissimi penates, et veri sanguinis memoria spoliarentur, et falsi sordida contagione inquinarentur. Sed, dum plenis impudentiæ velis ad summum audaciæ gradum fertur, imperio Augusti remo publicæ triremis affixus.

3. Repertus est etiam, qui se diceret esse Q. Sertorii filium : quem ut agnosceret uxor ejus, nulla vi compelli potuit.

4. Quid Trebellius Calca? quam asseveranter se Clodium tulit! Et quidem,

biens en justice, il se présenta au conseil des centumvirs, tellement environné de la faveur, que les aveugles clameurs du peuple laissaient à peine au tribunal la liberté de prononcer conformément aux lois et à l'équité. Cependant la conscience des juges ne céda, dans cette cause, ni aux artifices de l'imposture, ni aux menaces de la multitude.

5. Il y eut bien plus de violence dans le trait de cet audacieux qui, sous la dénomination de Cornélius Sylla, envahit la maison de Cn. Asinius Dion, et chassa le fils légitime des foyers paternels, en criant : « Ce n'est pas lui, c'est moi qui suis le fils de Dion. » Mais lorsque l'équité des Césars, succédant à la tyrannie de Sylla, eut pris les rênes de l'empire, lorsque l'État fut au pouvoir d'un prince plus ami de la justice, le fourbe expira dans la prison publique.

Exemples étrangers.

1. L'autorité du même prince réprima l'impudence d'une femme de Milan, coupable d'une semblable imposture. Elle se

dum de bonis ejus contendit, in centumvirale judicium adeo favorabilis descendit, ut vix justis et æquis sententiis consternatio populi ullum relinqueret locum. In illa tamen quæstione neque calumniæ petitoris, neque violentiæ plebis judicantium religio cessit.

5. Multo fortius ille, qui, Cornelio Sylla rerum potiente, in domum Cn. Asinii Dionis irrupit, filiumque ejus patriis penatibus expulit, vociferando, *non illum, sed se Dione esse procreatum*. Verum, postquam a Syllana violentia Cæsariana æquitas reduxit gubernacula Romani imperii, justiore principe rempublicam obtinente, in publica custodia spiritum posuit.

De his qui per mendacium se in alienas familias inseruerunt apud externos.

1. Eodem præside reipublicæ in consimili mendacio muliebris temeritas Me-

donnait pour Rubria; on avait tort, selon elle, de croire que celle-ci eût péri dans un incendie. Ainsi, elle prétendait à la possession d'un patrimoine étranger. Elle ne manquait pas de témoins considérables dans le pays; elle avait même des appuis parmi les gardes de l'empereur. Mais la constance inébranlable de César fit échouer son dessein criminel.

2. Le même empereur arrêta l'entreprise d'un Barbare, qui, à la faveur d'une extrême ressemblance avec Ariarathe, aspirait au trône de Cappadoce. Il était cependant plus clair que le jour, qu'Ariarathe avait été tué par Marc-Antoine. Abusant de la crédulité qu'il rencontrait, l'aventurier avait gagné les suffrages et l'appui des villes et des nations de presque tout l'Orient; mais son ambition, assez insensée pour s'élever jusqu'au pouvoir suprême, reçut de César le prix qu'elle méritait.

---

diolani repressa est. Siquidem, quum se pro Rubria quædam, perinde ac falso credita esset incendio periisse, nihil ad se pertinentibus bonis insereret, nec ei aut tractus ejus splendidi testes, aut cohortis Augusti favor deesset, propter inexpugnabilem Cæsaris constantiam irrita nefarii propositi abiit.

2. Idem Barbarum quemdam, ob eximiam similitudinem Cappadociæ regnum affectantem, tanquam Ariarathes esset, quem a M. Antonio interemptum luce clarius erat, quanquam pæne totius Orientis civitatum et gentium credula suffragatione fultum, caput imperio dementer imminens, justo impendere supplicio coegit.

FIN DU SECOND VOLUME

NOTES

SUR VALÈRE MAXIME

LIVRE SIXIÈME

Page 1. — *Les coussins qui portent Junon.* Junon présidait aux mariages. Une femme vivant avec un homme dans une union illégitime ne pouvait toucher son autel sans se rendre coupable d'un sacrilége.

P. 2. — *Julie.* Des savants croient qu'il s'agit ici, non de Julie, fille d'Auguste, mais de Livie, que ce prince avait adoptée par testament (Tacite, *Ann.*, I, 8). Ils ne peuvent supposer que Valère Maxime ait poussé la flatterie jusqu'à consacrer comme la plus sainte des vertus les désordres de Julie. Mais de quoi la flatterie n'est-elle pas capable ? l'on sait que notre auteur ne jouit plus de sa raison quand il en est sur la louange des Césars; et quel mérite pouvait-on trouver à Livie d'être chaste à l'âge de plus de soixante ans ? n'est-il pas plus naturel, pour excuser Valère Maxime, de supposer que Julie, à l'époque où l'auteur écrivait ce passage, n'avait pas encore une conduite publiquement désordonnée ?

P. 3. — *Le décemvir Appius Claudius.* L'un des dix commissaires qui avaient été chargés de donner à la république un corps de lois que l'on nomma les *Douze Tables*. Ils furent investis d'un pouvoir absolu. Pendant la durée de leurs fonctions, il n'y eut ni consuls, ni tribuns. Ils rendirent bientôt leur puissance tyrannique, et l'action imprudente de cet Appius souleva tellement contre eux l'indignation publique, que leur domination fut abolie. Appius subit le châtiment qu'il méritait ; les autres n'attendirent pas la vengeance du peuple : ils s'exilèrent.

P. 4. — *M. Claudius Marcellus.* C'est l'illustre Marcellus qui prit Syracuse et qui le premier fit essuyer des défaites à Annibal.

P. 9. — *Sur la côte d'Érythris.* Érythris, ville maritime de l'Ionie. D'autres éditions portent *Erechthœo litori*, ce qui désigne la côte de l'Attique dont une partie s'appelait Érechthéide, du nom d'Érechthée, l'un des anciens rois d'Athènes.

P. 13. — *Ceux que j'ai amenés ici enchaînés.* Scipion avait rendu la liberté à un grand nombre de citoyens romains que Carthage et Numance avaient réduits en servitude.

P. 15. — *D'un sénateur.* L'on croit qu'il s'agit ici de Scaurus, fils du célèbre Émilius Scaurus qui avait été vingt-cinq ans prince du sénat, et dont il est parlé liv. III, ch. II, n. 18 ; ch. VII, n. 8. Mis en jugement pour avoir pillé la Sardaigne dont le gouvernement lui avait été confié, il fut absous en considération du glorieux souvenir de son père (III, ch. VI, n. 7 ; VIII, ch. I, n. 10). An de R. 699.

P. 17. — *J'ai vu Brutus.* Ce Brutus était le père de celui qui tua César.

P. 17. — *J'ai vu tous ces malheureux.* Voir, sur les faits que Mancia vient de reprocher à Pompée, la *Vie de Pompée* par Plutarque. Le meurtre de Domitius ne doit pas être imputé à Pompée. « Si fut adonc le camp pris à force, dit Amyot, et Domitius lui-même tué dedans. » Plutarque excuse celui de Perpenna ; il le regarde même comme un acte de *gande magnanimité*, « pour ce que Perpenna, s'estant saisi des papiers de Sertorius, monstroit des lettres missives des plus grands et plus puissans hommes de Rome, lesquels, désirans remuer l'Estat et changer le gouvernement, appelloient Sertorius en Italie, par quoi Pompeius, craignant que cela ne fust cause d'exciter encore de plus grandes séditions et guerres civiles, que celles qui estoient assopies, fit mourir le plus tost qu'il peut ce Perpenna, et brusla toutes ses lettres et tous ses papiers sans en lire rien. » La mort de Carbon et celle de Brutus ne sont pas excusables. Brutus s'était rendu à discrétion ; ce seul acte méritait la vie. Carbon, il est vrai, ne se rendit pas à discrétion, mais il ne fut pas tué les armes à la main ; après lui avoir fait subir publiquement un interrogatoire, Pompée commanda froidement de le mettre à mort, plus jaloux de plaire à Sylla que de marquer sa reconnaissance à son bienfaiteur. (PLUT., Vie citée, et VAL. MAX., v. 3, 5.)

P. 18. — *Le peuple redemanda ce vers plusieurs fois.* Cicéron, qui raconte ce même fait à Atticus (liv. II, *lett.* 19), dit : *millies coactus est dicere.* Valère Maxime diffère ici de Cicéron, en ce que le premier suppose Pompée présent au spectacle, au lieu que Cicéron le place à Capoue, tandis que les jeux Apollinaires se célébraient à Rome. L'on pourrait concilier ensemble les deux récits, en disant, avec Mongault, qu'il y avait peut-être dans le Cirque quelque statue de Pompée, vers laquelle l'acteur se serait retourné.

P. 20. — *Des triumvirs.* Octave, Antoine et Lépide. Comme ils distribuaient à leurs amis les biens des malheureux qu'ils avaient proscrits, ils cherchaient à donner à ces largesses des formes légales ; à cet effet ils avaient recours aux jurisconsultes. Cascellius refusa constamment son ministère à ces actes d'iniquité, même au péril de sa vie.

Les formules étoient un certain arrangement de paroles qui rendoit les actes authentiques. C'étoient les jurisconsultes qui dressoient ces formules ; si l'on en omettoit le moindre mot, l'acte étoit nul.

P. 20. — *C'est d'être vieux et sans enfants.* Ce mot rappelle une réponse de Solon. Il s'était opposé, autant qu'il l'avait pu, aux entreprises de Pisistrate contre la liberté de son pays. On l'avait vu, les armes à la main, se rendre à la place publique et chercher à soulever le peuple ; mais son exemple et ses discours ne faisaient plus aucune impression : ses amis seuls, effrayés de son courage, lui représentaient que Pisistrate avait résolu sa perte. « Qui peut, ajoutaient-ils, vous inspirer une telle fermeté. — Ma vieillesse, répondit Solon. » (*Voyage d'Anacharsis,* Introd., 2ᵉ partie, 1ʳᵉ section.)

P. 21. — *De Denys leur tyran.* C'est ici Denys le Jeune. Les deux qui l'ont précédé étaient son père Denys l'Ancien et Gélon.

P. 22. — *La vertu d'une cantharide.* Selon les uns, c'est une mouche dont la piqûre est mortelle ; selon les autres, c'est un très-petit ver à qui l'on attribue la vertu de nous faire mourir dans la même disposition où il nous a surpris : ainsi par exemple, l'on meurt en riant si l'on est à rire au moment où l'on est piqué.

P. 23. — *Junon Moneta.* Ainsi nommée du mot latin *monere,* avertir, parce qu'à l'endroit où l'on bâtit ce temple l'on avait entendu une voix qui avertissait de l'arrivée des Gaulois.

P. 23. — *Le sénat et le peuple romain.* Valère Maxime dit ailleurs (V, ch. viii, n. 2) que Cassius fut condamné par son père dans un conseil de famille, et exécuté par son ordre. *Voyez* la note du livre V sur ce passage.

P. 25. — *Du lieu destiné aux exécutions.* Qu'est-ce que le *robur* d'où l'on précipitait les criminels, est-ce un roc, une tour, un cachot ? Il paraît signifier un lieu obscur, un cachot, dans ce passage de Tite-Live (xxxviii, 59) : « Ut in carcerem inter fures nocturnos et latrones vir clarissimus includatur, et in robore et tenebris expiret ; deinde nudos ante carcerem projiciatur. » — « Robur, *dit Festus,* in carcere dicitur is locus, quo præcipitatur maleficorum genus, quod ante arcis robusteis includebatur. » Ce passage nous montre, qu'autrefois l'on renfermait les criminels dans des coffres d'un bois très-dur, sans doute pour les y faire mourir, et que dans la suite on substitua à cet usage celui de les précipiter. Mais *où* et *d'où* les précipitait-on ? c'est ce qu'on ne voit pas. L'expression *quo* dont se sert Festus est ambiguë ; elle peut être pour *de quo* ou pour *in quem locum*. Crévier qui cite ces mots dans sa note sur le passage de Tite-Live, entend ce dernier sens, puisqu'il écrit *quò* avec un accent. Si c'est là le véritable sens, le *robur* de Festus ne sera pas le même que celui de Valère Maxime, puisqu'ici, nous avons expressément *de robore*. Je trouve plus de lumière dans les paroles précédemment citées de Tite-Live : après avoir dit, « *in robore* et tenebris, » il ajoute, « deinde nudus ante carcerem *projiciatur*. » Ne serait-ce point là l'interprétation des paroles de Valère Maxime, *de robore præcipitati sunt ?* je le crois. Je croirais même qu'il faut prendre le *quo* de Festus pour *de quo* : alors les trois auteurs seront d'accord, ils auront exprimé la même idée ; et dans les trois passages le mot *robur* aura la même acception. Quant à la traduction, je n'ai pas trouvé en français de mot pour le rendre. Tarboicher et M. Allais se servent du mot de *tour*. Binet élude la difficulté en traduisant, « leurs amis furent mis à mort dans l'horreur du cachot destiné à cet usage. » Le traducteur italien, Giorgio Dati, s'exprime ainsi, *furono in carcere traboccati e mandati in precipitio*. *Robur* désigne peut-être le cachot qui, au rapport de Salluste (*Catilina*, ch. LVIII), s'appellait *Tullianum*, et où l'on fit descendre Lentulus et les autres conjurés pour y être mis à mort.

P. 25. — *A ses neufs collègues*. Valère Maxime se trompe ici sur le nombre des tribuns. A cette époque il n'y en avait encore que cinq ; ce fut vingt-huit ans plus tard que l'on en ajouta cinq autres.

P. 26. — *Des gémonies*. Les gémonies, ainsi nommées, selon les uns, de leur inventeur, et, selon d'autres, de *gemere*, étaient une fosse où l'on descendait par des marches, ce qui les fait désigner ordinairement dans les auteurs par les mots *gemonii gradus* ou *gemoniæ scalæ*. On y traînait avec un croc les cadavres des criminels.

P. 27. — *De porter aucune arme offensive*. Le texte est trop absolu dans le mot *ne quis*, parce que cette défense ne regardait que les esclaves : *Ne quis cum telo servus esset*, dit Cicéron au Ve livre de ses *Verrines*, § 3, d'où Valère Maxime paraît avoir emprunté cet exemple.

P. 29. — *Toutes furent exécutées dans l'intérieur de leurs familles*. Pighius, et, d'après lui, beaucoup d'éditeurs, ont mis dans le texte *cognati* pour *cognatas*, sans y être autorisés par les manuscrits, qui donnent *cognatorum* ou *cognatas*. Ce sont bien, il est vrai, les parents de ces femmes qui les mirent à mort, et Tite-Live le dit formellement (XXXIX, 18) ; mais ce n'est pas une raison de changer dans notre auteur *cognatas* en *cognati*, puisque rien n'empêche, selon le conseil de Torrénius, de construire *cognatas* avec *domos* ; ce qui rentre dans le sens de Tite-Live et de l'histoire. Cette alliance des mots paraît peu ordinaire, sans doute, mais assez conforme au goût de Valère Maxime.

P. 29. — *Pour avoir bu du vin*. On sait que, dans les premiers temps de la république romaine, le vin était interdit aux femmes. Valère Maxime en a donné la raison liv. II, ch. I, n. 5. On les punissait même aussi sévèrement pour une infraction à cette défense que pour un adultère (AULU-GELLE, X, 23).

P. 30. — *Qui répudia sa femme*. Le traducteur de 1713 fait là-dessus cette réflexion : « Il paraît par ces exemples que les Romains étaient jaloux. Les Italiens n'ont pas en cela dégénéré de leurs ancêtres. »

P. 31. — *Ainsi le premier, ou du moins le second*. Archiloque, que les anciens ont comparé à Homère, vivait au septième siècle avant J.-C. Il se vengea de Lycambe par des satires, parce que celui-ci lui avait refusé la main de sa fille après la lui avoir promise. Plutarque assigne une autre cause que Valère Maxime à la proscription de ses poésies chez les Lacédémoniens : il dit que ce fut pour s'être vanté dans ses poésies d'un trait de lâcheté (*Inst. Lacon.*). Mais il se peut que ce peuple austère et guerrier n'ait pu les souffrir pour les deux motifs, à la fois, d'immodestie et de lâcheté. On peut voir de plus longs détails sur Archiloque dans les notes de la traduction que M. Frémion a donnée du discours de saint Basile *sur la Manière de lire utilement les livres païens.*

P. 33. — *Annius le Campanien...* Annius était, selon Tite-Live (VIII, 3), non un Campanien, mais un particulier des colonies romaines. Il exista 120 ans avant l'époque de la bataille de Cannes Il excitait les Latins à se soulever contre les Romains. Évoqué à Rome, il osa demander en plein sénat que l'un des consuls fût désormais choisi à Capoue. Alors T. Manlius Torquatus, celui qui, étant consul avec P. Décius Mus, défit les Latins, prononça le mot que Valère Maxime met ici dans la bouche du fils de Manlius (TITE-LIVE, même livre, ch. V). Notre auteur se trompe évidemment. Si un Manlius parla ainsi après la journée de Cannes, 120 ans après celui que je viens de citer, ce ne peut être son fils. Beaucoup d'éditeurs sauvent l'anachronisme en changeant ainsi le texte : « *Ut Annius olim, Campani etiam consulem..... asseverabant;* » ensuite, au lieu de *filius ejus*, ils mettent *stirpis ejus*. Mais comme notre auteur peut s'être trompé sur les noms, ce qui lui arrive souvent, il n'est pas nécessaire de rien changer.

P. 34. — *Un autre Manlius.* Les savants disent que ce fut le même Manlius que celui dont on vient de parler. Aussi Pighius a-t-il changé le texte de sa propre autorité : il a substitué *ejusdem* à *illius* et a supprimé le relatif *cui*. Son texte a été suivi par Tarboicher, Binet et M. Allais.

P. 36. — *Plutôt par rivalité de corps.* L'ordre des chevaliers et celui des sénateurs se disputaient alors le privilége de juger les causes civiles. Rutilius, étant questeur, avait fait en sorte, de concert avec son préteur, de lier un peu les mains aux publicains, c'est-à-dire aux fermiers généraux de la province dont il avait le département. Ils le dénoncèrent au tribunal des chevaliers qui connaissait des causes criminelles. Ceux-ci saisirent avidement l'occasion d'humilier un patricien ; ils le condamnèrent à l'exil.

P. 37. — *Le surnom d'Heureux.* Sylla se donna lui-même ce surnom après sa victoire sur ses concitoyens.

P. 39. — *Un million de talents pour sa dot.* La valeur du talent est trop variable pour estimer cette somme avec quelque exactitude. Il y avait grand et petit talent; le moindre valait 2,600 francs de notre monnaie; le plus fort 5,400 fr.; de sorte que la moindre valeur de la somme offerte par Darius serait de deux milliards six cent mille francs, et la plus haute s'élèverait à cinq milliards quatre cent mille francs, somme exorbitante. Les autres auteurs ne parlent que de dix, vingt ou trente talents.

P. 39. — *D'une troisième, ce qui arriva en effet.* Cette troisième victoire fut la bataille d'Arbelle, qui termina la lutte entre Darius et Alexandre, et livra l'empire des Perses à la Macédoine, l'Asie à l'Europe.

P. 43. — *A l'affaire de la Verrugue.* — *Voyez* liv. III ch. II, n. 8.

P. 44. — *De la première classe.* Tout le peuple romain était divisé en six classes, chaque classe en centuries. La première classe comprenait tous les grands et les riches, et se composait de quatre-vingt-dix-huit centuries, nombre supérieur à celui des centuries des cinq autres classes réunies.

P. 46. — *Souverain pontife.* M. Émilius Lepidus ne fut souverain pontife qu'après la tutelle du jeune Ptolémée, surnommé *Épiphane.* D'un autre côté, selon Polybe et Justin, ce ne fut pas le roi mourant qui désigna le peuple romain pour tuteur de son fils, mais le peuple d'Alexandrie qui demanda, après la mort de Ptolémée Philopator, que les Romains prissent la tutelle du jeune roi, parce qu'il craignait que les rois de Macédoine et de Syrie, ligués entre eux, ne vinssent à envahir l'Égypte. Ces erreurs, dans Valère Maxime, sont de peu de conséquence, son livre étant plutôt, comme nous l'avons fait remarquer, un traité de morale en action, qu'une histoire *ex professo*.

P. 53. — *Après l'affreux désastre.* Ce fut dès le commencement de la seconde guerre punique que Sagonte fut assiégée et détruite par Annibal, longtemps avant la mort des deux Scipions en Espagne. En conséquence, un savant a substitué *ante* à *post*, mais sans y être autorisé par les manuscrits. Les traducteurs Tarboicher, Binet et M. Allais ont suivi cette correction. Mais comme Valère Maxime est sujet à de telles erreurs, on a dû traduire selon la leçon *post* donnée par les manuscrits. L'Italien Giorgio Dati l'a suivie aussi sans scrupule et sans aucune observation.

P. 57. — *Était accusé d'inceste.* Notre auteur parle encore de cette accusation au livre III, ch. VII, n. 9.

P. 60. — *La piété filiale du vainqueur.* Ce vainqueur est Octave, neveu et fils adoptif de Jules César. Ligué avec Antoine, il gagna contre Brutus et Cassius la bataille de Philippes en Macédoine.

P. 64. — *Ce même Manlius.* — Voyez, liv. V, ch. IV, n. 3; liv. II, ch. VII, n. 6.

P. 66. — *D'étouffer par son courage les germes naissants d'une guerre civile.* M. Lépidus, son collègue dans le consulat, s'efforçait d'abolir les lois que Sylla avait portées après sa victoire, ce qui aurait plongé la république dans les malheurs de la guerre civile. Catulus tailla en pièces son armée et le chassa de l'Italie. Il est fait mention de cette victoire au liv. II, ch. VIII, n. 7.

P. 70. — *Il termina ses jours dans la prison publique.* Valère Maxime dit ailleurs (IV, ch. VII, n. 3) qu'il fut délivré de prison par un ami : il faut alors qu'il ait été repris. Quant au crime qu'on lui reproche, *voyez* le passage ci-dessus indiqué. — Sur les gémonies, dont il est parlé ensuite, *voyez* note 26 du présent livre.

P. 74. — *Il n'obtint que la dernière place.* Sur six préteurs qu'on nommait dans la même élection, il ne fut que le sixième. C'était un grand honneur d'être nommé le premier : Cicéron fait gloire d'avoir eu cette distinction. Conséquemment on se trouvait humilié de ne sortir de l'urne que le dernier.

P. 74. — *Ni les biens, ni les maux ne furent accumulés à la fois.* L'auteur aurait mieux fait d'omettre cette observation, qui manque de vérité. Car dans le temps qu'Acibiade jouissait de la faveur publique, il avait tous les avantages, dignités, puissance, richesses, avec toutes les qualités inhérentes à sa personne, comme naissance illustre, beauté accomplie, génie ardent.

LIVRE SEPTIÈME

P. 82. — *Les infecta d'une foule de vices.* Ainsi Juvénal :

> Nunc patimur longæ pacis mala : sævior armis
> Luxuria incubuit, victumque ulciscitur orbem.
> (Sat. VI, v. 293.)

P. 91. — *Ce fut aussi un roi...* On ignore quel est le roi qui, à son avénement au trône, prononça le mot que Valère Maxime cite dans ce paragraphe. Antigone l'adresse à une femme qui le félicitait d'être roi. (Hob, *sermo* CXLVIII.)

P. 92. — *Rappelant Périclès des enfers.* Valère Maxime se trompe encore ici sur le nom. Car ce n'est pas à Périclès, mais à

Eschyle qu'Aristophane attribue la pensée qui fait le sujet de ce paragraphe et qui est la traduction de deux vers de la comédie des *Grenouilles*.

P. 95. — *Il abrogea sur-le-champ*. L'on ignore en quelle occasion Agésilas étouffa une conspiration par cet expédient. Mais Plutarque raconte qu'après la bataille de Leuctre, les éphores, voyant la foule des citoyens qui avaient pris la fuite pendant la bataille, voulaient leur épargner la rigueur des lois qui les frappaient de mort civile, de peur d'anéantir la république par la perte de tant de citoyens; à cet effet, ils créèrent Agésilas législateur. Celui-ci, en vertu de ce pouvoir, déclara que les lois n'existeraient qu'à compter du lendemain (*Plat. apophth.*).

P. 104. — *S'habilla en prêtre d'Isis*..... Les prêtres d'Isis étaient, comme les bohémiens des temps modernes, des espèces de mendiants, qui parcouraient les villes et les bourgs, disant, pour quelque aumône, la bonne aventure, à qui voulait les écouter.

P. 107. — *On le trouvera fort utile*. On ne peut disconvenir qu'il ne soit utile, mais est-il honorable? c'est la question que Valère Maxime aurait dû se faire.

P. 121. — *Lorsque Q. Fabius Maximus, etc*. Paul-Émile avait donné deux fils en adoption, l'un à la famille des Fabius, l'autre à celle des Cornélius (V. c. x, n. 2). Le premier eut pour fils le Fabius dont il est question ici; l'autre fut l'illustre Scipion Émilien ou second Africain. Le même Paul-Émile avait donné une fille en mariage à un Q. Élius Tubéron, citoyen de mérite, mais fort pauvre (IV, c. IV, n. 9). De ce mariage naquit le Tubéron dont parle ici notre auteur et qui se sert de la vaisselle de terre au lieu d'argenterie. Il faut avouer que le peuple romain se montre ici bien ridicule, de trouver mauvais que le fils d'un homme pauvre n'étale pas un luxe dont son père ne lui avait pas donné l'exemple. N'était-ce pas dire à tous les citoyens : « Aimez le luxe, si vous voulez me plaire, pillez, volez, afin de pouvoir gagner ma faveur. » Ce langage muet ne fut que trop compris des Romains de cette époque et surtout des âges suivants. La vaisselle de Samos était de terre, mais d'un travail exquis.

P. 122. — *P. Scipion Nasica.* Valère Maxime attribue ici à un seul Scipion Nasica des particularités qui appartiennent à quatre personnages de la même famille, tous également surnommés *Nasica*, mais dont trois sont distingués par d'autres surnoms. L'un était Nasica, *vir optimus*, c'est celui qui reçut la mère des dieux (An de R. 562) ; un autre était Nasica *Corculum*, c'est celui qui fut prince du sénat et consul en 591 ; un troisième était Nasica *Serapion*, il termina la sédition de Tib. Gracchus en tuant le tribun (608), le quatrième, sans distinction particulière, était fils du précédent, ce fut celui qui déclara la guerre à Jugurtha en 642.

P. 124. — *Le même Métellus, etc.* Métellus triompha du faux Philippe ou Andriscus, avant de demander le consulat. Aussi un savant a-t-il changé le texte pour le rendre conforme à l'histoire. Mais il faudrait être sûr que l'auteur lui-même ne s'était pas trompé : autrement c'est altérer le texte, qui est conforme aux manuscrits.

P. 125. — *Toutes les places de la dignité qu'il ambitionnait.* On nommait huit préteurs entre lesquels on distribuait les divers départements.

P. 125. — *D'accorder à Vatinius.* C'est le Vatinius dont il est fait mention au livre IV, ch. II, n. 4, et qui fut défendu par Cicéron dans deux affaires capitales, quoiqu'il ne méritât guère cette faveur par l'acharnement qu'il avait toujours montré contre cet illustre Romain.

P. 134. — *Par les centumvirs.* Les centumvirs étaient des juges qui connaissaient spécialement des causes relatives aux successions. Les trente-cinq tribus de la république en fournissaient chacune trois, ce qui faisait cent cinq juges. Néanmoins pour la commodité du langage on leur donna le nom de *centumvirs*. Ils se partageaient en plusieurs sections ou conseils ; et c'est là, de l'avis des savants, le sens qu'il faut donner au mot *consiliis* qu'emploie ici notre auteur.

P. 135. — *Courir les hasards d'une consignation avec leur jeune adversaire.* Les procès chez les Romains étaient comme des paris. Les parties consignaient en main tierce une somme d'argent qu'elles consentaient à perdre, si la sentence du juge leur était contraire. Celui qui gagnait le procès reprenait son dépôt, la partie adverse laissait le sien au trésor public.

P. 137. — *De Névianus.* C'était l'affranchi de Sordinus Névius. L'affranchi prenait un nom dérivé de celui de son patron.

P. 137. — *S'étant volontairement mutilé, etc.....* Les prêtres de Cybèle, mère des dieux, se rendaient eux-mêmes eunuques en mémoire du malheur arrivé au jeune et bel Atys, prêtre de Cybèle. Servius, Voir l'*Énéide*, IX, v. 116.

P. 139. — *Au tribunal des centumvirs.* Nous avons déjà eu occasion de parler des centumvirs. Nous ajouterons ici pour l'explication du mot *hastæ*, que chaque section de ce tribunal avait une lance pour signe distinctif de son autorité.

P. 140. — *Dans une assemblée du peuple.* Il se faisait des testaments dans des assemblées du peuple. Ils étaient par là plus solennels et ne pouvaient être changés que par une loi. Heinccius, *Antiq rom. sur les instit.* (liv. II, titre 10, 11 et 12), *quoiqu'il lui eût remis même ses anneaux.* La remise de ses anneaux en mourant, était chez les anciens une manière de désigner son héritier. On en voit encore des exemples aux paragraphes 8 et 9 du même chapitre.

LIVRE HUITIÈME

P. 145. — *Des accusés absous.* Ce titre devrait être après le préambule qui annonce la distribution du chapitre en *absous* et en *condamnés.*

P. 147. — *L'anneau arraché et jeté par terre.* C'était une marque de bien-être et de prospérité, que de porter un anneau. Dans le malheur et la tristesse, on s'en abstenait. Les Romains le quittèrent généralement à la nouvelle du désastre des Fourches Caudines. Les nobles le jetèrent de dépit, en voyant un plébéien élevé à la préture (IX, 33). Un suppliant avait soin de le quitter. C'est pourquoi Sisenna se prosterne en jetant son anneau à terre.

P. 148. — *Le mépris du plus antique usage.* Le mépris du plus antique usage, c'est d'avoir fait jeter à l'eau les poulets sacrés qui ne voulaient pas manger; *voyez* liv. I, c. IV, n. 3. Cette maladresse lui occasionna une défaite qui détruisit sa flotte.

P. 148. — *Un orage causa son malheur et sa délivrance.* Le mot *tempestas* ne doit pas se prendre ici au propre. Il n'avait pas essuyé une tempête, mais il fut battu par ses ennemis dans un combat naval. *Classe devicta,* dit Cicéron (*de la Nat. des dieux,* liv. II, ch. III). Cicéron, au même endroit, et Valère Maxime (liv. I, ch. IV, n. 3) disent que Claudius fut condamné par le peuple : et ici nous voyons qu'il échappe à la condamnation grâce à une pluie survenue à propos.

P. 155. — *L'un des fléaux les plus mémorables...* — *Voyez* plus haut, quatrième exemple des accusés absous.

P. 156. — *Sur ce fait on lui intenta une action publique, etc.* On voit, par cet exemple, jusqu'où allait le respect pour les bœufs dressés aux travaux de la campagne. Le luxe, en corrompant les mœurs, abolit cet usage des siècles de frugalité.

P. 159. — *Afin de décider, au nom de la bonne foi...* J'aurais pu rendre plus littéralement ce passage; mais j'ai craint de n'être pas assez clair. C'est une locution de la jurisprudence romaine, un article de quelque loi, proposé comme une règle à l'arbitre, pour décider ce qu'en bonne foi le vendeur devait faire ou donner pour dédommager l'acquéreur. *Formulam* est régi par *addixit* conjointement avec *arbitrum.* Ainsi Calpurnius assigne à son adverversaire et l'arbitre, et la formule en vertu de laquelle celui-ci doit prononcer.

P. 160. — *Et de condamner Varron et d'absoudre...* Il eût été plus juste de dire : « Si, par la même sentence, il avait pu condamner et Varron et son adversaire. » Absoudre la partie adverse, c'était, il est vrai, condamner Varron pécuniairement. Mais Valère Maxime entend ici par *damnari*, condamner *moralement, flétrir;* ce que ne pouvait pas le juge civil. Je conviens toutefois que l'idée serait plus nette s'il n'y avait pas *absolvi;* car, la femme étant coupable, il n'est pas naturel de désirer que le juge puisse l'absoudre pour condamner Varron : on souhaiterait plutôt de les voir condamnés tous deux.

P. 162. — *Le nom d'Androgyne.* Mot composé de deux mots grecs, ἀνήρ, ἀνδρός, *homme*, et γυνή, *femme*.

P. 163. — *Si les hommes sortis du même sang...* Le fils et le petit-fils d'Hortensius avaient indignement dégénéré. *Voyez* liv. III, ch. v, n. 4; liv. V, ch. ix, n. 2.

P. 167. — *Que Clodius était à Rome, et qu'il était venu chez lui....* Ceci eut lieu dans le procès intenté à Clodius pour s'être introduit dans la maison de César pendant que les femmes y célébraient les mystères de la Bonne-Déesse. « Cicéron, dit Plutarque (*Vie de Cicéron*), porta témoignage contre luy, parce qu'il déposa que le jour mesme il estoit venu en sa maison luy parler de quelques affaires; ce qui estoit véritable. » (*Trad.* d'AMYOT.) Remarquons la légèreté avec laquelle Valère Maxime termine cet article. On dirait presque, à l'entendre, que les juges avaient raison d'absoudre Clodius et de faire soupçonner de parjure le témoignage de Cicéron; tandis que l'on sait que presque tous les juges furent séduits et corrompus par divers moyens plus vils et plus odieux les uns que les autres : et Valère Maxime ne l'ignorait pas, lui qui nous en donne, quelque part, un petit aperçu assez curieux. *Voyez* liv. IX, ch. I, n. 7.

P. 168. — *Et ne voulut pas descendre de cheval.* Nous voyons par ce trait quelle était la fierté de ces patriciens de l'ancienne Rome. Les seigneurs de la féodalité ne l'auraient pas poussée plus loin, et les juges, s'il faut en croire Valère Maxime, furent assez misérables pour condamner le prévenu sur une pareille déposition qui était étrangère à la cause. On descendait de cheval, on se découvrait la tête ; on s'écartait du chemin pour honorer un magistrat : mais il ne paraît pas que le Servilius dont il est ici question fût alors revêtu de quelque fonction publique : autrement il eût été du devoir de l'historien d'en faire mention.

P. 172. — *Il prit la défense de l'Espagne...* — Voyez précédemment, liv. VIII, ch. I, n. 2.

P. 180. — *Lorsqu'il avait à disputer contre Chrysippe.* Les savans remarquant que Chrysippe ayant précédé Carnéade de plus d'un siècle, il n'est guère possible qu'ils aient disputé ensemble.

P. 182. — *Intitulé* PANATHÉNAÏQUE. C'est un éloge de la ville d'Athènes, destiné à être lu aux grandes fêtes de Minerve, appelées *Panathénées*. Il se trouve encore parmi les œuvres qui nous restent d'Isocrate.

P. 183. — *Recueillir les préceptes de Chrysippe.* Selon Diogène-Laërce, Chrysippe était au contraire le disciple de Cléanthe.

P. 193. — *Dans son discours pour Gallius.* Il n'en reste plus que des fragments.

P. 199. — *Cet autre peintre non moins célèbre.* Il se nommait Timanthe.

P. 199. — *Un artiste d'un rare talent.* Ce peintre se nommait Néalcès.

P. 202. — *J'admire encore cet artiste.* Apelle.

P. 203. — *Du prince en qui repose le salut de la patrie.* Il parle de Tibère.

P. 205. — *Jusqu'à ce qu'il eût fatigué les jeunes gens.* Cela est tout simple : il était roi, et il paraissait beaucoup tenir à cette supériorité. Aucun de ses rivaux n'eût été assez mauvais courtisan pour ne pas lui céder la palme.

P. 214. — *Pausanias ne tarda pas à assassiner Philippe.* Justin (liv. IX, ch. VI et VII) donne à cet assassinat un motif plus vraisemblable. « Pausanias, dit-il, dans la fleur de la jeunesse, avait été déshonoré par la violence d'Attale, qui, non content de ce premier outrage, l'avait enivré dans un festin, pour le sacrifier à sa brutalité et à celle de tous les convives. Ce jeune homme, devenu le mépris et la risée de ses compagnons, ne put supporter cette infamie, et s'en plaignit souvent à Philippe; mais, écarté par de vains prétextes, raillé par le roi lui-même, et voyant son ennemi élevé au rang de général, il tourna son ressentiment contre le roi, et assouvit dans le sang d'un juge inique la vengeance qui ne pouvait atteindre son ennemi. » (*Trad. de* MM. PIERROT *et* BOITARD.) On crut aussi que Pausanias avait été poussé à ce meurtre par Olympias, femme de Philippe.

P. 215. — *L'a nommé dans ses livres d'histoire...* Il s'appelait Hérostrate.

P. 216. — *Elles ont été rappelées en grande partie...* (*Voyez* IV, I, 6.) *La déesse amenée de Pessinunte*, c'était Cybèle.

P. 217. — *Quintus Fabius Maximus, fils de son frère.* Paul Émile le Macédonique, avait donné en adoption deux de ses fils : l'un à la famille Cornélia, c'est le Scipion dont il s'agit ici; l'autre à la famille des Fabius, c'était le père de celui que Scipion Émilien vient appuyer de son crédit. (*Voyez* V, X, 2.)

P. 218. — *Une distinction singulière...* La famille des Valérius avait donné Valérius Poplicola, que Valère Maxime considère comme le premier consul, et dont les lois consolidèrent la liberté de Rome.

LIVRE NEUVIÈME

P. 226. — *Mais cette avidité à se plonger*, etc. Le lac Lucrin communique avec la mer ; en retrécissant l'embouchure par ses constructions, Orata causait un grand préjudice aux pêcheurs et aux fermiers publics : c'est pourquoi ceux-ci lui intentèrent un procès.

P. 231. — *Il prostitua Mucia et Fulvia.* Ce fut cette Fulvia qui devint successivement femme de P. Clodius et de Marc-Antoine.

P. 235. — *Aussi l'a-t-on surnommé* Physcon. *Physcon* est un mot grec qui signifie *ventru*.

P. 241. — *Aux travaux d'un dieu.* C'est-à-dire de Jules-César.

P. 245. — *L'inventeur du taureau d'airain.* Ovide nous apprend son nom dans ce distique :

> Et Phalaris Tauro violenti membra Perilli
> Torruit : infelix imbuit auctor opus.
>
> (*Ars. am.* lib. I, v. 653.)

P. 246. — *Ils liaient et serraient étroitement ensemble...* Virgile pour peindre la cruauté de Mézence, tyran d'Étrurie, fait la description de ce supplice, qu'il lui attribue :

> Mortua quin etiam jungebat corpora vivis,
> Componens manibusque manus, atque oribus ora,
> Tormenti genus ; et sanie taboque fluentes
> Complexu in misero longa sic morte necabat.
>
> (*Æneid.* lib. VIII, v. 485.)

P. 249. — *A la préture Cn. Flavius.* Ce fut ce Flavius qui fit connaître au peuple le livre des Fastes (liv. II, ch. V, n. 2).

P. 253. — *Ses quatre fils...* Annibal, Asdrubal, Magon et Hannon.

P. 257. — *Il avait amassé d'immenses richesses*, etc. Les Romains s'en emparèrent (liv. IV, ch. II, n. 14, et liv. IV, ch. III, n. 2).

P. 258. — *Changer leur qualité de citoyen.* Il y avait plusieurs degrés de bourgeoisie. On pouvait avoir la qualité de citoyen romain, sans jouir du droit de suffrage dans les assemblées du peuple. S'élever d'un degré à un autre, c'était *mutare civitatem.* Il paraît que Fulvius Flaccus élargissait fortement la voie pour arriver à la plus haute qualité de citoyen romain.

P. 261. — *Annibal fier du succès*, etc. Les meilleurs historiens, savoir, Polybe, Tite-Live, Plutarque, ne font pas mention de cette arrogance d'Annibal. Dans Tite-Live, il répond avec bienveillance à Maharbal.

P. 265. — *Il les fit tous étouffer....* Tite-Live ne reproche point cette cruauté à Annibal. Les habitants eurent la liberté de sortir avec un vêtement, et ils n'éprouvèrent point d'autre mal.

P. 276. — *La passion de la vengeance est violente, mais légitime.* Cette maxime est contraire et à la morale chrétienne, et même à toute bonne police, qui veut que la loi seule ait le droit de punir le crime.

P. 277. — *Béronice. Bérénice* (ou Béronice), fille de Ptolémée Philadelphe, fut répudiée, après la mort de son père, par Antiochus Déus, roi de Syrie, qui avait repris Laodice, sa première femme. Elle périt ainsi que son fils, par les embûches de sa rivale. Celle-ci était fille d'Antiochus Soter et sœur d'Antiochus Déus, qui l'avait d'abord épousée, la répudia par politique, la reprit ensuite, et fut empoisonné par elle.

P. 280. — *En lui imposant le surnom du crime.* Cette rue fut appelée depuis *Sceleratus vicus*; auparavant on la nommait *Orbius*, à cause de ses détours.

P. 284. — *D'un seul parricide.* Valère Maxime parle dans cet article de la conjuration de Séjan, favori de Tibère. Il ne manque pas, selon sa coutume, de flatter cet empereur. C'est même sa flatterie qui lui a fait mettre cet exemple après tous les traits de cruauté fournis par les étrangers, par les nations barbares.

P. 285. — *Des trois cents guerriers d'une illustre famille.* Les Fabius, au nombre de trois cent six, s'étaient chargés seuls de la guerre contre Véies ; ils tombèrent dans une embuscade et furent tous tués près de la rivière de Crémère. (Tite-Live, liv. II, ch. XLIX et L.)

P. 290. — *Il monte au Ménianum.* Le Ménianum, ainsi nommé de Ménius, à qui avait appartenu le local où se tenaient les audiences, étaient une sorte de balcon qu'il s'était, dit-on, réservé en vendant sa maison. Le fils de ce Licinius Macer fut un célèbre orateur que l'on comparait à Cicéron même pour l'éloquence.

P. 292. — *Pour n'avoir pu résoudre une énigme....* La voici : Ἄσσ' ἔλομεν, λιπόμεσθα ἃ δ' οὐχ ἔλομεν, φερόμεσθα. « Ce que nous avons pris, nous l'avons laissé, et ce que nous n'avons pas pris, nous l'avons emporté. » (*Vie d'Homère*, attribuée à Hérodote, ch. XXXV.) Le lecteur qui ne trouverait pas le mot de l'énigme, le verra à l'endroit cité. Je ne saurais le dire assez noblement en français. Au reste, l'auteur de cet écrit dit qu'Homère mourut, non de chagrin, pour n'avoir pas pu deviner l'énigme, mais de maladie.

P. 305. — *Toutes les communautés.* On entend par *collegia* les réunions d'hommes d'une même fonction, comme les augures, les pontifes, etc.

FIN DES NOTES DU SECOND VOLUME

TABLE ALPHABÉTIQUE

DES

NOMS PROPRES CITÉS PAR VALÈRE MAXIME

N. B. Le chiffre romain désigne le livre. Des deux nombres arabes, le premier indique le chapitre, et le second, le numéro du chapitre.

A

Accius, III, 7, 11; VIII, 14, 2.
Accua, ville des Péligniens, III, 2, 20.
Acerra, ville de Campanie, IX, 6, étr. 2.
Achaïe, contrée du Péloponnèse, I, 8, 10; IV, 3, 2; VII, 5, 4.
Achille, VIII, 8, étr. 2.
C. Acilius, brave soldat, III, 2, 22. — M. Acilius Aviola, I, 8, 12. — M. Acilius Glabrion, II, 5, 1.
Acron, III, 2, 3.
Actium, ville et promontoire d'Acarnanie; aujourd'hui *Azio*, I, 7, 7.
Admète, IV, 6, 1.
Æas, rivière, I, 5, étr. 2.
Æglès, athlète, I, 8, étr. 4.
Afrania, VII, 8, 2. — C. Afrania, VIII, 3, 2.
Agamemnon, IV, 7; VIII, 11, étr. 6.
Agathocle, VII, 4, étr. 1
Agésilas, VII, 2, étr. 15

Aglaus de Psophis, VII, 1, 2.
Agrigente, ville de Sicile; aujourd'hui *Girgenti*, III, 3, étr. 2; IV, 8, étr. 2.
Agrippa Ménénius, IV, 4, 2. — (M. Vipsanius), gendre d'Auguste, IV, 7, 7.
M. Agrius, VIII, 4, 1.
Ahala (C. Servilius), V, 3, 2.
Albe la Longue, ville du Latium, fondée par Ascagne, I, 8, 7; V, 1, 1; IX, 6, 3.
Albinus (Spurius), II, 7, 2.
Alcée, IV, 1, étr. 6.
Alcamène, statuaire, VIII, 11, étr. 3.
Alcestis, poëte tragique, III, 7, étr. 1.
Alcibiade, I, 7, étr. 9; III, 1, étr. 1; VI, 9, étr. 4; VIII, 8, étr. 1.
Alexandre le Grand, I, 1, étr. 5; I, 7, étr. 2; I, 8, étr. 10; III, 3, étr. 1 et 4; IV, 3, étr. 3 et 4; V, 1, étr. 1; VI, 4, étr 3; VII, 2, étr. 11; VIII, 14, étr. 2; IX, 3, étr. 1; IX, 5, étr. 1.

— Alexandre, esclave de C. Fannius, VIII, 4, 1 et 2. — Alexandre, tyran de Phères, IX, 13, étr. 3. — Alexandre (Cornélius), Phrygien, affranchi de C. Lentulus; VIII, 13, étr. 7.

Alexandrie, ville d'Égypte, VI, 6, 1.

Allia, rivière d'Italie, près de laquelle les Romains furent vaincus par les Gaulois, IX, 11, 4.

Allobroges, peuple de la Gaule Narbonnaise, dont la capitale était *Geneva*, aujourd'hui *Genève*, IX, 6, 3.

L. Alvanius, I, 1, 10.

Amilcar, général carthaginois, I, 7, étr. 8. — Autre Amilcar, père d'Annibal, VI, 6, 2; IX, 3, étr. 2.

Amphinomus et Anapus, V, 4, étr. 4.

Anacharsis, VII, 2, étr. 14.

Anacréon, IX, 12, étr. 8.

Anaxagore, V, 10, étr. 3; VII, 2, étr. 12.

Anaxarque, III, 3, étr. 4; VIII, 14, étr. 2.

Anaximène, VII, 3, étr. 4.

Ancus Marcius, quatrième roi de Rome, IV, 3, 4.

Anio, rivière d'Italie; aujourd'hui *Teverone*, VIII, 9, 1; IX, 2, 1.

M. Annéius Garséolanus, VII, 7, 2.

Annibal, l'Ancien, VII, 3, étr. 7. — Annibal, fils d'Amilcar, I, 6, 6; I, 7, étr. 1; VI, 6, étr. 1; VII, 6, 2; VII, 3, étr. 8; VII, 4, 4; VII, 4, étr. 2; IX, 1, étr. 1; IX, 2, étr. 2; IX, 3, étr. 3; IX, 5, étr. 3; IX, 6, étr. 2; IX, 8, étr. 1.

Annius, Campanien, VI, 4, 1. — P. Annius, IX, 2, 2.

Antigénidas, Thébain, III, 7, étr. 2.

Antigonus, roi de Macédoine, V, 1, étr. 4.

Antioche, capitale de la Syrie; aujourd'hui *Antakia*, I, 6, 12.

Antiochus le Grand, roi de Syrie, II, 5, 1; II, 10, 2; IV, 1, étr. 9; V, 3, 2; VIII, 1, damn. 1; IX, 1, étr. 4. — Antiochus Soter, V, 7, étr. 1. — Épiphane, VI, 4, 3. — Antiochus Déus, IX, 14, étr. 1.

Antipater, roi de Macédoine, I, 7, étr. 2. — Antipater, de Sidon, poète, I, 8, étr. 16.

Q. Antistius Vétus, VI, 3, 11.

Antium, ville des Volsques; aujourd'hui *Anzo*, I, 6, 5; I, 8, 2.

Antius Restion, VI, 8, 7.

C. Antonius, collègue de Cicéron, II, 4, 6; II, 8, 7. — L. Antonius, II, 9, 2. — M. Antonius, célèbre orateur, II, 9, 5; III, 7, 9; VIII, 9, 2; IX, 2, 2; VI, 8, 1; VII, 3, 5. — M. Antonius, triumvir, ordinairement appelé Marc-Antoine, I, 1, 19; I, 4, 6; I, 5, 7; III, 8, 8; IV, 7, 4; V, 1, 11; IX, 13, 3; IX, 15, étr. 2.

P. Antronius, VIII, 9, 2.

Apelle, célèbre peintre, VIII, 11, étr. 2.

Apollonie, ville d'Illyrie; aujourd'hui *Polino*, I, 5, étr. 2; IX, 8, 2. — Ville d'Ionie, VI, 6, 5.

Appius Claudius Cécus, trisaïeul de Clodius, 1, 7; VIII, 13, 5. — Appius Clodius Crassinus, décemvir, VI, 1, 2. — Appius Claudius Régillensis, IX, 3, 5.

Apronius (Cn.), VI, 6, 5.

Apulie, province d'Italie; aujourd'hui *Puglia*, IV, 8, 2.

Aquilonie, ville d'Italie; aujourd'hui *Cedonga*, VII, 2, 5.

Archélaüs, roi de Macédoine, IX, 12, étr. 4. — Autre Archélaüs, créé roi par les Égyptiens à la place de Ptolémée Aulète, IX, 1, étr. 6.

Ardée, ville du Latium, IV, 1, 2.

Archiloque, VI, 3, étr. 1.

Archimède, VIII, 7, étr. 7.

Archytas de Tarente, philosophe pythagoricien, IV, 1, étr. 1; VIII, 7, étr. 3.
Arganthonius, VIII, 13, étr. 4.
Arginuses, îles de la mer Égée, près de Lesbos; aujourd'hui *Arginusi*, I, 1, étr. 8; III, 8, étr. 3.
Aricie, ville du Latium, VIII, 2, 4.
Aristide, V, 3, étr. 3; VI, 5. étr. 2.
Aristippe, philosophe, disciple de Socrate, IV, 3, étr. 4.
Aristonicus, fils naturel du roi Eumène, III, 2, 12; III, 4, 5; VIII, 7, 6.
Aristophane, poëte comique d'Athènes, VII, 2, étr. 7.
Aristote, V, 6, étr. 5; VII, 2, étr. 11; VIII, 14, étr. 3.
Arpinum, ville du Latium, patrie de Marius et de Cicéron; aujourd'hui *Arpino*, II, 2, 3; VI, 9, 14.
Artémise, reine de Carie, IV, 6, étr. 1.
Artémisium, promontoire de l'île d'Eubée, V, 3, étr. 3; VIII, 14, étr. 1.
Arverniens, peuple de la Gaule; aujourd'hui *Auvergnats*, IX, 6, 3.
Asculum, ville d'Italie; aujourd'hui *Ascoli*, VI, 9, 9.
Asdrubal, au temps de la première guerre punique, I, 1, 14. — Autre Asdrubal, gendre d'Amilcar, III, 3, étr. 7. — Asdrubal, frère du grand Annibal, III, 7, 4; IV, 1, 9; VII, 4, 4; VIII, 15, 11; IX, 3, 1. — Asdrubal, au temps du premier Scipion l'Africain, VI, 9, étr. 7. — Asdrubal, contemporain du second Africain, 2, étr. 8.
Astyage, roi des Mèdes, I, 7, étr. 5.
Atérius Rufus, I, 7, 8.
Athènes, célèbre ville de la Grèce; aujourd'hui *Setines*, I, 6, étr. 1; II, 1, 10; V, 3, étr. 3.
Athos, montagne de Macédoine; aujourd'hui *Monte Santo*, I, 6, étr. 1.
C. Atilius, III, 2, 7. — C. Atilius Serranus, II, 4, 3. — A. Atilius Calatinus, gendre de Q. Fabius Maximus, II, 8, 2; VIII, 1, 9. — P. Atilius Philiscus, VI, 1, 6. — M. Atilius Régulus, I, 1, 14; I, 8, étr. 19; IV, 4, 6; IX, 2, étr. 1; IX, 6, étr. 1. — M. Atilius Régulus, fils du précédent, II, 9, 8.
Atina, ville du Latium; aujourd'hui *Ateno*, I, 7, 5.
Atratinus (C. Sempronius), III, 2, 8; VI, 5, 2.
Attale, roi de Pergame, I, 8, étr. 8; IV, 8, 4; V, 2, étr. 3; aïeul d'Attale qui légua l'Asie aux Romains. L'auteur confond les deux personnages, V, 2, étr. 3.
Attégua, ville d'Espagne; aujourd'hui *Tegua* ou *Teva*, IX, 2, 4.
Atys, I, 7, étr. 4.
T. Aufidius, VI, 9, 7.
A. Aufilius, jurisconsulte du temps de Cicéron, VIII, 13, 6.
Auguste, I, 7, 1 et 2; III, 8, 8; VII, 6, 6; VII, 7, 3; VII, 8, 6.
P. Aurélius Pécuniola, II, 7, 4.

B

Babylone, IX, 3, étr. 4.
Badia, ville forte d'Espagne, III, 7, 1.
Badius et Crispinus, V, 1, 3.
Bagrada, rivière d'Afrique; aujourd'hui *Megreda*, I, 8, étr. 19.

Balbus (Cornélius), VII, 8, 7. — Balbus (Octavius), V, 7, 3.
M. Bébius Tamphilus, I, 1, 12; II, 5, 1.
Bénévent, ville du Samnium, V, 6, 8.
Béronice, IX, 10, étr. 1.
Bias, de Priène, l'un des sept sages, IV, 1, étr. 7; VII, 2, étr. 3; VII, 3, étr. 3.
Bituitus, roi des Arverniens, IX, 6, 3.
Blassius, de Salapia, III, 8, étr. 1.
C. Blosius, de Cume, IV, 7, 1.
Bruttium, pays d'Italie; aujourd'hui Calabre, V, 1, étr. 6.

D. Brutus, II, 4, 7. — D. Brutus Callaicus, consul en 615; VI, 4, étr. 1; VIII, 14, 2. — L. Junius Brutus, premier consul, IV, 4, 1; V, 8, 1; VII, 3, 2. — D. Brutus, l'un des assassins de César, IV, 7, 6; IX, 13, 3. — M. Brutus, l'un des meurtriers de César, gendre de Caton d'Utique, I, 4, 6; I, 5, 7; III, 2, 15; IV, 6, 5; VI, 4, 5; IX, 9, 2.
Bubulcus Brutus (C. Junius), censeur en 446, dictateur en 451; II, 9, 2; VIII, 14, 6.
Busa, femme très-riche, IV, 8, 2.

C.

Caieta, Gaëte, ville du Latium, I, 4, 5; VIII, 8, 1.
Calagurris, ville de l'Espagne Tarragonaise; aujourd'hui Calahorra, VII, 6, étr. 3.
Calès, ville de Campanie; aujourd'hui Calvi. I, 8, étr. 18; III, 2, étr. 1; III, 8, 1.
Calanus, Indien, I, 8, étr. 10.
Calidius, de Bologne, VIII, 1, 12. — M. Calidius, orateur, VIII, 10, 3. — Q. Calidius, V, 2, 7.
Callipus, Syracusain, III, 8, étr. 5.
Callisthène, philosophe, disciple d'Aristote, VII, 2, étr. 11; IX, 3, étr. 1.
Calpurnie, femme de César, I, 7, 2. — A. Calpurnius Salvianus, IX, 4. 12. — L. Calpurnius, triumvir capital, VIII, 4, 2. — P. Calpurnius Lanarius, VIII, 2, 1.
Cambyse, VI, 3, étr. 3.
Camérinum, ville située entre le Picénum et l'Ombrie : ses habitants se nomment Camérini ou Camertes, V, 2, 8; VI, 5, 1.
Camille (M. Furius Camillus), I, 8, 3; IV, 1, 2; V, 3, 2; VI, 5, 1.
Cannes, village de l'Apulie, I, 1, 16; II, 7, 15; V, 1, étr. 6; VII, 4, étr. 2; IX, 5, étr. 3.
Canuse, ville de l'Apulie; aujourd'hui Canosa, IV, 8, 2.
Capoue, capitale de la Campanie, II, 8, 4; III, 2, 20; V, 1, 1; VI, 4, 1; IX, 5, étr. 4.
Cappadoce, royaume d'Asie, V, 7, étr. 2; IX, 15, étr. 2.
C. Carbon, VI, 5, 6. — C. Carbon, fils du précédent, III, 7, 6. — Carbon Arvina, IX, 2, 3. — Cn. Carbon, trois fois consul, V, 3, 5; VI, 2, 8; VII, 6, 4; IX, 13, 2. — Cn. Carbon, fils du précédent, V, 4, 4.
Carie, province de l'Asie Mineure, IV, 6, étr. 1.

Carnéade, de Cyrène, philosophe académicien, VIII, 7, étr. 5.
Carres, ville de la Mésopotamie, I, 6, 11.
Carthage, ville d'Afrique, I, 1, 14; III, 2, étr. 8; IV, 3, 1; V, 6, étr. 4; VII, 2, 3; IX, 12, 3. — Carthage la Nouvelle, ou Carthagène, ville d'Espagne, IV, 3, 1; IX, 11, étr. 1.
Carvilius (Sp.), II, 1, 4.
Caryste, ville de l'île d'Eubée, I, 8, 10.
A. Cascellius, jurisconsulte, VI, 2, 12; VIII, 12, 1.
Casilinum, ville de la Campanie, VII, 6, 2.
Cassandre, I, 7, étr. 2.
Cassius, de Parme, l'un des meurtriers de César, I, 7, 7. — C. Cassius, autre meurtrier de César, I, 5, 8; I, 8, 8; III, 1, 3; IV, 7, 4; VI, 8, 4; IX, 9, 2. — L. Cassius Longinus, préteur très-sévère, III, 7, 9; VIII, 1, damn. 7. — Q. Cassius Longinus, IX, 4, 2. — Sp. Cassius Viscellinus, V, 8, 2; VI, 3, 1 et 2. — Cassius, père du précédent, V, 8, 2.
Castor et Pollux, I, 8, 1; , 5, 3.
M. Catricius, VI, 2, 10.
L. Catilina, II, 8, 7; V, 8, 5; IX, 1, 9; IX, 11, 3.
Caton (M. Porcius), censeur, ou Caton l'Ancien, II, 9, 3; III, 2, 16; III, 4, 6; III, 7, 7; IV, 5, 1; IV, 3, 11; VIII, 15, 2; VIII, 1, 2; VIII, 7, 1. — Caton (M. Porcius), petit-fils du précédent, V, 10, 3. — Autre Caton, aussi petit-fils du Censeur et père de Caton d'Utique, VIII, 2, 1. — Caton d'Utique, arrière-petit-fils du Censeur, II, 8, 1; II, 10, 7; II, 10, 8; III, 1, 2; III, 6, 7; V, 1, 10; VIII, 7, 2; VIII, 15, 10.
Q. Catulus, II, 4, 6. — Q. Catulus, collègue de Marius, V, 8, 4; VI, 3, 1; IX, 12, 4. — Q. Catulus, fils du précédent, II, 8, 7; VI, 9, 5; VIII, 15, 9.
Q. Cécilius, VII, 8, 5.
Célius, historien du temps des Gracques, I, 7, 6. — M. Célius Rufus, IV, 2, 7. — P. Célius, IV, 7, 5.
Celtibérie, pays de l'Espagne Tarragonaise, VII, 4, 5.
Cépion (Cn. et Q. Servilius), VIII, 5, 1. — Q. Servilius Cépion, consul en 613; IX, 6, 4. — Q. Servilius Cépion, consul en 647, battu par les Cimbres et les Teutons; IV, 7. 3; VI, 9, 13.
Céré, ville d'Étrurie; aujourd'hui *Cere veteri*, I, 1, 10.
C. Césétius, V, 7, 2. — Césétius Rufus, IX, 5, 4.
M. Césius Scéva, centurion de César, III, 2, 23.
Céson, fils de Cincinnatus, IV, 4, 7.
Censorinus (L. Marcius), VI, 9, 10.
Centobrica, ville de Celtibérie, V, 1, 5.
Céos, petite île de la mer Égée, II, 6, 8.
Céphalénie, île de la mer Ionienne; aujourd'hui *Cefalogna*, I, 8, étr. 18.
César (C. Julius César), le dictateur, I, 5, 6; I. 6, 12 et 13; III, 2, 23; IV, 5, 5 et 6; VI, 9, 15; VIII, 3, 2; IX, 2, 4; IX, 9, 1; IX, 8, 2; IX, 11, 4. — Julius César, l'orateur, V, 3, 3.
Céthégus (M. Cornélius), I, 1, 4. — P. Céthégus, IX, 2, 11.
Chalcis, ville d'Eubée, sur l'Euripe, I, 8, 10.
Charondas, législateur de Thurium, VI, 5, étr. 4.
Chrysippe, philosophe stoïcien, VIII, 7, étr. 5; VIII, 7 étr. 10.
Cicéron (M. Tullius), I, 4, 5; IV, 2, 4; IX, 12, 7; IX, 11, 3; VIII, 10, 3.

19.

Cimbres, peuple de Germanie; aujourd'hui *Jutland*, IV, 7, 3; VIII, 15, 7.
Cimon, fils de Miltiade; V, 3, étr. 3; V, 4, étr. 2; VI, 9, étr. 3. — Autre Cimon, personnage inconnu, V, 4, étr. 1.
Cincinnatus (L. Quinctius), dictateur en 295, II, 7, 7; IV, 1, 4; IV, 4, 7.
Cinéas, Thessalien, sectateur d'Épicure, IV, 3, 6.
Cinna (L. Cornélius), ennemi de Sylla, I, 6, 10; II, 8, 7; VI, 9, 6. — Autre Cinna, parent de Jules César; IX, 9, 1.
Clastidium, bourg de la Gaule Cisalpine; aujourd'hui *Schiatezzo*, I, 1, 8.
Claudius (Appius), surnommé *Caudex*, consul en 489; II, 4, 7. — C. Claudius, I, 1, 4. — C. Claudius *Pulcher*, VI, 9, 3. — Autre Claudius Pulcher, oncle paternel de Claudius, II, 4, 6. — M. Claudius, VI, 6, 3. — M. Claudius, dictateur en 504; VI, 3, 3. — P. Claudius, I, 4, 3; VIII, 1, 4.
Cléanthe, philosophe, VIII, 7, étr. 11.
Cléobis et Biton, V, 4, étr. 4.
P. Clodius, surnommé *Pulcher*; ennemi de Cicéron; III, 5, 3; IV, 2, 5; VIII, 1, 6; VIII, 5, 5; IX, 1, 7.
Clélie, III, 2, 2.
Clélius, frères, VIII, 1, 13. — P. Clélius Siculus, I, 1, 4.
Clytus, IX, 3, étr. 1.
Cnose, ville de Crète, VIII, 13, étr. 5.
Codrus, dernier roi d'Athènes, V, 6, étr. 1.
Coma, IX, 12, étr. 1.
Cominius, VI, 1, 11.
Considius, publicain, IX, 1, 1. — Q. Considius, IV, 8, 3.
Contrebie, ville de l'Espagne Tarragonaise, II, 7, 10; VII, 4, 5.

Corinthe, ville de la Grèce, dans l'isthme qui porte son nom, III, 4, 2; VI, 9, étr. 6.
Coriolanus, I, 8, 4; V, 3, 2; V, 4, 1.
Cornélie, fille du premier Scipion l'Africain, et mère des Gracques, IV, 2, 3; IV, 4, préamb.; VI, 7, 1. — Autre Cornélie, IV, 2, 7.
L. Cornélius Scipion, aïeul du premier Scipion l'Africain, V, 1, 2.
Cornélius, centurion, VI, 1, 10. — Cornélius Cossus, III, 2, 4. — C. Cornélius, VIII, 5, 4. — Cornélius Gallus, IX, 12, 8. — C. Cornélius Hispallus, I, 3, 2. — Cornélius Rufinus, II, 9, 4.
Corse, I, 1, 3; IX, 12, 3.
Q. Cotius, III, 2, 21.
Cotta (C. Aurélius), II, 7, 4. — L. Aurélius Cotta, VI, 4, 2. — C. Cornélius Cotta, VIII, 9, 3. — L. Cotta, VI, 5, 4; VIII, 1, 11. — M. Cotta, V, 4, 4.
Cotys, roi de Thrace, III, 7, étr. 7.
Cranon, ville de Thessalie, I, 8, étr. 7.
Crassus (L. Licinius), célèbre orateur, IV, 5, 4; VI, 2, 2; VIII, 8, 1; IX, 1, 1; IX, 1, 4. — M. Crassus, vaincu par les Parthes, I, 6, 11; VI, 9, 9; IX, 4, 1. — P. Crassus, II, 2, 1. — Autre Crassus, surnommé le *Riche*, VI, 9, 12. — P. Crassus Mucianus, III, 2, 12; VIII, 7, 6.
Crésus, roi de Lydie, I, 7, étr. 4; V, 4, étr. 6.
Crète, île de la Méditerranée, aujourd'hui *Candie*, I, 8, étr. 18.
Crispinus (T. Quintius), V, 1, 3.
Critias, l'un des trente tyrans d'Athènes, III, 2, étr. 6.
Crotone, ville du Bruttium, I, 8, étr. 18; IX, 12, étr. 9.
Curion, père et fils, IX, 1, 6.

M. Curius Dentatus, IV, 3, 5; VI, 3, 4.
Curtius, V, 6, 2.
Cyclades, îles de la mer Égée, IV, 3, 2.
Cydnus, fleuve de Cilicie, aujourd'hui *Carasu*, III, 8, étr. 6.
Cyme, ville d'Éolie, IX, 14, étr. 2.
Cynégire, III, 2, 22.
Cyrène, ville d'Afrique; aujourd'hui *Cayron*, V, 6, étr. 4; VI, 2, étr. 3.
Cyrus, l'Ancien, roi de Perse, I, 7, étr. 5; V, 4, étr. 6; VIII, 7, étr. 16; IX, 10, étr. 1.

D

Damastès, historien, VIII, 13, étr. 6.
Damon et Phintias, pythagoriciens, IV, 7, étr. 1.
Daphidas, sophiste, I, 8, étr. 8.
Darius Codoman, dernier roi de Perse, III, 3, étr. 1; III, 8, étr. 6; IV, 3, étr. 4. — Darius, fils d'Hystaspe, roi de Perse, III, 2, étr. 2; V, 2, étr. 1; VI, 3, étr. 2; VII, 3, étr. 2.
Dasius, III, 8, étr. 1.
P. Décius, I, 7, 3; V, 6, 5. — Autre Décius, fils du précédent, II, 2, 9; V, 6, 6.
Déjotarus, roi de Galatie, I, 4, étr. 2.
Delphes, ville de la Phocide; aujourd'hui *Castri*, I, 1, 18; I, 1, étr. 4.
Démade, orateur athénien, VII, 2, étr. 13.
Démocrite, philosophe, VIII, 7, étr. 4; VIII, 14, étr. 2.
Démosthène, III, 4, étr. 2; VII, 3, étr. 5; VIII, 7, étr. 1; VIII, 10, étr.
Denys, le Jeune, IV, 1, étr. 3; VI, 2, étr. 2; VI, 9, étr. 6. — Denys l'An-
cien, père du précédent, I, 1, étr. 3; I, 7, étr. 6 et 7; IV, 3, étr. 4; IV, 7, étr. 1; IX, 13, étr. 4.
Diane d'Éphèse, VIII, 14, étr. 5.
Diogène, philosophe cynique, IV, 3, étr. 4.
Dion, III, 8, étr. 5; IV, 1, étr. 3.
Diphilus, acteur tragique, VI, 2, 9.
Dodone, ville d'Épire, VIII, 15, étr. 3.
Dolabella (Cn. Cornélius), VIII, 9, 3. — P. Dolabella, VIII, 1, amb. 2.
Cn. Domitius Ahénobarbus, VI, 2, 8. — Autre Cn. Domitius, I, 6, 5; II, 9, 9; IX, 6, 3. — Cn. Domitius, fils du précédent, VI, 5, 5; IX, 1, 4. — Cn. Domitius Calvinus, VIII, 11, 2. — L. Domitius, VI, 3, 5.
Dripétine, I, 8, étr. 13.
M. Drusus, oncle de Caton d'Utique, III, 1, 2; IX, 5, 2. — Drusus Germanicus, IV, 3, 3; V, 5, 3.
C. Duilius, III, 6, 4; VII, 5, étr. 7.
Duronius, II, 9, 5.
Dyrrachium, ville d'Illyrie; aujourd'hui *Durazzo*, I, 6, 12.

E

Ébucia, VII, 8, 2.
Égérie, I, 2, 1.
Égine, île de la mer Égée, aujourd'hui *Engia*, IX, 2, étr. 8.

Égnatius Métellus, VI, 3, 9.
Élée, ville d'Éolide; aujourd'hui *Ialea*, III, 2, 12. — Élée, ville de Lucanie, III, 3, étr. 2.
Élius (les), IV, 4, 8. — L. Élius Tubéron, V, 6, 4. — Q. Élius Tubéron, surnommé Catus, IV, 3, 7. — Q. Élius Tubéron, gendre de Paul-Émile, IV, 4, 9. — Q. Élius Tubéron, petit-fils de Paul-Émile, VII, 5, 1.
Émathie ou Thessalie, IX, 11, étr. 4.
Émilia, vestale, I, 1, 7. — Émilia, femme du premier Africain, VI, 7, 1.
Q. Émilius Papus, IV, 4, 3. — L. Émilius Paulus, père de Paul-Émile, I, 3, 3; III, 4, 4. — M. Émilius Porcina, VIII, 1, cond. 7.
Énée, I, 8, 7.
Enna, ville de Sicile, I, 1, 1; IX, 12, étr. 1.
Ennius, VIII, 14, 1.
Épaminondas, III, 2, étr. 5; III, 7, étr. 5.
Éphèse, ville d'Ionie, VIII, 14, étr. 5.
Éphialtès, III, 8, étr. 4.

Épicure, I, 8, étr. 17.
Épidamne, même ville que Dyrrachium, I, 5, étr. 2.
Épidaure, ville du Péloponnèse; aujourd'hui *Pidaura*, I, 1, étr. 3; I, 8, 2.
Épiménide, VIII, 12, étr. 5.
Éques, peuple du Latium, V, 2, 2.
Équitius, III, 2, 18; III, 8, 6; IX, 7, 1; IX, 15, 1.
Eschine, VIII, 10, étr. 1.
Eschyle, IX, 12, étr. 2.
Ésopus, acteur tragique, VIII, 10, 2.
Éthiopiens, VIII, 13, étr. 5.
Etna, montagne de Sicile, V, 4, étr. 4.
Étolie, partie de la Grèce, VIII, 13, étr. 6.
Étrurie; aujourd'hui *Toscane*, I, 1, 1; II, 4, 4; IV, 5, étr. 1; V, 5, 2; etc.
Eucléus, VIII, 15, étr. 4.
Eumène, roi d'Asie, II, 2, 1.
Euphranor, peintre, VIII, 11, étr. 5.
Euporus, VI, 8, 3.
Euripide, III, 4, étr. 2; III, 7, étr. 1; IX, 12, étr. 4.

F

C. Fabius Dorso, I, 1, 11. — C. Fabius Pictor, VIII, 14, 6. — M. Fabius Vibulanus, V, 5, 2; IX, 3, 5. — Numérius Fabius Pictor, IV, 3, 9. — Q. Fabius Maximus Émilianus, II, 2, 1; II, 7, 11. — Q. Fabius Maximus Allobrogique, fils du précédent; III, 5, 2; VII, 5, 1; VIII, 15, 4; IX, 6, 3. — Q. Fabius Maximus Cunctator ou Verrucosus, I, 1, 5; III, 8, 2; IV, 8, 1; V, 2, 4; VII, 3, 7; VII, 3, étr. 8; VIII, 13, 3, IX, 3, 1. — Q. Fabius Maximus Gurgès, père du précédent, IV, 3, 9; V, 7, 1. — Q. Fabius Maximus Rullianus, père de Gurgès, II, 2, 4; IV, 1, 5; V, 7, 1. — Q. Fabius Vibulanus, fils de Marcus, V, 5, 2. — Q. Fabius Labéon, petit-fils de Cunctator, VII, 3, 4.
C. Fabricius Luscinus, I, 8, 6; II, 9, 4; IV, 3, 6; IV, 4, 3; IV, 4, 10; VI, 5, 1.
Falérie, ville d'Étrurie; aujourd'hui *Falari*, VI, 5, 1.
Fannia, I, 5, 5; VIII, 2, 3.
Favonius, VI, 2, 7; II, 10, 8.

DES NOMS PROPRES

Faustulus, II, 2, 9.
Fidènes, ville des Sabins, VII, 4, 1.
C Figulus, I, 1, 3. — C. Figulus, fils du précédent, IX, 3, 2.
C. Fimbria, IX, 11, 2. — Licinius Fimbria, VII, 2, 4.
Firmum, ville du Picénum, IX, 15, 1.
M. Flaccus, VI, 3, 1. — L. Flaccus, IV, 5, 1.
Flamininus (T. Quinctius), II, 9, 3; IV, 5, 1; IV, 8, 5; V, 2, 6; — L. Flamininus, frère du précédent, II, 9, 3; IV, 5, 1.
C. Flaminius, I, 1, 5; I, 6, 6; V, 4, 5. — C. Flaminius Népos, VI, 6, 3.
C. Flavius, VIII, 5, 2. — Autre C. Flavius, VIII, 4, 2. — Cn. Flavius, II, 5, 2. — M. Flavius, IX, 10, 1. — Q. Flavius Augur, VIII, 4, 7.

Formie, ville du Latium, aujourd'hui *Mola*, VI, 2, 8.
Fulvie, IX, 1, 8.
A Fulvius, V, 8, 5. — Autre Fulvius, V, 9, 3. — M. Fulvius, II, 7, 15; II, 4, 7. — Cn. Fulvius Flaccus, II, 7, 5. — Autre Cn. Fulvius Flaccus, 2, 8, 3. — M. Fulvius Flaccus, IX, 5, 1. — Fulvius Flaccus Nobilior, IV, 2, 1. — Q. Fulvius Flaccus, II, 3, 3; II, 8, 4; III, 2, étr. 1; III, 8, 1; V, 2. 1.
Furius, IV, 7, 6; IX, 13, 3. — Furius, jurisconsulte, VIII, 12. — Cn. Furius Brocchus, VI, 1, 13. — L. Furius Bibaculus, I, 1, 9. — P. Furius, VIII, 1, damn. 2. — P. Furius Philus, II, 9, 8. — Autre P. Furius Philus, III, 7, 5.

G

Gabie, ville du Latium, VII, 4, 2.
A. Gabinius, IV, 2, 4; IX, 1, étr. 6.
Galba (Servius), VI, 2, 11; IX, 6, 2. — Servius Sulpicius Galba, VIII, 1, 2; VIII, 7, 1. Voyez au mot *Sulpicius*.
C. Gallius, VI, 1, 13. — Q. Gallius, VIII, 10, 3.
Gallogrecs, peuple de la Galatie, province d'Asie, VI, 1, étr. 2.
Gallus, VIII, 1, 2. Le même que C. Sulpicius Gallus. Voy. *Sulpicius*.
Gaurus, IX, 2, étr. 3.
Géla, ville de Sicile, IV, 8, étr. 2.
L. Gellius, V, 9, 1.
Gélon, roi de Syracuse, III, 2, étr. 9.
Gémellus, IX, 1, 8.
Gentius, roi d'Illyrie, III, 3, 2.

Génucius, VII, 7, 6. — M. Génucius Cipus, V, 6, 3.
C. Géta, II, 9, 9.
Gillias, IV, 8, étr. 2.
Glabrion (M. Acilius), II, 5, 1.
G. Glaucia, III, 2, 8.
Gorgias, d'Épire, personnage inconnu, I, 8, étr. 5. — Gorgias, de Léontium, rhéteur, VIII, 13, étr. 2; VIII, 15, étr. 2.
C. Gracchus, frère de Tibérius, IV, 7, 2; V, 3, 2; VI, 3, 1; VI, 8, 3; VIII, 10, 1; IX, 4, 3; IX, 5, étr. 4; IX, 12, 6. — Tib. Gracchus, frère du précédent, I, 4, 2; III, 2, 17; III, 7, 7; III, 8, 6; IV, 7, 1; VI, 2, 3. — Tib. Sempronius Gracchus, père des deux précédents, I, 1, 3;

IV, 1, 8; IV, 2, 5; IV, 6, 1; VI, 5, 3; IX, 7, 1; IX, 12, 3; IX, 15, 1. — Tib. Sempronius Gracchus, aïeul du précédent, I, 6, 8; V, 6, 8; V, 1, étr. 6; VII, 6, 1.

Granius, IX, 3, 8.
Gryllus, V, 10, étr. 2.
Gygès, roi de Lydie, VII, 1, 2.
Gythée, ville et port de Laconie; auj. *Kolo-Kytia*, VI, 5, étr. 2.

H

Hammon, surnom de Jupiter, dans la Cyrénaïque; VIII, 15; étr. 3.
Hannon, général carthaginois au temps de la première guerre punique, V, 1, 2; VI, 6, 2. — Autre Hannon, du temps de la seconde guerre punique, VII, 2, étr. 16.
Harmodius, II, 10, étr. 1.
Harmonia, III, 2, étr. 9.
T. Hatérius, IX, 12, 8.
Hégésias, philosophe de Cyrène, VIII, 9, étr. 3.
Hellanicus, historien grec, plus ancien qu'Hérodote, VIII, 13, étr. 6.
C. Helvius Cinna, IX, 9, 1. — Helvius Mancia, VI, 2, 8.
Héphestion, IV, 7, étr. 2.
Hercule, I, 1, 17. — Port d'Hercule, surnommé *Monœcus*, bourg de Ligurie; aujourd'hui *Monaco*, I, 6, 7.
Hérennius, IX, 12, 6.
Hérophilus, IX, 15, 1.
Hiéron, roi de Sicile, I, 1, étr. 3; IV, 8, étr. 1; VIII, 13, étr. 1.

Hiéronyme, dernier roi de Sicile, III, 3, étr. 5.
Himère, ville de Sicile, I, 7, étr. 6.
Hippo, VI, 1, étr. 1.
Hippoclides, philosophe, I, 8, étr. 17.
Hipsicratée, IV, 6, étr. 2.
Hirtius, V, 2, 10.
Homère, III, 7, étr. 3 et 4; VIII, 8, étr. 2; IX, 12, étr. 3.
Horace, vainqueur des Curiaces, VI, 3, 6; VIII, 1, 1.
Horatius Coclès, III, 2, 1; IV, 7, 2. — Horatius Pulvillus, V, 10, 1.
Hortensia, fille de l'orateur Hortensius, VIII, 3, 3.
Q. Hortensius, célèbre orateur du temps de Cicéron, III, 5, 4; V, 9, 2; VIII, 5, 4; IX, 4, 1. — Hortensius Corbio, petit-fils du précédent, III, 5, 4. — L. Hortensius, VI, 5, 2.
Hybréas, IX, 14, étr. 2.
Hymette, montagne de l'Attique, dans le voisinage d'Athènes, I, 6, étr. 3; IX, 1, 4.

I

Illyrie, contrée le long de la mer Adriatique; aujourd'hui *Dalmatie*, I, 1, 20.
Indibilis, IV, 3, 1.

Intercatia, ville inconnue, III, 2, 6.
Iophon, VIII, 7, étr. 12.
Isocrate, VIII, 7, étr. 9; VIII, 13, étr. 2.

J

Janicule, colline de Rome, I, 1, 10 et 12.
Jason, chef des Argonautes, IV, 6, étr. 3. — Jason, tyran de Phères en Thessalie, I, 8, étr. 6; IX, 10, étr. 2.
Jubellius, II, 7, 15. — T. Jubellius Tauréa, Campanien, III, 2, étr. 1.
Jugurtha, VI, 9, 14; VII, 5, 2; VIII, 14, 4.
Julie, fille de Jules César, femme de Pompée, IV, 6, 4. — Julie, fille d'Auguste, ou, selon quelques savants, Livie, femme de ce prince, VI, 1, préamb. — Autre Julie, VI, 7, 3.
Julis, ville de l'île de Céos, II, 6, 8.
L. Junius, I, 4, 3. — M. Junius, VII, 6, 1.
Juturne (lac), dans le voisinage de Rome, I, 8, 1.
Juventius, VII, 7, 7. — M. Juventius Thalna, IX, 12, 3.

L

Labiénus, d'abord lieutenant de César, ensuite partisan de Pompée, VIII, 14, 5.
Lacédémone; aujourd'hui *Misitra*, I, 6, étr. 1; IV, 6, étr. 3; etc.
L. Lamia, I, 8, 11. — Autre L. Lamia, I, 8, 12.
Lampsaque, ville de Mysie, sur l'Hellespont; aujourd'hui *Lansaki*, VII, 3, étr. 4.
Laodice, femme de Mithridate, I, 8, étr. 13. — Laodice, femme d'Antiochus Déus, IX, 10, étr. 1; IX, 14, étr. 1.
Larisse, ville de Thessalie; aujourd'hui *Iengischekir*, IV, 5, 5.
Lar Tolumnius, IX, 9, 3.
Latmus, montagne de la Carie, VIII, 13, étr. 7.
Lavinium, ville du Latium; aujourd'hui *Pratica*, I, 6, 7; I, 8, 11.
Laurente, ville du Latium; aujourd'hui *Torre di Paterno*, VIII, 8, 1.
Lélius, tribun du peuple, VIII, 1, 3. — C. Lélius, lieutenant du premier Scipion l'Africain, V, 5, 1; VI, 9, étr. 7.— C. Lélius, surnommé *le Sage*, petit-fils du précédent, et ami du second Scipion l'Africain, IV, 7, 1; IV, 7, 7; VIII, 8, 1.
Lemnos, île de la mer Égée; aujourd'hui *Stalimène*, IV, 6, étr. 3.
Lentulus (les trois), Publius, Lucius et Caïus, IV, 2, 5.
Cn. Lentulus Marcellinus, VI, 2, 6. — L. Lentulus Lupus, VI, 9, 10. — Lentulus Cruscellion, VI, 7, 3. — L. Lentulus Crus, I, 8, 9. — Lentulus (P. Cornélius), II, 5, 1. — Autre Cornélius Lentulus, V, 3, 2. — Lentulus Spinther, IX, 14, 4. — P. Lentulus Spinther, II, 4, 6.

Léonicus, V, 2, étr. 2.
Léonidas, I, 6, étr. 1; III, 2, étr. 3.
Lépidus (M. Émilius), III, 1, 1; IV, 2, 1; VI, 6, 1. — Mamercus Émilius Lépidus, VII, 7, 6. — M. Lépidus, VIII, 5, 4.
Leptine, V, 7, étr. 1.
Létorius, IV, 7, 2. — M. Létorius Mergus, VI, 1, 11.
Létum, colline dans la Ligurie, I, 5, 9.
Leuctre, ville de Béotie, III, 2, étr. 5.
L. Libon, tribun du peuple, VIII, 1, 2. — Autre L. Libon, VI, 2, 8.
Licinia, VI, 3, 8.
Licinius Buccion, VIII, 3, 2. — C. Licinius Hoplomachus, VIII, 6, 1. — C. Licinius Macer, IX, 12, 7. — C. Licinius Sacerdos, IV, 1, 10. — C. Licinius Stolon, II, 4, 4; VIII, 6, 3.
Ligurie, partie de la Gaule Cisalpine, aujourd'hui *pays de Gênes*, I, 5, 9.
Lilybée, promontoire occidental de la Sicile, I, 8, étr. 14.
Lipari, île entre la Sicile et l'Italie, VI, 9, 11.
Literne, bourg de Campanie; aujourd'hui *Patria*, II, 10, 2.
Livius Drusus, VIII, 7, 4. — L. Livius Andronicus, le plus ancien poëte latin, II, 4, 4. — M. Livius Salinator, II, 9, 6; III, 7, 4; IV, 1, 9; VII, 2, 6; IX, 3, 1.

Locres, ville du Bruttium; aujourd'hui *Motta di Bursano*, I, 1, 20.
Cn. Lollius, VIII, 1, condam. 5.
Longus (Tib.), VII, 8, 1. — Longus (Tib. Sempronius), IV, 5, 1.
Lucanie, pays d'Italie, dans la Grande-Grèce, entre le golfe de Salerne et celui de Tarente, I, 6, 8; V, 1, étr. 6; etc.
Lucrèce, VI, 1, 1.
Q. Lucrétius Vespillo, VI, 7, 2. — Sp. Lucrétius Tricipitinus, IV, 1, 1.
L. Lucullus, VII, 8, 5. — Autre L. Lucullus, II, 10, 4; III, 2, 6; V, 2, étr. 4. — M. Lucullus, IV, 7, 4.
L. Luscius, VI, 1, 12.
Lusitanie, partie de l'Espagne; aujourd'hui *Portugal*, I, 2, 4; etc.
Lutatius Catulus, I, 3, 1; II, 8, 2. — M. Lutatius Pythias, VII, 2, 4. — Q. Lutatius Cerco, VI, 5, 1.
Lycurgue, législateur de Lacédémone, I, 2, étr. 3; etc.
Lydie, royaume de l'Asie Mineure, entre l'Ionie et la Phrygie, VII, 1, 2.
Lysias, orateur athénien, VI, 4, étr. 2.
Lysimaque, l'un des officiers d'Alexandre, ensuite roi de Thrace, VI, 2, étr. 3; IX, 3, étr. 1.
Lysippe, célèbre statuaire en bronze, VIII, 11, étr. 2.

M

Macédoine, royaume au nord de la Thessalie, I, 7, étr. 2; etc.
Magius Chilon, IX, 11, 4.
Magon, frère du grand Annibal, I, 6, 8; VII, 2, étr. 10.

Maharbal, IX, 5, étr. 3.
Cn. Mallius, II, 3, 2.
Mamilius Octavius, I, 8, 1.
Mammula (P. Cornélius), VII, 6, 1.
Mancinus (C. Hostilius), I, 6, 7; II, 7, 1.

Mandane, mère du grand Cyrus, I, 7, étr. 5.
Manilius Crispus, VI, 2, 4. — M. Manilius, V, 2, étr. 4.
Cn. Manlius Vulso, VI, 1, étr. 2. —
L. Manlius Impériosus, V, 4, 3. —
T. Manlius Torquatus, fils du précédent, I, 7, 3; II, 7, 6; III, 2, 6; V, 4, 3; VI, 9, 1; IX, 3, 4. — T. Manlius Torquatus, l'un des descendants du précédent, V, 8, 3. — L. Manlius, VI, 6, 3. — M. Manlius, VI, 3, 1.
Mantinée, capitale de l'Arcadie; aujourd'hui *Trapolizza*, III, 2, étr. 5; V, 10, étr. 2.
Marathon, bourg de l'Attique, V, 3, étr. 3.
Marcellus (M. Claudius), I, 1, 8 et 9; I, 6, 9; II, 8, 5; III, 2, 5; III, 8, étr. 1; IV, 1, 7; V, 1, 4; V, 1, étr. 6; V, 1, 7; VIII, 7, étr. 7. — M. Marcellus, VIII, 5, 3. — Autre Marcellus, consul en 702, IX, 11, 4.
Cn. Marcius Coriolan, IV, 3, 4; V, 2, 1. — L. Marcius, chevalier romain, II, 7, 15; VIII, 15, 11. — Q. Marcius Rex, V, 10, 3.
C. Marius, d'Arpinum, sept fois consul; III, 1, 2; IV, 3, 14; etc. — C. Marius, fils du précédent, VI, 8, 2; VII, 6, 4. — L. Marius, II, 8, 1. — M. Marius, IX, 2, 1. — T. Marius, VII, 8, 6.
Marullus, V, 7, 2.
Masinissa, roi de Numidie, I, 1, étr. 2; II, 10, 4; etc.
Mauritanie, contrée de l'Afrique, VII, 2, 6.
Mausole, roi de Carie, IV, 6, étr. 1.
Mégare, ville située entre Corinthe et Athènes, I, 7, étr. 10; IV, 1, étr. 3.
Mégullia, IV, 4, 10.

Mélius (Sp.), V, 3, 2; VI, 3, 1.
C. Memmius, tribun du peuple, VIII, 1, 3. — Autre C. Memmius, VIII, 5, 2.
P. Ménius, VI, 1, 4.
Mérula (L. Cornélius), IX, 12, 5.
M. Messala, II, 4, 2. — Messala (M. Valérius), V, 9, 2. — Messala Niger, IX, 14, 5.
Messius, II, 10, 8.
Métaponte, ville de la Grande-Grèce, voisine de Tarente, IV, 1, étr. 1; VIII, 7, étr. 2.
Métaure, rivière d'Italie; aujourd'hui *Metaro*, VII, 4, 4.
Métellus (les frères), Quintus surnommé *Macedonicus*, et Lucius surnommé *Calvus*, VIII, 5, 1. — L. Métellus, aïeul des précédents, I, 1, 2; I, 4, 4; VIII, 13, 2. — Autre Métellus, V, 6, 7; II, 9, 8. — L Métellus Calvus, frère du Macédonique, II, 9, 9. — Métellus Céler, VI, 1, 8. — Métellus Créticus, petit-fils du Macédonique, VII, 6, étr. 1. — Métellus Macédonicus, II, 7, 10; III, 2, 21; III, 7, 5; IV, 1, 12; V, 1, 5; VII, 5, 4; VII, 4, 5; VII, 1, 1; IX, 3, 7. —
Métellus Numidicus, fils de Calvus, II, 7, 2; II, 10, 1; III, 8, 4; IV, 1, 13; IX, 7, 2. — Métellus Pius, fils du Numidique, V, 2, 7; VIII, 5, 4; VIII, 15, 8; IX, 1, 5. — Métellus Népos, VII, 8, 3. — Métellus Scipion, IX, 1, 8.
Méthymnatus, fils de Masinissa, VIII, 13, étr. 1.
Métius Fufétius, VII, 4, 1.
C. Mévius, III, 8, 8.
Micale, montagne d'Ionie, VI, 9, étr. 5.
Midas, roi de Phrygie, I, 6, étr. 2; etc.
Milet, ville d'Ionie, I, 1, étr. 5; IV, 1, étr. 7.

Milon de Crotone, IX, 12, étr. 9.
Miltiade, V, 3, étr. 3; VIII, 14, étr. 1.
Minos, roi de Crète, I, 2; étr. 1; etc.
Minturne, ville du Latium, I, 5, 5; II, 10, 6.
L. Minucius Augurinus, II, 7, 7; V, 2, 2. — L. Minucius Basilus, IX, 4, 1. — L. Minucius Myrtilus, VI, 6, 3. — M. Minucius Rufus, III, 8, 2; V, 2, 4.
Minyens, IV, 6, étr. 3.
Mithridate, roi de Pont, IV, 6, étr. 2; V, 1. 9; V, 2, étr. 2; VIII, 15, 8; VIII, 7, étr. 16; IX, 2, étr. 3; IX, 11, étr. 2.

Mitylène, ville de Lesbos; aujourd'hui *Métélin*, IX, 11, 4.
Molon (Apollonius), rhéteur grec, II, 2, 3.
Mucia, IX, 1, 8.
P. Mucius, tribun du peuple, VI, 3, 2, — Mucius Scévola, III, 3, 1.
L. Mummius Achaïcus, VI, 4,2; VII,5,4.
Munatius Flaccus, IX, 2, 4, — Munatius Rufus, IV, 3, 2.
Munda, ville d'Espagne, conserve aujourd'hui son nom dans le royaume de Grenade, VII, 6, 5.
Musicanès, V, 1, 1.
Mylase, ville de Carie; aujourd'hui *Mélasso*, IX, 14, étr. 2.

N

Nausimène, I, 8, étr. 3.
C. Nautius, V, 2, 2.
Néarque, tyran d'Élée, III, 3, étr. 3.
Néron (C. Claudius), II, 9, 6; IV, 1, 9; IV, 2, 2; VII, 2, 6; VII, 4, 4.
M. Névius, tribun du peuple, III, 7, 1. — Q. Névius, centurion, II, 3, 3.
Nicocréon, tyran de Chypre, III, 3, étr. 4.
Nole, ville de Campanie, I, 6, 9, etc.
C. Norbanus, VIII, 5, 2.

Nucérie, ville de Campanie; aujourd'hui *Nocéra*, IX, 6, étr. 2.
Numa Pompilius, I, 1, 12; I, 2. 1.
Numance, ville d'Espagne sur le Douro; aujourd'hui *Soria*, II, 7, 1; etc.
Numidie, contrée d'Afrique près de la Méditerranée, II, 6, 17.
Numulizinthe, IX, 2, étr. 4.
A. Numius, IX, 7, 3.
Numitor, aïeul de Romulus et de Rémus, roi d'Albe, II, 2, 9.

O

Ochus (Darius), IX, 2, étr. 7.
Octavie, sœur d'Auguste, IX, 15, 2.
C. Octavius Népos, I, 6, 10; IV, 7, 5. — L. Octavius, VI, 1, 13. — Octavius Balbus, V, 7, 3.
Œbarès, écuyer de Darius, VII,3,étr. 2.

Q. Ogulnius, I, 8, 2; IV, 3, 9.
Olbia, ville de Sardaigne; aujourd'hui *Terra Nova*, V, 1, 2.
L. Opimius, II, 8, 4; II, 8, 7.
Oppius Gallus, VII, 8, 9.
Orata (C. Sergius), IX, 1, 1.

Oreste, fils d'Agamemnon, et ami de Pylade, IV, 7, préambule. — Cn. Orestès, préteur, VII, 7, 6.
Orestilla, femme de M. Plautius, IV, 6, 3. — Aurélia Orestilla, femme de Catilina, IX, 1, 9.
Orgiagon, VI, 1, étr. 2.
Orontès, satrape de Darius, fils d'Hystaspe, VI, 9, étr. 5.
Ostie, ville d'Italie, à l'embouchure du Tibre, II, 4, 5; III, 7, 10.
Otacilia Latérensis, VIII, 2, 2.
T. Otacilius, VII, 6, 1.
Othryadès, brave Spartiate, III, 2, étr. 4.

P

Pacièques (les), noble famille d'Espagne, V, 4, étr. 3.
Palicanus (M. Lollius), III, 8, 3.
Pamphilus, histrion, IX, 14, 4.
Panopion (Urbinius), VI, 8, 6.
Pansa (C. Vibius), V, 2, 10.
Paphos, ville de l'île de Chypre; aujourd'hui Baffo, I, 5, 6.
C. Papirius Masso, III, 6, 5. — L. Papirius Cursor, dictateur, II, 7, 8; III, 2, 9. — L. Papirius Cursor, fils du précédent, VII, 2, 5.
Parménion, III, 8, ét. 6; VI, 4, ét. 3.
Parthes, peuple d'Asie, au delà de l'Euphrate, VI, 9, 9.
Paterculus (Serv.), VIII, 15, 12.
Paul-Émile (L. Émilius Paulus), fils du suivant, vainqueur de Persée, I, 5, 3; IV, 3, 8; IV, 4, 9; V, 1, 1; V, 1, 8; VII, 5, 1; VII, 5, 3; VIII, 11, 1.
Paulus (L. Émilius), tué à la bataille de Cannes, III, 4, 4; V, 1, étr. 6.
Pausanias, jeune Macédonien, I, 8 étr. 9; VIII, 14, étr. 4. — Pausanias, général des Spartiates, vainqueur des Perses, II, 6, 1.
Pédanius, III, 2, 20.
Pélorus, pilote d'Annibal; il donna son nom à un promontoire de la Sicile, IX 8, étr. 1.

Pergame, ville d'Asie; aujourd'hui Bergamo, I, 6, 12.
Périclès, II, 6, 5; IV, 3, étr. 1; III, 1, étr.; V, 10, étr. 1; VII, 2, étr. 7; VIII, 9, étr. 2; VIII, 11, étr. 1.
Périllus, inventeur du taureau d'airain, IX, 2, étr. 9.
Péro, V, 4, étr. 1.
M. Perperna, qui prit Aristonicus, III, 4, 5. — Autre M. Perperna, VIII, 13, 4. — M. Perperna, fils du précédent, VI, 2, 8.
Persée, dernier roi de Macédoine I, 5, 3; II, 7, 14; etc.
C. Pescennius, VI, 1, 10.
Pessinunte, ville de Phrygie, I, 1, 1; etc.
Pétellia ou Pétilia, ville du Bruttium; aujourd'hui Strongoli, VI, 6, étr. 2; IX, 8, étr. 1.
L. Pétilius, scribe, I, 1, 12. — Q. Pétilius, préteur, I, 1, 12; I, 5, 9; II, 7, 15. — Les deux Pétilius, III, 7, 1.
M. Pétréius, II, 4, 6.
Pétronius Sabinus, I, 1, 13. — L. Pétronius, IV, 7, 5.
Phalaris, tyran d'Agrigente, III, 3, étr. 2; IX, 2, étr. 9.
Phanarète, mère de Socrate, III, 4, étr. 1.
Pharmacuse, île de la mer Égée, près

de Milet; aujourd'hui *Fermaco*, VI, 9, 15.

Phérénice, VIII, 15, étr. 4.

Phidias, I, 1, étr. 7; III, 7, étr. 4; VIII, 14, 6.

Philènes, deux Carthaginois, V, 6, étr. 4.

Philémon, poëte comique, IX, 12, étr. 6.

Philippe, roi de Macédoine, père d'Alexandre le Grand, I, 8, étr. 9; VI, 2, étr. 1; VII, 2, étr. 10; VIII, 14, étr. 4. — Philippe, roi de Macédoine, vaincu par T. Flamininus, II, 9, 3; IV, 5, 1; IV, 8, 5; V, 2, 6; IX, 1, 3. — Philippe, médecin d'Alexandre le Grand, III, étr. 6.

Philippes, ville de Macédoine, où furent vaincus Brutus et Cassius, IV, 6, 5 etc.

Philippus, esclave, VIII, 4, 3. — Philippus (L. Marcius), VI, 2, 2; IX, 5, 2. — Q. Marcius Philippus, VI, 3, 7.

Philon, architecte, VIII, 12, étr. 2.

Philocrate, esclave, VI, 8, 3.

Phintias, pythagoricien, IV, 7, ét. 1.

Phocion, III, 8, étr. 2; V, 3, étr. 3.

Phraates, roi des Parthes, VII, 6, 6.

Phrygie, contrée de l'Asie Mineure, I, 6, étr. 2; etc.

Phryné, IV, 3, étr. 3.

Picénum, pays d'Italie; aujourd'hui *Marche d'Ancône*, I, 6, 5; etc.

Pindare, célèbre poëte grec, IX, 12, étr. 7.

Pindarus, affranchi de Cassius, VI, 8, 4.

Pirithoüs, ami de Thésée, IV, 7, 4.

Pisistrate, tyran d'Athènes, I, 2, étr. 2; V, 1, étr. 2; VIII, 9, étr. 1.

Pison (C. Calpurnius), VII, 7, 5. — Cn. Pison, VI, 2, 4.

Pittacus, de Mitylène, l'un des sept sages de la Grèce, IV, 1, étr. 6 et 7; VI, 5, étr. 1.

Plancus (Cn. Plotius), VI, 8, 5.

Platon, I, 6, étr. 3; IV, 1, étr. 1; VII, 2, étr. 4; VIII, 7, étr. 3; VIII, 12, étr. 1.

M. Plautius Hypséus, IX, 5, 1. — C. Plautius Numida, IV, 6, 2. — M. Plautius Silvanus, IV, 6, 3.

Q. Pléminius, I, 1, 21.

M. Plétorius, IX, 2, 1. — Autre Plétorius, IX, 3, 6.

C. Plotius, VI, 1, 9. — Autre Plotius, soldat de Marius, VI, 1, 12.

Polémon, VI, 9, étr. 1.

Polycrate, tyran de Samos, VI, 9, étr. 5.

Polydamas, IX, 12, étr. 10.

Polystrate, sectateur d'Épicure, I, 8, étr. 17.

Pompée (le Grand), I, 8; étr. 13; II, 4, 6; III, 8, 7; V, 1, 6 et 10; V, 2, 9; V, 3, 5; VI, 2, 4 et suiv.; VII, 6, étr. 3; VIII, 14, 3; VIII, 15, 8; IX, 6, étr. 3; IX, 7, milit. 2.

Cn. Pompéius Strabon, père du grand Pompée, VI, 9, 9; IX, 14, 2. — Cn. Pompée, fils du grand Pompée, IX, 15, 1. — Q. Pompéius Rufus, III, 7, 5; VIII, 5, 1; IX, 3, 7. — Q. Pompéius Rufus, fils du précédent, III, 5, 2; IX, 7, mil. 2. — Sextus Pompéius, II, 6, 8; IV, 7, étr. 2. — T. Pompéius Réginus, 8, 4.

Pomponius, ami de C. Gracchus, IV, 7, 2. — Pomponius Rufus, IV, 4, préamb. — Pomponius, tribun du peuple, V, 4, 3.

Pont (le), contrée située le long du Pont-Euxin, II, 8, 1; etc.

Pontius, VI, 1, 13. — Pontius Aufidianus, VI, 1, 3. — Hérennius Pontius, VII, 2, étr. 17. — Pontius

Lupus, VIII, 7, 5. — T. Pontius, III, 8, 7.
M. Popilius, VII, 8, 9. — C. Popilius Lénas, soldat, meurtrier de Cicéron, V, 3, 4. — C. Popilius Lénas, deux fois consul, VI, 4, 3. — M. Popilius Lénas, VIII, 6, 3. — Autre M. Popilius Lénas, I, 3, 2; VIII, 1, amb. 1. — P. Popilius, VII, 7, 2.
Q. Poppédius, III, 1, 2.
Porcia, fille de Caton d'Utique, III, 2, 15; IV, 6, 5.
Porsenna, III, 2, 2; III, 3, 1.
Postumius, aruspice, I, 6, 4. — A. Postumius, I, 8, 1. — A. Postumius Tubertus, II, 7, 6. — A. Postumius Albinus, I, 1, 2. — L. Postumius Albinus, VI, 3, 8. — Sp. Postumius Albinus, père du précédent, VI, 3, 7. — M. Postumius Albinus Régillus, II, 9, 1.
Postumus Cominius, IV, 3, 4.
Potitiens (les), I, 1, 17.
Paxitèles, célèbre sculpteur, VIII, 11, étr. 4.
Prénesie, ville du Latium; aujourd'hui *Palestrina*, dans la campagne de Rome, VII, 6, 3; IX, 2, 1; etc.
Priène, ville d'Ionie; aujourd'hui *Samsumcalesi*, VII, 2, étr. 3, etc.
Priverne, ville du Latium; aujourd'hui *Piperno Vecchio*, VI, 2, 1, etc.
Protagoras, philosophe, I, 1, étr. 7.
Prusias, roi de Bithynie, III, 7, étr. 6, etc. — Prusias, fils du précédent, I, 8, étr. 12.
Pseudophilippus, nommé Andriscus, VII, 5, 4.
Psophis, ville d'Arcadie, VII, 1, 2.
Ptolémée Aulète, roi d'Égypte, V, 1, 1. — Ptolémée, fils du précédent, I, 8, 9. — Ptolémée, roi de Chypre, frère de Ptolémée Aulète, IX, 4, étr. — Ptolémée Épiphane, VI, 6, 1. Ptolémée Philadelphe, IV, 3, 9; VIII, 9, étr. 3. — Ptolémée Philométor, VI, 4, 3. — Ptolémée Physcon, IX, 1, étr. 5; IX, 2, étr. 5. — Ptolémée Philopator, VI, 6, 1.
Publicia, VI, 3, 8.
Publicius, vieillard inconnu, VII, 7, 4. — Publius, affranchi, IX, 14, 1.
Publius, VIII, 7, 5.
Pulton, V, 4, étr. 7.
Pupinie, terre ingrate voisine de Rome, IV, 4, 5; IV, 8, 1.
Putéoles, ville de la Campanie; aujourd'hui *Pouzzol*, dans le royaume de Naples, VII, 3, 9; IX, 3, 8.
Pylade, ami d'Oreste, IV, 7, préamb.
Pyrrhus, roi d'Épire, I, 1, étr. 1; II, 7, 15; IV, 3, 5; IV, 3, 14; V, 1, étr 3 et 4; VI, 5, 1; VIII, 13, 5.
Pythagore, philosophe de Samos, II, 6, 10; VIII, 7, étr. 2; VIII, 15, étr. 1.

Q

Quadrige, pays de la Béotie, I, 8, étr. 9.
L. Quinctius Cincinnatus, II, 7, 7; IV, 1, 4; IV, 4, 7.

R

Réate, ville des Sabins; aujourd'hui *Ricti*, VI, 8, 6, etc.
Réthogène, V, 1, 5.
Rhamnus, bourg de l'Attique; aujourd'hui *Tauro-Castro*, I, 8, 10.
Rhége, ville d'Italie; aujourd'hui *Reggio*, II, 7, 15.
L. Rhéginus, IV, 7, 3.
Rhodes, île de la Méditerranée, VIII, 10, étr., etc.
Roscius, célèbre comédien, du temps de Cicéron, VIII, 7, 7; VIII, 10, 2.
Rubria, femme inconnue, IX, 15, étr. 1.
Rufinus (P. Cornélius), II, 9, 4.
P. Rupilius Népos, II, 7, 3; IV, 7, 1; VI, 9, 8; IX, 12, étr. 1.
Marcius Rutilius Censorius, IV, 1, 3.
— P. Rutilius Rufus, II, 3, 2. —
Autre P. Rutilius, VI, 4, 4. — Rutilius, tribun du peuple, VI, 5, 3.
— Rutilius, consul en 663, VIII, 13, 6.

S

Sabins, peuple du Latium, II, 4, 5, etc.
Sagonte, ville de l'Espagne Tarragonaise; aujourd'hui *Morviedro*, au royaume de Valence, IV, 6, étr. 1.
Salamine, île de la Grèce, dans le golfe Salonique; aujourd'hui *Colouri*, dans le golfe d'Eugia, V, 3, étr. 9, etc.
Salapia, ville d'Apulie; aujourd'hui *Salpe*, III, 8, étr. 1.
Salerne, ville du Picénum, VI, 8, 5.
Saliens, prêtres de Mars, I, 1, 9.
Samnium, pays d'Italie, IV, 3, 6, etc.
Samos, île de la mer Égée, I, 5, étr. 1.
Sardanapale, dernier roi d'Assyrie, IV, 7, préamb.
Sardes, capitale de la Lydie; aujourd'hui *Sards*, V, 4, étr. 6.
Sardaigne, I, 6, 5; VII, 6, 1, etc.
Sariaster, IX, 11, étr. 3.
Sarpédon, précepteur de Caton d'Utique, III, 1, 2.
Saturninus, enfant de noble famille, IX, 1, 8. — L. Saturninus, tribun du peuple, III, 2, 18; III, 8, 4; VI, 3, 1; VIII, 1; condam. 2 et 3; IX, 7, 1 et 3.
C. Scantinius, VI, 1, 7.
Scaurus (Cn. Aurélius), II, 3, 2. —
M. Émilius Scaurus, prince du sénat, III, 2, 18; III, 7, 8; IV, 4, 11; V, 8, 4; VI, 5, 5; VIII, 5, 2. —
M. Émilius Scaurus, fils du précédent, II, 4, 6 et 7; III, 6, 7; VIII, 1, 10.
Scéva (M. Césius), brave centurion, III, 2, 23.
Scévola (P. Mucius), III, 2, 17. —
Q. Scévola, augure et célèbre jurisconsulte, III, 8, 5; IV, 1, 11; IV, 5, 4; VIII, 8, 1; VIII, 12. — Autre Q. Scévola, VIII, 8, 2; VIII, 15, 6; IX, 11, 2.
Scipion Émilien, surnommé le second *Africain*, fils de Paul-Émile et petit-fils du premier Africain par adop-

tion, II, 7, 1; II, 10, 4; III, 2, étr. 8; III, 7, 2; IV, 1, 12; IV, 3, 13; VII, 2, 2; VII, 6, étr. 2; VIII, 1, absous 11; VIII, 8, 1; VIII, 15, 4.

Scipion (P. Cornélius), l'ancien Africain, ou le premier Africain, I, 2, 2; II, 8, 5; III, 6, 1; III, 7, 1; IV, 1, 6; IV, 1, 8; IV, 3, 1; V, 5, 1; VI, 9, 2; VII, 3, 3; IX, 11, étr. 1. — Scipion l'Asiatique, frère du précédent, III, 6, 2; III, 7, 1; IV, 1, 8; IV, 1, étr. 9; V, 5, 1; VIII, 1, condam. 1.

Scipion (P. Cornélius), père des deux précédents, I, 6, 2; III, 7, 1; VIII, 15, 11; IX, 11, étr. 4. — Cn. Cornélius Scipion Calvus, frère du précédent, I, 6, 2; III, 7, 1; IV, 4, 10; VI, 6; étr. 1; VIII, 15, 11. — Cn. Cornélius Scipion, fils du premier Africain, III, 5, 1; IV, 5, 3. — P. Cornélius Scipion; on ne sait qui il est, V, 1, 1.

Scipion Asina (Cn. Cornélius), VI, 6, 2; VI, 9, 11. — P. Scipion Nasica, surnommé Corculum, ou le Sage, I, 1, 3; II, 4, 2. — P. Scipion Nasica, père du précédent; VII, 5, 2; VIII, 15, 3. — P. Cornélius Scipion Sérapion, I, 4, 2; II, 8, 7; III, 2, 17; III, 7, 3; V, 3, 2; IX, 14, 3. — P. Scipion Nasica, fils du précédent, I, 8, 11; VII, 5, 2.

Scipion (Cécilius Métellus), beau-père de Pompée, III, 2, 13; III, 8, 7; VIII, 14, 5; IX, 5, 3. — Cn. Cornélius Scipion, fils d'Hispallus, VI, 3, 3.

Scopas, I, 8, étr. 7.

L. Scribonius, II, 4, 3.

Scyros, une des Cyclades dans la mer Égée; aujourd'hui Skiro, V, 2, étr. 3.

Scythes, peuple des bords du Pont-Euxin, VI, 4, étr. 2, etc.

Séleucus Nicator, roi de Syrie, II, 10, étr. 1; V, 7, étr. 1.

Sémiramis, IX, 3, étr. 4.

Sempronia, femme du second Scipion l'Africain, et sœur des deux Gracques, III, 8, 6.

Sempronius Asellion, IX, 7, 4. — Sempronius Musca, VI, 1, 13. — P. Sempronius Sophus, II, 9, 7; VI, 3, 12.

Sénonais, peuple de la Gaule, dont la principale ville était Agendicum; aujourd'hui Sens, VI, 3, 1.

Sentius Saturninus Vétulio, VII, 3, 9.

L. Septimuléius, IX, 4, 3.

Septicia, VII, 7, 4.

Cn. Sergius Silus, VI, 1, 8.

Sertorius, I, 2, 4; VII, 3, 6; VII, 6, étr. 3; VIII, 15, 8; IX, 1, 5; IX, 15, 3.

M. Servilius Géminus, I, 8, 11. — P. Servilius Isauricus, VIII, 5, 6. — P. Servilius, fils du précédent, VIII, 3, 2. — P. Servilius Priscus, IX, 3, 6.

Servius Tullius, sixième roi de Rome, I, 6, 1; I, 8, 11; III, 4, 3; VII, 3, 1.

Sextilius, V, 3, 3. — L. Sextilius, VIII, 1, condam. 5. — Autre Sextilius, VII, 7, 2.

Sicca, ville d'Afrique; aujourd'hui Kef, II, 6, 15.

L. Sicinius Dentatus, III, 2, 24.

Sigée, promontoire de la Troade, VI, 5; étr. 1.

Silanus (D. Junius), V, 8, 3.

M. Silius, IX, 4, 2.

Simonide, de Céos, célèbre poète grec, I, 7, étr. 3; I, 8, étr. 7; VIII, 7, étr. 13.

Sisenna, VIII, 1, 3.

Smyrne, ville célèbre d'Ionie, III, 2, 12.

Socrate, III, 4, étr. 1; III, 8, étr. 3;

VI, 4, étr. 2; VII, 2, étr. 1; VIII, 7, étr. 8; VIII, 8, étr. 1.

Solon, législateur d'Athènes, l'un des sept sages de la Grèce, IV, 1, étr. 7; V, 3, étr. 3; VII, 2, étr. 2; VIII, 7, étr. 14; VIII, 9, étr. 1.

Sophocle, IV, 3, étr. 1; VIII, 7, étr. 12; IX, 12, étr. 5.

Sophron, VIII, 7, étr. 3.

Sora, ville de Campanie, VIII, 1, 9.

Sparte, capitale de la Laconie, VI, 4, étr. 5.

Speusippe, ami de Platon, IV, 1, étr. 2.

Spurina, jeune Toscan, IV, 5, étr. 1. — Spurina, aruspice, I, 6, 13; VIII, 11, 2.

Stasippus de Tégée, IV, 1, étr. 5.

Statius Statilius, I, 8, 6.

Stratonice, fille de Démétrius Poliorcète et femme de Séleucus Nicator, V, 7, étr. 1.

Suesse, ville de Campanie; aujourd'hui *Sessa*, II, 2, 1; IV, 7, 2.

Sufénas, VII, 7, 2.

Sylla (Faustus), fils du dictateur Sylla, III, 1, 3. — L. Sylla, père du précédent, I, 2, 3; I, 5, 5; I, 6, 4; II, 8, 7; III, 1, 2; III, 6, 3; VI, 5, 7; VI, 9, 6; VII, 5, 5; VIII, 14, 4; IX, 2, 1.

Sulpicia, VI, 7, 3. — Femme de Serv. Paterculus, VIII, 15, 12.

C. Sulpicius Béticus, II, 4, 4. — C. Sulpicius Gallus, VI, 3, 10; VIII, 11, 1. — P. Sulpicius Rufus, VI, 5, 7. — Serv. Sulpicius I, 6, 5. — Serv. Sulpicius Galba, VI, 4, 2.

Surdinus (Névius), VII, 7, 6.

Syloson, de Samos, V, 2, étr. 1.

Syphax, roi de Numidie, V, 1, 1; VI, 2, 3; VI, 9, étr. 7; IX, 8, 1.

T

Tanaquil, femme de Tarquin l'Ancien, I, 6, 1.

Tarente, ville de Calabre, II, 2, 5, etc.

Tarpéienne (roche), la même chose que le Capitole, VI, 5, 7.

Tarpéius (Sp.), IX, 6, 1.

Tarquin l'Ancien, cinquième roi de Rome, I, 4, 1; I, 6, 1; III, 4, 2. — Tarquin le Superbe, septième et dernier roi de Rome, I, 1, 13; I, 8, 5; VII, 3, 2; VII, 4, 2; IX, 11, 1. — Sextus Tarquin, fils du précédent, VI, 1, 1; VII, 4, 2.

Tarse, capitale de la Lycie, III, 8, étr. 6.

Tatia, IV, 4, 10.

Tatius, roi des Sabins, IX, 6, 1.

Taurominium, ville de Sicile; aujourd'hui *Taormina*, II, 7, 3.

Taurus, montagne d'Asie, II, 8, préamb.

Taxilus, IX, 10, étr. 2.

Taygète, montagne du Péloponnèse; aujourd'hui la montagne des *Maynotes*, IV, 6, étr. 3.

Téanum, ville de Campanie; aujourd'hui *Tiano*, III, 8, 1.

Tégée, ville de l'Arcadie, IV, 1, étr. 5.

Télésinus, frère de Pontius Télésinus qui fut tué près de la porte Colline, VI, 8, 2.

Térentia, VIII, 13, 6.

Q. Térentius Culéon, V, 2, 5. — Serv. Térentius, IV, 7, 6. — Autre Térentius, VII, 7, 5.

Terracine, ville d'Italie, nommée aussi Anxur, VIII, 1, 13.
Tertia, fille de Paul-Émile, I, 5, 3.
Tettius, VII, 7, 3.
Teutons, peuple germanique, IV, 7, 3.
Thalès, l'un des sept sages de la Grèce, IV, 1, étr. 7; VII, 2, étr. 8.
Thamyris, IX, 10, étr. 1.
Thébé, IX, 13, étr. 3.
Thèbes, capital de la Béotie; aujourd'hui *Stives*, III, 7, étr. 5, etc.
Thémistocle, V, 3, étr. 3; V, 6, étr. 3; VI, 5, étr. 2; VI, 9, étr. 2; VII, 2, étr. 9; VIII, 7, étr. 15; VIII, 14, étr. 1.
Théodorus, III, 3, étr. 5. — Théodorus, premier magistrat de Mégare, IV, 1, étr. 3. — Théodorus de Cyrène, VI, 2, étr. 3.
Théogène, de Numance, III, 2, étr. 7.
Théophane de Mitylène, historien, VIII, 14, 3.
Théopompe, roi de Sparte, IV, 1, étr. 8 — Théopompe, historien grec, dont les ouvrages sont perdus, VIII, 14, étr. 5; VIII, 13, étr. 5.
Thermopyles, défilé très-étroit entre la Thessalie et la Béotie, II, 5, 1, etc.
Thésée, IV, 7, 4; V, 3, étr. 3.
Thessalie, contrée de la Grèce; aujourd'hui *la Janna*, IV, 6, 1.
Thrace, contrée d'Europe; aujourd'hui *Bulgarie* et *Romanie*, II, 6, 12.
Thrasippus, V, 1, étr. 2.
Thrasybule, IV, 1, étr. 4; V, 6, étr. 2.
Thuria, VI, 7, 2.
Thurium, ville de Calabre, près du golfe de Tarente, I, 8, 6, etc.

Tibère, *préface*, V, 5, 3.
Tibur: aujourd'hui *Tivoli*, II, 5, 4, etc.
Ticinum, ville d'Italie; aujourd'hui *Pavie*, V, 5, 3. — Ticinus, rivière qui passe près de cette ville; aujourd'hui *Tésin*, V, 4, 2.
Tigrane, roi d'Arménie, V, 1, 9 et 10; VIII, 15, 8; IX, 11, étr. 3.
Timée, philosophe pythagoricien, VIII, 7, étr. 3.
Timagoras, Athénien, VI, 3, étr. 2.
Timasithée, I, 1, étr. 4.
Timocharès, VI, 5, 1.
Titinius, centurion, IX, 9, 2. — C. Titinius de Minturne, VIII, 2, 3.
C. Titius, II, 7, 9. — L. Titius, VIII, 3, 1. — Sextus Titius, VIII, 1; condam. 3.
C. Toranius, IX, 11, 5.
Trachales (frères), VII, 7, 4.
Tralles, ville de Lydie, I, 6, 12, etc.
Trasimène, lac de Toscane; aujourd'hui *Lago di Perugia*, I, 6, 6, etc.
Trébellius Calca, IX, 15, 4.
Tuccia, vestale, VIII, 1, 5.
Tuditanus (Sempronius), VII, 8, 1.
Tullie, fille de Servius Tullius, IX, 11, 1.
Tullianus, ami du Grand Pompée, VII, 7, 2.
M. Tullius, I, 1, 13.
Tullus, roi des Vosques, VII, 3, étr. 10. — Tullus Hostilius, troisième roi de Rome, III, 4, 1; VII, 4, 1; VIII, 1, 1; IX, 12, 1.
Turullius, I, 1, 19.
Tusculum, ville d'Italie; aujourd'hui *Frascati*, III, 4, 6, etc.

U

Urbinum, ville de l'Ombrie, VII, 8, 6.
Utique, ville d'Afrique; aujourd'hui *Satkor* au royaume de Tunis, III, 2, 14; IX, 10, 2.

V

Valérius Valentinus, VIII, 1, 8. — C. Valérius, VIII, 1, 7. — C. Valérius Flaccus, III, 2, 20; VI, 9, 3. — L. Valérius Heptachordus, VII, 8, 7. M. Valérius Corvus, III, 2, 6; VIII, 15, 5. — M. Valérius Lévinus, IV, 1, 7. — M. Valérius Maximus, dictateur en 259; VIII, 9, 1. — M. Valérius Maximus, censeur en 446, II, 9, 2. — M. Valérius Maximus, censeur en 501, II, 9, 7. — M. Valérius Messala, II, 9, 9. — P. Valérius Poplicola, I, 8, 5; II, 4, 5; IV, 1, 1; IV, 4, 1. — Q. Valérius, II, 8, 2. Valésius, II, 4, 5.
Varius, IX, 2, 2. — Varius de Sucrone, III, 7, 8; VIII, 6, 4.
C. Térentius Varron, qui perdit la bataille de Cannes, I, 1, 16; III, 4, 4; IV, 5, 2. — M. Térentius Varron, le plus savant des Romains, du temps de Cicéron, III, 2, 24; VIII, 7, 3.
P. Vatinius, I, 8, 1. — Autre Vatinius, ennemi de Cicéron, IV, 2, 4; VII, 5, 6.
Véies, ville d'Étrurie, I, 5, 1; I, 6, 3, etc.
Vélia, ville de Lucanie, I, 1, 1.
Véliternes, peuple d'Italie; leur ville s'appelle encore aujourd'hui *Vélitre*, IX, 10, 1.

P. Ventidius Bassus, VI, 9, 9.
Vergelle, rivière de l'Apulie, IX, 2, étr. 2.
Verrugue, ville des Volsques, III, 2, 8; VI, 5, 2.
Vestia Opidia, V, 2, 1.
Vétilius, VII, 7, 7.
C. Vettiénus, VI, 3, 3.
Vettius Salassus, IX, 11, 7.
Véturie, mère de Coriolan, V, 2, 1; V, 4, 1.
T. Véturius, VI, 1, 9.
Vibiénus, VI, 1, 13.
Vibius, IX, 14, 1. — Vibius d'Accua, III, 2, 20.
L. Villius Annalis, IX, 11, 6. — P. Villius, VIII, 1, condam. 6.
Virginius, VI, 1, 2.
Viriathus, VI, 4, 2; IX, 6, 4.
C. Visellius Varron, parent de Cicéron, VIII, 2, 2.
Volsques, peuple du Latium, V, 2, 1; V, 4, 1, etc.
Volsinium, principale ville d'Étrurie, IX, 1, étr. 2.
Volumnie, femme de Coriolan, V, 2, 1; V, 4, 1.
P. Volumnius, I, 6, 5. — T. Volumnius, IV, 7, 4.
M. Volusius, VII, 3, 8.

X

Xanthippe, femme de Socrate, VII, 2, étr. 1.
Xanthippe, Lacédémonien, I, 1, 14; IX, 6, étr. 1.

Xénocrate, de Chalcédoine, disciple de Platon, II, 10; étr. 2; IV, 1, étr. 2; IV, 3, étr. 3; VI, 9, étr. 1.

Xénophilus, de Chalcis, philosophe pythagoricien, VIII, 13, étr. 3.

Xénophon, Athénien, philosophe, guerrier et historien, disciple de Socrate, V, 10, étr. 2; VIII, 13, étr. 7.

Xerxès, quatrième roi de Perse, I, 6, étr. 1; II, 10, étr. 1; III, 2, étr. 3; V, 3, étr. 3; VI, 5, étr. 2; IX, 1, étr. 3; IX, 5, étr. 2.

Z

Zaleucus, législateur des Locriens, I, 2, étr. 4; VI, 5, étr. 3.

Zénon, d'Élée, III, 3, étr. 2.

Zeuxis, peintre, III, 7, étr. 3.

FIN DE LA TABLE ALPHABÉTIQUE

TABLE DES MATIÈRES

DU TOME SECOND

LIVRE SIXIÈME

		PAGES
Chapitre	I. De la Chasteté.	1
—	II. De la Liberté dans les actions et les paroles.	10
—	III. De la Sévérité.	22
—	IV. De la Dignité dans les paroles et dans les actions.	33
—	V. De la Justice.	40
—	VI. De la Foi publique.	50
—	VII. De la Fidélité des femmes envers leurs époux.	55
—	VIII. Fidélité des esclaves envers leurs maîtres.	57
—	IX. Du Changement dans les mœurs ou dans la fortune.	63

LIVRE SEPTIÈME

Chapitre	I. Du Bonheur.	78
—	II. De la Sagesse dans les paroles et dans les actions.	81
—	III. De la Finesse dans les paroles et dans les actions.	97
—	IV. Des Stratagèmes.	113
—	V. Des Refus.	121

CHAPITRE VI. De la Nécessité. 125
— VII. Des Testaments annulés. 133
— VIII. Des Testaments confirmés et inattendus. 138

LIVRE HUITIÈME

CHAPITRE I. Des Jugements publics. 145
— II. Des Jugements privés les plus remarquables. 158
— III. Des Femmes qui ont elles-mêmes plaidé leurs causes devant les magistrats. 162
— IV. De la Question. 164
— V. Des Témoignages rejetés ou admis. 165
— VI. De ceux qui commirent des fautes qu'ils avaient punies dans les autres. 169
— VII. De l'Étude et de l'Application au travail. 171
— VIII. Du Repos honorable. 185
— IX. Du Pouvoir de l'Éloquence. 187
— X. De la Voix et du Geste. 191
— XI. Des Effets extraordinaires des Arts. 195
— XII. Dans les Arts, il faut s'en rapporter aux plus habiles maîtres. 200
— XIII. Vieillesses mémorables. 202
— XIV. De l'Amour de la Gloire. 208
— XV. Des Honneurs rendus au Mérite. 215

LIVRE NEUVIÈME

CHAPITRE I. Du Luxe et de la Volupté. 225
— II. De la Cruauté. 236
— III. De la Colère et de la Haine. 247
— IV. De l'Avarice. 255
— V. De l'Orgueil et de l'Oubli de soi-même. 258
— VI. De la Perfidie. 262
— VII. Des Séditions. 266
— VIII. De la Témérité. 270

TABLE DU TOME SECOND

	PAGES
Chapitre IX. De l'Erreur.	273
— X. De la Vengeance.	276
— XI. Des Paroles exécrables et des Actions atroces.	279
— XII. Des Morts extraordinaires.	286
— XIII. De l'Attachement à la Vie.	295
— XIV. De la Ressemblance.	300
— XV. De ceux qui, par imposture, se sont introduits dans des familles étrangères.	304
Table alphabétique des noms propres cités par Valère Maxime.	329

FIN DE LA TABLE DU TOME SECOND

PARIS — IMPRIMERIE ÉDOUARD BLOT, RUE SAINT-LOUIS, 46

RÉIMPRESSION DES CLASSIQUES LATINS DE LA COLLECTION PANCKOUCKE

Format grand in-18 jésus — 3 fr. 50 c. le volume

1 — **ŒUVRES COMPLÈTES D'HORACE.** Nouvelle édition, précédée d'une *Étude* sur Horace, par H. RIGAULT. . . . . 1 vol.

2 — **ŒUVRES COMPLÈTES DE SALLUSTE.** Traduction par DUROZOIR. Nouvelle édition, revue par MM. CHARPENTIER et FÉLIX LEMAISTRE; précédée d'un nouveau travail sur Salluste, par M. CHARPENTIER. . . . . 1 vol.

3 — **ŒUVRES CHOISIES D'OVIDE** (les Amours, l'Art d'aimer, etc.). Nouvelle édition, revue par M. F. LEMAISTRE et précédée d'une *Étude* sur Ovide, par M. JULES JANIN. 1 vol.

4 — **ŒUVRES DE VIRGILE.** Nouvelle édition, revue par M. FÉLIX LEMAISTRE, et précédée d'une *Étude* sur Virgile, par M. SAINTE-BEUVE. 1 vol.
— Par exception. . . . . 4 fr. 50

5 à 8 — **ŒUVRES COMPLÈTES DE SÉNÈQUE LE PHILOSOPHE.** Nouvelle édition, revue par MM. CHARPENTIER et F. LEMAISTRE. . 4 vol.

9 — **CATULLE, TIBULLE ET PROPERCE,** traduits par MM. HÉGUIN DE GUERLE, VALATOUR et GENOUILLE. Nouvelle édition, revue par M. VALATOUR. . . . . 1 vol.

10 — **CÉSAR** (Commentaires), traduit par M. ARTAUD. . . . . 1 vol.

11 — **ŒUVRES COMPLÈTES DE PÉTRONE,** traduit par M. HÉGUIN DE GUERLE. . . 1 vol.

12 — **ŒUVRES COMPLÈTES DE QUINTE CURCE,** avec la traduction de MM. AUG. et ALPH. TROGNON, revue avec le plus grand soin par M. PESSONNEAUX, professeur au lycée Napoléon. . 1 vol.

13 — **ŒUVRES COMPLÈTES DE JUVÉNAL.** Traduction de DUSAULX, revue par MM. JULES PIERROT et F. LEMAISTRE. . . . . 1 vol.

14 — **ŒUVRES CHOISIES D'OVIDE** (les Fastes, les Tristes). Nouvelle édition, revue par M. E. PESSONNEAUX. . . . . 1 vol.

15 à 20 — **ŒUVRES COMPLÈTES DE TITE LIVE.** Trad. par MM. LIEZ, DUBOIS, VERGER et CORPET. Nouvelle édition, revue par E. PESSONNEAUX, BLANCHET et CHARPENTIER, précédée d'une *Étude* par M. CHARPENTIER. 6 vol.

21 — **ŒUVRES COMPLÈTES DE LUCRÈCE** avec la traduction de LAGRANGE, revue avec le plus grand soin, par M. BLANCHET, professeur au lycée de Strasbourg. . . . . 1 vol.

22 — **LES CONFESSIONS DE SAINT AUGUSTIN.** Traduction française d'ARNAUD D'ANDILLY très soigneusement revue et adaptée pour la première fois au texte latin, avec une introduction par M. CHARPENTIER. 1 vol. Par exception. . 4 fr. 50

23 — **ŒUVRES COMPLÈTES DE SUÉTONE.** Traduction de LA HARPE, refondue avec le plus grand soin par M. CABARET-DUPATY, professeur de l'Université. . . . . 1 vol.

24 et 25 — **ŒUVRES COMPLÈTES D'APULÉE** traduites en français par M. VICTOR BÉTOLAUD, docteur ès-lettres de la Faculté de Paris, ancien professeur de l'Université, membre de la Légion d'honneur. Nouv. éd. entièrement refondue. 2 vol.

26 — **ŒUVRES COMPLÈTES DE JUSTIN** traduites par MM. J. PIERROT et E. BOITARD. Nouv. édit., revue par M. PESSONNEAUX. 1 vol.

27 — **ŒUVRES CHOISIES D'OVIDE** (les Métamorphoses. Nouvelle édition, revue par M. CABARET-DUPATY, avec une préface par M. CHARPENTIER. 1 fort volume. Par exception. . 4 fr. 50

28 et 29 — **ŒUVRES COMPLÈTES DE TACITE.** Traduction de DUREAU-DELAMALLE, revue par M. CHARPENTIER. . . . . . . 2 vol.

30 — **LETTRES DE PLINE LE JEUNE,** traduites en français par DE SACY et J. PIERROT. Nouv. édit., revue avec le plus grand soin par M. CABARET-DUPATY, professeur de l'Université, auteur de divers ouvrages classiques. . . . . . . 1 vol.

31 et 32 — **ŒUVRES COMPLÈTES D'AULU-GELLE.** Trad. de MM. DE CHAUMONT, FLAMBART et BUISSON. Nouvelle édit., revue par MM. CHARPENTIER et BLANCHET. . . . . 2 vol.

En préparation : MARTIAL, 2 vol., QUINTILIEN, 3 vol., CICÉRON, VALÈRE MAXIME, CORNÉLIUS NÉPOS, FLORUS, PHÈDRE, LUCAIN, SÉNÈQUE LE TRAGIQUE.

BIBLIOTHÈQUE LATINE-FRANÇAISE
PUBLIÉE PAR M. C. L. F. PANCKOUCKE
Au lieu de 7 fr.; net, 3 fr. 50 c. le vol. in-8, pap. des Vosges non mécanique

PREMIÈRE SÉRIE

ŒUVRES COMPLÈTES DE CICÉRON. . . . . 36 vol.	JUVÉNAL. . . . . 2 vol.
ŒUVRES COMPLÈTES DE TACITE. . . . . 7 vol.	PERSE, TURNUS, SULPICIA. . . . 1 vol.
ŒUVRES COMPLÈTES DE QUINTILIEN. . . . 6 vol.	OVIDE, Métamorphoses. . . . 3 vol.
JUSTIN. . . . . 2 vol.	LUCRÈCE. . . . . 2 vol.
FLORUS. . . . . 1 vol.	CLAUDIEN. . . . . 2 vol.
VELLEIUS PATERCULUS. . . . . 1 vol.	VALERIUS FLACCUS. . . . . 1 vol.
VALÈRE-MAXIME. . . . . 3 vol.	STACE. . . . . 4 vol.
PLINE LE JEUNE. . . . . 3 vol.	PHÈDRE. . . . . 1 vol.

SECONDE SÉRIE. — Les auteurs désignés par un * sont traduits pour la première fois en français.

POETAE MINORES : ARBORIUS*, CALPURNIUS*, EUCHERIA, GRATIUS FALISCUS, LUPERCUS SERVASTUS*, NEMESIANUS, PENTADIUS*, SABINUS*, VALERIUS CATO*, VESTRITIUS SPURINNA* et le *Pervigilium Veneris*. 1 vol.	PALLADIUS. . . . . 1 vol.
	HISTOIRE AUGUSTE. . . . . 3 vol.
	COLUMELLE. . . . . 3 vol.
JORNANDÈS. . . . . 1 vol.	C. LUCILIUS, LUCILIUS JUNIOR, SALEIUS BASSUS, CORNELIUS SEVERUS, AVIANUS*, DIONYSIUS CATON. . . . 1
CENSORINUS*, JULIUS OBSEQUENS, LUCIUS AMPELLIUS. . . . . 1 vol.	PRISCIANUS*, SERENUS SAMMONICUS*, HAGIUS*, MARCELLUS*. . . . 1
AUSONE. . . . . 2 vol.	MACROBE. 3
POMPONIUS MELA, VIBIUS SEQUESTER*, ETHICUS ISTER*, P. VICTOR*. . . . . 1 vol.	SEXTUS POMPEIUS FESTUS*. . . . 2 v
R. FESTUS AVIENUS, CL. RUTILIUS NUMATIANUS, etc. . . . . . 1 vol.	C. J. SOLIN. . . . 1 vol.
VARRON. . . . . 1 vol.	VITRUVE. . . . . 2 vol.
EUTROPE, MESSALA CORVINUS*, SEXTUS RUFUS. 1 vol.	FRONTIN. . . . . 1 vol.
	SEXTUS AURELIUS VICTOR. . . . 1 vol.

Il existe encore trois ou quatre collections complètes de la Bibliothèque latine, 211 vol., au prix de 1,200 francs.

PARIS — IMPRIMERIE ÉDOUARD BLOT, RUE SAINT-LOUIS, 46

www.ingramcontent.com/pod-product-compliance
Lightning Source LLC
Chambersburg PA
CBHW050301170426
43202CB00011B/1769